Was wird durch eine Lehrplanrevision verändert?

Europäische Hochschulschriften
Publications Universitaires Européennes
European University Studies

Reihe XI
Pädagogik

Série XI Series XI
Pédagogie
Education

Bd./Vol. 839

PETER LANG
Frankfurt am Main · Berlin · Bern · Bruxelles · New York · Oxford · Wien

Katrin Höhmann

Was wird durch eine Lehrplanrevision verändert?

Die Einführung der hessischen Rahmenpläne (1993–1997) aus innovationstheoretischer Perspektive

PETER LANG
Europäischer Verlag der Wissenschaften

Die Deutsche Bibliothek - CIP-Einheitsaufnahme

Höhmann, Katrin:

Was wird durch eine Lehrplanrevision verändert? : die Einführung der hessischen Rahmenpläne (1993–1997) aus innovationstheoretischer Perspektive / Katrin Höhmann. - Frankfurt am Main ; Berlin ; Bern ; Bruxelles ; New York ; Oxford ; Wien : Lang, 2002
(Europäische Hochschulschriften : Reihe 11, Pädagogik ; Bd. 839)
Zugl.: Bielefeld, Univ., Diss., 2001
ISBN 3-631-38359-2

Umschlagabbildung:
Schülerdemonstration in Frankfurt a. M.
anlässlich der Einführung der hessischen Rahmenpläne.
Abdruck mit freundlicher Genehmigung von Ernst Herb.

D 361
ISSN 0531-7398
ISBN 3-631-38359-2

www.peterlang.de

Vielen Dank

● *Helga Ball* ● *Ulla Barnewold* ● *Rudolf Bartsch* ● *Hans Joachim Bezler* ● *Margareta Biegert-Simm* ● *Helga von dem Bussche* ● *die Schülerinnen und Schüler meines Leistungskurses Deutsch und der gemeinsamen Theaterprojekte in Babenhausen* ● *Heide Bambach* ● *Ursula Dörger* ● *Erika Dingeldey* ● *Ulrike Fürwitt* ● *Bernd Frommelt* ● *Annette Georgsdorf* ● *Gaby Graeber* ● *Annemarie von der Groeben* ● *Miriam Goldschmidt* ● *Axel Görisch* ● *Martin Hilgenfeld* ● *Irmgard Höhmann* ● *Georg Höhmann* ● *Beate Huber* ● *Marianne Horstkemper* ● *Sabine Hönicke* ● *Sibylle Hiller* ● *Charlotte Hülsse* ● *Michael Jachmann* ●

Vielen Menschen gilt mein Dank! Sie haben mich auf meinem Weg begleitet. Sie haben mir gezeigt, wie viel Freude es macht, in und für Schule zu arbeiten und sich für Schülerinnen und Schüler zu engagieren. Sie haben mir Vertrauen in meine Fähigkeiten gegeben und mir Mut gemacht, zum Beispiel an dieser Arbeit über die Lehrplanentwicklung in Hessen festzuhalten. Sie haben in vielen Gesprächen mit ihren Anregungen und ihrer Kritik meine Projekte unterstützt und sie ließen mich Anteil nehmen an ihrer schulischen Alltagsarbeit. Es sind Vorbilder, Freundinnen und Freunde, Mitarbeiterinnen und Mitarbeiter in den Forschungsprojekten und im hessischen Landesinstitut, Kolleginnen und Kollegen an den Schulen und in der Schulaufsicht. Ganz besonders möchte ich drei Menschen hervorheben und danken, die mich gefördert und meine Anliegen unterstützt haben, die mir wichtige Wegbegleiter und Freunde wurden:

Renate Höhmann-Müller
Klaus-Jürgen Tillmann
Ernst Herb

● *Ursula Krell* ● *Hans-Jörg Kny* ● *Helga Knöner* ● *Thomas Kuhlmann* ● *Gisela Krohn (Nudge)* ● *das Kollegium und die Mitarbeiterinnen und Mitarbeiter der Laborschule* ● *meine Schülerinnen und Schüler an der Main-Taunus-Schule in Hofheim* ● *Herr Mallach* ● *Lilo Meissner* ● *Claudia Matthias* ● *Gert Müller* ● *das Kollegium der Main-Taunus-Schule* ● *Teo Otto* ● *Alexandra von Oertzen* ● *Thomas Ohm* ● *Ingrid Ohm* ● *Gunter Otto* ● *Herr Peuker* ● *Wolfgang Pröckel* ● *Hans Puttnies* ● *Günter Ricker* ● *Inge Reinhard* ● *Udo Rauin* ● *Ingrid Stein* ● *Doris Stammbrau* ● *Edith Schuhmann* ● *Pia Schmid* ● *Helmut Schmerbitz* ● *die Koordinatorinnen und Koordinatoren der Schulen des Bertelsmann-Lernnetzewerks „Libro"* ● *Annette Schnabel* ● *Dieter Spichal* ● *Ulrich Steffens* ● *Susanne Thurn* ● *Andrea Tebrügge* ● *die Umbra-Schülerinnen und Umbra-Schüler der Laborschule* ● *Christine Vogeley* ● *Gabi Vogt* ● *meine Kunstschülerinnen und Kunstschüler an der Wöhlerschule* ● *Witlof Vollstädt* ● *Christina Wiemers* ● *Ulrike Weitzel* ● *Hildegard Wührmann* ● *die Kolleginnen und Kollegen an der Wöhlerschule* ● *Dieter Wolny* ● *Herbert Weiss* ● *Dieter Zeitz* ● *und viele andere ...* ●

Inhaltsverzeichnis

1. Einführung

1.1 Problemstellung

Gegenstand dieser Arbeit sind staatliche Lehrpläne, die im deutschen Schulwesen eine lange Tradition haben: Durch sie wird (so der Anspruch) festgelegt, welche Inhalte Lehrerinnen und Lehrer im Fachunterricht vermitteln sollen. Diese Arbeit verhält sich gegenüber diesem Anspruch kritisch und fragt auf der Basis einer empirischen Analyse nach, wie stark Lehrplanvorgaben im Alltag der Schule rezipiert und als handlungssteuernd akzeptiert werden. Weil sich empirische Studien immer nur einer begrenzten Realität zuwenden können, geht es auch in dieser Studie um einen inhaltlich ausgewählten und zeitlich begrenzten Sachverhalt: Betrachtet werden Lehrpläne für die Sekundarstufe I in einem bestimmten Bundesland - in Hessen. Dabei steht im Zentrum der Analyse die Entwicklung *neuer* Lehrpläne. Anders formuliert: Über Möglichkeiten und Grenzen einer Lehrplan*reform* sollen hier auf empirischem Wege Erkenntnisse gewonnen werden.

In diesem ersten Kapitel erfolgt die theoretische Einordnung der eigenen empirischen Studie, indem zunächst die Problemstellung entfaltet wird (Kap. 1.1), um sie sodann in einen lehrplantheoretischen (Kap. 1.2) und einen innovationstheoretischen Kontext (Kap. 1.3) einzuordnen. Daran anschließend wird die Fragestellung präzisiert und das methodische Vorgehen der Untersuchung erläutert (Kap. 1.4).

1.1.1 Lehrpläne als curriculare Input-Steuerung

Schule für alle Kinder und Jugendlichen, staatlich organisiert, ist ein aufwendiges Unternehmen. Wie auch immer regionale, fachliche, schulformspezifische oder schulorganisatorische Unterschiede aussehen mögen, behalten in einem öffentlichen Schulsystem staatliche Stellen letztendlich immer die Oberaufsicht und die Entscheidungsgewalt über schulische Strukturen und Rahmenbedingungen. Sie versuchen damit vor allem eine gewisse Gleichheit der Bildungschancen und eine Gleichwertigkeit der Abschlüsse zu garantieren. Wie der staatliche Einfluss gesichert wird, ist in den Ländern Europas unterschiedlich organisiert (vgl. Kreienbaum u.a. 1997). Abschlusstests und Aufnahmeprüfungen, Lehrpläne und Curricula, Schulbuchkontrolle und Rankings sind nur einige der Instrumente, um Schule staatlicherseits zu lenken. Was die curriculare Steuerung - also die Vorentscheidung über Lehrinhalte - angeht, so gibt es in Deutschland eine lange Tradition staatlicher Lehrpläne. Diese Tradition ist so mächtig, dass[1] es häufig für völlig selbstverständlich gehalten wird, dass es in einem öffentlichen Schulsystem staatliche Lehrpläne gibt und geben muss. Erst ein „Blick über den Zaun" - etwa in die Niederlande - vermag diese „Selbstverständlichkeit" zu erschüttern: Dort kommt die „Basisschule" (5.-12. Lebensjahr) ohne jeden staatlichen Lehrplan aus (vgl. Schwarz 1997).

Nach welchen Kategorien lassen sich die verschiedenen curricularen Lenkungsformen unterscheiden? Zum einen ist es möglich, zwischen einer Input- und einer Output-Steuerung zu differenzieren. Bei der Input-Steuerung werden von staatlicher Seite aus Aussagen dazu gemacht, welche Inhalte Schule zu vermitteln hat. Unter Umständen wird sogar festgelegt, mit welchen Lern- und Lehrmethoden gearbeitet werden soll. Durch Erlasse werden diese Lehrpläne rechtsverbindlich. Bei der Output-Steuerung gibt es keine oder kaum Vorgaben an die einzelnen Schulen. Kontrolliert wird vielmehr - zum Beispiel über zentrale Tests -, was die Kinder und Jugendlichen gelernt haben. Meistens finden diese Tests bzw. Prüfungen dann statt, wenn der Übergang zu einer nächst höheren Schulstufe ansteht oder aber, wenn das Ende der Schullaufbahn (Abschlussprüfungen) erreicht ist. Biehl/Hopmann/Ohlhaver (1996) unterscheiden zwischen vier verschiedenen Modellen der curricularen Steuerung: das philanthropische Modell, das klassische Modell, das examen-artium Modell sowie das Assessment-Modell.

Im *philanthropischen Modell* findet eine unmittelbare Steuerung durch staatliche Lehrpläne statt. Der Staat beansprucht einen direkten Durchgriff auf sämtliche Aspekte von Unterricht, nicht nur auf die Inhalte, sondern auch auf Lehr- und Lernmethoden. Um eine Weiterentwicklung zu garantieren, wird parallel dazu auf Schulversuche gesetzt, die staatlicherseits initiiert werden. Der Staat und seine Verwaltungsorganisationen haben die Aufgabe, die Weiterentwicklung von Lernmethoden und Unterrichtsinhalten auf breiter Ebene zu unterstützen. Dies geschieht überwiegend durch die Förderung von Modellen und Schulversuche. „In der Sprache der Implementationsforschung handelt es sich um ein top-down-Modell, bei dem Initiative und Verantwortung hauptsächlich bei der Lehrplanverwaltung gesehen werden" (Biehl/Hopmann/Ohlhaver 1996, S. 33). Dieses Modell gibt es seit fast zweihundert Jahren, es ist

1 An dieser Stelle ein Hinweis zur Verwendung der neuen und der alten Rechtschreibung. Soweit es sich um Zitate handelt, werden diese in der alten Rechtschreibung belassen. Der eigene Text folgt der neuen Rechtschreibung.

heute vor allem noch in Nordeuropa verbreitet. Es ist ein Modell, bei dem, wenn die Schulverwaltung nicht bewusst Freiräume lässt, die Einzelschule wie die Lehrerinnen und Lehrer die größte Einschränkung ihrer Freiheit in ihrer alltäglichen Unterrichtstätigkeit erfahren.

Das *klassische Modell* ist dem philanthropischen durchaus ähnlich, doch praktiziert der Staat hier weniger den direkten Einfluss auf das unmittelbare Unterrichtsgeschehen. Beim klassischen Modell liegt die Gesamtverantwortung für das, was gelehrt wird, zwar ebenfalls beim Staat. Doch beschränkt sich dieser auf die Vorgabe der Lehrinhalte. Die Verantwortung dafür, wie diese Vorgaben umgesetzt werden, welche Lehr- und Lernmethoden eingesetzt werden, liegt hingegen bei der einzelnen Schule und bei ihren Lehrkräften. Der Staat macht die ‚Stoffvorgaben', die Lehrenden bestimmen, wie diese methodisch umgesetzt werden. „Die klassische Form dafür ist die systematische Unterscheidung von Lehr- und Unterrichtsplanung, die der Lehrkraft mit der pädagogischen oder Methodenfreiheit eine Art Lizenz für die Realisierung der Lehrplanvorgaben überträgt" (Biehl/Hopmann/Ohlhaver 1996, S. 33). Das klassische Modell bietet damit eine reformpädagogische ‚Einflugschneise', die über die Methodik führt. „Viele lokale Schulinnovationen und auch Bewegungen wie die Reformpädagogik haben sich diese Arbeitsteilung zunutze gemacht: Ihre meist als Unterrichtsmethode definierten Reformvorschläge (...) sind mit verschiedenen Lehrplänen kompatibel" (Biehl/Hopmann/Ohlhaver 1996, S. 34).

Beim *examen-artium* Modell gibt es keine verbindlichen staatlichen Lehrplanvorgaben, sondern die Steuerung erfolgt über Aufnahmeprüfungen durch die nachfolgende Bildungseinrichtung. Die abgebende schulische Einrichtung muss also gezwungenermaßen sehr genau auf das hinarbeiten, was aufnehmende Institutionen in ihren Aufnahmeprüfungen fordern, wenn ihre Abgänger und Abgängerinnen eine Chance haben sollen. Dieses Modell ist zum Beispiel an der Ostküste der USA verbreitet und regelt das Verhältnis zwischen Highschools und Colleges. Was formale Vorgaben betrifft, haben hier die Lehrerinnen und Lehrer im Vergleich zu den anderen Modellen die größte Freiheit. Der Druck entsteht aus einer ganz anderen Richtung: Er kommt von Seiten der Eltern wie der Schülerinnen und Schüler, die bestimmte Erwartungen in Bezug auf ihren weiteren Bildungs- und Berufsweg haben.

Beim *Assessment-Modell* gibt es ebenso wie beim examen-artium Modell keine verbindlichen Lehrpläne. Die Steuerung findet bei diesem Modell jedoch über Zwischen- und Abgangskontrollen statt. Hierbei kann es sich beispielsweise um standardisierte Schulleistungstests handeln. Oft sind diese mit sogenannten Rankings verbunden, die für Schulen, die schlecht abschneiden, sogar die Konsequenz haben können, weniger Mittel zugewiesen zu bekommen. Einmal jährlich werden beispielsweise in englischen Primar- und Sekundarschulen die

Prüfungsergebnisse in den drei Kernfächern Englisch, Mathematik und Naturwissenschaft veröffentlicht. Daraus kann sich die Öffentlichkeit dann „ein Bild über Erfolg oder Mißerfolg einer Schule machen" (Meyer/Muth 1997, S. 53). In England bekommen die Schulen ihre Gelder direkt von der Zentralregierung, „und zwar nach einer Pro-Kopf-Berechnung (also Anzahl der unterrichteten Schülerinnen und Schüler). Eine beabsichtigte Folge (...) ist der gestiegene Wettbewerb" (Meyer/Muth, a.a.O). Es entsteht eine Hierarchie zwischen angeblich guten und angeblich schlechten Schulen. Gemessen wird vor allem das, was im Rahmen von Leistungsmessungen abfragbar ist. Andere Qualitäten werden kaum sichtbar. Ein weiteres Beispiel für verbindliche Zwischenprüfungen ist das - als ausgesprochen liberal geltende - Schulsystem in den Niederlanden (vgl. Schwarz 1997). Dabei sind Schulen in privater wie staatlicher Trägerschaft gleichgestellt. Die Schulen haben eine eigenständige Personalplanung und eigenständige Entwicklung ihrer Curricula. Ein gewisses Maß an Verbindlichkeit wurde mit dem „Basisbildungsgesetz" von 1992 hergestellt. Jede der vier verschiedenen Schultypen des Sekundarschulwesens ist „nach Ablauf der drei ersten Jahre verpflichtet, eine Lernerfolgskontrolle durchzuführen" (Schwarz 1997, S. 29). Für die Durchführung derartiger Lernerfolgskontrollen gibt es in den Niederlanden ein zentrales Testinstitut. Elemente des Assessment-Modells finden sich in Deutschland beispielsweise in Baden-Württemberg oder Bayern, wo zentrale Abiturprüfungen durchgeführt werden. Allerdings führt dies keineswegs zu einem Verzicht auf Lehrpläne.

In kaum einem nationalen Bildungssystem findet man eines der hier beschriebenen Modelle in Reinform. Insofern haben solche Kategorienbildungen eine heuristische Funktion. Sie helfen, Tendenzen klarer zu benennen. Welches Modell ist nun in dem Land von Bedeutung, in dem diese Untersuchung angesiedelt ist? In der Bundesrepublik Deutschland und seinen historischen Vorläufern sind es vor allem Formen der Input-Steuerung, die sich seit vielen Jahrzehnten etabliert haben. Nach den Kategorien von Biehl u.a. ist es das *klassische Modell*, das ein zentrale Rolle in der Bundesrepublik Deutschland spielt. Dieses Modell verlor hier nie an Bedeutung - trotz vereinzelter Reformanstrengungen vor allem in den 60er und 70er Jahren. Kurz: In Deutschland sind es Lehrpläne, denen sowohl im 19. und durchgängig im 20. Jahrhundert der Hauptpart im Bereich staatlicher Lenkung von Unterricht zukam. Dies gilt für den preußischen Staat des 19. Jahrhunderts genauso wie für die Weimarer Republik. Eine zentralistische Verstärkung bekam diese Form staatlicher Einflussnahme sowohl in der Zeit des Nationalsozialismus wie auch in der DDR. In der föderalistischen Bundesrepublik fiel die Regelung der Schulangelegenheiten den Bundesländern zu, aber am Prinzip der Input-Steuerung durch Lehrpläne wurde festgehalten.

Doch gibt es zu dieser Grundtendenz immer wieder Veränderungs- und/oder Erneuerungsversuche, die andere Lenkungsmodelle im Bildungssystem verankern wollen oder punktuell verankern können. Bayern und Baden-Württemberg wurden in Hinblick auf das Assessment-Modell bereits genannt. Das philanthropische Modell gewann in den bildungspolitischen Reformen der 70er Jahre an Bedeutung. Biehl, Hopmann und Ohlhaver stellen fest, dass es „häufig in Verbindung mit sozialdemokratischen Reformstrategien zum Einsatz" kam (1996, S. 33).

1.1.2 Lehrplanrevision als staatliche Reformstrategie

Der Staat verknüpft somit im „klassischen Modell" mit seinen Lehrplänen die Annahme, über diesen Weg zu steuern, was gelehrt und gelernt werden soll. In solchen Lehrplänen spiegeln sich die gesellschaftlichen Vorstellungen von Erziehungsaufgaben und Bildungsidealen, durch sie werden Lerninhalte und zum geringen Teil auch Lehrmethoden festgelegt. In solchen Vorstellungen konkretisieren sich nicht nur Vorstellungen von einem Unterrichtsfach, sondern auch von bildungspolitischen Konzepten. Lehrpläne sind so gesehen eine Mischung aus politischem und gesellschaftlichem Zeitgeist, aus tradierten Fachvorstellungen, Bildungsabsichten, administrativen Verwaltungsvorstellungen und wissenschaftlichen Erkenntnissen. Lehrpläne gibt es für alle Varianten des sehr vielfältigen Schulwesens in Deutschland. Pläne werden für Schulformen wie für Schulstufen, für Unterrichtsfächer wie für Lernbereiche geschrieben. Sie sind meist fachbezogen, können aber auch fächerübergreifend angelegt sein. Der Zuschnitte und die Gestaltungen der Pläne sind abhängig vom bildungspolitischen Profil eines Bundeslandes. In Deutschland gab es Mitte der 90er Jahre allein für die allgemeinbildenden Schulen weit über 1500 Lehrpläne, die in regelmäßigem Turnus erneuert werden. Dies bindet große zeitliche, personelle und materielle Ressourcen (vgl. Rauin/Tillmann/Vollstädt 1996).

Lehrpläne werden in regelmäßigen Abständen verändert und neuen Bedingungen angepasst. Sie „werden ständig überarbeitet und sind doch nie fertig: Entweder sind sie jüngst erneuert worden oder sie werden gerade überprüft und sollen demnächst erneuert werden" (Biehl/Hopmann/Ohlhaver 1996, S. 32). So sind in Hessen innerhalb von zwei Legislaturperioden fast alle Pläne der Primarstufe und der Sekundarstufe I sowie die meisten Pläne der Sekundarstufe II erneuert, durch das komplizierte Beteiligungsverfahren gebracht und an den jeweiligen Schulformen verbindlich eingeführt worden (vgl. Kapitel 2). Für eine solche Lehrplanerneuerung gibt es unterschiedliche Gründe. Zum einen gehen Veränderungen von Lehrplänen auf gesellschaftliche und kulturelle Wandlungsprozesse zurück. Ein Beispiel hierfür ist die Beurteilung von Homosexualität oder von nichtehelichen Lebensgemeinschaften in Lehrplänen. Kultusministerien müssen auf solchen Wertewandel reagieren, wenn sie nicht wollen, dass Pläne veralten und somit zusätzlich an Relevanz verlieren. Inwieweit solche gesellschaftlichen und kulturellen Veränderungen allerdings berücksichtigt werden, hängt von der Haltung derer ab, die politische Entscheidungen treffen. Es können aber auch neue wissenschaftliche Erkenntnisse und Entwicklungen sein, die berücksichtigt werden müssen und so eine Lehrplanrevision mit auslösen. Das betrifft vor allem fachwissenschaftliche Inhalte, aber auch neue Erkenntnisse im pädagogischen Bereich. Allerdings ist es keineswegs zwangsläufig, dass neue wissenschaftliche Erkenntnisse zu Lehrplanerneuerungen führen. Dies ist vielmehr abhängig von den Vorstellungen, dem Kenntnisstand und den Absichten der Entscheidungsträger, die für die Lehrplanentwicklung zuständig sind: Bildungspolitiker und Schuladministration (vgl. Schirp/Haenisch 1984).

Neben gesellschaftlichen und wissenschaftlichen Gründen gibt es aber auch verwaltungstechnische Gründe für die Erneuerung von Lehrplänen. So kann sich die Vorstellung der Administration über die Lenkungsfunktion von Lehrplänen im Laufe der Jahre verschieben. Etwas salopp formuliert: Zügel sollen enger angezogen oder aber gelockert werden. Ein wichtiger Bereich für die Lehrplanforschung ist daher das mit Plänen verbundene administrative Interesse, Schulen durch inhaltliche Vorgaben zu lenken. Der Wunsch zu reglementieren hat - so z. B. die Einschätzung von Westphalen (1983) und Langefeld (1980) - in den 80er Jahren wieder zugenommen, nach den „Verunsicherungen" (Westphalen 1983, S. 724) in den 70er Jahren.

Eng verwoben mit den eben genannten Gründen sind politische Anliegen, die eine Lehrplanrevision einleiten können. Häufigste Auslöser sind Regierungswechsel in einem Bundesland. Ein gutes Beispiel hierfür ist die hessische Lehrplanrevision, die im Zentrum dieser Arbeit steht. Mit neuen Lehrplänen soll ein neues bildungspolitisches Profil sichtbar gemacht werden. Wie groß das Interesse der politischen Akteure an Lehrplänen ist, zeigt sich häufig in Landtagswahlkämpfen. Denn gegenüber der Öffentlichkeit im Allgemeinen, der jeweiligen Fachwissenschaft, der Pädagogik und der Politik im Besonderen, sind Lehrpläne eines der begehrtesten Instrumente, um den eigenen politischen Gestaltungswillen darzustellen. Mit ihnen gibt die in der Regierungsverantwortung stehende Partei Rechenschaft darüber ab, was in einem Bundesland gelehrt und gelernt werden soll. Es müssen sich Momente eines fachwissenschaftlichen Diskurses ebenso wiederfinden wie demokratisch-pluralistische Prinzipien. Mit der Einführung neuer Lehrpläne wird der Wunsch verbunden, dass sie in der Auseinandersetzung um die Bildungsaufgaben der Schule Akzeptanz finden (vgl. HKM 6/1992a, S. 5). Ob es sich dabei - wie Langefeld

(1980, S. 643) behauptet - um eine scheindemokratische Inszenierung handelt, berührt zwar ein Kernproblem dieser Arbeit, kann aber an dieser Stelle nicht weiter diskutiert werden.

Das administrative Interesse an Lehrplänen begründet sich aber nicht nur in dem angeführten Herrschaftsinteresse des Staates (vgl. Langefeld 1980, Kaiser 1983), sondern kann auch im Sinne einer Katalysatorfunktion verstanden werden: „... so kann die curriculare Kompetenzbehauptung des Staates als der Versuch angesehen werden, den inhaltlichen Kern der Schule gegenüber pluralen, partikularen, regionalen oder lokalen Strömungen in der Hand zu behalten und zu ordnen" (Westphalen 1983, S. 723). Der Staat als Vertreter eines gesellschaftlichen Gesamtinteresses muss den Kompromiss zwischen den verschiedenen gesellschaftlichen Kräften suchen. Daraus folgt aber auch, dass der Lehrplan immer wieder Teil politischer Auseinandersetzungen sein muss. Es ist daher nur konsequent, wenn der Kampf um den Lehrplan als angemessene und notwendige Form der gesellschaftlichen Auseinandersetzung betrachtet wird; denn "jede geistige Bewegung oder Richtung ist erst dadurch als Bildungsmacht auf Dauer anerkannt und gesichert, daß ihren Bildungszielen und Bildungsmitteln eine Stellung im Lehrplan eingeräumt wird" (Weniger 1952, S. 22). Und ebenso folgerichtig ist es, dass sowohl die Form und Ausrichtung der Inhalte vorgegeben werden, und dass auch die Lehrplanmacher von staatlicher Seite aus ausgewählt werden.

1.1.3 Das Forschungsinteresse: die Einführung neuer Lehrpläne

Lehrplanreformen sind ein vielschichtiges Phänomen. So unterschiedlich die Details einer Lehrplanreform auch von Bundesland zu Bundesland sein mögen, so gibt es doch eine allen Lehrplanreformen innewohnende Grundstruktur. Haft/ Hopmann stellen 1987 in Vergleich zu einer Studie Hallers von 1973 fest: „Das Grundmuster der Lehrplanarbeit ist in den letzten zwanzig Jahren das gleiche geblieben." (Haft/Hopmann 1987, S. 510). Angelehnt an Hallers Untersuchung wie auch der von Haft und Hopmann lässt sich folgende typische Grundstruktur von Lehrplanentwicklung festhalten:

1. Am Anfang steht die politische Entscheidung, dass Lehrpläne revidiert werden sollen.
2. Die zuständige Abteilung des Ministeriums trifft Rahmenentscheidungen über den Prozess der Lehrplan-Erstellung. Dazu gehören u.a. die Autorenauswahl oder auch Entscheidungen zur Form, welche die neuen Lehrpläne haben sollen.
3. In der dritten Phase werden Lehrplanentwürfe erstellt.

4. Sodann erfolgt die Diskussion der Entwürfe mit den Entscheidungsträgern/ Multiplikatoren im System.
5. Anschließend werden die Entwürfe überarbeitet und die Pläne werden fertiggestellt.
6. Als einer der letzten Schritte erfolgt die Einführung der Pläne in den Schulen. Diese wird häufig flankierend begleitet von Maßnahmen der Lehrerfortbildung und von ergänzenden Veröffentlichungen zu den Lehrplänen (Unterrichtsmaterialien etc.).
7. Die Pläne werden dann in die alltägliche schulische Unterrichtsarbeit integriert. Die Schule verändert ihre schulinternen Curricula entsprechend.

Das spezifische Interesse dieser Arbeit bezieht sich vor allem auf die Schritte 6-7: Es geht um die Einführung der neuen Pläne. Die erziehungswissenschaftliche Forschung hat sich in den letzten Jahrzehnten kaum mit der Entwicklung und Implementation von Lehrplänen befasst (vgl. Kap. 1.2.2). Insofern wird mit dieser Arbeit ein Forschungsdesiderat aufgegriffen. Dabei konzentriert sich diese Arbeit auf die Differenz zwischen Reformhoffnungen und Reformrealitäten, zwischen Innovationswünschen und Innovationsrealitäten. Damit steht eine doppelte Frageperspektive im Zentrum dieser Arbeit:

- *Welche Intentionen verbindet die offizielle Seite mit der Einführung neuer Lehrpläne?*
- *Wie werden der offizielle Lehrplan und seine Intentionen von den Lehrerinnen und Lehrern adaptiert?*

Untersucht wird dies am Beispiel der hessischen Rahmenpläne der Sekundarstufe I für die Fächer Deutsch und Chemie, die zwischen 1993 und 1997 entwickelt und eingeführt wurden.

1.2 Lehrpläne: Theorie und Forschung

In diesem Teil der Arbeit werden zunächst die unterschiedlichen Bedeutungen von „Lehrplan“ und „Curriculum“ geklärt. Anschließend werden anhand von zwei Autoren - Erich Weniger und Saul B. Robinsohn - die beiden wichtigsten Theorieansätze zum Bereich Lehrplan und Curriculum dargestellt. In den daran anschließenden Kapiteln wird der aktuelle Stand der Lehrplanforschung skizziert. Das Kapitel dient dazu, den theoretischen Hintergrund zu entfalten, vor dem dann die Fragestellung der eigenen Arbeit präzisiert werden kann.

1.2.1 Lehrplan und Curriculum: eine Begriffsdefinition

Ob Curriculum oder Lehrplan, ob Richtlinie oder Rahmenplan - wie immer sie auch genannt werden, eines haben sie gemeinsam: In ihnen wird mit einem unterschiedlichen Grad an Verbindlichkeit festgelegt, „welche schulischen Lernanforderungen eine Gesellschaft an die nachfolgende Generation stellt" (Tillmann 1996b, S. 7). Der Unterschied zwischen den verschiedenen Bezeichnungen liegt in der jeweils zum Ausdruck kommenden Haltung - man könnte auch Philosophie sagen - gegenüber den Lernenden und den Inhalten, die diese sich aneignen sollen. Die Begriffe von zentraler Bedeutung sind „Curriculum" und „Lehrplan". In den nachfolgenden Erläuterungen wird zunächst der Begriff „Curriculum" geklärt und im Anschluss daran der Begriff „Lehrplan".

„Curriculum" taucht als Begriff zuerst in antiken pädagogischen Theorien auf (vgl. Künzli 1986, Vollstädt u.a. 1999). „Seit den hellenischen *mathemata* und den römischen *artes* hatte es mit wechselnden Begriffen (z.B. *ordo disciplinae*, *curriculum*) mit unterschiedlichen Reichweiten (von literarischen Beschreibungen über Wissenssysteme bis hin zu Schulordnungen) ungezählte Versuche gegeben, einen Lehrkanon zu bestimmen" (Hopmann 1988c, S. 27). Endgültig etablierte sich der Begriff im 17. Jahrhundert in Westeuropa „mit den didaktischen Entwürfen von Wolfgang Ratke (...) und Johann Amos Comenius" (Vollstädt u.a. 1999, S. 12). In Deutschland wurde der Begriff „Curriculum" im 20. Jahrhundert neu belebt - er gewann ganz besonders an Bedeutung bei den Reformbemühungen der 60er/70er Jahre. Diese Renaissance ist eng verbunden mit den Theorien Robinsohns. Mit „Curriculum" wird seit dieser Zeit der spezifische Reformansatz einer sozialwissenschaftlich-kritischen Bestimmung von Lernprogrammen in der Schule umschrieben. Für Robinsohn ist die Entscheidung für den Begriff „Curriculum", der seit dem Barock an Bedeutung verloren habe, eine bewusste aus gutem Grund: Kannte „doch die Pädagogik des Barock noch die enge Verbindung der Bemühungen um Auswahl und Planung der Lehrinhalte, um Ausprägung der durch sie intendierten Bildungsziele und um die Erarbeitung der ihnen entsprechenden Lehrmethoden" (Robinsohn 1967, S. 1). Mit der Wiederaufnahme des Begriffs „Curriculum" verbindet Robinsohn die Hoffnung auf die „Rücknahme bildungstheoretischer Entwicklungen in Deutschland (...), die in eine extreme Reduktion des didaktischen Problemhorizontes mündeten" (Robinsohn 1967, S. 1). Doch Robinsohns Begriffsverwendung (und seine Abgrenzung zu Lehrplan) war keineswegs präzis. Dies mag eine Ursache dafür sein, dass auch gegenwärtig der Curriculum-Begriff recht schillernd verwendet wird und sowohl „das, was man unter Curriculum versteht, wie die Gesichtspunkte und Bezugssysteme, unter denen man das Curriculum betrachtet, divergieren. In der Curriculumforschung überziehen die Variationen sowohl den Untersuchungsgegenstand, die Methoden, die Interpretationsmuster von Untersuchungsbefunden wie das Theorieverständnis“ (Frey 1971, S. 21). Im „Handbuch für Curriculumforschung“ wird zwischen einem weiteren und einem engeren Curriculumbegriff unterschieden. „Im engeren Sinn wird unter Curriculum eine Unterrichtsvorbereitung, ein Lehrplan oder eine andere Kodifikation einer disponierten Handlung verstanden, welche auf die Strukturierung eines beabsichtigten Lernprozesses zielen. (...) Das umfassendere Curriculumverständnis schließt den Aspekt der Entstehung eines Curriculum ein (einschließlich der Anwendungspragmatik und Implementationsprozesse)“ (Hameyer/Frey/Haft 1983, S. 21). Dieser erweiterte Curriculumbegriff umfasst auch die Evaluation der Lernprozesse. Frey schreibt: “Der Curriculumprozess umfasst alle Ereignisse in Hinsicht auf eine in Aussicht genommene Lernsituation“ (Frey 1983, S. 303).

Die Definition von Hameyer u.a. lässt erkennen, dass „Lehrpläne“ als eine Variante der Beschreibung von Curricula angesehen werden kann, dass so gesehen die Lehrplanforschung eine Teilmenge der Curriculumforschung ist. Ein keineswegs singuläres Beispiel hierfür sei kurz betrachtet. Die fünf „Welten des Curriculums“, die Brügelmann zur Systematisierung des Forschungsfeldes benennt, zeigen zum einen recht gut, was alles unter „Curriculum“ subsumiert wird (vgl. Brügelmann 1980, S. 284f.), sie zeigen aber auch, wie „Lehrplan“ zu Curriculum umdefiniert wird. Brügelmann versteht unter Curriculum: 1. eine verbindliche Vorschrift im Sinne einer Richtlinie; 2. Unterrichtsmaterial, das von einer Wissenschaftlergruppe erstellt wird; 3. den Plan für eine Unterrichtseinheit; 4. eine durchgeführte Unterrichtseinheit; 5. Lernerfahrungen – beabsichtigte wie nicht beabsichtigte –, die alle am Unterricht Beteiligten machen (vgl. Terhart 1983, S. 533). Zumindest bei Punkt 1 handelt es sich streng genommen um Lehrpläne und nicht um Curricula.

Allerdings: Ende der 60er Jahre wurden (unter Einfluss Robinsohns) mit „Curriculum“ über die eigentlichen Stoffvorgaben hinaus Lehr- und Lernziele, Methoden, Medien und Evaluationsverfahren bezeichnet.[2] Davon unterscheidet sich ein „Lehrplan“ allerdings sehr deutlich; denn in „Schule, Verwaltung und Öffentlichkeit werden heute üblicherweise als ‘Lehrplan’ diejenigen Dokumente bezeichnet, mit denen für das öffentliche Unterrichtswesen vorgeschrieben wird, was im Unterricht behandelt und erreicht werden soll“ (Hopmann/Haft 1988b, S. 195). Der Begriff „Lehrplan“ entsteht mit dem öffentlichen (staatlichen) Pflichtschulsystem im 18./19. Jahrhundert. „Die Rede von Lehrplan wurde

2 Auf die - deutlich anders gelagerte - Lehrplansituation in der DDR geht diese Arbeit nicht ein. Sie ist in anderen Veröffentlichungen differenziert nachzulesen (z. B. Vollstädt 1995).

vermutlich in der zweiten Hälfte des 18. Jahrhunderts üblich ..." (Hopmann 1988a, S. 27). Als Begriff für eine staatliche Vorgabe von Unterrichtsinhalten taucht er erstmals 1804 auf - damals erschien der „bayerische Lehrplan für Elementarschulen" (vgl. Hopmann 1988a; Dolch 1971, S. 319). So kommt es in dem historischen Moment zur Verengung curricularer Vorstellungen hin zur Vorgabe von Lerninhalten, als eine flächendeckende Bildungsverwaltung entsteht. Damit verbunden ist das wachsende Lenkungsinteresse des Staates und sein Wunsch, besser auf die Einzelschule durchgreifen zu können. Der Begriff „Lehrplan" setzte sich in den deutschsprachigen Ländern im Laufe des 18. Jahrhundert durch. Dabei haben sich im Laufe der Zeit verschiedene 'Typen' herausgebildet. Drei von ihnen seien hier kurz angesprochen:

- Stoffpläne machen detaillierte Vorgaben für Themen und Inhalte,
- lernzielorientierte Pläne geben vor, auf welches Ziel hin (Fähigkeit, Kompetenz) gelernt werden soll,
- und Rahmenpläne stecken einen eher weiten thematischen Rahmen ab, der dann durch den Lehrenden zu füllen ist.

Der Begriff „Lehrplan" erlebt in Deutschland eine Renaissance in den 80er Jahren des 20. Jahrhunderts. Ein Grund mag sein, dass viele Erwartungen der Reformphase in den 70er Jahren sich zerschlugen. Nach den curricularen Reformbemühungen gab es in den achtziger Jahren in den Ländern der Bundesrepublik einen Trend weg von den weiter angelegten „Curricula" hin zu den enger gefassten und administrativ besser handhabbaren Lehrplänen. „Lehrplan" ist in seinem Bedeutungsfeld eindeutiger als „Curriculum". „Lehrplan" meint eine mehr oder weniger detaillierte, auf einen Fachkanon hin orientierte, schriftliche Festlegung dessen, was Kinder und Jugendliche zu lernen haben. „Lehrpläne" sind weniger stark als „Curricula" durch den Prozesscharakter einer Entwicklung geprägt, vielmehr formulieren sie eher statisch entweder bestimmte Inhalte oder bestimmte Lernziele.

Bei Lehrplänen wird zwischen verschiedenen Dimensionen unterschieden. Goodlad (1993) beispielsweise unterscheidet vier Lehrplandimensionen: den offiziellen Lehrplan, den individuellen Lehrplan der Lehrerinnen und Lehrer, den tatsächlichen Lehrplan, der über den im Unterricht verhandelten Stoff Auskunft gibt, und den realisierten Lehrplan, der Auskunft gibt über die Lernergebnisse der Schülerinnen und Schüler. Welcher Begrifflichkeit folgt die hier vorliegende Arbeit? Zwei Plantypen stehen im Mittelpunkt des Forschungsinteresses: die hessischen Rahmenrichtlinien (RRL) der 70er Jahre und die hessischen Rahmenpläne (RPL), die in den 90er Jahren entstanden. Im Fall der „Rahmenpläne" wird durchgängig von Lehrplänen gesprochen werden. Hier handelt es sich, wie noch zu zeigen sein wird, weitgehend um staatliche Vorgaben im traditionellen Sinne. Anders bei den Rahmenrichtlinien, die - obwohl es sich auch hier um staatliche Pläne handelt - weitgehend in der curricularen Argumentation der frühen 70er Jahre stehen. Während die Autorinnen und Autoren dieser Rahmenrichtlinien selbst der Meinung waren, „Curricula“ (in Absetzung zu „Lehrplänen“) zu entwickeln, erscheint es rückblickend angemessener, auch die RRL als eine Variante von Lehrplänen zu verstehen. Denn beides - RRL wie RPL - sind staatliche Vorgaben für die inhaltliche Gestaltung des Unterrichts an den Schulen. Sie haben, juristisch gesehen, Erlasscharakter. Es wird jedoch immer wieder Zitate geben, in denen im Zusammenhang mit den RRL von „Curricula“ gesprochen wird. Damit wird dann jedes Mal auf den Reformanspruch verwiesen, den die damaligen Lehrpläne - die Rahmenrichtlinien - besaßen.

1.2.2 Basistheorien: Weniger versus Robinsohn

Welche Relevanz diese im vorangegangenen Kapitel angesprochene Differenz zwischen „Lehrplan“ und „Curriculum“ besitzt, wird erst deutlich, wenn man sich die dazugehörigen Theorien anschaut: Erich Wenigers Theorie des Lehrplans (1956/1965) und Saul B. Robinsohns Theorie des Curriculums (1967). Beide Theoriekonzepte sind von hervorgehobener Bedeutung, weil sie bis heute das erziehungswissenschaftliche Denken über die Konzeptualisierung schulischer Inhalte prägen. Es wird im Vergleich der beiden Theorien darauf verzichtet, erst die eine, dann die andere darzustellen. Beabsichtigt ist vielmehr ein direkter, verzahnter Vergleich der beiden Konzepte.

1.2.2.1 Lehrplan versus Curriculum

Robinsohn spricht von Curricula, Weniger von Lehrplänen. Damit ordnen beide sich in unterschiedliche Traditionen ein. Weniger befürwortet einen staatlichen Lehrplan, der aus der Tradition erwächst, der aber in einem politischen Diskurs immer wieder neu bestimmt werden muss. Dabei ist die jeweilige Ausformung des Lehrplans (sind seine Inhalte) als der gesellschaftliche Konsens über die Bildung der heranwachsenden Generation anzusehen. „Jeder Lehrplan enthält (...) nicht nur ein Bild der Vergangenheit und den geistigen Besitz der erwachsenen Generation, sondern zugleich ihren Zukunftswillen und ihr Zukunftsbild. Jeder Lehrplan gibt also an, wie die Jugend von dem in ihm vertretenen Bildungsideal aus werden soll. Er enthält die Vorstellung und das Ideal, das die Erwachsenen von der Jugend haben, und es wird in der lebendigen Auseinandersetzung der Schüler mit diesem Lehrplan sich zeigen, ob das Bild der Jugend, das die Erwachsenen sich machen und von dem aus sie die Inhalte der Bildung anordnen, richtig ist“ (Weniger 1965[8], S. 74). Nach Weniger sind Lehrpläne für den Staat sowohl aus verwaltungstechnischen Gründen (Schulwechsel etc.) als auch aus einem Kontrollinteresse heraus interessant. Aber das ist es nicht allein. Vielmehr ermögliche der Lehrplan dem Staat, die Erziehung des Volkes zu beeinflussen (vgl. Weniger 1965[8], S. 33 f.). Demgegenüber stehen für Robinsohn weniger die Lehrplaninhalte im Vordergrund als die Frage, welche Methoden bei der Auswahl von Inhalten angewendet werden, *wie* Entscheidungen über die curricularen Inhalte gefällt werden. Robinsohn fordert, dass kritisch geprüft wird, welche Entscheidungen Inhalte von der Ebene der „Beliebigkeit und diffuser Tradition (...) in Formen rationaler Analyse und - soweit möglich - objektivierter Alternativen heben“ (Robinsohn 1967, S. 1). So gesehen wendet sich Robinsohn sowohl gegen eine traditionsbezogene Orientierung am Bildungsbegriff als auch gegen die Entscheidungskompetenz des Staates.

Robinsohn bezeichnet die verschriftlichte wie die nicht verschriftlichte Form dessen, was wie gelehrt wird, nicht als „Lehrplan“, sondern als Curriculum. Mit dieser Begrifflichkeit wollte er genauer erfassen, „was mit Bildungskanon, Lehrgefüge, Lehrplan jeweils ungenau oder partiell erfaßt ist“ (Robinsohn 1967, S. 1). Anknüpfend an die Begriffsverwendung des Barock möchte er mit diesem Begriff „die enge Verbindung der Bemühungen um Auswahl und Planung der Lehrinhalte, um Ausprägung der durch sie intendierten Bildungsziele und um die Erarbeitung der ihnen entsprechenden Lehrmethoden“ (Robinsohn 1967, S. 1) transportieren. „Curriculum“ ist für ihn auch ein politischer Begriff, mit dem er ganz bewusst zu der bildungspolitischen Diskussion seiner Zeit Stellung bezieht.

1.2.2.2 Der Bildungsbegriff

Weniger folgt einem geisteswissenschaftlichen Konzept von Bildung. Er entwickelt seine Lehrplantheorie nicht, um den Bildungsbegriff seiner Zeit zu kritisieren oder ihm gar einen eigenen entgegenzusetzen. Für ihn ist der Lehrplan ein legitimes Instrument der jeweils vorherrschenden gesellschaftlichen Bildungsintention: „Mit den Bildungsidealen wechselt dann auch die Stellung der Kulturgüter im Unterricht; sie verlieren und gewinnen ihre Bedeutung als Bildungsgüter (...) je nach dem ‚Bildungswert‘, den sie von den verschiedenen Aspekten aus haben“ (Weniger 1952, S. 8). Weniger geht es um die innere Schulreform, während Robinsohn eine grundsätzliche innere wie äußere Schulreform anstrebt. Eine zentrale Rolle im Lehrplankonzept Wenigers spielen die von ihm so genannten „Bildungsmächte“. Zentrale Bildungsmächte sind die Wissenschaft (S. 24 ff.), die Kirche (S. 26 ff.), die Wirtschaft (S. 37), die Technik (S. 43), der Verkehr (S. 89), „die Mächte des Genusses“ (S. 89). „Andererseits ist aber auch die Schule als Schule eine selbständige Bildungsmacht gegenüber dem Leben außerhalb der Schule und gegenüber den Bildungsmächten innerhalb der Schule“ (Weniger 1965[8], S. 89). Er beschreibt, dass jede gesellschaftliche Gruppe versucht, Einfluss auf den Lehrplan zu gewinnen. „Der Kampf um den Lehrplan ist nicht, wie es manchmal scheint, ein Streit um die besten Methoden des Unterrichts oder um die Auswahl und Verteilung eines gegebenen Stoffes, sondern ein Kampf geistiger Mächte (...)“ (a.a.O., S. 22). Weniger sieht ein gewisses Vakuum dadurch entstehen, dass die Gesellschaft aus sich heraus nicht in der Lage sei, ein Bildungsideal, einen Bildungsgehalt hervorzubringen. Und genau an dieser Stelle könnten bestimmte Bildungsmächte zu stark an Einfluss gewinnen. „An die Stelle der Gesellschaft ist nun vielfach die Wirtschaft als eine anonyme Größe von dennoch größter Mächtigkeit getreten, die ihre Ansprüche an Bildung und Bildungswesen stellt“ (Weniger 1965[8] S. 42). Dem Staat kommt hier eine Art Schiedsrichter-Rolle zu: Er hat aus Wenigers Sicht die Aufgabe, dafür Sorge zu tragen, dass keine der Bildungsmächte übermächtig wird. Er soll dem Ringen um Einfluss kontrolliert Raum geben und dabei ein erzieherisches Interesse wahren. Robinsohn sieht in einer solchen staatlichen Zuständigkeit lediglich den Fortbestand diffuser Traditionen und wenig sachgerechter politischer Einflüsse. Er möchte an die Stelle solcher - in seiner Sicht – irrationaler Prozesse einen rationalen Auswahl- und Entscheidungsprozess setzen: Nicht der Staat, sondern wissenschaftliche Analysen sollen die Lerninhalte der Schule bestimmen. „Es verhält sich eben so, daß Umfang und Komplexitiät dessen, was durch ‘Bildung’ umschrieben wird, daß die gesellschaftspolitische Tragweite curricularer Entscheidungen und die Pluralität der Entscheidungskriterien Institutionen der ständigen Rationalisierung und Objektivierung von Curriculumplanung notwendig machen“ (Robinsohn 1967, S. 10). Um eine solche Planung möglich zu machen, entwirft er die Strategie einer Curriculumforschung, die er knapp wie folgt zusammenfasst: „Wir gehen also von den Annahmen aus, daß in der Erziehung Ausstattung zur Bewältigung von Lebenssituationen geleistet wird; daß diese Ausstattung geschieht, indem gewisse Qualifikationen und eine gewisse ‘Disponibilität’ durch die Aneignung von Kenntnissen, Einsichten, Haltungen und Fertigkeiten erworben werden; und daß eben die Curricula und - im engeren Sinne - ausgewählte Bildungsinhalte zur Vermittlung derartiger Qualifikationen bestimmt sind“ (Robinsohn 1967, S. 45).

Weniger beschreibt in seinem Konzept, dass nicht nur die Bildungsaufgaben im Kleinen wie im Großen beständig wechseln, „auch die Lösungen der gestellten Aufgaben bleiben sich nicht gleich.“ (Weniger 1965[8], S. 8). Zwar ist bei Robinsohn die Suche nach der angemessenen Forschungsstruktur zur Bestimmung von Lerninhalten das zentrale Moment in seiner Theorie. Dennoch stehen auch bei ihm die wichtigen Aspekte der Bildung im Hintergrund: Welche

Bildungsinhalte sollen an die nächste Generation weitergegeben werden? „Bildung als Vorgang, in subjektiver Bedeutung, ist Ausstattung zum Verhalten in der Welt“ (Robinsohn 1967, S. 13). Deshalb verfolgt er eine empirische Strategie, um herauszufinden, „was von einem Schüler im Laufe seiner ‚Vollschulzeit‘ erfahren werden muß, damit er für ein mündiges, d.h. sowohl personell als auch ökonomisch selbständiges und selbstverantwortliches Leben so gut wie möglich vorbereitet“ ist (ebd., S. 46). Dazu gehört für ihn, die Kommunikationsfähigkeit zu erweitern, die sinnvolle Verwendung von Zeit zu vermitteln und die Veränderungsbereitschaft zu fördern, da man „neuen Problemen mit Vertrauen auf neue Lösungen“ begegnen muss (ebd., S. 17). Dazu gehört ebenso, die Fähigkeit auszuwählen zu lernen, um so der Informationsflut begegnen zu können. „Vor allem aber wird das Konzept der Autonomie im Curriculum relevant, wenn wir daran denken, daß Gegenstände dort effektiv angeeignet, also motivationsbildend werden, wo sie aus der Ebene des bloß Tatsächlichen (...) in die Ebene des persönlich Bedeutsamen gehoben werden“ (ebd., S. 17).

1.2.2.3 Staat versus Wissenschaft

Sehr unterschiedliche Vorstellungen gibt es darüber, wer die Lehrpläne erstellt. Auch wenn bei Robinsohn der Staat die ‚Endverantwortung‘ hat, so ist es mehr eine formale als eine inhaltliche Sache. Entscheidend für die Planerstellung ist bei Weniger der Staat, bei Robinsohn die Wissenschaft.

Wer hat die Aufgabe, diese Lehrpläne bzw. Curricula zu erstellen? Im lehrplantheoretischen Kontext von Weniger steht völlig außer Frage, dass der Staat diese Aufgabe hat. „Träger des Lehrplans und regulierender Faktor ist, seit es Lehrpläne im modernen Sinne gibt und bis zur Gegenwart hin, der Staat“ (Weniger 1965^8, S. 33). Weniger sieht den Staat in einer doppelten Rolle: „... einmal als Macht unter anderen Mächten“ (ebd., S. 62). „Zugleich ist er als Erziehungsstaat die Schule selbst“ (ebd. 1965^8, S. 63). Im Konzept Robinsohns tritt der Staat in der Lehrplanfrage hinter die Wissenschaft zurück. „Statt behördlicher ad hoc-Arrangements bedarf es (...) wissenschaftlich fundierter und systematisch konstruierter Apparate“ (Robinsohn 1967, S. 10). Robinsohn fordert „Raum für wissenschaftlich gelenkte Rationalisierung bildungspolitischer Entscheidungen“ (ebd., S. 25). Instanzen der Curriculumentwicklung sind für ihn die Fachwissenschaftler, Repräsentanten der wichtigsten Verwendungsbereiche für das Gelernte sowie Vertreter der anthropologischen Wissenschaften (u.a. Erziehungswissenschaft). In „jedem Fall ist die Mitwirkung verschiedener gesellschaftlicher Instanzen und die Integration ihrer Ansprüche das entscheidende Merkmal der Gewinnung eines Konsens über Curriculumentscheidungen“ (ebd., S. 49). Doch auch bei Robinsohn steht am Ende „in jedem Fall die bildungspolitische Entscheidung, die durch Curriculumforschung nicht ersetzt, wohl aber weitgehend vorbereitet wird“ (ebd., S. 54).

Beide sehen in ihrem jeweiligen Konzept auch Gefahren. Weniger warnt davor, den Plan zu einem Machtinstrument werden zu lassen: „Besonders groß ist natürlich die Gefahr, daß Lehrplan und Schule jeweils Machtinstrumente der den Staat beherrschenden Mehrheiten werden.“ (Weniger 1965[8], S. 36). Und Robinsohn warnt vor Manipulation: „Freilich, wie immer Felder abgegrenzt, Kriterien gesetzt, Experten ausgewählt werden, die Gefahr einer Manipulierung derartiger Ermittlungen - bei jedem ihrer methodischen Schritte, in der Kritik und in der Interpretation - ist nicht zu übersehen“ (Robinsohn 1967, S. 53).

Anders als Robinsohn sagt Weniger nichts darüber aus, wer konkret einen Lehrplan schreiben soll; aber er denkt darüber nach, welche Probleme es bei der Auswahl der Inhalte geben könnte. „So ist die Auswahl der Bildungsinhalte und ihre Konzentration niemals ein methodisches Problem. Das Problem der Auswahl und Konzentration der Bildungsinhalte stellen, heißt vielmehr, sich besinnen auf die existentielle Konzentration, in der uns in unserem Lebenszusammenhang die geistig-geschichtliche Welt gegeben ist, und zwar von den Aufgaben aus, die sich in unserer konkreten Situation jeweils vorfinden“ (Weniger 1965[8], S. 96). Doch endgültige Festlegungen macht er nicht: „Die Inhalte der Konzentration im Heute und Hier anzugeben und Vorschläge für die Auswahl vorzunehmen, würde Rahmen und Kompetenz der Theorie überschreiten“ (Weniger 1965[8], S. 98).

1.2.2.4 Lehrplankommissionen versus Curriculumforschung

Ein weiterer zentraler Unterschied zwischen dem theoretischen Konzept Wenigers und dem Robinsohns liegt in dem WIE der Planerstellung. Weniger lässt diesen Punkt außen vor, weil es ihm - so meine These - nicht relevant zu sein scheint. Das heißt, dass auch in Wenigers Vorstellung die Erstellung des Lehrplans in der auch damals gängigen Form einer durch den Staat beauftragten Kommission erfolgt. Robinsohn möchte genau diese Form der Planerstellung völlig verändern. Hierzu gehört vor allem die Verwendung wissenschaftlicher Methoden zur Feststellung dessen, was gelehrt werden sollte.

Zentrales Element in der Curriculumkonzeption von Robinsohn ist die Methodenfrage. Während dies - wie bereits dargelegt - für Weniger keiner Betrachtung wert ist, liegt für Robinsohn hierin genau das entscheidende Moment für den Erfolg oder Misserfolg einer Reform. „Unsere primäre Aufgabe ist vielmehr, Methoden zu entwerfen, durch die gesellschaftlicher Konsens über jene Kriterien und die über sie zu konstituierenden Curricula ermittelt und aktiviert werden kann“ (Robinsohn 1967, S. 22). Um diese Methoden zu entwickeln, fordert er entsprechende Aktivitäten in der Curriculumforschung. „Jener Konsens, der in dem normativen Anspruch geltender Bildungspläne impliziert ist, soll in einer Reihe von Ermittlungen überprüft und aktualisiert und mit neueren Ergebnissen der Wissenschaft konfrontiert werden“ (ebd., S. 44). Die Aufgabe der Wissenschaft liegt auf drei Ebenen: Sie soll Methoden finden und anwenden; sie soll die zur Bewältigung der neuen Aufgaben notwendigen Qualifikationen herausfinden und schließlich „die Bildungsinhalte und Gegenstände, durch welche diese Qualifizierung bewirkt werden soll, in optimaler Objektivierung“ identifizieren (Robinsohn 1967, S. 45), und sie soll dies alles systematisch überprüfen. Sowohl hermeneutische als auch empirische Verfahren, Expertenbefragung, Analysen spezieller gesellschaftlicher Bereiche (Bsp.: Arbeitsplatzanalysen) sollen hier angewendet werden.

1.2.2.5 Abschließende Einordnung

Robinsohn setzt sich mit Wenigers Lehrplankonzept direkt auseinander. Er bezeichnet Wenigers ‚Bildungslehre' als einen heroischen „Versuch, der ‚Erziehung' Raum zu schaffen im Gefüge des bestehenden, aber zu überprüfenden und aktualisierenden Kanons“ (Robinsohn 1967, S. 23). Damit greift Robinsohn wohl zu kurz; denn auch Weniger hatte die Erneuerung und Überprüfung des Bildungskanons im Blick, wenn auch nicht eine Revision des Fächerkanons. Robinsohn spricht sich zwar nicht explizit gegen Wenigers Modell der Bildungsmächte aus, aber er kritisiert, dass er auf folgende Fragen keine Antwort gebe: „Wie aber diese ‚Bildungsmächte' wirksam werden, wie das Bildungsprogramm ‚sich formt', wo die viel gerühmte Autonomie und Freiheit der Erziehung und auch der Erziehungswissenschaft durch sie und ihnen gegenüber wirksam werden solle, wie etwa durch ‚Auswahl und Konzentration' Bildungsinhalte bestimmt werden sollen - Antworten auf diese Fragen ist Erich Weniger schuldig geblieben“ (Robinsohn 1967, S. 24). Er habe seine Überlegungen nicht zu einer Theorie der Lehrplanentscheidungen ausgebaut (vgl. ebd., S. 24). Und genau hier setzt Robinsohn an. So gesehen könnte man Robinsohns Theorie partiell als Erweiterung der Lehrplantheorie Wenigers auslegen. Der Stellenwert, den Weniger der Erziehung und der ‚Jugendkunde' gibt, ist der erste Schritt in die Richtung, an deren Ende die Forderung Robinsohns steht, u. a. die Lebenswirklichkeit von Kindern und Jugendlichen zu erforschen und im Curriculum stärker zu berücksichtigen. Doch auch wenn man an dem ein oder anderen Punkt gewisse Parallelen zwischen den Konzepten Wenigers und Robinsohns ziehen kann, es bleiben fundamentale Unterschiede.

Aus heutiger Sicht lässt sich sagen, dass das Konzept Robinsohns zwar für die bildungspolitischen Diskussionen der 70er Jahre äußerst anregend gewirkt hat, sich aber für die Erarbeitung von Lehrplänen nicht durchsetzen konnte. Einige Bundesländer (Hessen und NRW) haben um 1967 zwar mit der Curriculumentwicklung nach Robinsohnschem Muster begonnen, jedoch bleibt die „Curriculumforschung im Karussell methodologischer Vorerwägungen“ (Nicklis 1972, S. 51) stecken. Der theoretische Ansatz ist so komplex, dass er sich nicht in schulisches Verwaltungshandeln integrieren ließ. Anders die Theorie Wenigers, die in ihren Grundzügen nach wie vor die schulische Lehrplanrealität widerspiegelt.

1.2.3 Lehrplan- und Curriculumforschung im Überblick

Die soeben präsentierten Theorieansätze thematisieren grundsätzliche Fragen und verorten den Lehrplan bzw. das Curriculum in einem Netz von schultheoretischen, bildungstheoretischen und gesellschaftstheoretischen Bezügen. Im Gefolge der Robinsohnschen Theoriebildung (und im Kontext der damaligen Schulreformbemühungen) hat es einen Boom in der Curriculumforschung gegeben (vgl. Hameyer 1983, S. 55 ff.). In dieser Forschung ging es überwiegend darum, für bestimmte Fächer (oder fächerübergreifend) Curriculumkonzepte zu entwickeln, diese im Unterrichtsversuch zu erproben und empirisch zu evaluieren. Demgegenüber geriet die wissenschaftliche Beschäftigung mit der staatlichen Regulierung der Inhalte - also mit Lehrplänen - deutlich ins Hintertreffen. Hierzu wurde seit den 70er Jahren immer nur sporadisch geforscht, so dass die Zahl der Studien in diesem engeren Feld der „Lehrplan-Forschung“ überschaubar geblieben ist. Genau diese Forschung interessiert hier aber; denn für die Konzipierung der eigenen empirischen Arbeit zur Lehrplanreform ist es unverzichtbar, hierzu den Forschungsstand im deutschsprachigen Raum zu kennen. In den wenigen vorliegenden Studien (vgl. Vollstädt 1995a, S. 23) werden vor allem die folgenden Themen bearbeitet: Erneuerungsgründe, Auswahl und Zusammensetzung von Autorengruppen bzw. Lehrplankommissionen, Urteile von Lehrern über Pläne, der Umgang der Lehrer mit Plänen sowie die inhaltliche wie formale Gestaltung und Ausrichtung von staatlichen Plänen. Es sind Themen, die überwiegend im Vorfeld der Lehrplanimplementation anzusiedeln sind. In der Literatur werden immer wieder die wenigen Untersuchungen zitiert, die hierzu vorliegen (vgl. Vollstädt 1995a, S. 23). Sie sind in den folgenden Ausführungen Grundlage der Darlegungen.

1.2.3.1 Vom Entwurf zum fertigen Plan

Innovationen im Bildungswesen scheinen in der Bundesrepublik häufig durch neue Lehrpläne begleitet und unterstützt zu werden. Stets gibt es in der Bundesrepublik Lehrpläne, die gerade neu entwickelt werden. Von „mehreren tausend Rahmenrichtlinien", die gerade gültig sind, gehen Keuffer/Trautmann 1997 aus (Keuffer/Trautmann 1997, S. 10). Westphalen (1990, S. 69) spricht von 7000 Richtlinien (einschließlich des beruflichen Schulwesens), die es zu diesem Zeitpunkt in der Bundesrepublik gibt. Hopmann berichtet von mehr als 1500 Lehrplänen an allgemeinbildenden Schulen, die in Kraft seien (Hopmann 1988a, S. 197). Das „Kieler Lehrplanverzeichnis", das Haft u.a. 1986 herausgegeben haben, macht besonders anschaulich, welche Formen die permanente Lehrplanreform in der Bundesrepublik Deutschland angenommen hat. „Das Feld ist in einem Ausmaß zergliedert und in Bewegung, daß gelegentlich in Verkehrung der gewohnten Systemperspektive Unübersichtlichkeit durch (Neu-) Ordnung droht" (Hopmann 1988c, S. 197).

Schule ist zwar eingesponnen in ein enges Verwaltungsnetz. Dennoch, nicht alle Autoren sind der Meinung, dass dies wirklich bedeutet, dass die Umsetzung von staatlichen Lehrplanvorgaben und -vorstellungen wirklich kalkulierbar und kontrollierbar ist. Tenorth spricht von den verschiedenen „Wirklichkeitsmodi eines Lehrplans" (Tenorth 1988, S. 128). „Er nimmt eine andere Gestalt an, je nach dem Ort, an dem man ihn antrifft: auf dem Papier der Planer, in den Kontroversen der Politiker, in den Aussagen des Theoretikers oder in der Wirklichkeit der Lehrerarbeit." (ebd.) Auch Künzli spricht die verschiedenen Erwartungsebenen an: „Ob Eltern, Lehrer, Schüler, Bildungspolitiker oder Schuladministratoren, sie verbinden mit dem Lehrplan je unterschiedliche Erwartungen, sprechen ihm in begrifflich meist ungeklärtem Sinne eine große Anzahl von divergierenden ‚Funktionen' zu." (Künzli 1988, S. 235) Weniger entwickelt eine Dreischichtenlehre vom Lehrplan. An dieses knüpft Künzli mit seinem Modell der „Diskursiven Verweise" an. Es wird zwischen dem praktischen Lehrplan, dem pädagogischen Lehrplan und dem juridischen Lehrplan unterschieden. Künzli spinnt ein Netz zwischen diesen Lehrplanaspekten, die unmittelbar miteinander zusammenhängen (vgl. Künzli, 1988, S. 247).

Betrachtet man die Wirkungsweisen von Lehrplänen, muss mitbedacht werden, dass Schulen ihre eigene Dynamik haben und gegen Veränderungen verhältnismäßig resistent sind. Dementsprechend weist Wise in seiner Untersuchung darauf hin (1977), dass es eine Fiktion sei anzunehmen, Schulen als lose gekoppeltes System (vgl. Weick 1976) stünden wirklich in einem strengen Abhängigkeitsverhältnis zur Schulverwaltung. Veränderte Vorgaben ziehen also - folgt man dieser Position - keineswegs automatisch Veränderungen auf der

Unterrichtsseite nach sich. Dennoch: „Die curriculare Gestaltung der Schule, insbesondere die Setzung von Bildungszielen und verpflichtenden Lehrstoffen gilt in Deutschland als Sache des Staates und damit der Bildungsverwaltung" (Westphalen 1983, S. 723). „Der bürokratischen Vorstellung der Lehrplanumsetzung liegt die Fiktion zugrunde, Lehrer könnten Einflüsse des Schul- und Klassenraums perfekt kontrollieren und einen nicht nur schülersicheren, sondern auch situationsunabhängigen Unterricht durchführen" (Sacher 1983, S. 331). Und diese Fiktion prägt als sich perpetuierende Grundannahme vermutlich jegliche Lehrplanerneuerung - und zwar nicht nur in Hinblick von Lehrern gegenüber Schülern und Unterricht, sondern auch in Bezug auf Schulverwaltung und Lehrer.

Hopmann macht deutlich, dass es nicht möglich sei, heutige Lehrplanerneuerung und die damit zusammenhängenden Konflikte zu verstehen, ohne die Geschichte der Lehrplanarbeit zu kennen und die damit verbundenen „Grundmuster" (Hopmann 1988b, S. 10) zu erkennen. Die Anfänge staatlicher Lehrplanarbeit werden von den diversen Autoren zeitlich an der Wende vom 18. zum 19. Jahrhundert verortet (vgl. Haft/Hopmann 1988a, S. 21). Anfangs hat die Lehrplangestaltung kollegiale Momente, und lokale sowie regionale Gegebenheiten üben starken Einfluss aus (vgl. Tenorth 1988, S. 104). Besonders für den Bereich Preußens ist recht genau untersucht worden, welche Lehrpläne unter der Beteiligung welcher Autorengruppen und mit welchem politischen Interesse für welche Schulform und welches Fach entwickelt worden sind (vgl. Hopmann 1988c). Dabei gibt es Prozesse, die in der Gegenwart keineswegs ein Ende gefunden haben; hierzu gehört insbesondere die Verrechtlichung und Bürokratisierung schulischer Angelegenheiten. Zugleich bestehen institutionelle Strukturen, die weniger eine Wandlung als eine Modifikation erfahren haben (vgl. Tenorth 1988, S. 104). Konstanten gibt es insgesamt viele. Haft/Hopmann (1988a) zeigen ebenso wie Tenorth, dass die Praxis der heutigen Lehrplanerstellung und Lehrplaneinführung wesentlich deutlicher ihren Grund in historischen Wurzeln hat, als gemeinhin vermutet wird.

Wie sieht das tradierte Muster der Lehrplanarbeit aus? Haft/Hopmann (1987, S. 510, vgl. auch Haft u.a. 1986, S. 135) schreiben dazu: „Auf Initiative des Kultusministeriums erarbeitet eine von den jeweils zuständigen Dienststellen berufene Kommission einen Lehrplanentwurf, der in der Regel allenfalls geringfügig geändert vom Kultusministerium übernommen und als verbindlicher Lehrplan in Kraft gesetzt wird." Fast überall hat in der Bundesrepublik, Österreich (vgl. Achs u.a. 1997), Schweiz (vgl. Santini/Trier 1978) die Lehrplanentwicklung noch heute die gleiche Struktur. Was den Anteil der Pläne angeht, die zunächst verbindlich erprobt werden sollen, so sind die Schweizer Zahlen von Seliner-Müller/Künzli (1998, S. 275) aufschlussreich. Fast die Hälfte der Lehrpläne, so die Aussagen von Befragten, wurden zunächst unter Erprobungsvorbehalt eingeführt. Diese Zahlen lassen sich wohl auch auf die Bundesrepublik übertragen.

Schon 1969 forderte Doris Knab dazu auf, Lehrer und Lehrerinnen im Sinne des Partizipations- und Demokratisierungsgebots in die Curriculumentwicklung mit einzubeziehen (Knab 1969). Das Verhältnis von Staat und Wissenschaft ist in Bezug auf Kooperationen innerhalb der Lehrplanerstellung und Lehrplanforschung doppelbödig. Bindet sich die Wissenschaft zu sehr an die Kultusbürokratie, droht ihre Instrumentalisierung; bleibt sie distanziert, wird sie die internen Vorgänge bei der Lehrplanerstellung kaum erfassen oder gar beeinflussen können (Schirp/Haenisch 1984). Letztendlich hängt es vor allem vom Selbstverständnis der Experten in den Landesinstituten ab, „ob und inwieweit Lehrplanentwicklung lediglich der Verwirklichung der jeweiligen Absichten der Schulverwaltung verpflichtet ist oder sich auch für wissenschaftliche Curriculumforschung oder andere gesellschaftliche Interessengruppen öffnet“ (Vollstädt 1995b, S. 301).

1.2.3.2 Die Arbeit von Lehrplankommissionen

900 Lehrplankommissionen ermittelten Haft/Hopmann (1987) für die Jahre 1980 bis 1984. Drei- bis viertausend Mitglieder arbeiteten in dieser Phase an Lehrplänen. Angesichts dieser Zahlen wird deutlich, dass die Erarbeitung von Lehrplänen große personelle und materielle Ressourcen bindet. Das Forschungsinteresse an dieser Stelle gilt der Frage, wer denn eigentlich Lehrpläne schreibt, wer für Lehrpläne verantwortlich ist und welche Entscheidungsprozesse sich in Lehrplankommissionen abspielen (vgl. z. B. Flechsig/Haller 1973). Haft/Hopman stellen hier eine enge Verbindung von Administration und Schulpraxis fest. „Arbeitsweise und Arbeitsinhalt der Kommissionen sind hauptsächlich darauf gerichtet, mit begrenzten Mitteln in angemessener Form einen schulpraktisch vertretbaren Lehrplan zu schreiben“ (Haft/Hopmann 1987, S. 513). Sie charakterisieren das Erstellen von Lehrplänen in den 80er Jahren als ein vor allem administrativ geprägtes Vorhaben. Schulpraktische Einflüsse gibt es nur durch die Wahl der Lehrplanautorinnen und Lehrplanautoren. Doch der Rahmen wird von der Schulverwaltung und Politik bestimmt. „Die Mitglieder verdanken ihre Berufung ihrer ‘Nähe’ zur Verwaltung, sei es durch frühere Mitarbeit an ähnlichen Aufgaben, sei es durch die Mitwirkung in der Lehreraus- und -fortbildung. An diesem Vorgehen hat sich auch in jüngerer Zeit nichts geändert, wie die Lehrplanforschung des IPN in Kiel zeigt“ (Biehl/Ohlhaver/Riquarts 1998, S. 224 ff.).

Diese enge Anbindung der Lehrplanautoren und -autorinnen an die Kultusbehörde gilt auch für die zweite Phase der hessischen Rahmenrichtlinienentwicklung und die Entwicklung der hessischen Rahmenpläne.[3] Insofern dürften nach wie vor die Strukturen und Prozesse gelten, die Haft/Hopmann in den 80er Jahren herausgefunden haben. Das 14. Symposium des IPN zur „Geschichte der staatlichen Lehrplanarbeit“ hatte das „überraschende“ Ergebnis, „daß sich keines der in den sechziger und siebziger Jahren diskutierten Modelle zur Curriculumreform in der Planungspraxis hat durchsetzen können, daß von marginalen Veränderungen abgesehen, alles beim Stand der sechziger Jahren geblieben war“ (Hopmann 1988b, S. 7). Dies gilt auch für die Formen der Lehrplanerstellung und -einführung. Damit bestätigten sie, was Lenzen/Meyer schon 1975 feststellten: „Es besteht ein deutlicher Widerspruch zwischen den praktisch folgenreichen curricularen Entwicklungsarbeiten der Kultusverwaltungen der Bundesländer und den Themenstellungen akademischer Curriculumdiskussion. Sowohl quantitativ als auch im Blick auf ihre Durchsetzungschancen im Schulalltag dominieren immer noch eindeutig die seit Jahrzehnten gültigen Formen der Lehrplanerstellung“ (Lenzen/Meyer 1975, S. 157).

1.2.3.3 Lehrpläne und LehrerInnen

Sacher, der zu den wenigen gehört, die sich mit der Relevanz von Lehrplänen für Unterricht auseinandersetzen, kommt zu dem Schluss, dass „Lehrpläne insgesamt nur zum geringeren Teil direkten Einfluß auf den Unterricht ausüben und in der Regel über zwischengeschaltete Moderatoren wirken“ (Sacher 1983, S. 328).

Aus dieser skeptischen Position darf jedoch nicht geschlossen werden, dass mit dem Lehrplan keine Unterrichtsanleitung beabsichtigt sei. Im Gegenteil: Was die staatlichen Institutionen angeht, so sind Lehrpläne „Programme, die in der Ereignisfolge des Unterrichts verwirklicht werden sollen“ (Tütken 1969, S. 464). Und im öffentlichen Bewusstsein wird davon ausgegangen, dass sie genau dies tun. Nur so lassen sich die teilweise heftigen Auseinandersetzungen um Lehr-

3 Vgl. Kapitel 2. Als eine der wenigen Ausnahmen von einer solch engen ministeriellen Bindung kann die erste Phase der Rahmenrichtlinienentwicklung in Hessen gelten: der Versuch der großen Curriculumkommission, in der eine Gruppe von Lehrplanmachern unter wissenschaftlicher Leitung und verhältnismäßig fern von kultusministeriellen Weisungen versuchte, einen völlig anderen Lehrplan - ein Gesamtcurriculum - für die hessischen Schulen zu erstellen. Verbunden war dies mit dem Gedanken einer partizipatorischen Lehrplanentwicklung. Der Versuch scheiterte aus den Gründen, auf die im Kapitel 2 dieser Arbeit noch eingegangen wird. Danach zog die staatliche Administration den Prozess wieder an sich.

pläne erklären. Und die Bundesländer reagieren auf den Trend. Möglicherweise war bei vielen Plänen der 70er Jahre die „politische Inszenierung" (vgl. Sacher 1983, S. 327f.) wichtiger als heute. Gegenwärtig gibt es aber zunehmend häufiger Pläne, bei denen von Seiten der Kultusministerien sehr konkrete Vorgaben für Unterricht gemacht und präzise Erwartungen formuliert werden. Zu diesen zählen die hessischen Rahmenpläne.

Welche Funktionen Lehrpläne auch immer erfüllen: Ein Staat verordnet Lehrpläne und verpflichtet damit Lehrerinnen und Lehrer - rein rechtlich gesehen -, diese unterrichtswirksam werden zu lassen. Lehrpläne sind staatliche Vorgaben, die mehr oder weniger genau vorschreiben, was die Lehrerinnen und Lehrer in der Institution Schule zu lehren haben. Doch woher weiß der Staat, was von dem, was er vorgibt, auch im Unterricht selbst ankommt? Die wissenschaftliche Forschung der Bundesrepublik gibt darüber wenig Auskunft. Oder genügt den staatlichen Instanzen der bürokratisch-hierarchische Machtgestus? Lehrpläne werden in Kraft gesetzt, also kann man davon ausgehen, dass sich Lehrer und Lehrerinnen daran halten werden? Dass dies eine viel zu schlichte Sichtweise ist, ist spätestens seit der Untersuchung von Vollstädt u.a. (1999) nicht mehr nur eine These, sondern empirisch gesicherte Gewissheit.

Dass die Verpflichtung von Lehrern und Lehrerinnen, bei ihrem Unterricht von den Lehrplänen auszugehen, nicht konfliktfrei eingelöst wird, ist kein neues Phänomen und hat historische Wurzeln. So stieß die Einführung der ersten Lehrpläne in Preußen auf deutlichen Widerstand bei den Lehrenden. Es war im 18. Jahrhundert im höheren Schulwesen üblich, dass die Pläne an den Schulen selbst ausgearbeitet wurden. Mit Beginn des 19. Jahrhunderts mussten die Direktoren der Berliner Gymnasien ihre Lektionspläne vom preußischen Innenministerium genehmigen lassen. Und schließlich wurde das Recht zur Lehrplanerstellung ihnen ganz aus der Hand genommen. Nun wurden die Lehrpläne vom Staat entwickelt. „Der (...) Lehrplan von 1837 generalisierte dann formell den Lizensierungsmechanismus: die Schulen hatten von nun an unmittelbar ihre Lektionsplanung am staatlichen Lehrplan auszurichten" (Hopmann 1988c, S. 48). Rein - ein Kritiker zentralistischer, staatlicher Lehrpläne - äußerte noch 1897: „Die Ausarbeitung des Lehrplans ist nicht Sache des Schulregiments (...) Die Lehrplanarbeit soll es (...) den Lehrerkollegien überlassen" (Rein 1897, S. 503). Er markiert damit ein zu diesem Zeitpunkt bereits fast 100 Jahre altes Tauziehen zwischen den Schulen - insbesondere denen des höheren Schulwesens - und ihrer Lehrer und Lehrerinnen auf der einen Seite und der staatlichen Verwaltung und deren Interessen auf der anderen Seite (vgl. Hopmann 1988c, S. 30ff.).

Welche unmittelbaren Reaktionen es auf schulischer Seite gab, welche Erwartungen auf der Seite der Administration bestanden und wie die Rezeption der

Lehrpläne auf Seiten der schulischen 'Abnehmer' aussahen, darüber geben Quellen vereinzelt Auskunft: Die preußische Lehrplanarbeit beginnt nicht mit dem Verordnen von Lehrplänen, sondern zunächst mit der „Einführung einer Genehmigungspflicht für vorab einzureichende schulische Lehrpläne" (Hopmann 1988c, S. 37). Den ersten preußischen Lehrplänen, z. B. jenen von 1837, die in einem mit heute zu vergleichenden Sinn von der Schulverwaltung erstellt und verordnet wurden, wurde mit großer Entschiedenheit von Seiten des Staates Geltung verschafft. Die Schulleiter sollten gegenüber den Lehrenden „rücksichtslos" darauf achten, dass die Lehrpläne durchgesetzt werden. Kam es von Seiten der 'Schulbasis' zu Klagen, so war dies nach Ansicht des preußischen Ministeriums als Übertreibung anzusehen. Schuldig daran seien die Lehrer und Direktoren, aber keinesfalls die Bestimmungen (vgl. Hopmann 1988c, S. 49). Die Geschichte der Lehrpläne zeigt auch, dass die einfache Anordnung noch keinen Lehrplan durchsetzt. So blieb der schon erwähnte bayerische Lehrplan für die Elementarschulen von 1804 lange Zeit wirkungslos - obwohl er 1811 als Landesgesetz erneuert wurde -, da die Organisation der Schulen und die Mittel für den Unterricht nicht ausreichten, um den Plan umsetzen zu können (Hopmann 1988c, S. 51). Dieser Plan behielt übrigens 115 Jahre Gültigkeit (ebd., S. 68).

Ende des 19. Jahrhunderts war die preußische Lehrplanarbeit schließlich so weit entwickelt, dass die Lehrpläne leichter durchsetzbar waren. Eine wichtige Bedingung hierfür war, dass die Lehrpläne einige „als Methodenfreiheit und Unterrichtsplanung definierte Spielräume" für die Lehrerinnen und Lehrer ließen (Hopmann 1988c, S. 92). Außerdem hatte sich ein Diskurssystem im Vorfeld der Lehrplanverabschiedung entwickelt, das sehr erfolgreich war. Man versuchte möglichst viele interessierte Lehrer an der Lehrplanarbeit zu beteiligen. Die Beteiligung endete jedoch im „Vorfeld des administrativen Entscheidungsprozesses; letzte Hand an den Lehrplantext durfte nur legen, wer vom Ministerium auserkoren war" (Hopmann 1988c, S. 104). Diese Regel gilt wohl bis heute. Ein Blick in die Forschung zur Geschichte der Lehrpläne zeigt auf, dass Lehrpläne von Lehrerinnen und Lehrern als Anordnung, Bedrängung und Einengung empfunden wurden. Dass dies auch in der Bundesrepublik nicht sehr viel anders aussieht, geht zum Beispiel aus einer Untersuchung Kunerts hervor, die er 1979/80 in Bayern durchführte (Kunert 1983).

Aus den 70er und 80er Jahren liegen einige Untersuchungen vor, die sich mit dem Verhältnis der Lehrkräfte zu ihren Lehrplänen befassen. Santini (1971) stellt fest, dass nur etwa 40 % der Lehrerinnen und Lehrer ihre Pläne genau kennen. Er untersucht auch, wie oft Lehrerinnen und Lehrer Lehrpläne zur Hand nehmen. Bei einem Drittel lag dies mehr als ein Jahr zurück. Auch Axnix' (1983) Untersuchungen weisen in eine ähnliche Richtung. Er findet u. a. heraus, dass nur 35 % der Lehrkräfte wissen, wie die Verbindlichkeit in ihrem Lehrplan geregelt ist. Santini (1971) stellt fest, dass der Kenntnisstand von Lehrplänen sehr eng damit zusammenhängt, wie intensiv die Auseinandersetzung mit Lehrplänen in der Ausbildung war. Auch Sacher (1983) weist nach, dass es wesentlich von der Lehrplankompetenz der Lehrenden abhängig ist, ob Lehrpläne unterrichtswirksam werden. Diese Ergebnisse lassen vermuten, dass die Lehrplantreue von Lehrerinnen und Lehrer nicht sehr groß ist. Aus Untersuchungen von Santini (1971) und Kunert (1983) liegen hierzu Zahlen vor. Aus ihren Untersuchungen ist diesbezüglich ein deutlicher ‚Riss' zwischen den mathematisch/naturwissenschaftlichen und den musischen Fächern festzustellen. Die Lehrplantreue in den mathematisch/naturwissenschaftlichen Fächern ist weitaus größer als in den musischen Fächern. In diversen Untersuchungen wird auch der Versuch unternommen herauszufinden, welche Planformen, welche Planstrukturen bei den Lehrkräften gut ankommen. Santini (1971) findet heraus, dass fast 50 % der von ihm befragten Lehrer den sogenannten Bildungsplan[4] bevorzugen und nur etwa 15 % einen Minimalplan bevorzugen würden. Bittlinger und Axnix (1983) finden heraus, dass ausführliche und eindeutige Hinweise gewünscht werden. 74 % der von Axinix (1983) Befragten befürworten Hinweise auf Lernzielkontrollen. Und er stellt auch fest, dass Grobziele gegenüber detaillierteren Lernzielen präferiert werden. Diese Lernziele sollten, folgt man den Ergebnissen von Santini (1971), nach Meinung von 88 % der befragten Lehrerinnen und Lehrer verbindlich sein. 90 % der Lehrerinnen und Lehrer fänden es gut, wenn stärker Empfehlungen und Vorschläge ausgesprochen würden. Welche Untersuchung aus dieser Zeit man auch betrachtet, die Mehrheit der Befragten plädiert für eine Reduzierung von Vorgaben, seien diese in Form von Lehrinhalten oder Lernzielen (vgl. Axnix 1983 und Bittlinger 1980). Blickt man zurück auf die Zahlen vom Anfang dieses Absatzes, in denen es um die Lehrplankenntnis ging, und setzt diese in Relation zu den letzten Zahlen, so wundert es nicht, dass nur 12 % der Lehrerinnen und Lehrer der Untersuchung von Santini (1971) angeben, dass sie sich eingeengt fühlen. Dies bestätigen auch Haenisch/ Hellmich/Wilden (1984) in ihrer Untersuchung zu vierzehn Unterrichtsfächern.

Der Umkehrschluss wäre allerdings falsch, davon auszugehen, dass Lehrpläne für Lehrerinnen und Lehrer grundsätzlich bedeutungslos seien. Lehrpläne können für Lehrerinnen und Lehrer aus den unterschiedlichsten Gründen trotz allem Relevanz haben: Orientierung, Entlastung und rechtliche Absicherung können die positiven Momente eines Lehrplans sein: Es sind letztendlich aber

4 In die Kategorie der Bildungspläne fallen zum Beispiel die Rahmenrichtlinien, während die Rahmenpläne eher in Richtung Minimalpläne gehen.

nur wenige, die Lehrpläne als Moment der täglichen Inspiration für ihren Unterricht empfinden (vgl. Halstenberg/Meyer 1997). Die Untersuchungen, die im Zusammenhang mit den hessischen Rahmenplänen gemacht worden sind, bestätigen dies. Die Bereitschaft, auf Lehrpläne zurückzugreifen, wächst in besonderen Situationen in der Lehrer- und Lehrerinnenbiografie: beruflicher Anfang, Wiedereinstieg in den Beruf, Übernahme von Klassenstufen, die bislang nicht unterrichtet wurden und vergleichbaren Situationen (vgl. Vollstädt u.a. 1999, S. 31f.).

1.2.3.4 Defizite der Lehrplanforschung

Lehrpläne sind zwar ein zentrales Steuerungselement im schulischen Bereich, spielen jedoch als Forschungsthema in der Schulpädagogik eine insgesamt eher geringe Rolle. In einem Literaturüberblick weist Vollstädt darauf hin, dass in den letzten 30 Jahren hierzu nur eine kleine Zahl von Studien durchgeführt wurde. Weder die historische noch die empirische Forschung gibt zu dem Verhältnis von Lehrplänen und Unterricht ausreichend Auskunft (vgl. Hameyer 1972, S. 624; Haenisch 1985, S. 4). Die Kritik an diesem mangelnden Forschungsinteresse reicht weit zurück. Ganz besonders der ansonsten eher engagierten Curriculumforschung der 60er und 70er Jahre wird vorgeworfen, dass sie die alltägliche Unterrichtspraxis kaum berücksichtigt habe. Sacher stellt 1983 fest: „Wieso die empirische Erforschung der Lehrplanwirkung auch in den siebziger Jahren keine nennenswerten Fortschritte macht (...), ist schwieriger zu begreifen“ (Sacher 1983, S. 326f.). Ein Forschungsdefizit gibt es bei allen Aspekten, zu deren Klärung Langzeitforschung notwendig wäre. Diese wäre notwendig, um präziser zu untersuchen, welche Auswirkungen Lehrpläne auf Unterricht und seine Veränderung haben. Bedeutsam wäre es auch zu wissen, wie Lehrpläne konstruiert und eingeführt werden müssen, damit sich die mit ihnen verbundenen Innovationsabsichten auch langfristig realisieren lassen.

Wie bereits deutlich wurde, wurde in den 60er und 70er im weiten Feld der Lehrplanentwicklung- und -konstruktion intensiver als in den 80er und 90er Jahren wissenschaftlich gearbeitet (vgl. Hameyer/Frey/Haft 1983, S. 17). Die Arbeit der 60er und 70er Jahre betraf allerdings kaum die Lehrpläne, sondern überwiegend die Forschung über die Konstruktion und Evaluation einzelner Curricula. Doch Anfang der 80er Jahre war diese Phase weitgehend vorbei. Hopmann beschreibt, dass in den 80er Jahren eine immer engere administrative Einbindung der „Diskursforen“ stattfand (Hopmann 1988c, S. 138). Hameyer (1992), der den Stand der Curriculumforschung von 1982-1992 bilanziert, konstatiert ebenfalls, dass es in dieser Zeit wesentlich weniger Forschungsaktivität gab als in der Phase zuvor und ganz allgemein ein rückläufiges

Interesse festzustellen sei. Seit Ende der 80er Jahre ist also im Bereich der Lehrplanforschung nicht viel Neues hinzugekommen, sieht man einmal von den bereits mehrfach erwähnten Studien an den Universitäten Bielefeld (vgl. Vollstädt u. a. 1999) und Kiel (vgl. Hopmann u. a. 1998, Biehl/Ohlhaver/Riquarts 1998) ab.

Wie sieht der Forschungsstand in dem engen Bereich der hier vorliegenden Arbeit aus, bei den Innovations- und Implementationsprozessen? Die Frage, wie Innovationen in die Schulen hineingetragen wurden und Innovationsprozesse in Gang gesetzt werden können, wird in der Curriculumforschung immer wieder gestellt (vgl. Hameyer/Frey/Haft 1983a, S. 18). Dennoch wird der Bereich der Implementation von Lehrplänen, zumindest was Verwaltungshandeln und insbesondere die Wirksamkeit von Erlassen oder flankierender Unterstützung bei der Einführung angeht, weitgehend vernachlässigt. „Kaum untersucht worden ist, wie neue Lehrpläne durch Verwaltungsmaßnahmen, Lehrerfortbildung etc. implementiert werden (...)" (Hopmann 1988c, S. 16), wie und ob Innovationen dieser Art überhaupt funktionieren. Schaut man die Curriculum- und Lehrplanforschung daraufhin durch, bestätigt sich der Eindruck, dass dieser Bereich im wissenschaftlichen Abseits steht. Die Form der Einführung der Pläne sowie die Frage, ob das, was die offizielle Absicht ist, so auch in den Schulen ankommt, spielt kaum eine Rolle. Ebenso wenig wird den Ursachen dafür nachgegangen, warum es Differenzen gibt zwischen dem, was ministeriell gewollt wird, und dem, wie es auf Seiten der Lehrerinnen und Lehrer verstanden bzw. umgesetzt wird.

Weder in dem Curriculum-Handbuch von 1975 (Frey) wird dieses Problem angesprochen, noch wird dieser Bereich in dem 1983 (Hameyer u. a.) herausgegebenen Handbuch für Curriculumforschung ausgiebig behandelt. Sacher stellt fest: „Obwohl es sich hierbei um ein zentrales Problem des öffentlichen Schulwesens handelt, hat sich die empirische pädagogische Forschung seiner noch nicht systematisch angenommen" (Sacher 1983, S. 325). Hopmann bestätigt dies noch 1988 im Hinblick auf den empirischen Forschungsstand. „Was mit Lehrplänen nach ihrer Verabschiedung im Ministerium geschieht, ist im einzelnen Ländervergleich nicht empirisch untersucht worden" (Hopmann 1988c, S. 232). Wenn es Informationen gäbe, dann seien diese von den Ländern auf dem Verwaltungswege entstanden.

Meine eigene Arbeit versucht, dieses Forschungsdefizit ein wenig auszufüllen. Dabei war es als begleitende Evaluation der Neueinführung hessischer Lehrpläne (im Auftrag des Kultusministeriums) möglich, in interne Prozesse Einblick zu nehmen, zugleich aber die kritische Distanz gegenüber ministeriellen Intentionen zu wahren (vgl. Vollstädt u. a. 1999, S. 9).

1.3 Lehrplanreform als Innovationsprozess

Zu Beginn wurde bereits deutlich gemacht, dass sich diese Arbeit auf die Entwicklungs- und Einführungsphase neuer Lehrpläne konzentrieren wird. Damit stehen die folgenden Schlüsselbegriffe im Mittelpunkt: Innovation, Implementation, Legitimation. Diese zentralen Kategorien einer Curriculumreform sind auch für die Analyse und die Interpretation der hessischen Rahmenplanentwicklung und -einführung von zentraler Bedeutung. Mit ihnen - und den dahinter stehenden Theorien - könnte es möglich werden, besser zu erfassen, was zu der Differenz bzw. Kongruenz zwischen Innovationsabsicht auf Seiten der Kultusbürokratie und der Innovationsrezeption bzw. -realität auf Seiten der Lehrerinnen und Lehrer geführt hat.

Im Folgenden sollen somit die innovationstheoretischen Ansätze, die in der Diskussion um Schulentwicklung eine Rolle spielen, daraufhin gesichtet werden, ob sie für den Verlauf von Lehrplanreformen eine Interpretationsfolie bieten. Nun ist die Literatur zu schulischen Innovationen im Allgemeinen und zu Curriculuminnovationen im Besonderen inzwischen nahezu unüberschaubar geworden. Der Versuch, dazu einen Überblick zu geben, soll daher hier erst gar nicht unternommen werden. Ausführliche Darstellungen zum Thema Innovation und Curriculumforschung sind in den Aufsätzen von Aregger (S. 249-256) und Strittmatter (S. 239-247) komprimiert nachzulesen (Teil III des Handbuch der Curriculumforschung von 1983). Zugleich ist aber festzustellen, dass theoretische wie empirische Arbeiten, die eine Lehrplanreform als Innovation betrachten und analysieren, ausgesprochen selten sind. Vor diesem Hintergrund wird im Folgenden versucht, die innovationstheoretischen Konzepte so zu sichten, dass sie eine Folie für Beschreibung und Analyse von Lehrplan-Revisionen bieten.

1.3.1 Innovation: eine begriffliche Klärung

Innovation hat zwei Aspekte, die mit dem Begriff gemeinhin in Verbindung gebracht werden. Da wäre zum einen der Aspekt „Novität" im Sinne von „neu"/ „Erneuerung" und zum anderen der Aspekt „Verbesserung". Aregger unterscheidet zwischen vier Innovationsformen: der Verfahrensinnovation, der Strukturinnovation, der personellen Innovation und der Produktinnovation. Lehrpläne sind vergleichbar mit Produktinnovationen. Aregger definiert Innovation „als eine bedeutsame Änderung im Status Quo eines sozialen Systems, welche gestützt auf neue Erkenntnisse, soziale Verhaltensweisen, Materialien und Maschinen, eine direkte und/oder indirekte Verbesserung innerhalb und/oder außerhalb des Systems zum Ziele hat" (Aregger 1983, S. 250). Innovation in

Hinblick auf Organisationen bezeichnet nicht nur einen Teilschritt, sondern umfasst den gesamten Veränderungsprozess. „Der gewählte Innovationsbegriff erstreckt sich dabei über alle Stufen des Veränderungsprozesses von dem Auftreten eines Problems, das mit den bekannten Methoden nicht zu lösen ist, bis zur Realisation der Innovation“ (Kieser 1969, S. 742).

Wie sehen diese Stufen einer Innovation aus? Es gibt Grundkonstanten, die jede Innovation, jede Veränderung des Status quo kennzeichnen. Sie werden an dieser Stelle dargelegt, da die einzelnen Aspekte den Gesamtbegriff „Innovation“ leichter verständlich machen. Die folgenden Fragen basieren auf den Ausführungen Areggers (1983, S. 250ff.) und sind kombiniert mit jenen für Analysen hinlänglich bekannten “W-Fragen“.

- Zunächst wäre der Gegenstand der Innovation zu nennen: WAS soll konkret verändert werden?
- Der Gegenstand kann aber nur dann innovativ verändert werden, wenn der Zweck der Innovation klar ist: WARUM soll die Innovation stattfinden?
- Stehen der Gegenstand und der Zweck der Innovation fest, stellt sich die Frage nach der Form, in der die Innovation geschehen soll: WIE soll sich die Veränderung vollziehen?
- Innerhalb des Gesamtgefüges muss klar sein, wer der personelle Träger der Innovation ist: WER hat ein Interesse daran und WER betreibt und realisiert die Innovation?
- Bei der genaueren Planung muss der Ausgangspunkt der Innovation bekannt und eruiert sein. Die entsprechende Frage lautet: WOHER, aus welcher Ausgangssituation heraus, wird die Innovation entwickelt?
- Auch wenn die allgemeine Zweckbestimmung der Innovation bekannt ist, muss doch das konkrete Ziel der Innovation, das erreicht werden soll, genau bestimmt werden. WOHIN führt die Innovation?
- Bleibt schließlich das Thema Ressourcen. Eine Innovation muss entweder durch personelle, zeitliche oder materielle Ressourcen gestützt werden. Gefragt wird: WOMIT wird die Innovation gestützt?

Dieses an Aregger orientierte Fragenschema lässt sich durch ein von Hameyer (1978a) entwickeltes Modell zur Beschreibung von Innovationen ergänzen. Dabei wird die Ausdifferenzierung über Fragen, die an eine Innovation gestellt werden sollen, vorgenommen. Hameyer spricht vom Innovationsprogramm, das entspricht dem WARUM des vorher vorgestellten Schemas, vom Innovationsfeld, was dem WAS und dem WOHER entspricht, vom Innovationsprozess, was gleich dem WIE ist, und vom Innovationsergebnis, was mit dem WOHIN gleichgesetzt werden kann (vgl. Hameyer 1978a, S. 44). Innovationsprogramm, Innovationsfeld, Innovationsprozess und Innovationsergebnis werden als Begriffe hier erwähnt, da mit ihnen bestimmte Phasen eines Innovationsprozesses gut bezeichnet werden können.

In Hameyers curriculum- bzw. -lehrplanorientiertem Modell wird der Träger der Innovation nicht explizit genannt. Das macht dann Sinn, wenn es sich um systemimmanente Innovationsprozesse handelt. Ein Beispiel: Die Mitglieder einer Schule beschließen, die Konferenzstruktur in der Schule zu ändern. In diesem Fall sind die Träger der Innovation Mitglieder des Innovationsfeldes (vgl. Altrichter/Posch 1996). Im Fall von Lehrplanrevisionen sind aber die Träger der Innovation und die Mitglieder des Innovationsfeldes nicht identisch, deshalb müssen sie gesondert betrachtet werden. Hameyer entwickelt aufbauend auf dem dargelegten Innovationsschema mit den zentralen Begriffen „Innovationsprogramm“, „Innovationsfeld“, „Innovationsprozess“, „Innovationsergebnis“ ein Fragenraster. Wie komplex Innovationen sein können, wird an diesem Fragenraster deutlich (Hameyer 1978a, S. 46-53):

- „Welches sind die Ausgangspunkte, Hauptziele, Konzeptionselemente und Arbeitsschwerpunkte des Innovationsprogramms? (...)
- Welche Absichten, Motive und Interessen liegen dem Innovationsprogramm zugrunde und wie werden diese ermittelt (und revidiert)? (...)
- Wie werden erkenntnissystematisierende und praktisch-handlungsbezogene Tätigkeiten organisiert und miteinander verbunden? (...)
- Welcher Art sind die Beziehungen zwischen einem Innovationsversuch und den anvisierten Zielgruppen? (...)
- Auf welche Weise werden Arbeits-, Verständigungs- und Entscheidungsprozesse im Innovationsversuch organisiert? (...)
- Auf welchen finanziellen, sachlichen, personellen und raumzeitlichen Bedingungen fußt die Konzeption eines Innovationsversuchs? (...)
- Welche Bedingungen und Kräfteverhältnisse im Innovationsfeld begrenzen oder fördern das zu untersuchende Projekt? (...)
- Welche Deutungsmuster, Wahrnehmungsgewohnheiten, Handlungsschemata, Einstellungen und andere Faktoren prägen die lebens- und berufspraktische Arbeit von Zielgruppen im Innovationsfeld? (...)
- Welche latenten oder expliziten sozialen Beziehungen dominieren im Wirkungsbereich eines Innovationsversuches? (...)
- Welches sind die Merkmale der Organisiertheit pädagogischer Praxis im Wirkungsbereich des Innovationsversuchs?“

Diese zehn Fragen beziehen sich nahezu ausschließlich auf die Bereiche „Innovationsfeld“ und „Innovationsprogramm“. Um auch die Bereiche „Innovationsprozess“ und „Innovationsergebnis“ erfassen zu können, müsste der Fragenkatalog weitergeführt werden. Solche Fragen können eine Orientierung auch bei der Analyse eines auf Lehrpläne bezogenen Innovationsprozesses sein.

1.3.2 Phasen der Innovation

Die begriffliche Klärung hat gezeigt, dass vielschichtige Prozesse zu berücksichtigen sind. Auch in der Linie des zeitlichen Ablaufs lassen sich Innovationen betrachten. Das bekannteste Modell der Phasierung stammt von Giacquinta (1973, S. 197 f.; vgl. auch Bauer/Rolff 1978, S. 247) und gliedert den Innovationsprozess in drei Abschnitte: die Initiation, die Implementation sowie die Inkorporation bzw. Dissemination. Besondere Aufmerksamkeit wird in diesem Teilkapitel der Implementation geschenkt, da sie die Innovationsphase ist, die in den empirischen Studien die zentrale Rolle spielt.

Die Phase, die am Anfang eines Innovationsprozesses steht, ist die Initiationsphase. Sie bezeichnet eine Situation, in der Veränderungswünsche so stark werden, dass sie in einen konkreten Änderungsprozess münden können. Auslöser einer Initiation können Unruhe, Unzufriedenheit, Störungen, überkommene Traditionen u.a.m. sein. Was genau der erste Moment einer Initiation ist, ist schwer festzulegen: „Es ist nicht ohne weiteres feststellbar, wo die Ursachen bzw. ersten Quellen liegen, wenn Curriculuminnovationen als Projekte initiiert werden“ (Aregger 1976b, S. 288). Um innovatorische Veränderung zu initiieren, müssen entsprechende Maßnahmen, Mittel bzw. Strategien entwickelt werden. Da „im allgemeinen (...) die Innovationsbereitschaft des Menschen in sozialen Systemen nicht sehr groß“ ist (Aregger 1976b, S. 152), bedeutet dies, dass die Initiation einer Innovation nicht ausreicht, sondern genau überlegt werden muss, wie im Rahmen der Implementation die Innovation im sozialen System - z. B. in der Schule - verankert werden kann.

Eine Innovation verlässt dann den Status einer Idee, wenn die Konzeption mit Realisierungsvorstellungen verbunden wird, über Mittel und Wege zum Erreichen des Ziels konkret nachgedacht wird. Damit beginnt die Phase der Implementation, also der zweite Schritt innerhalb eines Innovationsprozesses. Im Zusammenhang mit Lehrplanprozessen beschreibt „Implementation“ den Vorgang der Planeinführung. Doch nicht jede Implementation hat automatisch innovativen Charakter. Bauer/Rolff stellen fest, dass es in den meisten Definitionen fünf Dimensionen sind, die bei Implementationen im Bildungssystem relevant sind. Es kann sich um neue Materialien oder Hilfsmittel, eine Veränderung der Organisationsstruktur, Veränderungen im Rollen- oder Systemverständnis oder um Wandlungen im Wertegefüge handeln (Bauer/Rolff 1978, S. 250). Je nachdem, wie ein Lehrplan konstruiert ist, kann er einzelne oder alle fünf Aspekte berühren. Bauer/Rolff (1978, S. 249) stellen fest, dass die wichtigste Phase für das Gelingen einer Innovation die Implementation sei. In dieser Phase, und nicht in der der Initiation, ist das Gleichgewicht des schulischen Systems besonders in Gefahr.

Welche unterschiedlichen Vorstellungen von Implementationsvorgängen gibt es? Lütgert/Stephan nennen drei Varianten:

1. Implementation als Erreichung vorgegebener Ziele (technologische Perspektive)
2. Implementation als wechselseitige Anpassung (politische Perspektive)
3. Implementation als Evolution (subkulturell-ökologische Perspektive)

Bei dem 1. Modell wird davon ausgegangen, dass Verwender wie Konstrukteure gleiche Ziele und ein gemeinsames Wertesystem haben. Bei dem 2. Modell geht es darum, dass sich Verwender und Innovation „wechselseitig anpassen" (Lütgert/Stephan 1983, S. 515). Entwickelt wurde dieses Konzept von Berman/McLaughlin (1974 und 1976). Die Autoren gehen davon aus, dass es zwar unterschiedliche Normenvorstellungen gibt, aber ein Prozess möglich ist, bei dem Curricula stetig verändert und verbessert werden. Anders als bei Modell 1 gibt es nicht das per se zu erreichende Ziel, sondern lediglich eine Arbeitsrichtung.

Interessant ist das dritte Modell, weil es in der Behauptung sehr weit geht: Aufgrund des unterschiedlichen Wertesystems und den unterschiedlichen Zielen zwischen Curriculumentwicklern und Curriculumnutzern könne es keine wirklich erfolgreiche Implementation geben (vgl. Farrar/Desanctis/Cohen 1980). Eine Implementation würde sich, je nach Rolle und Perspektive der am Curriculumprozess Beteiligten, so unterschiedlich darstellen, dass es zu Konflikten kommen müsse. Keineswegs ist also nach diesem Modell die zielgetreue Umsetzung als Erfolg anzusehen; denn dieses Ziel kann nie erreicht werden. Der Erfolg liegt unter Umständen in den „nichtintendierten Auswirkungen" (Lütgert/Stephan 1983, S. 515).

Bei Implementationsüberlegungen bezogen auf Lehrpläne muss berücksichtigt werden, über welche „Übertragungswege" Lehrpläne den Unterricht innovieren können; denn auf diese „Wege" muss sich eine erfolgreiche Implementationsstrategie beziehen. Halstenberg/Meyer (1997, S. 203) vermuten, dass Lehrpläne über die folgenden Wege Wirkung entfalten können:

- durch Gutachter, die Lehrwerke für ein Bundesland akzeptieren bzw. ablehnen
- über die Akzeptanz durch Lehrwerkautoren
- durch die Referendarsausbildung, wenn Mentoren und Fachleiter sich auf diese Lehrpläne beziehen
- über Fachtradition, soweit Lehrpläne mit diesen stimmig sind
- über die Lektüre durch Lehrer
- über die Akzeptanz durch Lehrer

Die Verpflichtung zum administrativen Vollzug wird hier nicht als eigener Weg genannt, sondern lediglich zusätzlich angesprochen. „Richtlinien sollten eigentlich von den Lehrerinnen und Lehrern befolgt werden; deshalb heißen sie ja 'Richtlinien'" (Halstenberg/Meyer 1997, S. 202). Die Autoren korrigieren die Formulierung ,befolgen' sofort, indem sie ergänzen, dass Richtlinien eine „orientierende" Funktion haben sollten und dass Richtlinien „Unterstützungshilfe für die ordnungsgemäße Unterrichtsgestaltung" (ebd.) seien. Das sieht mancher Bildungsverwalter sicher anders.

Pläne werden über Erlasse verordnet, werden durch dieses Verfahren ab einem bestimmten Zeitpunkt für die Arbeit in den Schulen verbindlich. Das ist nach wie vor in allen Bundesländern so. Wise (1977, S. 45) stellt zwar fest, dass in der Schulverwaltung immer deutlicher gesehen würde, dass Schule vorgegebene Ziele nicht allein schon deswegen erreichen würde, weil sie verordnet seien. Demgegenüber stellt Sacher fest, dass die Schuladministratoren der Bundesrepublik Deutschland „insgesamt mehr auf die Ausübung von Druck über die Schulaufsicht als auf die innere Zustimmung der Lehrer zu Lehrplänen" setzten (Sacher 1983, S. 329). Hopmann (vgl. 1988c, S. 232) beschreibt einen Dreischritt bei der Implementation von Lehrplänen:

a) Der Lehrplan wird den Lehrerinnen und Lehrern in der üblichen Mitteilungsform von Verwaltungsvorschriften zur Kenntnis gegeben. Meistens handelt es sich dabei um Veröffentlichungen in den Amtsblättern des Bundeslandes.
b) Es finden Veranstaltungen im Bereich der Lehrerfort- und -weiterbildung statt.
c) Schulbücher, Ausbildungsvorschriften etc. werden dem neuen Lehrplan angepasst (sekundäre Lehrplanbindung).

Autoren, die sich mit Fragen der Implementation beschäftigen, setzen sich auch mit der Frage auseinander, aus welchen „Beweggründen (...) eine Innovation in ursprünglicher oder abgewandelter Fassung von Personen oder Institutionen praxisgestaltend übernommen" wird (Hameyer 1983, S. 87). Welche Möglichkeiten sehen beispielsweise Fullan/Pomfret (1977), die von einer Neuerung Betroffenen dazu zu bewegen, nicht mit Formen des passiven Widerstands auf die Destabilisierung ihres Systems zu reagieren, nicht durch Verzögerungstaktiken oder durch Ignorieren den eingeleiteten Prozess zu verlangsamen oder gar zu stoppen? Entsprechende Strategien sind Teil einer Implementation. „Schulung (Training), Ressourcenbereitstellung, Feedback und Partizipation sind die vier von Fullan und Pomfret genannten Strategien" (Bauer/Rolff 1978, S. 251).

"Ein wichtiges Kriterium für die Dissemination ist die Frage, inwieweit sich das neu entwickelte Curriculum in den Kontext der vorhandenen einordnen läßt" (Ziechmann 1983, S. 217). Ob es gelungen ist, Neues in vorhandene Strukturen einbinden zu können, ist ein wesentliches Moment für eine erfolgreiche Innovation und kennzeichnet die dritte Phase des Innovationsprozesses. Inkorporation bzw. Dissemination ist die Bezeichnung für diese Phase. „Inkorporation" bedeutet die Verinnerlichung der Innovation im Schulbetrieb, das Einflechten der Innovation in den Unterrichtsalltag. Mit „Dissemination" wird die Verbreitung der Innovationsinhalte bezeichnet.

Nach Fullan/Pomfret (1977) verlaufen Innovationsprozesse über weite Strecken autonom. Welches Ergebnis die Implementation hat, zeigt sich erst in dieser Phase der Inkorporation. Das Ergebnis kann von einer sehr genauen Erfüllung der vorgedachten Innovationsziele bis hin zu einer weitgehenden Zielverschiebung bzw. einer völligen Verkehrung der angestrebten Ziele in ihr Gegenteil reichen. Die Ursachen liegen im Implementationsprozess. Selbige nennen zwei Faktoren, die für die Phase der Implementation wichtig sind, damit die Innovation erfolgreich sein kann: Klarheit und Komplexität. Mangelnde Klarheit führt zu frustrierenden Suchprozessen, und eine falsch verstandene Reduktion von komplexen Situationen schlägt in ihr Gegenteil um. „Häufig wird die Komplexität gerade dadurch erhöht, daß Maßnahmen auf ein Teilsystem beschränkt bleiben, wodurch die Integration des Systems gefährdet wird" (Bauer/Rolff 1978, S. 251). Die dritte Phase (Inkorporation) ist dann erfolgreich, wenn die Akzeptanz bei Lehrerinnen und Lehrern bezüglich der Innovation auf Dauer groß bleibt. Je enger Lehrerinnen und Lehrer in die Curriculumentwicklung einbezogen sind, desto größer ist innerhalb dieser Gruppe die Akzeptanz von Curricula. Allerdings: Die Tatsache, dass einige Lehrkräfte ein Curriculum erarbeitet haben, reicht noch nicht dafür aus, dass es eine automatisch höhere Akzeptanz und Verbreitung desselben unter der Gruppe von Lehrern und Lehrerinnen gibt, die nicht einbezogen worden sind (vgl. Elbers 1975, S. 217).

1.3.3 Machtverteilungen bei Innovationen

Die Frage, wer einen Innovationsprozess beeinflusst oder gar bestimmt, kann großen Einfluss auf Erfolg und Akzeptanz einer Reform haben. Hage/Aiken (1970, S. 104) stellen fest: „Die Implementationsphase ist das Stadium des Konflikts, insbesondere über Macht. Es ist die Phase, in der das neue Programm das stärkste Ungleichgewicht in der Organisation hervorruft, weil das Programm in dieser Phase Wirklichkeit wird und die Organisationsmitglieder tatsächlich mit ihm leben müssen."

Lütgert/Stephan (1983, S. 502) beschreiben vier Modelle, denen eine sehr unterschiedliche Machtkonstellation innewohnt:

1. das machtorientierte Bürokratiemodell

2. das technologieorientierte Research-Development-Diffusion-Modell
3. das nutzerorientierte Problem-Solving-Modell
4. das interaktionsorientierte Linkage-Modell

Diese vier Modelle unterscheiden sich in dem Verhältnis zwischen denen, die eine Innovation entwickeln - in unserem Fall das Ministerium mit nachgeordneter Behörde - und denen, für die die Innovation gedacht ist: den Lehrerinnen und Lehrern. Während in dem ersten Modell ganz klar die ‚Innovationsrichtung' von oben nach unten geht - die Administration weist die Nutzer an, - gibt es bei dem zweiten Modell zwar eine ähnliche Rollenverteilung wie bei dem ersten Modell; im Gegensatz zu diesem gibt es aber eine „Gleichheit der Interessen und Intentionen“ (ebd.). Bei dem dritten Modell gibt es die strikte Rollentrennung nicht mehr. Die Nutzer entwickeln die Pläne. Das ist bei dem vierten Modell nicht so, bei dem die gleiche Rollendifferenz wie bei 1 und 2 besteht, aber ein ganz enges kooperatives Verhältnis. Interessant für die Analyse der Entwicklung von staatlichen Lehrplänen sind also die Modelle 1 und 2. Es sind zwei Formen von Machtverteilung, die sich letztendlich herauskristallisieren: Sehr vereinfacht werden sie gemeinhin mit „top down“ und „bottom up“ tituliert. Welches Verfahren gewählt wird, gibt Auskunft über die Haltung von Entscheidungsträgern gegenüber denen, die von Entscheidungen betroffen sind.

1.3.3.1 Top Down

Bei einem top-down-Verfahren wird sozusagen ‚von oben' bestimmt, was ‚unten' zu machen sei. Entscheidungstheoretisch betrachtet handelt es sich dabei um ein geschlossenes Modell. Für solche geschlossenen Modelle ist charakteristisch, dass sie genaue Kriterien dazu formulieren, was angestrebt wird und wie etwas sein soll (vgl. Heinen 1971). Bei geschlossenen Modellen steht der streng logisch aufgebaute Entscheidungsprozess im Vordergrund. Dabei geht man nach Strittmatter von folgenden Annahmen aus:

- Dem Entscheidungsträger sind alle relevanten Informationen vollständig bekannt.
- Die Eintretenswahrscheinlichkeit der Konsequenzen möglicher Entscheidungen ist prognostizierbar.
- Es werden nur komplementäre Ziele angestrebt.
- Es wird eine Präferenzordnung möglicher Handlungsergebnisse aufgestellt.
- Zu jedem Handlungsziel kann eindeutig Stellung bezogen werden.

Ausgegangen wird sonst von einem idealtypischen Entscheidungsträger, der aufgrund formaler Logik vollständig rationale Entscheidungen trifft (vgl. Strittmatter 1983, S. 240).

1.3.3.2 Bottom Up

Ein bottom-up-Verfahren hat die umgekehrte Blickrichtung. Bottom-up-Verfahren sind eher offene Entscheidungsmodelle, die sich durch folgende Aspekte auszeichnen:

- Im Mittelpunkt steht das Individuum, das entscheidet.
- Dieses Individuum gilt bezüglich seiner Rationalität nicht als unbeschränkt.
- Es wird versucht, Beschränkungen mitzudenken.
- Das Entstehen von Entscheidungen und Entscheidungsproblemen wird analysiert.
- Die Informationsgewinnung wird näher in den Blick genommen.
- Wie Informationen verarbeitet werden und welchen Einfluss die Umwelt darauf hat, wird erforscht.
- Das Suchverhalten bei der Problemfindung und die Informationssuche bei der Problemlösung sind von Interesse (vgl. Strittmatter 1983, S. 240).

„Deskriptive offene Modelle der Entscheidungstheorie sind - unter Berücksichtigung kognitions- und motivationspsychologischer Erkenntnisse – interdisziplinär angelegt“ (ebd.). Offene Modelle garantieren u.U. ein größeres Engagement der Betroffenen. Geht man davon aus, dass mit Lehrplanrevisionen auch eine Veränderung von Unterrichtspraxis intendiert ist, so müssen laut Kayser/Fuhr (1983) die Betroffenen stärker beteiligt oder zumindest an deren Bedürfnissen angeknüpft werden. „Eine Curriculumreform, die Lehrern die Rolle von Abnehmern und Anwendern fremdentwickelter Produkte zuweist, macht ihre eigentlichen Träger zu Objekten. Unterrichtssituationen können nur von den am Unterricht Beteiligten verändert werden“ (Gebraulet u.a. 1972, S. 2).

Das Prinzip von buttom-up und top-down kann man auch auf Teilbereiche des Innovationsprozesses übertragen. Ein Beispiel ist die von Ziechmann gewählte Unterscheidung zwischen zwei Formen der Implementation: der „face-to-face-Form“ und der „schriftlichen Einweisung“ (Ziechmann 1983, S. 217), die meistens eine Anweisung ist. Bei der face-to-face-Form werden Lehrerinnen und Lehrer von jemandem, der mit dem Curriculum vertraut ist, zum Autorenteam gehört oder Multiplikator ist, mit den neuen Inhalten vertraut gemacht. Weil die face-to-face Form immer auch auf Austausch ausgerichtet ist, trägt sie Elemente eines bottom-up-Verfahrens in sich. Bei der „schriftlichen Einweisung“ werden Lehrerinnen und Lehrer mit neuen Inhalten, die sie in ihrem Unterricht übernehmen sollen, durch Anleitungen oder Handbücher vertraut gemacht, was eher einer top-down-Haltung entspricht.

1.3.4 Fördernde und hemmende Faktoren einer Lehrplaninnovation

Aregger (1976a, 1976b, 1978, 1983) hat in mehreren Veröffentlichungen ein „Drei-Komponenten-Modell der Curriculuminnovation" (1976b, S. 267) entwickelt. Dieses Modell bezieht sich explizit auf die Entwicklung von Curriculumpaketen (Unterrichtseinheiten) und ihre unterrichtliche Umsetzung. Auf den Prozess der Lehrplanreform (mit seinem stark administrativen Anteil) ist es nur in Grenzen übertragbar. Anregend und hilfreich für den Kontext dieser hier vorliegenden Arbeit ist allerdings Areggers Konzept, die Einflussfaktoren in fünf „Faktorenbündel" zusammenzufassen und jeweils zu fragen, welche Ausprägung innerhalb dieser Faktorenbündel eine Innovation begünstigen, welche sie erschweren. Dieses Konzept wollen wir im Folgenden auf Lehrplan-Innovationen übertragen und daher zunächst den Blick auf die fünf Faktorenbündel werfen: a) Zielbestimmung, b) Mitglieder, c) Strukturen des Curriculumprozesses, d) Leistung des Curriculumprozesses und e) organisationsumfassende Faktorenbündel. Diese Sortierung bietet eine gute Grundlage, um in geordneter Weise innovationshemmende und innovationsfördernde Faktoren zu thematisieren.

1.3.4.1 Das Ziel der Innovation

Die *Zielbestimmung* spielt in Areggers Aspekten zur Innovationstheorie eine wesentliche Rolle. Sehr genau muss formuliert werden, was das eigentliche Ziel der Innovation ist. Auf die Situation staatlicher Lehrplanarbeit bezogen stellt sich die Frage: Ist das Ziel das Erstellen eines Lehrplans, die Einführung des Lehrplans oder die Übernahme der mit dem Lehrplan intendierten Veränderungen durch die Zielgruppe? Je nach Perspektive wird dann die Frage, ob eine Innovation geglückt ist oder nicht, anders beurteilt.

Wenn sich die Zielvorstellung - z. B. die Interpretation der Lehrplaninhalte - zwischen Lehrplanmachern und abnehmenden Lehrern und Lehrerinnen nicht deckt, ist dies in Bezug auf Innovationen kontraproduktiv. Schutz (1971) zufolge scheinen Curriculum- und Lehrplanmacher darauf zu bauen - Sacher spricht gar davon, „naiv darauf zu vertrauen" (Sacher 1983) -, dass sich die Interpretationen beider decken würden. Doch dies ist meistens nicht so. Als Folge davon gibt es große Widerstände an der Basis. Als These formuliert Schulte, dass der normative Hintergrund eine wichtige Rolle spiele (Schulte 1983, S. 382), auf dem „die beim Aufeinandertreffen von curricularen Zielvorstellungen und didaktischem Alltagswissen auftretenden 'Unstimmigkeiten' wahrgenommen, diagnostiziert und bewertet werden".

Auch Altrichter/Salzgeber setzen sich mit Zielaspekten, insbesondere dem der „Zieldiversität" (vgl. Altrichter/Salzgeber, 1995, S. 14) auseinander. Anders als bei anderen Organisationstheorien, bei denen von Zielkohärenz ausgegangen wird, wird hier bewusst von vielfältigen Zielen ausgegangen, mit denen bewusst umgegangen werden muss. Zieldiversität ergibt sich z. B. aus folgenden Merkmalen:

- „(...) rechtliche Vorgaben (z. B. allgemeine Bildungs- und Lehraufgaben und didaktische Grundsätze in den Lehrplänen) sind allgemein gehalten und *konkretisierungsbedürftig*; d.h. die Mitarbeit der Akteure ist gefordert, um die Zielvorgaben in Handlungen umzuformen.
- Anderenteils gibt es *Widersprüche innerhalb (...) und zwischen den verschiedenen formellen, informellen und individuellen Zielkonzepten*, wodurch eigene Entscheidung zwischen den konkurrierenden Orientierungsangeboten erforderlich wird.

Schließlich sind die offiziellen Organisationsziele manchen Akteuren gar nicht bekannt, werden von anderen ignoriert, unterlaufen, als irrelevant oder unsinnig abgetan usw." (Altrichter/Salzgeber 1995, S. 15).

Positiv gewendet bedeutet das: Die Chance, dass eine Innovation erfolgreich verläuft, ist besonders groß, wenn es an den zentralen Stellen im Geflecht der Innovationsbeteiligten einen Konsens über das zu erreichende Ziel gibt. Nöth entwickelt ein Raster mit den unterschiedlichsten gesellschaftlichen und schulspezifischen Faktoren. Dieses Raster legt er als Analyseschema an Innovationsprozesse an. Und er kommt dabei zu zentralen Aussagen: „Innovationen sind dann am ehesten erfolgreich, wenn sie in Übereinstimmung mit den Zielvorstellungen des Gesamtsystems sind oder zumindest scheinen" (Nöth 1978, S. 37). Er stellt auf der Basis seiner Recherchen fest: „Innovationen gelingen im Zielsystem um so leichter, je mehr Unterstützung sie in einem anderen, ebenfalls bürokratisch strukturierten Subsystem mit verwandten Kompetenzen haben" (Nöth 1978, S. 37f.).

1.3.4.2 Die Mitglieder des Innovationsprozesses

Die Zahl der *Mitglieder* einer Innovation bei der Einführung von Lehrplänen ist groß. Aregger fordert dazu auf, hier genauer die Qualifikationen, das Innovationsbewusstsein und das Management der am Innovationsprozess Beteiligten in den Blick zu nehmen. Die entscheidende Gruppe, die an einer Lehrplaninnovation beteiligt ist, sind die Lehrerinnen und Lehrer. Mit denen müsste über das Vorhaben intensiv kommuniziert werden.

Ein Faktor, der bei der Lehrplanerstellung kaum antizipiert werden kann, sind persönliche Widerstände von Lehrerinnen und Lehrern, die bestimmte Inhalte betreffen. Laut Rumpf können hierzu die Angst vor Inkompetenz oder Konfliktscheu gehören (vgl. Rumpf 1975, S. 46). Unsicherheit ist aus Sicht

Hameyers (1978a, S. 37) ein wesentlicher Innovationshemmer. „Lehrpläne wirken auf die Unterrichtsplanung (...) in einer durch Planungsstrategien, Verhaltensmuster und Einstellungen der Lehrer gebrochenen Weise“ (Sacher 1983, S. 329). Wenn es also so ist, dass Lehrpläne vor allem ihre Bedeutung für die Makroplanung von Unterricht haben und im Bereich der Mikroplanung (dem täglichen Unterricht) weniger bedeutsam sind, dann wäre es innovationsförderlich, wenn an dieses Planungsverhalten von Lehrerinnen und Lehrern angeknüpft würde. Gerade Lehrersozialisation und Lehrerselbstverständnis können ein retardierendes Moment bei der Lehrplaneinführung sein, wenn die Inhalte nicht mit deren Selbstverständnis und Arbeitsweisen korrespondieren. Santini sieht eine wesentliche innovationshemmende Ursache darin, dass Lehrerinnen und Lehrer in ihrer Ausbildung nicht gelernt haben, sich zur Erweiterung ihrer Handlungskompetenz mit Lehrplänen auseinanderzusetzen (Santini 1971).

Ähnlich komplex wie der Bereich der Mitglieder ist der der *Organisationsstruktur,* der sich überwiegend auch auf Personenkonstellationen bezieht. Hierzu zählt Aregger unter anderem: Positionen, Rollen, Stellenbeschreibungen, Belohnungssysteme, Qualifikationen, Transformationstechnologie (gemeint sind damit zum Beispiel Formen der Informationsverarbeitung).

Wie Innovationen mit der *Zielgruppe* (den Lehrerinnen und Lehrern) kommuniziert werden, ist eine Bedingung für deren Erfolg oder deren Scheitern. „Untersuchungen haben gezeigt, daß innovative Systemänderungen sorgfältig vorbereitet werden müssen, wenn sie ‚ankommen‘ sollen“ (Hameyer 1978a, S. 35). Doch was heißt ‚vorbereitet‘? Nach den Recherchen von Hameyer gehört dazu auch die Vorbereitung der Gruppen, die von der Innovation betroffen sind, sowie beispielsweise das Schaffen von ökonomischen wie sozio-kulturellen Anreizsystemen/Belohnungssystemen (vgl. Lütgert/Stephan 1983, S. 510).

Welchen Gewinn hat die Zielgruppe einer Innovation von derselben? Diese Frage wird häufig außer Acht gelassen. „Wir müssen davon ausgehen, daß die im Bildungssystem handelnden Gruppen und Individuen Veränderungen nicht um ihrer selbst willen anstreben, sondern weil sie Verbesserungen erreichen wollen“ (Bauer/Rolff 1978 S. 252f.). Also wäre es für das Gelingen einer Innovation wichtig, dass die Vorteile für den Einzelnen deutlich gemacht werden.

1.3.4.3 Organisationsumfassende Elemente der Innovation

Innovationen führen zu einer Destabilisierung eines eingespielten und insofern von vielen Systembeteiligten als stabil empfundenen Systems. Im Bereich der Handlungsdimension kann es zu innovationshemmenden Auswirkungen kommen, wenn beispielsweise eine lange praktizierte Handlungsroutine im Gegensatz zu neuen curricularen Vorstellungen steht (vgl. Wellendorf 1977). Hameyer kommt zu einem ähnlichen Ergebnis, erweitert es allerdings um den Faktor Macht. „Bewahrungsinteressen, die einem Innovationsversuch im Zielbereich entgegenstehen, sind in der Regel machtmäßig verankert“ (Hameyer 1978a, S. 37). Erst wenn der Machtfaktor mit ins Spiel kommt, kann der individuelle Widerstand zu einem relevanten innovationshemmenden Moment werden. Ein Beispiel hierfür können Aktivitäten des Personalrats oder Hinhaltestrategien einer Schulleitung sein.

Welche innovationshemmenden bzw. innovationsfördernden Einflüsse gibt es nun von administrativer Seite aus? Der eine Einflussbereich betrifft die Rahmenbedingungen. Hierzu gehören beispielsweise Rechtsvorschriften. Der andere Einflussbereich betrifft die Möglichkeit, Lehrplanprozesse unmittelbar zu beeinflussen. Haushaltspolitische Entscheidungen gehören ebenso dazu wie Personalentscheidungen, Stundentafeln oder auch die „Präferierung bestimmter Curriculumskonzeptionen“ (vgl. Meertens 1983, S. 418).

Innovationshemmend wirkt aus Sicht einiger Wissenschaftler die zunehmende Bürokratisierung und Verrechtlichung des Schulwesens (vgl. Hopmann 1988c, S. 43). Meertens schreibt 1983: „Der seit Beginn dieses Jahrzehnts beobachtbare sprunghafte Anstieg der Einschaltung von Gerichten zur Überprüfung der Rechtmäßigkeit schulischer und curricularer Sachverhalte und Reformprozesse ist - wenngleich nicht ausschließlich - Ausdruck einer durch politische Konflikte bedingten Rechtsorientierung im Bildungswesen“ (Meertens 1983, S. 419). Die zunehmende Verrechtlichung führt - und sei es nur zeitlich gesehen - zu Verzögerungen, bis eine Innovation greifen kann. Doch es gibt auch eine Gegenposition, in der davon ausgegangen wird, dass genau die zunehmende Verrechtlichung und Parlamentarisierung eine wichtige Absicherung von Reformen ist und insofern perspektivisch nicht hemmend, sondern innovationsfördernd wirkt (vgl. Flitner 1977, S. 281).

Von zentraler Bedeutung in diesem Zusammenhang ist die These von Sardei-Biermann, die sie im Rahmen einer Untersuchung zur Verrechtlichung von Reformmomenten aufstellt und die bedeuten würde, dass jegliche Einbindung einer Lehrplaninnovation in staatliches Handeln innovationshemmend wirken müsste. Sie stellt fest, dass die „rechtsförmige Durchsetzung von Innovationen tendenziell ihren Innovationscharakter“ aufhebe (Sardei-Biermann 1978, S. 141). Dies hänge damit zusammen, dass die Verrechtlichung mit zunehmender Kanalisierung und Kontrolle einer verwaltungstechnisch bedingten Umformung unterliege. Die Reform wird rechtlich passend gemacht, verallgemeinert, mit anderen Interessen gleichgesetzt. Hopmann stellt die These auf, dass das Schulsystem - verstanden als Verwaltungssystem - nur solche Veränderungen akzeptiert, die systemkonform sind. „Nur Systemveränderungen, die im Rahmen der jeweils gültigen Regeln ordnungsgemäßer Verwaltung durchführbar waren, konnten auf Dauer (...) im Systemkontext überleben“ (Hopmann 1988c, S. 19). Alles andere wird im Sinne der Innovationshemmung ausgebremst.

1.3.4.4 Außerschulische Faktoren als Elemente im Innovationsprozess

Außerdem gibt es noch Faktoren, die durch das Modell von Aregger nicht erfasst werden. Dies kann damit zusammenhängen, dass es sich um ein Innovationsmodell im Rahmen von Curriculumprozessen handelt und nicht um ein spezielles Modell für Lehrplaninnovationen. Bei Lehrplanreformen können aber auch außerschulische Faktoren und Aktivitäten innovationsbeeinflussend sein. Eine ganz wichtige Rolle spielen dabei gesellschaftliche Organisationen, die sich im Umfeld des Systems Schule bewegen. „Die wichtigsten Organisationen in der Umwelt des Bildungssystems sind Parteien, Gewerkschaften, Wirtschaftsverbände, Berufsverbände, Elternverbände und Kirchen. Diese Organisationen sind in der Lage, Zwecksetzungen vorzunehmen und bestimmte (...) Ziele anzustreben“ (Bauer/Rolff 1978, S. 233). Schulte (1983, S. 382) nennt drei Faktoren, die für den Erfolg oder Misserfolg einer Innovation ausschlaggebend sind: der Inhalt, die Handlungsdimension und der normative Hintergrund. Zum normativen Hintergrund gehören auch die genannten außerschulischen Organisationen. Da externe Ansprüche ganz besonders in der Lehrplanentwicklung relevant sind, ist dies ein wichtiger Punkt bei der Interpretation der Vorgänge um die Entwicklung und Einführung der hessischen Rahmenpläne. Kritisch merkt Hyams-Peter an: „Die Beschreibung und Analyse solcher Einflüsse ist in der erziehungswissenschaftlichen Forschung im deutschsprachigen Raum bisher weitgehend ausgespart worden“ (Hyams-Peter 1983, S. 403). Auch bei diesen außerschulischen Einflüssen sind es Übereinstimmungen oder Differenzen zwischen unterschiedlichen Erwartungen, die eine Innovation fördern oder hemmen können. Innovationshemmend sind vor allem divergierende Ziel- und Inhaltsvorstellungen, z. B. zwischen Wissenschaft und politischen Kräften und der Bildungsverwaltung.

1.3.5 Lehrplanrevision als Legitimationsproblem

Die Legitimationsfrage ist keine ureigenste Frage der Lehrplanforschung. „Die Frage der Legitimation wird als theoretisches Problem vor allem im politikwissenschaftlichen Zusammenhang diskutiert. Dort versteht man unter Legitimation den Ausweis einer politischen Ordnung als rechtens" (Kaiser 1983, S. 597). Legitimation ist im Zusammenhang mit Lehrplänen von drei Perspektiven her zu betrachten: Eine, in der untersucht wird, wie Entscheidungen getroffen werden: „Es ist zu fragen, wer wo mit welcher Kompetenz, mit welchen Verfahren und welcher Verbindlichkeit Lernziele, Inhalte und Lernmaßnahmen faktisch festlegt" (König 1983, S. 587; vgl. auch Haller 1973). In einer zweiten Perspektive wird genauer untersucht, „wie Curriculumentscheidungen getroffen werden sollen" (ebd.). Kaiser fügt noch eine dritte Perspektive hinzu: Es wird danach gefragt, wie jene, die ein Curriculum entwickeln, dieses gegenüber Abnehmern und Öffentlichkeit legitimieren (vgl. auch Preuss 1975).

Diese dritte Perspektive ist im Zusammenhang mit dieser Arbeit besonders interessant, da sie sich genau auf die konfliktträchtigste Phase der Implementation anwenden lässt. Die zentrale Frage, die sich unter legitimatorischer Perspektive stellt, ist: „Welchen pädagogischen Zweck soll die Schule anzustreben suchen?" (Tyler 1973, S. 13) Folgende Erziehungsziele kristallisieren sich bei einer groben Rasterung heraus (vgl. König 1983, S. 589):

- das Lernen wissenschaftlicher Kenntnisse
- die Bewältigung von Lebenssituationen (z. B. Robinsohn 1971, S. 45)
- den Bedürfnissen der Lernenden entgegenkommen (z. B. Dedering 1976, S. 31 ff.)
- die Erziehung zur Mündigkeit (Autonomie, Emanzipation ...) (z. B. Klafki/Aust 1972, S. 17 f.)

Wenn man diese vier ‚Kategorien' einem Raster gleich über die Lehrplanrezeption von Lehrerinnen und Lehrern legt, lassen sich pädagogische Konfliktkonstellationen genauer eingrenzen. Kaiser geht noch einen Schritt weiter. Er entwickelt eine systematische Übersicht, die durch eine breitere Perspektive gekennzeichnet ist (Kaiser 1983, S. 597). Die folgenden Begriffe wurden von mir gewählt, um die vier verschiedenen Richtungen deutlicher gegeneinander abzugrenzen:

An erster Stelle sind *Normenkonflikte* zu nennen. Normenkonflikte können entstehen, wenn auf der Ebene der Legitimation Normen unvereinbar sind (Kaiser nennt als Beispiel „Solidarität versus Konkurrenz").

An zweiter Stelle stehen *Auslegungskonflikte*. Auslegungskonflikte entstehen dann, wenn Normen unterschiedlich ausgelegt werden, wenn der pädagogische Überbau, kritische Fachinhalte unterschiedlich interpretiert werden.

Entscheidungsträgerkonflikte sind die dritte Konfliktkategorie: Dieser Legitimationskonflikt entsteht dann, wenn z. B. „einer ministeriell eingesetzten Curriculumentwicklungsgruppe die Legitimität mit Bezug auf die Normen der 'Selbstbestimmung der Betroffenen' abgesprochen" (Kaiser, ebd.) wird.

Als letztes wären noch die *Herrschaftskonflikte* zu nennen. Herrschaftskonflikte entstehen, wenn der Regierung und ihren Vertretern pauschal das Recht zu einer bestimmten Handlung abgesprochen und die Legitimität einer Sache pauschal angezweifelt wird. Kaiser nennt als Beispiel „die Legitimität von Inhalten und Zielsetzungen in den Richtlinien für ein bestimmtes Fach" (Kaiser 1983, S. 598).

Doch auch diese vier Ebenen umreißen nicht das gesamte Problem. Welche Beurteilungsraster lassen sich noch entwickeln? Ausgehend von den eingangs beschriebenen Überlegungen, aufbauend auf den Überlegungen von Kaiser und orientiert an der Interpretation der Vorgänge und Konflikte bei der Entwicklung der hessischen Rahmenpläne, werden folgende Legitimationsmuster unterschieden:

Verfahrensweisen als Legitimation: Legitimiert wird ein Lehrplan durch das Verfahren, das er durchläuft. Dieses Verfahren - in einem demokratischen System - ist dadurch geprägt, dass versucht wird, einen Konsens herzustellen zwischen divergierenden gesellschaftlichen Einflüssen, Gruppen, Interessen. Kaiser vertritt hierzu die Position: „Die verfahrensmäßigen Legitimationsformen fußen letztlich aber alle auf der unverzichtbaren Annahme, daß Konsens der Beteiligten möglich ist." (Kaiser 1983, S. 600). Wichtig bei diesem Legitimierungsmuster ist, sehr genau zu berücksichtigen, mit welchen Gruppen hier Konsens erzielt werden soll.

Gesetzgebung als Legitimierung: Bei der Einführung von Lehrplänen wird auf Gesetze, Paragraphen, Artikel verwiesen, um die Legitimität einer Entscheidung zu bekräftigen. Das Grundgesetz (Art. 7, Abs. 1 GG) spielt in diesem Zusammenhang ebenso eine Rolle wie die darauf abgestimmten Länderverfassungen und die Schulgesetze.

Wissenschaft als Legitimierung: Hier handelt es sich um Legitimationsstrategien, die auf der Basis wissenschaftlicher Forschung, sei es im pädagogischen oder im fachwissenschaftlichen Feld, aufgebaut werden. Kaiser äußert sich hier sehr skeptisch: „Aber im großen und ganzen spielt Wissenschaft doch eher die Rolle des idiot de la famille: Sie darf hin und wieder auch einmal ein paar Noten im Konzert der Legitimatoren spielen, hat sich aber insgesamt gefügig an die Partitur und die Einsätze des Dirigenten zu halten" (Kaiser 1983, S. 603).

Politik als Legitimierung: Machtverhältnisse, Koalitionen, Regierungswechsel auf Länderebene etc. - dies alles beeinflusst sehr ausgeprägt die Legitimationsstrategien. Der mit jedem Wechsel einer Landesregierung einhergehende Versuch, neue Pläne zu installieren - Hessen ist hierfür ein gutes Beispiel - zeigt dies sehr prägnant.

Pädagogik als Legitimierung: Hier unterscheidet Kaiser zwischen drei Begründungsmodellen:

a) Betonung des Wissensaspekts. Wissen als Basis für Urteilsvermögen und berufliches Weiterkommen.
b) Begründung des Lebenskontextes der Schüler und Schülerinnen.
c) Hervorheben des Selbständigkeitsaspekts. Schule soll Schüler und Schülerinnen befähigen, selbstbestimmt und mündig zu handeln. (Kaiser 1983, S. 603 ff.)

Sachzwänge als Legitimierung: Den auf Kaiser aufbauenden Aspekten (s.o.) möchte ich noch einen weiteren hinzufügen, den der Legitimierung eines Lehrplans bzw. von Teilbereichen auf der Basis schulischer Sachzwänge. Dazu gehören Stundentafeln, Haushaltsmittel, Klassengrößen, Lehrerzahlen u. a. m.

Öffentlichkeit als Legitimierung: Auch der Hinweis auf Öffentlichkeit kann ein wichtiger Legitimationsfaktor sein. Mit dem Hinweis auf die Berücksichtigung von Anliegen einflussreicher Gruppen können Inhalte in Plänen verankert werden. Die Einflussnahme auf Lehrplanentscheidungen durch die großen christlichen Kirchen ist hierfür ein Beispiel.

Zusammenfassend sei festgestellt: Es wird im Rahmen einer Lehrplanreform immer mehrere Legitimationsstrategien geben. Welche Legitimationsstrategien angewendet werden, dürfte vor allem abhängig sein von der Gruppe, vor der ein Plan legitimiert werden muss. So dürften sich Legitimationsstrategien gegenüber Schulräten deutlich von denen gegenüber Lehrenden oder gegenüber Wissenschaft unterscheiden. Auf die diversen Legitimationsstrategien wird in dem Kapitel zur Implementation der hessischen Rahmenpläne näher eingegangen.

1.3.6 Perspektiven für die eigene Forschung

Ein Lehrplan ist kein festes Gebilde mit klaren Formen und unmissverständlichen Aussagen, sondern eher ein Objekt ständiger Veränderungen, Interpretationen und Projektionen. Lehrplaninnovationen sind nur bedingt planbar. Warum eine beabsichtigte Innovation gelingt oder scheitert, wie es zu Zielverschiebungen kommt oder dazu, dass sich Beabsichtigtes in sein Gegenteil verkehrt, dazu lassen sich aus den theoretischen Überlegungen zu Innovations-, Implementations- und Legitimationsfragen zwar einige Deutungshilfen gewinnen. Forschungen, die sich - in der Form, wie in dieser Arbeit geplant - mit der Frage von Innovationsabsichten und Implementationsrealitäten beschäftigten, liegen zu Lehrplänen hingegen kaum vor.

Wie lassen sich die in diesem Kapitel präsentierten Theorien, Modelle, Erkenntnisse und Fakten für die eigene Forschung nutzen? Sie ermöglichen zum einen eine aufmerksamere und genauere Betrachtung der Vorgänge um die Entwicklung und Einführung der hessischen Rahmenpläne. Das Selbstverständnis der Administration, ihre Haltung gegenüber Lehrplan und Schulbasis kann ebenso vor diesem theoretischen Hintergrund diskutiert werden wie auch die Organisationsform der Lehrplaninnovation. Sie bieten Möglichkeiten zu erkennen, wo bereits in der Konzeption einer Innovation spätere Zielverschiebungen mit angelegt wurden und wieso es unter Umständen zu Interpretationsdifferenzen zwischen ‚Lehrplanmachern' und ‚Lehrplanumsetzern' kommen kann. Ganz wichtig ist es, in diesem Kontext innovationshemmende wie innovationsfördernde Aspekte zu berücksichtigen. Sie durchziehen wie ein Netz die unterschiedlichsten Ebenen einer Lehrplaninnovation und beeinflussen diese ganz wesentlich.

1.4 Anlage der eigenen Untersuchung

Weiter vorn wurde deutlich gemacht, dass sich das Forschungsinteresse dieser Arbeit auf den Prozess der Einführung - auf die Initiation und Implementation - neuer Lehrpläne bezieht. Dabei wird die Entwicklung und Einführung der neuen hessischen Rahmenlehrpläne für die Sekundarstufe I zwischen 1993 und 1997 in den empirischen Blick genommen. Die Fragestellung wurde bereits in Kapitel 1.1.3 angerissen.

- Zum einen geht es um die Frage, wie sich die Wahrnehmung von Lehrplänen durch die Lehrenden verändert.
- Zum anderen soll analysiert werden, welche Veränderung durch die neuen Lehrpläne in der Schulpraxis angestoßen werden.

Die Fragestellung dieser Arbeit ist so gesehen zweiseitig, sie konzentriert sich dabei allerdings auf *eine Phase* des Innovationsprozesses: die Implementation von Lehrplänen, *nachdem* diese durch die zentralen Kommissionen weitgehend fertig gestellt wurden. Die Phase der Implementation beginnt somit mit der offiziellen Herausgabe der neuen Lehrpläne bzw. ihrer weitgehend fertigen Entwürfe an die oberen Managementebenen des Schulsystems (Schulaufsicht, Lehrerfortbildungsinstitut etc.), sie endet spätestens ein Jahr nach Hereingabe der neuen Pläne in die Schule; denn dann beginnt die Inkorporation. Im Kontext dieser Arbeit interessiert die soziale Dynamik der dabei ablaufenden Prozesse - verbunden mit der Frage, wer in welcher Weise auf die Pläne selbst und auf ihre "Umsetzung" in der Schule Einfluss nimmt. Dies alles spitzt sich dann auf das Problem zu, wie die inner- und außerschulische Öffentlichkeit auf neue Pläne reagiert und inwiefern sich dies mit den Erwartungen der Träger der Lehrplaninnovation deckt. Bevor diese Fragestellung weiter präzisiert werden kann, ist zunächst der Projektzusammenhang zu beschreiben, in den sich die eigene Forschung eingliedert.

1.4.1 Einbindung in das Projekt: „Lehrpläne und das alltägliche Handeln von Lehrerinnen und Lehrern"

Die hier vorliegende Untersuchung ist zum größten Teil hervorgegangen aus dem Forschungsprojekt „Lehrpläne und das alltägliche Handeln von Lehrerinnen und Lehrern", das von 1993 bis 1997 im Auftrag des Hessischen Kultusministeriums von einer Arbeitsgruppe der Bielefelder Fakultät für Pädagogik durchgeführt wurde (vgl. Tillmann u.a. 1996a). Die Autorin arbeitete im Forscherteam zunächst als Vertreterin des Hessischen Instituts für Bildungsplanung und Schulentwicklung (HIBS) und später als freie Mitarbeiterin mit. Die Untersuchung hatte zum Ziel, die Einschätzung und die Verwendung der neuen - zwischen 1995 und 1997 herausgegeben - Rahmenpläne durch hessische Lehrerinnen und Lehrer mit qualitativen und quantitativen Methoden zu untersuchen. Fragestellungen und Analysen verfolgten dabei einen doppelten Erkenntniszweck: Zum einen ging es um die Evaluation dieser konkreten Lehrplanreform; zum anderen wurden übergreifende, lehrplantheoretisch relevante Fragen (insbesondere das Verhältnis der Lehrkräfte zu den Lehrplänen) empirisch bearbeitet. Die Autorin hat seit 1993 in allen Phasen des Projekts mitgearbeitet, war also an der Konzeption der Forschung, an der Datenerhebung und -interpretation und an der Abfassung der Forschungsberichte beteiligt. Sie hat aus dem Projekt (als Koautorin oder Alleinautorin) mehrfach publiziert (siehe Publikationsliste des Projekts im Anhang) und ist auch Mitautorin der abschließenden Monographie (vgl. Vollstädt/Tillmann/Rauin/Höhmann/Tebrügge 1999).

Im Rahmen des Gesamtprojekts wurden zum einen qualitative Fallstudien an drei ausgewählten Schulen durchgeführt: einem Gymnasium im südhessischen Ballungsraum, einer integrierten Gesamtschule in einer ländlichen Region Mittelhessens und einer kooperativen Gesamtschule in einer nordhessischen Stadt. Im Rahmen dieser Fallstudie fanden Gruppendiskussionen mit Lehrerinnen und Lehrern von zehn Fachkonferenzen sowie diverse Einzelinterviews statt. Die Lehrkräfte wurden zu ihrer Einstellung gegenüber Lehrplänen (den alten Rahmenrichtlinien wie den neuen Rahmenplänen) sowie zu ihrem Kooperationsverhalten interviewt. Vergleichend wurde untersucht, welche Haltung die ausgewählten Gruppen von Lehrerinnen und Lehrern gegenüber den Rahmenrichtlinien etwa 20 Jahre nach deren Erscheinen einnahmen und welche Relevanz diese - vor ihrer Ablösung - für die tägliche Unterrichtsplanung hatten. Zum zweiten wurden in einer quantitativen Repräsentativbefragung mehr als 3000 Lehrerinnen und Lehrer aller Schulformen des allgemeinbildenden Sekundarschulwesens in den Fächern Deutsch, Mathematik, Chemie und Gesellschaftslehre per Fragebogen mehrmals befragt.

Das Forschungsprojekt war an der Universität Bielefeld angesiedelt, dabei gab es eine enge Kooperation mit dem Hessischen Kultusministerium. Dadurch wurde es möglich, auch interne Entwicklungen innerhalb des Ministeriums und der Landesinstitute[5] zu beobachten. Aufgrund dieser Informationen konnte ein umfassender Eindruck darüber gewonnen werden, wie Lehrkräfte mit staatlichen Lehrplänen - genauer: den damals noch gültigen Rahmenrichtlinien - umgehen, welche Erwartungen sie mit der damals bevorstehenden Lehrplanrevision verbanden und wie sie die neu eingeführten Pläne nach einer ersten Arbeitserfahrung einschätzten. Zusätzlich wurde untersucht, wie Lehrer und Lehrerinnen miteinander kooperieren und welche Bedeutung dabei Lehrpläne haben. Die Ergebnisse dieses Forschungsprojekts sind in unterschiedlichen Publikationen veröffentlicht worden (vgl. Literaturverzeichnis). Von der Autorin im Rahmen dieses Projekts erstellte Vorarbeiten sind vor allem in die Kapitel 2 und 4 dieser Dissertation eingeflossen. Darüber hinaus hat sie Fragestellungen bearbeitet und entsprechende Analysen vorgenommen, die über das Programm des Forschungsprojekts deutlich hinausgingen. Diese Arbeiten werden vor allem in Kapitel 3 dargestellt.

1.4.2 Das Forschungsfeld: Sekundarschulsystem in Hessen

Ausgesucht für die Untersuchung wurde das Bundesland Hessen. Um die geplanten Teilstudien in die bildungspolitische Landschaft Hessens einordnen zu können, ist die Vielfalt des hessischen Schulsystems zu berücksichtigen. Das hessische Sekundarschulwesen ist im Sekundarbereich traditionell geprägt durch ein dreigliedriges System bestehend aus – überwiegend gekoppelten – Haupt- und Realschulen sowie Gymnasien. Zum anderen gibt es seit den 70er Jahren zwei Formen von Gesamtschulen: die kooperativen Gesamtschulen (KGS) und die integrierten Gesamtschulen (IGS). Diese Schulformen sind in bestimmten ländlichen Regionen – wie beispielsweise in Nordhessen - flächendeckend etabliert worden. In anderen Regionen und insbesondere in den Städten befinden sie sich in einer Konkurrenz zu den Schulformen des traditionellen Schulsystems.

Kooperative Gesamtschulen sind dadurch gekennzeichnet, dass sich unter einem gemeinsamen organisatorischen Dach drei Schulzweige befinden: ein

5 Damals hieß das Hessische Landesinstiut HIBS (Hessisches Institut für Bildungsplanung und Schulentwicklung), heute - nach der Zusammenlegung mit dem HILF (Hessisches Institut für Lehrerfortbildung) - heißt es HeLP (Hessisches Landesinstitut für Pädagogik).

Gymnasialzweig, ein Realschulzweig und ein Hauptschulzweig. Die Kinder werden meistens nach zwei Jahren gemeinsamen Unterrichts im 5. und 6. Schuljahr („Förderstufe") den drei Zweigen zugeordnet. Die Lehrer und Lehrerinnen der kooperativen Gesamtschulen unterrichten teilweise in mehreren der drei Schulzweige (Hauptschul-, Realschul- und Gymnasialzweig). Es gibt gemeinsame Konferenzen, an pädagogischen Konzepten wird mitunter gemeinsam gearbeitet. In den integrierten Gesamtschulen gibt es keine Aufteilung von Schülerinnen und Schülern auf Schulzweige. Schülerinnen und Schüler aller Bildungsgänge und Lernniveaus sind in gemeinsamen Klassen. In den Kernfächern findet im Verlauf der Sekundarschulzeit eine äußere Differenzierung in Fachleistungsklassen statt. Zu den Kernfächern zählen: Deutsch, Englisch und Mathematik. In welchem Schuljahr diese sogenannte Fachleistungsdifferenzierung beginnt, ist z.T. dem pädagogischen Konzept der jeweiligen Schule überlassen. Sie wird sowohl zeitlich als auch strukturell sehr unterschiedlich gehandhabt. Bei der Fachleistungsdifferenzierung kann es sich sowohl um eine Zweierdifferenzierung handeln (Grund- und Erweiterungskurse) als auch um eine Dreierdifferenzierung (A-, B-, C-Kurse). Ob diese äußere Differenzierung im 5., 6., 7. oder einem der späteren Schuljahre beginnt, hängt vom Selbstverständnis und vom Profil der jeweiligen Schule ab. Gleiches gilt für die Form der Differenzierung. [6]

Neben den Gesamtschulgründungen gab es in den 70er Jahren auch die Gründung der Förderstufe für die Jahrgänge 5 und 6. Sie wurde eingerichtet, um den Kindern den weiteren Bildungsweg zu erleichtern, sie in der 5. Klasse speziell nach ihren Fähigkeiten und Möglichkeiten zu fördern und dann auf die verschiedenen Bildungsgänge zielgerichteter vorzubereiten. Die Förderstufe sollte eine Schule sein, auf die alle Kinder aller Schulformen gehen sollten. Sie konnte jedoch nicht flächendeckend eingeführt und damit verbindlich gemacht werden. Wer auf die Förderstufe ging, hing von der Entscheidung der Eltern ab. Damit wurde sie zu einem weiteren Angebot unter vielen, was dazu führte, dass sie ab den 80er Jahren zunehmend in Bedrängnis geriet und teilweise wieder aufgelöst wurde. Die Entwicklung der Förderstufe wie auch der Gesamtschulen ist inhaltlich wie zeitlich eng verknüpft mit der Entwicklung, Einführung und der vehementen Diskussion der Rahmenrichtlinien (vgl. Frommelt 1980). Diese Veränderung der Schullandschaft in den 70er Jahren durch die Gesamtschulgründungen und die Gründung der Förderstufe war in Hessen unmittelbar mit der Entstehung der RRL verknüpft.

6 Ausführlich gibt hierüber eine Veröffentlichung des HIBS Auskunft (Dörger 1994).

Parallel zu den bereits genannten Aspekten sind noch die verschiedensten Lehrämter in den Blick zu nehmen. An hessischen Schulen finden sich die unterschiedlichsten Lehrämter. Hier eine grobe Übersicht:

- Lehrerinnen und Lehrer mit dem „alten" Grund- und Hauptschullehramt können sowohl an Grund- wie an Hauptschulen unterrichten.
- Lehrerinnen und Lehrer, die das Realschullehramt erworben haben, sind speziell für diese Schulform ausgebildet worden.
- Lehrerinnen und Lehrer mit dem Lehramt für die Sekundarstufe I dürfen in allen Schulformen bis Jahrgang 10 eingesetzt werden.
- Wer das Gymnasiallehramt studiert hat, wird im Gymnasium in der Sekundarstufe I (Jahrgang 5-10) sowie in der Sekundarstufe II (Jahrgang 11-13) eingesetzt.

In kooperativen Gesamtschulen können im Prinzip alle Lehrerinnen und Lehrer, die eine der vielen Lehramtsbefähigungen bis Jahrgang 10 haben, in jedem der drei Schulzweige unterrichten. Im allgemeinen werden jedoch Lehrerinnen und Lehrer mit dem Lehramt für die Hauptschule im Hauptschulzweig, mit dem für Realschule im Realschulzweig und jene mit dem Gymnasiallehramt im gymnasialen Zweig unterrichten. Jene, die über das Lehramt für die Sekundarstufe I verfügen, werden in jedem der Zweige bis Jahrgang 10 eingesetzt. Hat die KGS eine Oberstufe, werden dort Lehrerinnen und Lehrer mit dem Gymnasiallehramt bzw. mit dem Lehramt für die Sekundarstufe II eingesetzt.

An integrierten Gesamtschulen ist die Struktur ähnlich wie an den kooperativen Gesamtschulen. Prinzipiell können alle Lehrerinnen und Lehrer, die eines der Lehrämter für die Jahrgänge 5-10 besitzen, in jedem Bereich ihr Lehramt ausüben. Dennoch gibt es an einigen Gesamtschulen die Tendenz, dass Lehrerinnen und Lehrer je nach Lehramt im Rahmen von Zweier- oder Dreierdifferenzierungen gezielt für bestimmte Kurse eingesetzt werden.[7] Lehrer und Lehrerinnen mit dem Lehramt für Gymnasien unterrichten auch in den Oberstufen der integrierten Gesamtschulen genauso wie jene Lehrerinnen und Lehrer, die das Lehramt für die Sekundarstufe II haben. Soweit die Grundtendenzen. Daneben gibt es immer wieder Ausnahmen aller Art.

---

7 Eine Zweierdifferenzierung besteht aus Grund- und Erweiterungskursen, eine Dreierdifferenzierung besteht aus einer A-, B- und C-Differenzierung. In den A-Kursen sind die leistungsstärksten und in Kurs C die leistungsschwächsten Schülerinnen und Schüler. Mit aller Vorsicht könnte man sagen, dass sich A-Kurse auf einem gymnasialen Niveau, B-Kurse auf einem Realschulniveau und C-Kurse auf einem Hauptschulniveau bewegen.

1.4.3 Fragestellung und Forschungsschritte

Diese Arbeit beschäftigt sich in ihrem empirischen Teil mit einer spezifischen Lehrplanrevision – mit der Einführung neuer Rahmenpläne für die Sekundarstufe I in Hessen. Die zentrale Fragestellung richtet sich auf das Verhältnis zwischen den Innovationsabsichten und der Implementationsrealität: Mit welchen Vorstellungen, Ideen und Konzepten wurde die Reform initiiert und welche Veränderungen, Umdefinitionen und Anpassungen haben sich im Implementationsprozess tatsächlich eingestellt? Eine solche Fragestellung geht davon aus, dass nicht eine „zielgetreue" Umsetzung, sondern Anpassungen und Modifizierung jede Implementation kennzeichnen. Untersucht wird hier, wie diese Prozesse bei einer Lehrplanreform nach dem top-down-Verfahren ablaufen.

1.4.3.1 Phasen und Akteure: Die Konkretisierung der Fragestellung

In dieser Arbeit wird ein Bogen gespannt von den ersten schriftlich dokumentierten Überlegungen im Rahmen der geplanten Lehrplanrevision bis hin zur Implementa-tion der neuen Lehrpläne in den Schulen. Von besonderem Interesse ist dabei die Schnittstelle zwischen Erstellung und Einführung der Pläne. Fokussiert wird der Wandlungsprozess zwischen den intendierten Zielen, die der Planerstellung zugrunde liegen, und der Rezeption der Pläne durch die Abnehmer und Abnehmerinnen. Die Betrachtung der Lehrplaneinführung endet nach der ersten Rezeptionsphase. Die weiteren Phasen der Arbeit mit den Plänen (Inkorporation und Dissemination) sind nicht mehr Gegenstand der Untersuchung. Hier wird der Schnitt parallel zum Endpunkt des Forschungsprojekts „Lehrpläne und alltägliches Handeln von Lehrerinnen und Lehrern" gesetzt.

Ein Soll-Ist-Vergleich ist über weite Strecken die Grundperspektive dieser Arbeit. Ergänzt wird dieser durch einen historischen Vergleich zwischen Rahmenplänen und Rahmenrichtlinien, auf die später noch eingegangen wird.

- SOLL ist die Konzeption, die Perspektiventwicklung der Lehrplanmacher. Diese wird auf der Basis von offiziellen und halboffiziellen Materialien herausgearbeitet.
- IST meint den real abgelaufenen *Prozess*, der von der Rahmenplanentwicklung bis hin zu den ersten Einführungsschritten an den Schulen reicht. Dieser Prozess wird unter anderem durch Interviews und die Analyse unterschiedlichster Materialien herausgearbeitet.

Das bedeutet, dass in dieser Arbeit die Initiations- und die Implementationsphase der Lehrplanreform (1993-1997) in den Blick genommen wird.

Die *Initiation* lässt sich in zwei Phasen gliedern:

a) Auslaufen der Rahmenrichtlinienzeit
Rahmenrichtlinien sind die schulformübergreifenden hessischen Lehrpläne der 70er Jahre, die von der damaligen sozialdemokratischen bzw. sozialliberalen Landesregierung herausgegeben worden sind. Diese schulformübergreifenden und jahrgangsbezogenen Pläne lösten die zuvor bestehenden schulformbezogenen Bildungspläne der 50er Jahre ab. Die RRL waren wegen der zum Teil fundamental gewandelten didaktisch-methodischen sowie auch inhaltlich neuen Ausrichtung ausgesprochen umstritten. Die meisten Rahmenrichtlinien wurden mit der Wiederwahl der sozialliberalen Koalition Mitte bzw. Ende der 90er Jahre durch neue Lehrpläne ersetzt.

b) Konstruktion der Rahmenplan-Entwürfe
Untersucht wird die zentrale Fragestellung der vorliegenden Arbeit anhand der Konstruktion der Rahmenpläne (abgekürzt RPL) für die Sekundarstufe I in Hessen. Diese Phase ist zeitlich etwa zwischen 1992 und 1996 angesiedelt. Die Plankonstruktion begann und endete nicht für alle Pläne gleichzeitig, darum dieser lange Zeitraum, der für die Konstruktion der Pläne angesetzt werden muss.

Danach setzt die *Implementation* ein, bei der ebenfalls zwei Phasen unterschieden werden können:

1.) Öffentliche Diskussion der Rahmenplan-Entwürfe
Diese begann mit der Veröffentlichung der Entwurfsfassungen im Herbst 1993.

2.) Offizielle Einführung und Erstrezeption in den Schulen
Die offizielle Einführung begann bei den ersten Plänen zur Probe Ende 1995. Verbindlich wurden die ersten Pläne zum 01.08.1996.

Etwa nach einem Jahr der schulischen Arbeit mit den Plänen setzt dann die *Inkorporationsphase* ein, die nicht mehr Gegenstand dieser Studie ist. Die eigene Untersuchung zeichnet nach, welche Aktivitäten die verschiedenen Akteure in den verschiedenen Phasen an den Tag gelegt haben, um auf den Reformprozess Einfluss zu nehmen. Dabei kann man innerhalb des Schulsystems – grob gezeichnet – zwischen vier Gruppen von Akteuren unterscheiden:

1.) den Reformbetreibern und „Lehrplanmachern" in HKM und HIBS,
2.) den Positionsinhabern auf mittlerer Ebene (Schulräte, Seminarleiter etc.), die als Multiplikatoren höchst bedeutsam sind,
3.) den Lehrerinnen und Lehrern in den Schulen.
4.) Eine weitere, für den Verlauf der Reform keinesfalls unwichtige Gruppe von Akteuren steht zum Teil innerhalb und außerhalb der Institution Schule: Akteure der politischen Diskussion, die (fach-)öffentlich geführt wird. Dazu gehören Vertreter von Verbänden, Gewerkschaften, Parteien, Kirchen etc.

In den unterschiedlichen Phasen sind die verschiedenen Gruppen unterschiedlich aktiv, agieren in unterschiedlichen Formen und nehmen dadurch auf den Verlauf und das Ergebnis der Lehrplanreform Einfluss. Das folgende Schema stellt den Zusammenhang grafisch dar (siehe Abbildung S. 64).

Vor diesem Hintergrund lässt sich die Gesamtfragestellung der Studie konkretisieren, indem sie in einzelne Teilfragestellungen untergliedert wird:

a) Welche Vorstellungen von den Zielen der Lehrplanreform, von der Struktur der künftigen Lehrpläne, vom Verlauf des Reformprozesses wurden von den „Lehrplanmachern" zu Beginn entwickelt? (Felder 1a, 1b)
b) Wie wurden die Reformpläne an die Multiplikatoren der „mittleren" Ebene herangetragen, welche Modifizierungen vollzogen sich dabei, welche Akzeptanz wurde dabei erreicht? (Felder 1c, 2c)
c) Welche öffentlichen, welche fachöffentlichen Diskussionen zu den Rahmenplan-Entwürfen fanden statt? Welche Positionen wurden dabei sichtbar? Welche Veränderungen des Reformvorhabens wurden dadurch bewirkt? (Feld 4c)
d) Wie wurden die neuen Rahmenpläne in den Schulen aufgenommen und von den Lehrerinnen und Lehrern verarbeitet? Welche Veränderung der schulinternen Curricula, des Fachunterrichts wurde dadurch bewirkt? (Feld 3d)

Mit diesen Teilfragestellungen folgt diese Arbeit dem chronologischen Verlauf der Lehrplanrevision. Dabei steht jeweils eine andere Ebene, eine andere Gruppe von Akteuren im Mittelpunkt. Bearbeitet werden diese einzelnen Fragestellungen in drei Teilstudien, die jeweils mit unterschiedlichen Forschungsmethoden arbeiten und sich dabei auf verschiedene Erkenntnisquellen stützen:

Teilstudie 1 bearbeitet die Fragestellungen a) und b) – und zwar sowohl als historische wie auch als aktuell-empirische Schulforschung. Die Entstehung und der Verlauf der Rahmenplan-Reform – von den ersten Überlegungen bis zur gesetzlichen Verabschiedung – werden beschrieben und zugleich systematisch mit der Vorgänger-Reform (der Einführung der RRL in den 70er Jahren) verglichen. Neben einer Analyse historischer und aktueller Quellen wurden teilnehmende Beobachtungen von einer Vielzahl von Veranstaltungen (im Verlauf der RPL-Einführung) durchgeführt.

Teilstudie 2 bearbeitet die Fragestellung c) – und zwar in Form der Dokumentenanalyse: Im Herbst 1993 wurden alle Organisationen und Verbände, aber auch die Schulen und Lehrerbildungseinrichtungen aufgefordert, zu den vorliegenden Rahmenplanentwürfen Stellungnahmen beim HKM einzureichen. Diese Stellungnahmen werden einer qualitativen Inhaltsanalyse unterzogen, um die (fach-)öffentliche Akzeptanz der Reform und die nachfolgenden Veränderungen der Reform nachzuzeichnen.

Abbildung 1: Phasen, Akteure, Ebenen der hessischen Lehrplaninnovation

AKTEURE	PHASEN			
	INITIATION		IMPLEMENTATION	
	a) Auslaufen der RRL	b) Konstruktion der RPL-Entwürfe	c) öffentliche Diskussion der RPL	d) Einführung an den Schulen
1. Lehrplanmacher	X Teilstudie 1	X		
2. Multiplikatoren			X	
3. Lehrer/innen				X Teilstudie 3
4. Teilnehmer/innen einer öffentlichen Diskussion			X Teilstudie 2	

Die Kreuze deuten an, welche Gruppe von Akteuren in welcher Phase besonders involviert war.

Teilstudie 3 bearbeitet die Fragestellung d) – und zwar in Form von Fallstudien zu den Fächern Chemie und Deutsch an drei ausgewählten Schulen. Dabei wurden zu zwei verschiedenen Zeitpunkten (vor und nach der Einführung der neuen Rahmenpläne) nach dem Zufallsprinzip ausgewählte Lehrerinnen und Lehrer der Fächer Chemie und Deutsch sowie die jeweiligen Fachkonferenzen in qualitativen, themenzentrierten Interviews befragt.

Diese Skizzierung der Teilstudien lässt erkennen, dass wir in dieser Arbeit mit unterschiedlichen Forschungsmethoden gearbeitet haben: qualitative Quellen- und Dokumentenanalysen, teilnehmende Beobachtung, themenzentrierte Interviews. Diese methodischen Verfahren werden in den folgenden Kapiteln jeweils detailliert vorgestellt, bevor die Ergebnisse der einzelnen Teilstudien präsentiert werden.

1.4.3.2 Deutsch und Chemie - die exemplarische Auswahl von Fächern

Da die detaillierte Beschreibung des Entwicklungsprozesses und die Planeinführung aufgrund der Materialfülle nicht für alle Fächer der Sekundarstufe I vorgenommen werden kann, wurden exemplarisch zwei Fächer ausgewählt. Es sind die Fächer Deutsch und Chemie, die für diese Untersuchung genauer in den Blick genommen werden. Im Schuljahr 1996/97 sind die neuen Rahmenpläne an allen Schulen angekommen, d.h. per Erlass verordnet. In Mathematik und Deutsch sind die RPL bereits verbindlich, in Chemie werden sie es ab dem darauffolgenden Schuljahr; es kann jedoch auf freiwilliger Basis schon damit gearbeitet werden.

Im Folgenden wird erläutert, warum diese beiden Fächer ausgewählt werden: Deutsch ist schulgeschichtlich gesehen ein ausgesprochen etabliertes Fach. Es gilt als Haupt- bzw. Kernfach, ihm kommt eine große Abschlussrelevanz zu. Von daher ist die Aufmerksamkeit der Öffentlichkeit auf das, was in diesem Fach geschieht, besonders groß. Deutsch ist - was seinen curricularen Aufbau angeht - kein Fach mit einer strengen Hierarchisierung der Inhalte. Die Rahmenrichtlinien Deutsch sind fachlich und politisch extrem umstritten. Im Vergleich zu den Bildungsplänen der 50er Jahre findet hier eine starke Politisierung, eine Abwendung von früheren Konzepten und eine Hinwendung zu neuen, sozialwissenschaftlich beeinflussten Themen statt. Das Einbeziehen von Alltagsthemen und die Auseinandersetzung beispielsweise mit Trivialliteratur ist nicht länger tabu. Diese fachliche Neuorientierung der 70er Jahre führt zu heftigen Verfahrenskämpen und inhaltlichen Auseinandersetzungen, die die Einführung der RRL Deutsch um viele Jahre verzögerten. Mit dem neuen Rahmenplan verbindet sich daher auch die Absicht, einen weniger kontroversen Lehrplan vorzulegen, und damit auf größere Akzeptanz zu setzen. Was die Einstellung der Lehrenden gegenüber den Deutschplänen angeht, kann davon ausgegangen werden, dass bei vielen der heute an den hessischen Schulen Unterrichtenden die berufliche Sozialisation mit dem Konflikt um die Rahmenrichtlinien beginnt und eine intensive Auseinandersetzung mit den damals neuen RRL stattfindet. Sie stehen weitgehend hinter dem didaktischen Konzept der Pläne.

Chemie ist hingegen ein Fach, das schulgeschichtlich erst spät in den Fächerkanon aufgenommen wird. Es wird in Hessen erst ab Jahrgang 8 unterrichtet und gilt als ‚kleines Fach'. Die Rahmenrichtlinien Chemie gelten eher als traditionell, sie sind streng fachwissenschaftlich orientiert und weisen die für das Fach typische Hierarchisierung der Inhalte auf. Eine grundsätzliche methodisch-didaktische Veränderung und eine inhaltliche Neuorientierung findet in den 70er Jahren bei der Ablösung der Bildungspläne durch die RRL nicht statt. Die RRL Chemie finden bei der Mehrheit der Chemielehrer eine hohe Akzeptanz. Erst mit den Rahmenplänen vollzieht sich eine grundlegende Wandlung. Die neuen Rahmenpläne betonen wesentlich stärker den Lebenswelt-, Alltags- und Schülerbezug und orientieren sich weniger an fachwissenschaftlichen Kategorien. Sie erheben somit besonders explizit einen didaktischen Innovationsanspruch und stoßen damit auf starken Widerspruch der durch die traditionelle Fachsystematik geprägten Chemielehrer.

Es werden somit bewusst zwei Fächer gewählt, die sich auf etlichen Ebenen (Geschichte, Umfang, Inhalte, politische Bewertung) besonders stark voneinander unterscheiden. Diese Fächerauswahl zieht sich als roter Faden durch sämtliche Teilstudien hindurch und wird als erstes in der nun folgenden Teilstudie 1, der vergleichenden Darstellung der historischen Entwicklung von Rahmenrichtlinien und Rahmenplänen, aufgegriffen.

2. Rahmenrichtlinien der 70er und Rahmenlehrpläne der 90er Jahre – Entwicklung und Einführung in vergleichender Perspektive

2.1 Fragestellung und methodisches Vorgehen

Im Rahmen dieser ersten Teilstudie wird der Verlauf der hessischen Lehrplanrevision dokumentiert und in seinen wesentlichen Schritten beschrieben. Darüber hinaus wird die Fragestellung behandelt, welche Hoffnungen „Lehrplanmacher" in Lehrpläne setzen, wie der Reformprozess organisatorisch verläuft und welche Akteure in welcher Form auf den Lehrplanprozess Einfluss nehmen. Es wird zusätzlich darauf eingegangen, wie die Reformabsicht an Multiplikatoren und Multiplikatorinnen, an Lehrerinnen und Lehrer herangetragen wird. Zwei Lehrplangenerationen werden in diesem Kontext einander gegenübergestellt: die hessischen *Rahmenrichtlinien* (im folgenden RRL abgekürzt) und die hessischen *Rahmenpläne* (nachfolgend RPL abgekürzt). Um den Entwicklungsprozess der Rahmenpläne – sie stammen aus den 90er Jahren - besser verstehen zu können, werden diese auf dem Hintergrund ihrer Vorläufer aus den 70er Jahren – den RRL - untersucht. Der Schwerpunkt der Untersuchung liegt deutlich auf den „neuen" hessischen Rahmenplänen, die in den 90er Jahren entwickelt und eingeführt werden. Um die Prozesse veranschaulichen zu können, wird exemplarisch auf die beiden Unterrichtsfächer Deutsch und Chemie eingegangen.

Bei der Entwicklung der Rahmenrichtlinien wie bei der Entwicklung der Rahmenpläne handelt es sich um bildungspolitisch determinierte Schulreformen nach dem klassischen Modell staatlicher Lehrplansteuerung, die allerdings zugleich mit einem Anspruch auf partizipatorische Lehrplanentwicklung verbunden wurde. Die in dieser Teilstudie bearbeitete Fragestellung unterliegt einer doppelten Perspektive, einer historischen und einer empirischen. Für beide Lehrplanreformen wird der Prozess von den ersten Überlegungen bis zur gesetzlichen Verabschiedung und zum ersten Implementationsschritt beschrieben. Dies erfolgt für die jüngste RPL-Reform als Analyse und Interpretation bisher noch nicht erschlossener Primärquellen, ergänzt durch teilnehmende Beobachtungen. Für die Beschreibung der „alten" RRL-Reform – die hier eher als Hintergrundfolie dient – wurde keine eigene Quellenforschung betrieben. Vielmehr baut die Arbeit hier auf der großen Zahl bereits veröffentlichter Arbeiten auf, ergänzt durch die Analyse von Presseartikeln. Im Einzelnen ist für die Materiallage und das methodische Vorgehen bei der Rekonstruktion der beiden „Lehrplanepochen" anzumerken:

a) Zur Diskussion um die Rahmenrichtlinien gibt es eine Fülle von Veröffentlichungen, die überwiegend Ende der 70er und zu Beginn der 80er Jahre erschienen sind. Auffällig ist, dass die Beschäftigung mit den RRL vorwiegend auf damals besonders exponierte Aspekte fokussiert ist. In diesem Kontext ist vor allem die massive öffentliche Auseinandersetzung um die RRL Gesellschaftslehre und die RRL Deutsch zu nennen. Es gibt hingegen kaum systematische Untersuchungen über den Prozess der Innovation, Implementation und Inkorporation der Rahmenrichtlinien. Als Ausnahme ist die Darstellung von Giese/Dingeldey (1983a) zu nennen. Originaldokumente zur Entwicklung und Einführung der Rahmenrichtlinien werden für den Kontext dieser Arbeit nicht analysiert. Hinzugezogen werden jedoch ausgewählte Pressemeldungen aus dieser Zeit. Sie sind hilfreich, da mit ihrer Hilfe das Spektrum der politischen Reaktionen auf die Rahmenrichtlinien prägnant deutlich gemacht werden kann.
b) Zur Rekonstruktion des Rahmenlehrplan-Prozesses in den 90er Jahren erfolgt eine umfassende Material- und Quellenanalyse. Einbezogen wurden vor allem Papiere, die in diesem Prozess in den beteiligten Dienststellen des Landes Hessen erstellt wurden, also im Hessischen Kultusministerium (HKM) und in den Landesinstituten: dem Hessischen Institut für Bildungsplanung und Schulentwicklung (HIBS) und dem Hessischen Institut für Lehrerfortbildung (HILF). Im Rahmen ihrer beruflichen Tätigkeit im HIBS hatte die Autorin Zugang zu diesen (offiziellen wie informellen) Materialien. Sie hat diese Materialien in den Jahren zwischen 1991 und 1997 systematisch zusammengestellt, geordnet und auf diese Weise einer wissenschaftlichen Bearbeitung zugänglich gemacht. Die Liste im Anhang weist Akten, Quellen und Materialien im Einzelnen aus. Es handelt sich dabei um Erlasse, Erlassentwürfe, interne Diskussionspapiere, Manuskripte und Protokolle. Es sind 102 Dokumente, die für die Entwicklung der Rahmenpläne von unmittelbarer Bedeutung oder von exemplarischer Relevanz sind. Von diesen 102 Dokumenten stammen 51 aus dem HIBS, 35 aus dem HKM und 16 aus dem HILF.

Im Folgenden sollen sowohl die HIBS- wie die HKM-Dokumente kurz eingeordnet werden: Die HIBS-Dokumente beziehen sich zum einen auf die allgemeinen, fächerunabhängigen Überlegungen und Vorgaben zur Rahmenplanentwicklung, Rahmenplangestaltung und -einführung. Zum anderen sind es Dokumente, die für die Entwicklung und Diskussion der beiden Fachpläne Deutsch und Chemie von Bedeutung sind. Ein Teil der Dokumente hat die Funktion, den Rahmenplanprozess zu steuern. Dazu gehört z.B. das in den Anhang aufgenommene Papier „Rahmenpläne schreiben – Eine Check-Liste“ (Wiesbaden, 09.06.1992), das jedem Rahmenplanautor, jeder Rahmenplanautorin zuging und das Grundlage für deren Arbeit bildete. Eine andere Dokumentengruppe macht Diskussionspositionen deutlich, die im Ringen um die endgültige Form und das endgültige Vorgehen vorgetragen wurden. Ein solches Dokument ist beispielsweise das von Baumann und Zimbrich verfasste Papier „Konzept zur Entwicklung von Rahmenplänen für die allgemeinbildenden öffentlichen Schulen" (Wiesbaden, 12.03.1991). Die dritte Gruppe von Dokumenten nimmt punktuelle Zwischenbilanzen vor. Ein Beispiel hierfür ist das Papier: „Essential der neuen Rahmenpläne im Vergleich zu den Rahmenrichtlinien" (Wiesbaden, Oktober 1994).

Bei den Dokumenten des HKM handelt es sich fast ausschließlich um öffentlich zugängliche Texte wie Presseerklärungen und Erlasse. Nichtöffentliche Papiere beziehen sich überwiegend auf den Kommunikations- und Diskussionsprozess zwischen HKM und HIBS bzw. HILF. Die Dokumente des HKM sind ebenso wie die des HIBS in ihrer chronologischen Abfolge interessant, weil sie Informationen auch über den zeitlichen Prozess der Lehrplanreform geben.

Die HILF-Dokumente, die für diese Arbeit analysiert wurden, gehen zurück bis in das Jahr 1994. Sie alle beziehen sich auf den Implementationsprozess. Es sind überwiegend Protokolle bzw. Berichte zum Stand des Einführungsprozesses. Diese Dokumente stammen überwiegend aus der Außenstelle Jugenheim des HILF, aber auch andere HILf-Außenstellen wurden berücksichtigt.

Ergänzt wird diese Quellenanalyse zum RPL-Prozess durch teilnehmende Beobachtungen. Die Autorin nahm an einer Vielzahl von Sitzungen teil, die im Zusammenhang mit der Lehrplanentwicklung standen. Sie war Mitglied in der Rahmenplan-AG, einem Gremium im HIBS, das im Auftrag des Hessischen Kultusministeriums die Ausarbeitung der neuen Rahmenpläne leitete und koordinierte. Die Autorin befand sich – für teilnehmende Beobachtungen typisch – in einer doppelten Perspektive: zum einen als offizielles Mitglied der Rahmenplan-AG, zum anderen als Forscherin mit der dieser Arbeit zugrunde liegenden Fragestellung. „Die Kunst der teilnehmenden Beobachtung liegt nun darin, zunächst einmal den Sinn und die Bedeutung von Handlungen aus der Perspektive der Erforschten zu erfassen. Das bedeutet, das soziale Geschehen nicht auf der Basis der Deutungsmuster der Forschenden zu erfassen und zu beschreiben, sondern zunächst den Blick eines ;Akteurs' auf das Geschehen kennenzulernen" (Friebertshäuser 1997b, S. 521). Im konkreten Fall handelt es sich um eine „systematisch teilnehmende Beobachtung" (ebd., S. 522), bei der das Beobachtungsfeld auf eine spezielle Fragestellung eingeengt wird. Weil die Autorin mit halber Stelle als Lehrerin im Schuldienst tätig war und mit der anderen Hälfte an das HIBS abgeordnet war, war es aus zeitlichen Gründen nicht möglich, alle relevanten Veranstaltungen zu besuchen. Die besuchten 17 Veranstaltungen haben somit exemplarischen Charakter und ergänzen die Dokumentenanalyse. Diese Veranstaltungen, die zwischen 1993 und 1996 stattfanden, sind zeitlich und thematisch vor allem der Lehrplanimplementation zuzuschreiben. Die Autorin nahm an sechs Veranstaltungen der Schulaufsicht, fünf des HILF/Lehrerfortbildung, vier Regionalkonferenzen und je einer Veranstaltung der Studienseminare bzw. Fachkonferenzen teil.[8] Die Veranstaltungen wurden von der Autorin ausführlich protokolliert, die Protokolle wurden den Teilnehmern und Teilnehmerinnen der jeweiligen Veranstaltung zur Verfügung gestellt. Damit wurden sie öffentlich, was Möglichkeiten für Korrekturen, Ergänzungen durch die Beteiligten ermöglichte. Bei der Auswertung der Protokolle wird danach gefragt, wie der Innovations- und Implementationsprozess der Rahmenpläne verläuft. Darüber hinaus wurde darauf geachtet, dass die Ergebnisse dieser Teilstudie durch Außenstehende – in diesem Fall Mitglieder des Bielefelder Forschungsprojekts - gespiegelt wurden, so dass zumindest in Ansätzen eine kommunikative Validierung vorgenommen wurde (vgl. Schründer-Lenzen 1997).

Zusätzlich zu den teilnehmenden Beobachtungen wurden einige Experteninterviews durchgeführt. Sie haben in diesem Zusammenhang eine ergänzende und klärende Funktion. Befragt wurden die Leiterin des HIBS, die Autorin des Rahmenplans Deutsch, einer der Autoren des Rahmenplans Chemie, der Leiter der Rahmenplan-AG sowie die Leiter zweier HILF-Außenstellen.

2.2 Die „alten" Rahmenrichtlinien

2.2.1 Entstehungsgeschichte

Die Rahmenrichtlinien (RRL) und ihre Entwürfe werden seit Anfang der 70er Jahre engagiert diskutiert. In Form einer sogenannten „verbindlichen Erprobung" werden sie zwischen 1977 und 1984 für die Schulen gültig. Diese lange Entwicklungsphase erklärt sich aus den öffentlich ausgetragenen Konflikten um die RRL. Deren Entwicklung und Diskussion fällt in eine Phase allgemeinen gesellschaftlichen Aufbruchs. Konzeption und Implementation der RRL sind eingebunden in die Bildungsreformphase der späten 60er und frühen 70er Jahre (vgl. Klemm/Rolff/Tillmann 1985). Dieser Lehrplanreform - als Form der inneren Schulentwicklung - geht in der zweiten Hälfte der sechziger Jahre in Hessen eine äußere Schulreform voraus. So wird z. B. die schulgesetzliche Basis für die

8 Eine genaue Liste der offiziellen und inoffiziellen Materialien des HIBS sowie der im Rahmen der teilnehmenden Beobachtung besuchten Veranstaltungen, auf denen diese Arbeit aufbaut, sind gesondert im Literaturverzeichnis dokumentiert.

Etablierung von Gesamtschulen und Förderstufen geschaffen. Und damit der „äußere Rahmen für eine Demokratisierung der Schule. Mit den ersten Erfahrungen wurde klar, daß diese Maßnahme durch eine ‚innere Schulreform' ergänzt werden mußte. Der alte Wein war zwar in neue Schläuche gefüllt, die von ihm verursachten Kopfschmerzen jedoch noch nicht beseitigt" (Köhler 1973, S. 11). Die Bildungspläne von 1957 - sie sind die Vorläufer der RRL - genügten Ende der 60er Jahre den veränderten Ansprüchen nicht mehr. Die ausschließlich an fachspezifischen Vorgaben ausgerichteten Pläne scheinen zu wenig für die Erziehung eines mündigen Bürgers in der Demokratie zu leisten. „Die derzeit noch geltenden Bildungspläne [...] sind veraltet. In vielerlei Hinsicht entsprechen sie nicht mehr den Anforderungen einer hochindustrialisierten Gesellschaft, aber auch nicht unserem heutigen Verständnis von Lehren und Lernen in einer demokratischen Schule" (HKM 1976, S. 23). Die hessische Rahmenrichtlinientwicklung ist nicht nur auf diesem Hintergrund zu sehen, sondern steht auch im Zusammenhang internationaler und nationaler Lehrplandebatten, die ihren Ausgangspunkt Ende der 50er Jahre in den USA hatten (vgl. Wiebecke 1980, S. 14). Die damals viel diskutierte *„Bildungsreform als Revision des Curriculum"* (Robinsohn 1967) – sie wurde in Kapitel 1 dieser Arbeit ausführlicher dargestellt - setzt sich bewusst von bisherigen Lehrplanreformen ab: von Plänen, die bestimmt sind von schulformspezifischen Begabungs- und Bildungstheorien, von einem angeblich durch Tradition legitimierten Bildungskanon, von weiter nicht begründeten „Stoffvorgaben" (Hamm-Brücher 1967).

Worin unterscheiden sich die RRL von ihren Vorläufern?

Die Bildungspläne von 1957 legen für die verschiedenen Schulformen unterschiedliche Bildungsziele fest. Dabei haben die Pläne für die Hauptschule überwiegend eine praktische, die für das Gymnasium vor allem eine wissenschaftliche Orientierung. Diese Trennung der Bildungsziele widerspricht dem Stand der Entwicklung in der Arbeits- und Berufswelt. Die Bildungspläne sind als Stoffpläne angelegt, die ausschließlich Lerninhalte vorgeben. Auf welche Lernziele die vorgegebenen Inhalte bezogen werden sollen, geht aus den Plänen nicht hervor. Solche reinen Stoffpläne, so die Ansicht Anfang der 70er Jahre, seien angesichts des rasanten gesellschaftlichen Wandels viel zu schnell veraltet. Die Bildungspläne beziehen sich in ihrem jeweiligen Vorwort zwar auf „die Erziehung zum mündigen Bürger" und „die Erziehung zu Toleranz", doch dies ist nicht prononciert genug. „Schule in einer demokratischen Gesellschaft muß [...] die Bildungsziele nicht nur konkret begründen und ableiten können, sondern auch mit dem, was gelernt wird, vermitteln" (HKM 1976, S. 23).

Doch der Weg von den ersten bildungspolitisch formulierten Ideen hin zu den neuen Fachlehrplänen, die zur verbindlichen Erprobung freigegeben werden können, ist lang. Bei manchen RRL vergehen fast zwanzig Jahre, bis sie in den Schulen erprobt werden dürfen. Von 1967 bis etwa 1971 dauert die erste Phase der RRL-Entwicklung, die durch die Arbeit der „Großen Curriculumkommission" geprägt wird. Ab 1970 bis etwa 1977 (in einzelnen Fächern bis 1984) findet die Entwicklung und Diskussion dieser Fachpläne statt. Die ersten RRL stehen den Lehrerinnen und Lehrern der Sekundarstufe im Schuljahr 1972/1973 für eine erste Beschäftigung zur Verfügung. Dies war noch keine Erprobungsphase im späteren Sinn, sondern „dient der Einarbeitung in diese Rahmenrichtlinien und der Auseinandersetzung mit den Problemen, die sich mit ihrer späteren verbindlichen Einführung ergeben" (HKM 1972, Einleitung ohne Seitenangabe). Doch zu dieser verbindlichen Einführung kommt es nicht. Was nach der aufflammenden öffentlichen Diskussion erfolgt, ist jene bereits erwähnte „verbindliche Erprobung", die für die ersten Pläne 1977 beginnt. Die meisten RRL kommen aus dieser Erprobung bis hin zu ihrer Ablösung durch die RPL (1996) nicht mehr heraus. Ein Überblick zeigt, wann welcher Plan in die verbindliche Erprobung geht:

01.08.1977 Chemie, Griechisch, Latein, Mathematik, Musik, Physik
01.02.1978 Sport
01.08.1979 Evangelische Religion, Katholische Religion
01.08.1979 Polytechnik/Arbeitslehre
01.02.1980 Biologie
01.08.1981 Deutsch, Neue Sprachen
01.08.1982 Ethik
01.08.1983 Gesellschaftslehre
01.02.1984 Kunst
(vgl. HIBS; Giese/Weiß, 04.03.1991[9])

Nur Griechisch, Latein und Musik 1985, evangelische und katholische Religion 1987 und Sport 1990 verlassen den Status der verbindlichen Erprobung und werden verbindlich.

Die zuständigen Beamten im Hessischen Kultusministerium gehen nicht von einer so langen Erarbeitungsphase aus. Doch allein die Klärung der Frage, wer wie welche Form von Plänen erarbeitet, braucht erhebliche Zeit. Dann verzögert die anschließende heftige bildungspolitische Debatte die Einführung der RRL und überrascht manchen, der unmittelbar in die Entwicklung der Pläne involviert ist. Den öffentlichen Diskussionen wird schließlich in umfassender Weise

9 Im Vorfeld der Entwicklung der neuen Rahmenpläne erstellen Mitarbeiter des HIBS 1991 eine sehr umfangreiche Übersicht, die genau darüber Aufschluss gibt, wann welche Rahmenrichtlinien der Sekundarstufe I wann zur verbindlichen Erprobung frei gegeben werden. Dieser Übersicht wurden die Daten entnommen.

stattgegeben, da im Zuge der Demokratisierung von Bildung und staatlichen ,Bildungsentscheidungen' möglichst viele Interessierte zu Wort kommen sollen (vgl. Wiebecke 1980, S. 98 f.).

- *1969 - 1971: die Phase der „Großen Curriculumkommission"*

Bereits in der Einleitung angesprochen, sollen nun die beiden wesentlichen Entwicklungsphasen etwas genauer dargestellt werden. Der Beginn der RRL-Entwicklung lässt sich mit den Vorbereitungen zur „Großen Curriculumkommission" und deren Installation im Jahre 1969 datieren. Ihr gehen eine Reihe von Tagungen und Anhörungen voraus, die mit dem Ziel stattfinden zu klären, was schulische Lehrpläne leisten müssen, wie die Bildungsinhalte reformiert werden könnten und wie eine solche Reform gestaltet werden sollte. Die Leitfrage hierzu ließe sich so formulieren: „Inwieweit tragen curriculare Revisionsmodelle zur Verwirklichung der sozialen Chancengleichheit bei?" (Dingeldey 1983a, S. 11) Aus diesen Hearings entwickelt sich die „Große Curriculumkommission", an deren Spitze der Erziehungswissenschaftler Wolfgang Klafki steht. Dies ist Ausdruck eines neuen Selbstverständnisses in der Lehrplanentwicklung und hat deutliche inhaltliche Konsequenzen. So geht es vor allem darum, die Schule nach wissenschaftlichen Erkenntnissen zu reformieren und politische Macht- und Lenkungsinteressen weitgehend außen vor zu lassen. In der Kommission wird versucht, übergreifende Lernziele zu konzipieren und ein Gesamtcurriculum zu entwickeln, um sich so von der traditionellen Fächerstruktur abzuheben.

Doch das Bemühen der „Großen Curriculumkommission", ein Gesamtcurriculum für die Schule zu gestalten, scheitert. Die Gründe sind vielfältig: Die Dauer des Diskussionsprozesses steht beispielsweise in deutlichem Widerspruch zur schulpädagogischen und bildungspolitischen Notwendigkeit, in verhältnismäßig überschaubarer und kalkulierbarer Zeit Lehrpläne zu erstellen. Schon am 23.06.1970 stellt die Planungsabteilung des Kultusministeriums „die Überlegung zur Diskussion, die Curriculumkommission möge neben der Weiterarbeit an langfristigen Projekten zwischenzeitlich Richtlinien für Fächer bzw. Fachbereiche erarbeiten" (HKM: Protokoll der Sitzung der Koordinationskommission vom 23.06.1970). Anfang der 70er Jahre bricht die Interessenidentität zwischen „Großer Curriculumkommission" und Kultusbürokratie auf. Auf Seiten des Kultusministeriums wird die Forderung laut, zügiger und effizienter zu arbeiten und die Erfahrungen in den Schulen stärker zu berücksichtigen. Darin spiegelt sich auch die Notwendigkeit wider, neue Pläne in die Schule zu geben, um die Stoffpläne der 50er Jahre endlich ablösen zu können. Die Versuche, eine kritisch interpretierte gesellschaftliche Wirklichkeit zu einem grundsätzlichen, alle

Bereiche betreffenden Bezugsrahmen für schulisches Lernen zu machen, wird zudem von erheblichen Teilen der Lehrerschaft nicht vorbehaltlos akzeptiert. „In der Sicht vieler Lehrer erscheinen sozial-wissenschaftliche Kategorien zur Beschreibung des Bedingungsgefüges Schule-Gesellschaft, Schüler-Lehrer-Unterricht als technokratischer oder ‚dogmatischer' Angriff auf einen Bereich, in dem es wesensmäßig um das Individuum und seine Entfaltung geht" (Wolf o. J., S. 60). Hinzu kommt, dass es durch die Gesamtschulbewegung ebenfalls eine schulreformerische Strömung gab, die sich gleichfalls mit curricularen Fragen beschäftigte und der Arbeit der „Großen Curriculumkommission" eher distanziert gegenüberstand. „Wir errichteten neue Gesamtschulen, brachten sie zum Laufen, versuchten auch inhaltlich mit Lehrergruppen ad hoc-Hilfen für den Unterricht zu erarbeiten; die ‚da oben' arbeiteten im Überbau mit wenig Relevanz für unsere praktische Arbeit; Rückkopplung fand kaum statt. Von der Großen Kommission erwarteten wir eigentlich wenig Hilfe" (Frommelt, Gesprächsnotiz, zit. in Dingeldey 1983a, S. 23).

- *1970 - 1984: die Phase der Entwicklung der Rahmenrichtlinien*

In dieser Phase wird die Lehrplanentwicklung wieder enger an das Kultusministerium angeschlossen. 1970 wird dort eine Planungsabteilung gegründet, die auch für die weitere Lehrplanrevision zuständig ist. Damit ist das Ende der großen Curriculumkommission eingeleitet, deren Auflösung im November 1971 erfolgt. Organisiert durch die Planungsabteilung im Hessischen Kultusministerium, setzt nun die konkrete Entwicklung der RRL ein. Das 1975 gegründete Hessische Institut für Bildungsplanung und Schulentwicklung (HIBS), eine nachgeordnete Behörde des Kultusministeriums, übernimmt später diese Aufgabe und koordiniert die curriculare Entwicklung und Revision der RRL. Die intensiven Lehr- und Lernzieldiskussionen in der „Großen Curriculumkommission" werden dabei aufgegriffen. Im Dezember 1970 werden vom Kultusministerium Fachgruppen konstituiert, um die neuen RRL zu erarbeiten. Diese sollen Fachpläne sein, die schulformübergreifend angelegt sind und eine ausgeprägte Lernzielorientierung und -hierarchisierung aufweisen. Avanciert werden die neuen Pläne „Rahmenrichtlinien" genannt und für das Schuljahr 1972/73 angekündigt (vgl. I. Haller 1971, S. 1).

Nach welchen Kriterien werden die Mitglieder dieser Fachgruppen ausgewählt? Einige der Autorinnen und Autoren sollen bereits zuvor in Curriculumgruppen mitgearbeitet haben und Experten ihres Faches sein. Besonders wird darauf geachtet, dass alle Schulformen in jeder Fachgruppe vertreten sind. Die Gruppen sollen etwa acht Mitarbeiter und Mitarbeiterinnen haben. Hinzu kamen Stufen- und Fachkoordinatoren (vgl. HKM 1970, S. 12ff.). So stringent die personellen Vorgaben des HKM für die Rahmenrichtlinienentwicklung zunächst erscheinen, so wenig lassen sie sich verwirklichen. Die Fluktuation innerhalb der Gruppen ist groß. Gründe hierfür sind inhaltlicher wie personeller Natur. Häufig entstehen Konflikte, die durch die heterogene Zusammensetzung der Gruppen noch verschärft werden.

Der zeitliche Rahmen ist eng. 25 Fachgruppen werden im Dezember 1970 eingerichtet (vgl. Dingeldey o.J., S. 61) Die zeitlichen Vorgaben aus dem HKM sehen so aus, dass sämtliche Fach- und Fachbereichspläne in kurzer Zeit fertig gestellt werden sollen. „Für die Arbeit sollte ein Jahr ausreichen" (Dingeldey 1983a, S. 33). Ziel war es, „kurzfristig vorläufige stufenbezogene Rahmenrichtlinien" zu entwickeln (HKM 1970, S. 2).

„Folgender Zeitablauf ist vorgesehen:
28.2.1971 Abschluß der Grundüberlegungen in Sekundarstufe I
15.5.1971 Abgabe der Pläne für das 5. und 6. Schuljahr
bis 1.12.1971 Abgabe aller Fach- und Fachbereichsrahmenrichtlinien"
(Dingeldey 1983a, S. 28)

Im Frühjahr 1972 liegen die ersten Entwürfe tatsächlich vor, so dass sie, wie erhofft, zum Schuljahr 1972/73 der interessierten Öffentlichkeit und den Schulen präsentiert werden können (vgl. I. Haller 1971, S. 1). Im Schuljahr 1972/73 findet die sogenannte Vorlaufs- bzw. Diskussionsphase der RRL statt. Sie ermöglicht den Schulen eine freiwillige Teilerprobung der Pläne. In Fach- und Gesamtkonferenzen werden diese diskutiert, ebenso in einer Vielzahl von Veranstaltungen. Neben der pädagogischen Auseinandersetzung beginnt bereits in dieser Phase eine vehemente öffentliche Debatte um die RRL. Die Hartnäckigkeit und Vehemenz, mit der um die RRL gestritten wird, ist weder im HIBS noch im HKM erwartet worden. „Die Schärfe der Auseinandersetzung traf alle Verantwortlichen überraschend: Niemals zuvor hatte die Diskussion um Lehrpläne zu einer so breiten öffentlichen Resonanz über die Fachwelt hinaus und zu einer solchen politischen Polarisierung geführt" (Dingeldey 1983a, S. 39). Besonders die Pläne für den Lernbereich Gesellschaftslehre und für Deutsch geraten ins Kreuzfeuer der Kritik. Sprechen die einen von einer „Pionierleistung" (Becker 1973), nennen es andere „Entpersonalisierung", „Unterschlagung demokratischer Grundprinzipien" (Nipperdey/Lübbe 1973). „Die Schüler werden nicht zu loyalen Staatsbürgern in einer Gemeinschaft mit harmonisierenden Spielregeln erzogen, sondern zu ideologisch programmierten Revoluzzern abgerichtet, die Kritik zum alleinigen Maßstab ihrer ‚Mündigkeit' zu machen haben" (Heinrichbauer 1973).

Nachdem die meisten der Pläne erneut überarbeitet worden sind, beginnt ab August 1974 die zweite Phase, an deren Ende die bereits erwähnte „verbindliche Erprobung" der RRL steht. Die meisten Rahmenrichtlinien bleiben bis zu ihrer späteren Ablösung durch die Rahmenpläne (ab 1996) in diesem Status. Von 1975 an haben die RRL-Entwürfe drei Institutionen zu durchlaufen: den RRL-Beirat, den Hauptpersonalrat der Lehrer und Lehrerinnen, den Landeselternbeirat. Der Rahmenrichtlinienbeirat wird gegründet, um die Konsensfindung zu erleichtern. In ihm sind Repräsentanten aller wichtigen gesellschaftlichen Gruppen vertreten. Der Hauptpersonalrat der Lehrerinnen und Lehrer hat ebenso wie der RRL-Beirat lediglich eine beratende Funktion, kann aber nicht über die Pläne entscheiden. Anders sieht dies beim Landeselternbeirat aus. Ihm wird durch entsprechende gesetzliche Grundlagen ein Vetorecht eingeräumt, das nur durch einen Kabinettsbeschluss (gesamte Landesregierung) überstimmt werden kann. Damit kann zwar letztendlich nicht verhindert werden, dass die einzelnen RRL doch verabschiedet werden, aber der Verabschiedungs- und Einführungsprozess kann damit erheblich verzögert werden (vgl. „Gesetz über die Mitbestimmung der Erziehungsberechtigten und den Landesschulbeirat“ in der Fassung vom 01.12.1975, § 22 und § 23). Und diese Möglichkeit nutzt der 1976 neu gewählte Landeselternbeirat. Er verweigert in Folge jedem der neuen RRL seine Zustimmung. Die zentralen Argumente hierfür lauten, dass die Pläne nicht schulformbezogen, nicht ausreichend fachwissenschaftlich orientiert und in zu großem Umfang gesellschafts- und schülerorientiert seien.

Während die ersten RRL-Entwürfe - zum Beispiel jener für das Fach Chemie - „schon“ 1976 zur verbindlichen Erprobung freigegeben werden, ist dies bei anderen Plänen - zum Beispiel den RRL Deutsch - erst Anfang der 80er Jahre möglich. Insgesamt dauert die Entwicklung der RRL etwa 17 Jahre. Im Nachhinein stellt sich die Frage, ob der Raum für die öffentlichen Diskussionen nicht zu groß gewesen ist. Der damalige Kultusminister Krollmann hob in einer Sitzung des Hessischen Landtages jedoch hervor: „... daß es kein Land gibt, in dem mit dieser Offenheit und über diese Zeit, die wir angewandt haben - mit all den negativen Folgen, die das für die Schulpraxis hat -, über Rahmenrichtlinien und damit über die Voraussetzungen von Lehrplänen im Detail diskutiert wird ...“ (HKM: Protokoll der 49. Sitzung des Hessischen Landtages vom 25. Januar 1977, 8. Wahlperiode, S. 2914).

2.2.2 Zwei Beispiele: die Rahmenrichtlinien Deutsch und Chemie

Betrachtet man die formale Gestaltung der RRL, so fällt die völlig uneinheitliche Form auf. Da es vom Kultusministerium keine festen Vorgaben zur Struktur der Textsorte „Rahmenrichtlinien“ gibt und auch weil die Autorenteams in sich sehr unterschiedlich besetzt sind, gibt es zwischen den einzelnen RRL-Texten nahezu keine Gemeinsamkeiten. Nur zwei Aspekte gibt es, die alle Pläne miteinander verbinden: Sie sind schulstufenbezogen und lernzielorientiert angelegt. Die Orientierung an einem „obersten Lernziel“: die Selbst- und Mitbestimmung (vgl. Friedeburg 1973, S. 37), ist eine der wenigen Vorgaben. Die Ausformulierung aller weiteren Lernziele fällt je Lehrplan recht unterschiedlich aus. Sowohl eine strenge Hierarchisierung von Lernzielen lässt sich finden als auch ganz andere Formen von Kategorisierungen. Manche RRL geben detailliert soziale wie fachliche Lernziele an, andere weisen umfangreiche fachliche Inhalte aus. Wie unterschiedlich diese RRL - als Texte - angelegt sind, soll im folgenden Kapitel an zwei Beispielen deutlich werden: an den Rahmenrichtlinien für Deutsch und Chemie. Dazu werden die folgenden Lehrplanfassungen miteinander verglichen:

1. RRL Deutsch, von 1972 (bezeichnet mit: Deutsch 1)	2. RRL Deutsch, von 1980 (bezeichnet mit: Deutsch 2)	3. RRL Chemie, von 1976 (bezeichnet mit: Chemie)

Es gibt zwischen den RRL Deutsch und Chemie deutliche Unterschiede, wenn der Blick darauf gerichtet wird, wie sich die beiden Pläne jeweils in den Entwicklungsprozess einfügen. *Chemie* gehört zu jenen Plänen, die als erste zur Erprobung an die Schulen gehen können, und zwar am 01.08.1977. Der *Deutschplan* (Deutsch 2) geht durch einen Kabinettsbeschluss von 1980 zum 01.02.1981 in die verbindliche Erprobung. Der Plan für das Fach Chemie passiert den RRL-Beirat im Vergleich zu anderen Planentwürfen ohne größere Probleme, der Deutschplan hingegen muss mehrfach grundlegend überarbeitet werden, erhält dann aber ebenfalls die Zustimmung.

Die Entwicklung des Lehrplans Deutsch ist durch die Vielzahl von Entwicklungsschritten unübersichtlicher als die Entwicklung des Chemieplans. Darum hilft eine schematische Übersicht, die einzelnen Etappen besser einordnen zu können:

Mai 1976	Vorstellung des Entwurfs der RRL Deutsch im RRL-Beirat (hier mit 1. Fassung bezeichnet)
1976-1978	fast zweijähriger Beratungs- und Überarbeitungsprozess, der zur 2. überarbeiteten Fassung vom Dezember 1977 führt
Frühjahr 1978	Billigung des Entwurfs durch den RRL-Beirat, Zuleitung an den Landeselternbeirat (LEB)
April 1978	Zustimmung des Hauptpersonalrats der Lehrer
Juli 1979	Beginn von Verhandlungen in gemischter Kommission nach erster Ablehnung durch den LEB
Dezember 1979	Einstimmige Ablehnung durch den LEB

Frühjahr 1980	Nochmalige Überarbeitung des Entwurfs durch das Kultusministerium durch Hinzuziehung weiterer Experten
03.06.1980	Beschluss des Kabinetts, die RRL Deutsch ab 01.02.1981 in die landesweite verbindliche Erprobung zu geben.

Da die RRL mit großen Autorengruppen und unter starker Beteiligung der schulischen Öffentlichkeit entwickelt werden, ist die Planentwicklung aufwendig und langwierig. Für die RRL Chemie arbeitet ein Autorenteam von acht Personen. Die RRL Deutsch in der ersten Fassung nennen zwölf Autoren und Autorinnen, die RRL Deutsch in ihrer zweiten Fassung 17 Autoren und Autorinnen, wobei nur zwei bereits an der ersten Fassung mitgearbeitet hatten. Der Grund hierfür liegt in einem Konflikt zwischen dem ersten Autorenteam und dem Kultusministerium: Das erste Autorenteam ist der Meinung, das HKM würde dem öffentlichen Druck konservativer Kreise zu stark nachgeben und lehnt deshalb eine weitere Überarbeitung der Rahmenrichtlinien ab (vgl. auch HLZ 19/1978, S. 24f.).

Dass sich die formale Anlage des Chemie- und des Deutschlehrplans völlig voneinander unterscheiden, lässt sich bereits am Umfang erkennen. Während der Chemieplan ein dünnes Heft von knapp 32 Seiten ist, haben die Rahmenrichtlinien Deutsch in der 1. Fassung einen Umfang von 85 und in der Endfassung einen Umfang von 263 Seiten. Die Unterschiede lassen sich auf inhaltlicher Ebene weiterverfolgen. Ein Blick in die Inhaltsübersichten (vgl. Anlagen) bestätigen diesen Eindruck. Das Inhaltsverzeichnis von Chemie umfasst eine Seite, das von Deutsch 2 fünf Seiten. Der Lehrplan Chemie besteht aus fünf Kapiteln. Hauptgliederungselement sind die Jahrgangsstufen, die Unterkapitel orientieren sich an den Lernzielen und Inhalten. Für jede Jahrgangsstufe gibt es zunächst „Vorbemerkungen zu den Lernzielen", dann „Allgemeine Lernziele und zugeordnete Inhalte" und schließlich „Fachspezifische Inhalte". Bei den RRL Chemie handelt es sich somit um eine Auflistung von Lernzielen und Inhalten. Ganz anders in Deutsch 2: Dieser Plan gliedert sich in acht Hauptkapitel mit jeweils bis zu fünf Unterkapiteln. Wesentliche Gliederungselemente sind hier nicht die Jahrgangsstufen, sondern sogenannte „Arbeitsbereiche". Diese Arbeitsbereiche heißen: „mündliche/schriftliche Kommunikation", „Arbeitsbereich Umgang mit Texten", „Arbeitsbereich Reflexion über Sprache". Zu jedem Arbeitsbereich gibt es Ausführungen zum Stand der fachwissenschaftlichen und der fachdidaktischen Diskussion. Lernziele werden in kurzen Unterkapiteln jeweils „eingeschoben". Sie orientieren sich an Doppeljahrgangsstufen: 5/6, 7/8 und 9/10. Dies ist bei den RRL sonst nicht üblich. Ergänzt werden die Ausführungen mit Hinweisen zur Unterrichtsgestaltung sowie im „Arbeitsbereich Umgang mit Texten" durch Literaturvorschläge und eine Liste mit ausgewählten Kinder- und

Jugendbüchern. Am Ende der RRL Deutsch 2 stehen vier Kapitel zu übergreifenden Problemen. Das eine setzt sich mit dem Problem der kompensatorischen Spracherziehung auseinander, ein damals sehr umstrittenes Thema. Die anderen drei Kapitel gehen auf die Unterrichtsorganisation, die Lern- und Leistungskontrollen sowie auf die angestrebten Qualifikationen in der Sekundarstufe I ein.

Zum Abschluss dieses kurzen Überblicks über die Lehrplanelemente lässt sich festhalten, dass es sich bei den RRL Chemie vor allem um eine Auflistung von Lernzielen handelt. Der RRL-Plan Deutsch 2 von 1980 ist eher als ein Handbuch zu bezeichnen, das vor allem fachwissenschaftliche, didaktische und pädagogische Begründungen für einen - als innovativ angesehenen - Unterricht gibt. Diesen Handbuchcharakter hatten die RRL Deutsch 1 noch nicht. Auf 85 Seiten wurden hier unterrichtliche Inhalte konzipiert, wobei auf ausführliche fachdidaktische Begründungen verzichtet wurde.

Um den Einblick in die unterschiedliche Struktur der Pläne noch weiter zu vertiefen, soll ein Blick auf die konkrete Gestaltung der beiden Pläne Deutsch 2 und Chemie geworfen werden. Ausgewählt wurde der Jahrgang 8 bzw. in Deutsch die Jahrgangsstufe 7/8 (vgl. Anhang). Die RRL Chemie stellen auf insgesamt sieben Seiten dar, was in Jahrgang 8 unterrichtet werden soll. Die im Anhang wiedergegebene Seite ist vom Aufbau und vom Layout her gesehen typisch für diesen Plan. Nach einer knappen „Vorbemerkung zu den Lernzielen" (I), in der innerhalb einer halben Seite kurz umrissen wird, worum es fachlich gesehen geht, folgt das zweite Kapitel: „Allgemeine Lernziele und zugeordnete Inhalte" (II). Einige Beispiele: „lernen, umfassend zu beobachten und dabei Wesentliches von Unwesentlichem zu unterscheiden", „lernen, mit gängigen chemischen Arbeitsgeräten und Chemikalien umzugehen", „lernen, beim Experimentieren Gefahren vorauszusehen und Schäden für sich und andere zu vermeiden". Hierzu zählen auch soziale und historische Lernziele, wie „auch beim chemischen Experimentieren lernen, daß in einer Arbeitsgruppe jeder die gleichen Rechte und Pflichten hat" und „lernen, daß moderne Naturwissenschaften das Ergebnis der Arbeit zahlreicher Menschen aus vielen Generationen sind". Auf der „fachspezifischen Lernzielebene" (III) finden sich folgende Vorgaben: „Erkennungsmerkmale einiger Stoffe feststellen lernen", „Reine Stoffe von Gemischen unterscheiden können". „Lernzielorientierung heißt, den Zusammenhang herzustellen zwischen Unterrichtsstoffen und dem, was an Einsichten, Erkenntnissen, Fähigkeiten und Fertigkeiten mit ihrer Hilfe gewonnen wird" (Friedeburg 1973, S. 37). Diesem Anspruch wird der Plan durchaus gerecht. Allerdings gibt es keine Hilfestellungen, Unterrichtsvorschläge oder Erklärungen sowie weitergehende Hinweise - mit Ausnahme jener zur Differenzierung: Die angegebenen Lernziele können je nach Situation der

Lerngruppe an mehr oder weniger Inhalten erreicht werden. Die mögliche *Differenzierung* ist durch * gekennzeichnet. Lernziele und Inhalte sind in den RRL Chemie quasi identisch. Die Fachsystematik bestimmt die Reihenfolge der fachlichen Lernziele. Das heißt, dass sich zwar gegenüber den alten Bildungsplänen die Form grundlegend verändert hat, aber nicht die Abfolge der Themen.

Die RRL Deutsch 2 (vgl. Anhang) haben einen völlig anderen Aufbau. In ihrem didaktischen Konzept grenzen sie sich radikal gegen die alten Bildungspläne ab. Damit spiegeln sie die damaligen didaktischen Diskussionen wider. Der traditionelle Literaturunterricht wird stark zurückgedrängt zugunsten eines stärker medienkritischen, kommunikationsorientierten Ansatzes. Rechtschreibunterricht soll nicht länger ein eigenständiger Lernbereich sein, sondern sich an alltäglichen Schreib- und Leseanlässen orientieren und in kommunikativen Übungen aufgehen (vgl. z.B. Baumgärtner u.a. 1973; Müller-Michaelis 1980). Innerhalb jedes Kapitels zu den Arbeitsbereichen gibt es Hinweise dazu, was in den Doppeljahrgangsstufen thematisch gemacht werden soll. Diese Hinweise nehmen allerdings keine vorrangige Rolle ein, sondern ergänzen die Ausführungen zum Verständnis des jeweiligen Arbeitsbereichs, zur Unterrichtsgestaltung, zu Arbeitsweisen, Lernmethoden und teilweise auch zur wissenschaftlichen Legitimierung. Zunächst werden die Lernzielschwerpunkte für die einzelnen Jahrgangsstufen festgelegt. Für die Jahrgangsstufen 7/8 sind dies: „Identitätsfindung in der Pubertät (...)“, „Vermittlung der im Bewußtsein der Schüler getrennten Erfahrungsbereiche im Hinblick auf ihre gegenwärtige gesellschaftliche Position“. Angeführt werden allgemeine Lernziele, die sich auf einen der drei Arbeitsbereiche beziehen. Ein Beispiel hierfür aus dem Arbeitsbereich mündliche/schriftliche Kommunikation: „Entwicklung kommunikativer Fähigkeiten heißt in diesem Zusammenhang, daß der einzelne lernen muß, seine Erfahrungen, Bedürfnisse und Interessen so darzustellen, daß diese sozial erfahrbar, d.h. allgemein verstehbar werden“ (Deutsch 2, S. 29). Diese Lernziele sind nicht schulstufenorientiert, sondern gelten für alle Schulstufen gleichermaßen. Hinzu kommen sogenannte Fähigkeiten und fachliche Lernziele, die sich dann sowohl auf den Arbeitsbereich als auch auf die Jahrgangsstufen beziehen. Das folgende Beispiel bezieht sich wieder auf den bereits genannten Arbeitsbereich sowie auf die Jahrgangsstufe 7/8: „Fähigkeit zu übersichtlicher Anordnung des Schriftbildes bei Notizen, Exzerpten und bei standardisierten Texttypen“ (S. 86).

Im gesamten Lehrplantext für das Fach Deutsch finden sich - ganz im Gegensatz zu den RRL Chemie - in den Fußnoten Hinweise, die die RRL-Vorgaben legitimieren sollen, sei es durch einen Verweis auf die gesetzliche Grundlage oder auf einschlägige wissenschaftliche Literatur zum Thema. Mit dem Ansatz, von der Lebenswelt der Schülerinnen und Schüler auszugehen, auch literarische Formen wie die Trivialliteratur zu berücksichtigen und die kompensatorische Spracherziehung in die Schule hineinzutragen, scheinen für viele Kritiker die Grundfeste deutscher Bildung gefährdet zu werden. Entsprechend scharf fällt die Kritik aus: „Erst wenn der Deutschunterricht befreit wird von den Fesseln ideologischen Vorverständnisses und weltanschaulicher Betrachtung, wird er die Bedingungen erfüllen, die nach dem Grundgesetz keineswegs ihm, sondern allen Einrichtungen unserer Demokratie auferlegt sind: ‚An der Gestaltung einer demokratischen Gesellschaft mitzuwirken'" (Killy 1977).

Während der RRL-Plan für das Fach Chemie den Schulen 1976 zur verbindlichen Erprobung zugeleitet wird, müssen die RRL Deutsch wiederum überarbeitet werden. Zwar führen diese Überarbeitungen schließlich dazu, dass auch dieser Plan 1980 – wieder nach langen Diskussionen - per Kabinettsbeschluss zur verbindlichen Erprobung freigegeben werden muss, doch werden die RRL und ihre Autoren und Autorinnen nun von der anderen, der „linken" Seite kritisiert. So heißt es in der hessischen GEW-Zeitung: Die überarbeiteten Deutsch-Richtlinien schränken „das Problembewusstsein erheblich ein [...] Es scheint, daß der hier ausformulierte Ansatz einer Deutschdidaktik um all jene Aspekte verkürzt werden mußte, die es ermöglicht hätten, Lernprozesse in ihrem sozioökonomischen Bedingungszusammenhang wahrnehmbar zu machen" (HLZ 1978, S. 24).

2.2.3 Die Einführung der RRL

Anders als bei der im Folgenden noch zu skizzierenden Rahmenplan-Einführung ist bei den RRL der Prozess der Einführung vom Prozess der Entwicklung nicht so klar abgetrennt. Durch die weitreichenden und zum Teil heftigen öffentlichen Diskussionen der RRL sowie durch die sehr breite Streuung der Entwürfe zur freiwilligen Erprobung an den Schulen zwischen 1972-1974 gibt es ganz allgemein gesehen einen sehr guten Kenntnisstand. In dieser Phase soll es an den Schulen eine erste Kenntnisnahme, Diskussion und freiwillige Teilerprobung der RRL geben. Dies legt der Erlass des Hessischen Kultusministerium vom 30.08.1972 fest. In dieser Phase können Schulen schriftliche Stellungnahmen in Form von „Erprobungsberichten" einreichen.[10] Außerdem finden ergänzend im

10 (Der Hessische Kultusminister (Hrsg.): Beim Hessischen Kultusministerium eingegangene Erprobungsberichte zu den Rahmenrichtlinien Primarstufe und Sekundarstufe I;
Band I, Grund-, Haupt und Realschulen, Wiesbaden 1975
Band II, Gesamtschulen, Wiesbaden 1975

gleichen Zeitraum etwa 450 Lehrgänge im Hessischen Institut für Lehrerfortbildung (HILF) statt. In diesen Veranstaltungen diskutieren Mitglieder der Rahmenrichtlinienkommission gemeinsam mit Lehrerinnen und Lehrern die Rahmenrichtlinienentwürfe, ihre Intentionen und die Erfahrungen bzw. Probleme der Lehrerinnen und Lehrer mit diesen Entwürfen. Und bereits jetzt, nicht erst in einer der nächsten Phasen, werden Unterrichtsmaterialien mit den Lehrerinnen und Lehrern gemeinsam erarbeitet (vgl. Dingeldey 1983a, S. 37). Da der Druck der Öffentlichkeit wächst, werden alle Lehrerinnen und Lehrer, die an der freiwilligen Erprobung der Rahmenrichtlinien teilnehmen, aufgefordert, sehr genau Rechenschaft über ihre Arbeit abzulegen. Dies legt der Erlass des Hessischen Kultusministerium vom 01.07.1973 (HKM, Abl. 1973, S. 908) fest. „Das Erprobungsverfahren, das - bedingt durch die öffentlichen Angriffe auf die Rahmenrichtlinien - den freiwillig erprobenden Lehrern außerordentlich aufwendige Arbeitsschritte und Berichtspflichten zur pädagogischen Legitimation der Erprobung abverlangte, erstreckt sich am 1.8.1974 auf alle bis dahin erschienenen Rahmenrichtlinienentwürfe mit Ausnahme der Erstfassung der Rahmenrichtlinien Deutsch“ (Dingeldey 1983a, S. 39).

Die Gründung des Hessischen Instituts für Bildungsplanung und Schulentwicklung (HIBS) leitet die nächste Phase im Entwicklungsprozess der Rahmenpläne ein, an deren Ende die verbindliche Erprobung aller Rahmenrichtlinien stehen sollte. Das Hessische Institut für Bildungsplanung und Schulentwicklung hat etwa ab 1976 konkret den Einführungsprozess zu begleiten und zu unterstützen. Dies bedeutet, einen kontinuierlichen Diskussions- und Beratungsprozess zu organisieren. Es gibt schriftliche Umsetzungshilfen für die Schulen. Beispielhafte Unterrichtsmaterialien werden ebenso erstellt wie Literaturlisten für ausgewählte Unterrichtseinheiten oder Rahmenrichtlinien-Kurzfassungen. Das HIBS bietet Hilfestellung bei der Unterrichtsplanung, bei Fragen von innerer Differenzierung oder der Leistungsbewertung. HILF und HIBS bauen ein System der Beratung auf (vgl. Dingeldey 1983a, S. 47). So gibt es ab 1977 die sogenannte „Fachkollegiale Beratung“ (vgl. Kuger 1983a, S. 58). Sowohl Schulaufsicht als auch Fachkonferenzen oder Schulen allgemein können Mitarbeiter in der fachkollegialen Beratung um Hilfe bitten. Sie geben Orientierung bei der Erprobung der Rahmenrichtlinien und für die Planungsarbeit der Fachkonferenzen auf der Basis der RRL. Hinzu kommt eine Vielzahl von Weiterbildungsangeboten im HILF für einzelne Lehrer und Lehrerinnen, die sich für angebotene Veranstaltungen anmelden, ebenso wie für Schulen zu bestimmten

---

Band III A, Gymnasium, Wiesbaden 1974
Band III B, Gymnasium, Wiesbaden 1974
Band III, Gymnasien, Wiesbaden 1974)

Themen oder für Multiplikatoren. Jede Einzelaktivität hat ihren Sinn nur im Netz der anderen Implementationsmaßnahmen. So schreibt der damalige Leiter des HIBS in der Hessischen Lehrerzeitung: „Es wäre ein großer Irrtum zu glauben, daß die Beratung, von der wir hier sprechen, ausreichend sei, um die Implementation der Rahmenrichtlinien sicherzustellen. Fachkollegiale Beratung muß gesehen und beurteilt werden im Arrangement mit einer Reihe anderer Maßnahmen, die die verbindliche Erprobung der Rahmenrichtlinien stützen und ihre Fortschreibung vorbereiten sollen. An erster Stelle nenne ich dabei die Angebote des HILF, dann die Veranstaltungen im Rahmen der regionalen Lehrerfortbildung und schließlich auch das Veröffentlichungsangebot des HIBS" (Frommelt 1978, S. 39). Eine weitere Facette, die eine Vorstellung davon gibt, wie aufwendig das Netz an Unterstützung konzipiert ist, ist die enge Zusammenarbeit des HIBS mit dem Hessischen Rundfunk bei der Entwicklung und Umsetzung von Schulfunksendungen, die die Lehrer und Lehrerinnen bei der Umsetzung der RRL unterstützen sollen (vgl. HKM 24.11.1980).

Begleitet wird die gesamte Einführungsphase durch eine differenzierte Evaluation. Alle an der Rahmenrichtlinieneinführung und an der Umsetzung der Rahmenrichtlinien beteiligten Gruppen werden befragt. Angesprochen werden die Fachkollegialen Berater, die Schulaufsicht, die zentrale und regionale Lehrerfortbildung, Fachleiter und Fachleiterinnen sowie Lehrerinnen und Lehrer. Das Spektrum reicht von „Nachfragen" in Form von Einzelinterviews bis hin zu Gruppeninterviews (vgl. Giese 1983, S. 74ff.). Ziel ist es, eine permanente Koppelung von Qualifizierung der Lehrerinnen und Lehrer, Evaluation der Arbeit und Revision der Curricula zu ermöglichen. Diese Hoffnung geht jedoch nicht in Erfüllung. 1987 wird die sozialliberale Landesregierung abgelöst durch eine christlich-liberale Landesregierung. Damit wird eine neue Lehrplanphase eingeleitet. Der Auftrag des von der christlich-liberalen Landesregierung ausgewählten Kultusministers Christian Wagner lautet: „Es werden Pläne für den Unterricht an den Schulen des Landes Hessen gefertigt, in denen Auswahl und Abfolge der Lehrinhalte der Unterrichtsfächer in den einzelnen Schularten anzugeben sind" (HKM 05.09.1989, S. 1f.).

Aus heutiger Sicht stellt sich die Frage, was Schule und Unterricht mehr verändert hat: die Pläne selbst oder die lange Diskussion um diese Pläne. Die RRL Deutsch haben gegenüber den alten Bildungsplänen ein grundsätzlich anderes Verständnis vom Deutschunterricht und seinen Inhalten transportiert. Das hat unter anderem die besonders großen Widerstände gegen diesen Plan ausgelöst. Demgegenüber gilt für den Chemieplan, dass durch ihn das Konzept dieses Faches nicht fundamental verändert wurde; deshalb stieß er wohl auch auf wenig Widerstand.

2.3 Die „neuen“ Rahmenpläne

2.3.1 Entstehungsgeschichte

Am 01.08.1996 löst in Hessen in den ersten Fächern eine neue Generation von Lehrplänen - Rahmenpläne genannt - die „alten“ Rahmenrichtlinien ab. Fast 20 Jahre sind die Rahmenrichtlinien Grundlage für den Unterricht in der Sekundarstufe I in Hessen gewesen. Erst durch eine über zwei Legislaturperioden andauernde rot-grüne Koalition von 1991-1999 wird es möglich, neue staatliche Pläne für alle Fächer an hessischen Schulen (Primarstufe und Sekundarstufe I) zu etablieren. Dies ist keineswegs der erste Versuch, die „alten“ RRL durch neue Pläne zu ersetzen. Schon unter der CDU-Landesregierung (1987-1991) werden entsprechende Planentwürfe geschrieben. Die neuen Pläne sollen schulformbezogen sein, auf „Wortqualm und wissenschaftliches Imponiergehabe“ verzichten und nur „Mindestanforderungen“ aufstellen, die genügend „Spielraum“ für den Lehrer lassen sollen (Frankfurter Allgemeine Zeitung 19.09.1987). Obwohl nach dem Konzept dieser Landesregierung nicht mehrere Gremien mit der Entwicklung der Pläne befasst werden und keine Diskussionen in der breiten Öffentlichkeit stattfinden sollen und sie schließlich gar nur als Ergänzung zu den Rahmenrichtlinien gedacht sind[11] (vgl. Stäudel 1990), gelingt es nicht, diese Pläne vor dem erneuten politischen Wechsel 1991 in den Schulen zu etablieren. Die rot-grüne Koalition nimmt dann das Projekt Lehrplanrevision erneut in Angriff.

Doch der politische Wille allein reicht nicht als Begründung für die Entwicklung einer neuen Lehrplangeneration. Neue pädagogische, didaktische und wissenschaftliche Erkenntnisse liefern weitere Gründe. Auch die veränderte Situation an den Schulen, eine veränderte Schülerschaft und neue gesellschaftliche Erwartungen an Schulen verlangen neue Lehrpläne. Der OECD/CERI-Bericht nennt als Gründe hierfür z. B.: „Veränderungen in den Familienstrukturen, hohe Scheidungsquoten, Überalterung der Gesellschaften; Arbeitslosigkeit; [...] Migration und multikulturelle Gesellschaft; strukturelle Veränderungen im Wirtschaftsleben; Auswirkungen des technologischen Wandels; Zerstörung der natürlichen Lebensgrundlagen; [...] Datenverarbeitung und Mediengesellschaft“ (Skilbeck 1992, S. 22).

---

11 „Zur Verwunderung der FachlehrerInnen bleiben die jeweiligen RRL nämlich in Kraft. Deren Konzept solle durch die vorgelegten Lehrpläne lediglich ‚aufgelockert‘, ‚modernisiert‘ und ‚inhaltsbezogen gestrafft‘ und für die Kollegen ‚übersichtlicher‘ gemacht werden“ (Stäudel 1990, S. 35).

Entsprechend den Koalitionsvereinbarungen der rot-grünen Landesregierung von 1991 wird vom Hessischen Kultusminister zunächst ein „Zukunftsdialog" initiiert, an dem Vertreter aller relevanten gesellschaftlichen Gruppen teilnehmen. Er findet statt am 19.08.92, am 21.08.92 und am 28.08.92 (vgl. HKM 11.05.92). Erziehungswissenschaftler gehörten ebenso dazu wie Vertreter der Arbeitgeber, der Gewerkschaften und der Kirchen. Erklärtes Ziel ist es, sich einen Überblick darüber zu verschaffen, was wichtige Elemente bei der Gestaltung neuer Lehrpläne sein sollen. Zentrale Frage ist: „Was müssen unsere Kinder heute lernen, was müssen sie wissen, wenn sie in der Welt von morgen bestehen wollen?" (HKM 1993a, S. 2) Welche Modernisierungsprozesse in der sich wandelnden Welt sind notwendig? Wie könnte ein gesellschaftlicher Konsens bei den Neuformulierungen von Lehrplänen aussehen und erreicht werden? „Bewährte Reformansätze weiterzuführen", die Lehrpläne an „Schlüsselproblemen des Lernens" zu orientieren und sie „stofflich zu entrümpeln", das wird bereits in den Koalitionsvereinbarungen (1991) der rot-grünen Landesregierung festgelegt. Wesentlicher Grundsatz ganz allgemeiner Art ist, die „Schule als pädagogische Handlungseinheit" zu stärken - auch durch neue Lehrpläne. Es wird den Schulen beispielsweise ermöglicht, außer den Fächern der politischen Bildung auch die naturwissenschaftlichen Fächer zu einem Lernbereich zusammenzufassen. Doch der Lehrplanrevision geht zunächst eine Reform der Zuständigkeiten und Kompetenzen voraus, um den Handlungsspielraum („Autonomie") der einzelnen Schulen zu erweitern. Schulrechtliche Bestimmungen werden überarbeitet, ergänzt, verändert und zum „Hessischen Schulgesetz" zusammengefasst. Damit steht die Neuentwicklung der Hessischen Rahmenpläne sozusagen auf drei Säulen: der Koalitionsvereinbarung[12], dem Zukunftsdialog[13] und dem neuen Hessischen Schulgesetz[14].

Ein Blick auf die Motive für die Neuentwicklung führt zu vier wesentlichen Begründungszusammenhängen. Zu unterscheiden sind parteipolitische, bildungspolitische, zukunftsorientierte und die Textsorte betreffende, formale Motive.

1) Parteipolitsche Motive:
Die rot-grüne Koalition steht nach ihrer Wahl unter einem starken Legitimations- und Profilierungsdruck. Die Lehrplanentwicklung und -revision gehört in Hessen seit den Kämpfen um die RRL zum klassischen Feld politischer Kontro-

12 Die Grünen, SPD: Vereinbarung zur Zusammenarbeit in einer Regierungskoalition für die 13. Wahlperiode des Hessischen Landtags, 1991-1995.

13 HKM: Im Gespräch 10; Mit dem Hessischen Kultusminister; Zukunftsdialog zu Lehren und Lernen: Zwischenbilanz. Wiesbaden 1994.

14 HKM: Hessisches Kultusministerium: Hessisches Schulgesetz. Wiesbaden 1992a.

versen. Bereits mehrfach ist zuvor der Versuch gescheitert, neue Pläne an den Schulen zu etablieren, was dazu führte, dass viele Pläne zu diesem Zeitpunkt bereits über 20 Jahre alt sind. Die Pläne der konservativen Landeregierung liegen in der Schublade, können aber durch den Machtwechsel nicht mehr verabschiedet werden. Und so steht die neue Landesregierung vor der Wahl, entweder mit den veralteten Plänen weiter zu arbeiten oder die von ihren Vorgängern erarbeiteten zu übernehmen (was aus bildungspolitischen Gründen nicht akzeptabel ist) oder ein eigenes Revisionsverfahren einzuleiten.

2) Bildungspolitische Motive:
Die Landesregierung hat es sich unter anderem zum Ziel gesetzt, die Eigenständigkeit und Selbstbestimmung der Schulen zu fördern, damit sie in die Lage versetzt werden, sinnvolle schulische Konzepte vor Ort zu entwickeln. Eine gewisse Schlüsselfunktion hat in diesem Zusammenhang der Text: „Schule im Wandel – Grundlagen zur Rahmenarbeit in Hessen“[15]. Aus ihm sind auch diese Grundprinzipien der Rahmenplanentwicklung herauszulesen: Die Pläne stehen im Kontext mit der Autonomiedebatte und der geplanten „Öffnung von Schule“ (vgl. Holzapfel 1993, S. 26). Die Forderung an Schulen, sich stärker als pädagogische Handlungseinheiten zu verstehen, die auf die aktuellen Anforderungen vor Ort reagieren, verlangt, den Schulen mehr Möglichkeiten zur Selbstbestimmung einzuräumen. Um jedoch gleichzeitig die Durchlässigkeit des Systems zu gewährleisten und ein Minimum an Verbindlichkeit in Bezug auf Unterricht zu garantieren, sollen die Pläne wesentlich präziser verbindliche Vorgaben für den Unterricht geben als die Rahmenrichtlinien. „60 %“ des Unterrichts, so heißt es anfangs, sollen durch die Pläne festgelegt werden. Eine Vorgabe, die von der Entwicklung der nicht gültig gewordenen CDU-Pläne übernommen worden ist (vgl. HKM 14.12.1990, S. 10). Ein anderes wesentliches Stichwort in diesem Zusammenhang ist die Profilbildung von Schulen. Diese kann z. B durch fächerverbindende Vorhaben, Schwerpunktsetzungen beispielsweise im künstlerisch/ musischen Bereich u. a. m. erfolgen. Die Pläne sollen die Kooperationsmöglichkeiten innerhalb der Schulen fördern. Ein weiteres bildungspolitisch relevantes Moment ist die Entscheidung für schulstufenorientierte und gegen schulformspezifische Pläne. Allerdings gibt es einen Unterschied im Vergleich zu den RRL: die ausgewiesenen Bildungsgänge. Zwar

15 Der Text lag als Manuskript – des Hessischen Kultusministeriums - im Juni 1992 erstmalig vor und zieht sich wie ein roter Faden durch die ganze Zeit der Rahmenplanerstellung. Er wird im September 1992 zum Beispiel in der HLZ (Hessische Lehrerzeitung) abgedruckt und ist einer der fünf Texte, die in eine Infomappe, die das HIBS 1995 für Lehrerinnen und Lehrer herausgibt, aufgenommen wurden.

sind die neuen RPL ebenso wie die RRL schulformübergreifend ausgerichtet, die Anspruchsniveaus der einzelnen Bildungsgänge (Hauptschule, Realschule, Gymnasium) werden aber wesentlich präziser als bei den RRL formuliert. Die Bildungsgänge sind der Kompromiss zwischen dem ausgeprägten Schulstufenbezug der RRL und dem Schulformbezug der unter der CDU-Landesregierung entwickelten Pläne. Zugleich ist es wohl auch der Versuch, die Lehrpläne etwas aus den parteipolitischen Profilierungsbestrebungen herauszunehmen.

3) Zukunftsorientierte Motive:
Können Kinder und Jugendliche auf eine Welt von morgen vorbereitet werden, wenn sie nach Plänen unterrichtet werden, die fast ein Vierteljahrhundert alt sind? Die Rahmenrichtlinien sind teilweise inhaltlich veraltet. Ganz deutlich wird dies an den Plänen für die Fächer der politischen Bildung. Ein Beispiel: Die Mauer ist längst gefallen und der sogenannte Kalte Krieg Historie, trotzdem stehen die beiden deutschen Staaten und der Ost-West-Konflikt noch in den gültigen Plänen und hätten von lehrplantreuen Lehrerinnen und Lehrern so unterrichtet werden müssen, als hätte es die politischen Wandlungen nicht gegeben. Nicht nur inhaltlich besteht ein Modernisierungsbedarf, auch pädagogisch und fachdidaktisch ist dieser virulent. Die RPL erhalten den Anspruch, neuen pädagogischen Erkenntnissen ebenso gerecht zu werden wie aktuellen fachdidaktischen und fachwissenschaftlichen Entwicklungen. Eine größere Handlungsorientierung und die Berücksichtigung der Alltagswelt, Lebensweltbezug sind beispielsweise drei zentrale Stichworte (vgl. Dingeldey 1994b, S. 12ff.), die Vermittlung von Lernmethoden ein anderes, das die Konzeption der Pläne mitbestimmt.

4) Motive, die sich auf die Textsorte beziehen:
Mit den neuen RPL grenzt man sich auch durch ihre formale Struktur entschieden gegen die alten RRL ab. Die neuen Pläne sollen im Gegensatz zu den RRL einen klaren, (bei allen Plänen) gleichen Aufbau haben und eine übersichtliche Anordnung der Inhalte vorweisen. Dies soll gerade auch fachfremd eingesetzten Lehrkräften einen leichteren Umgang mit den Plänen ermöglichen. Die größere Leserfreundlichkeit ist nicht nur wichtig beispielsweise in Hinblick auf fächerübergreifendes Arbeiten oder fachfremd unterrichtende Lehrer und Lehrerinnen, sondern soll auch den Eltern, den Schülerinnen und Schülern sowie der an Schulfragen interessierten Öffentlichkeit den Zugang zu und den Umgang mit den Plänen erleichtern.

Geprägt wird die RPL-Entwicklung von dem Wunsch, die Lehrpläne möglichst effizient zu entwickeln und sie stringent und formal vereinheitlicht zu gestalten. Dies ergibt einerseits die teilnehmende Beobachtung in den Sitzungen der RPL-AG und geht andererseits zum Beispiel aus einem der Schreiben des zuständigen HKM-Referenten an die Direktorin des HIBS hervor. „Die Rahmenpläne sollten sich deswegen zukünftig in einem allgemeinen Teil darauf beschränken, die didaktische und inhaltliche Substanz des jeweiligen Faches/ Lernbereichs bzw. der fächerübergreifenden Aufgaben zu beschreiben. Dies soll schulformübergreifend geschehen. Die Rahmenpläne beschreiben damit ausschließlich den jeweiligen Bildungsauftrag des Faches, des Lernbereichs bzw. der fächerübergreifenden Aufgaben" (HKM 08.01.1992, S. 3). Dass auch zeitliche Effizienz gefragt ist, lässt sich beispielsweise aus der engen Terminierung ablesen: Das gerade zitierte Schreiben stammt vom 08.01.1992. Es liegt dem HIBS am 16.01.1992 vor. Bis zum 30.06.1992 sollen erste Vorstellungen für die „Entrümpelung" und inhaltliche Neugestaltungen entwickelt werden (HKM 08.01.1992, S. 4), und im August finden bereits die ersten Veranstaltungen zum Zukunftsdialog statt. Diese Dichte der Termine führt zu Protesten. Der bildungspolitische Sprecher der FDP-Landtagsfraktion, Heiner E. Kappel, wird im Pressedienst der Liberalen wie folgt zitiert: „Darüber hinaus, so Kappel weiter, habe der Kultusminister den sogenannten Zukunftsdialog als reine Show-Veranstaltung entlarvt. ‚Der Dialog ist längst noch nicht abgeschlossen, aber er dient schon jetzt als Grundlage für die Erarbeitung der neuen Rahmenlehrpläne. Damit wird offenbar, dass dieser über zwei Jahre geführte Dialog Ergebnisse haben wird, die schon 1991 feststanden.' Es sei deshalb schäbig, der Öffentlichkeit und den Beteiligten vorzuspielen, ihre Meinungen und Einschätzungen würden in den Ergebnissen tatsächlich berücksichtigt" (Kappel 1993).

Es gibt einige Indizien, die darauf schließen lassen, dass der sehr breit angelegte basisorientierte Diskussions- und Überarbeitungsprozess bei den RRL in dieser sehr zeitintensiven Form offensichtlich rückblickend nicht als nachahmenswert empfunden wird. Als der Kultusminister am 30.09.92 dem Landesschulbeirat[16] die neue Rahmenplankonzeption vorstellt und unter anderem äußert, dass das angestrebte Datum der Fertigstellung der Rahmenpläne der 01.08.1993 ist und sie nur in einzelnen, ausgewählten Schulen besprochen werden sollen, wird dies positiv goutiert. „In der Aussprache zeigt sich grundsätzliche Zustimmung zum vorgeschlagenen Verfahren. (...) Eine vereinzelt geforderte längere Vorlaufdiskussion empfiehlt sich nicht, weil sie nicht zwangsläufig zu substantielleren Ergebnissen führt, vor allem aber, weil in vertretbarer Zeit handhabbare Ergebnisse erzielt werden sollen. Die Umsetzung

16 Der Landesschulbeirat entspricht in etwa dem alten Rahmenrichtlinienbeirat. Er ist ein beratendes Gremium bestehend aus 24 Personen, in dem Vertreter und Vertreterinnen der wichtigen gesellschaftlichen Gruppen, der Verbände, Gewerkschaften und Kirchen vertreten sind (vgl. Hessisches Schulgesetz vom 17. Juni 1992, § 99).

an den Schulen in absehbarer Zeit ist dringend erforderlich" (HKM 17.11.1992, S. 6f.).

Das Verfahren zur Entwicklung der RPL ist von der Absicht bestimmt, den Erarbeitungs-, Verabschiedungs- und Einführungsprozess nicht ausufern zu lassen. Wodurch sollte die Effektivität gewährleistet werden? (vgl. HKM 17.11.1992, S. 6)

- Statt Lehrplankommissionen gibt es vom HIBS organisierte Autorengruppen.
- Die Autorengruppen werden sehr klein gehalten, im Schnitt bestehen sie aus zwei Personen.
- Der Prozess wird über das Hessische Institut für Bildungsplanung (HIBS) und eine dort eingerichtete Steuerungsgruppe (Rahmenplan-AG) zentral koordiniert.
- Zum formalen Aufbau der RPL werden dezidierte Vorgaben verabschiedet, die in ihren Grundsätzen nicht verändert werden dürfen.

1991 werden die Autorenteams für die Erarbeitung der RPL vom HIBS in Absprache mit dem zuständigen Referenten des HKM zusammengestellt. Das HIBS und die Rahmenplanautoren und -autorinnen werden mit der Sichtung vorhandener Pläne und Planentwürfe sowie der Erarbeitung der neuen RP beauftragt (vgl. HKM 25.11.1991). Alle Autorenteams bekommen die gleichen Vorgaben. Bereits mit der Einladung zu der ersten ganztägigen Tagung im HIBS am 15.12.1992, die sozusagen als Auftakt für die Autoren und Autorinnen gewertet werden kann, werden allen die drei folgenden Texte mitgeschickt, die die Grundlage für die Arbeit sein sollen: „Vorgaben für die Erstellung der neuen Rahmenpläne", „Rahmenpläne schreiben - Eine Check-Liste", „Erlaß des HKM vom 25.11.1991 betr. Rahmenplanarbeit Sekundarstufe I". Die drei Dokumente werden im Anhang dieser Arbeit abgedruckt. Aus ihnen ist detailliert die Strukturierung der neuen Rahmenpläne abzulesen, die allgemein gesehen wie folgt aussehen soll: Die neuen Rahmenpläne bestehen aus zwei Teilen: einem Teil A - Allgemeiner Teil - und einem Teil B - Unterrichtspraktischer Teil. In dem Teil A wird die didaktische und inhaltliche Substanz des Faches schulformübergreifend beschrieben. Dabei - so werden die Autoren und Autorinnen instruiert - soll auf ausführliche fachwissenschaftliche und fachdidaktische Legitimationen verzichtet werden (vgl. HKM 25.11.1991, S. 2). Dies ist eine deutliche Abgrenzung gegen die RRL (zumindest gegen die umstrittenen), die sehr ausführlich die wissenschaftlichen und didaktischen Grundlagen ihres Faches darstellten. „Es wird vorausgesetzt, daß die Pläne pädagogisch, schulpädagogisch und fachdidaktisch abgesichert sind. Daß sie es sind, wird im Plan nicht bewiesen" (HIBS 15.12.1992). In dem Teil B soll ein Minimalplan an verbindlichen Inhalten stehen. Diese Inhalte orientieren sich an Doppeljahrgangsstufen 5/6, 7/8 und 9/10. Der RPL soll als Minimalplan angelegt werden.

Doch wie dieser Minimalplan begrifflich gefasst werden soll, darüber gibt es lange Unklarheit. In dem internen Arbeitspapier für die RPL-Autoren und -Autorinnen heißt es zunächst: „Die Jahrgangs- beziehungsweise Jahrgangsstufenpläne erfassen 60 Prozent dessen, was im jeweiligen Zeitraum gelernt werden soll: es sind Minimalpläne" (HIBS 04.02.1992). Er soll also - nach den ursprünglichen Vorstellungen - nicht mehr als 60 % der zur Verfügung stehenden Unterrichtszeit umfassen. Dies bestätigt auch eine Pressemeldung vom 6. Oktober 1992. Die Vorgabe weckte bei Lehrerinnen und Lehrern Hoffnungen auf Freiräume. Dies spiegeln auch die Pressemeldungen, die sich auf eine zweite Pressemeldung des HKM ein Jahr später beziehen (vgl. HKM 13.10.1993): „Verbindliche Themen und pädagogische Freiheit" (Frankfurter Allgemeine Zeitung 14.10.1993), „Weniger Pflichtstoff, dafür mehr Spielräume" (Frankfurter Rundschau 05.10.1993), „Lehrpläne werden freier" (Wiesbadener Tagblatt 14.10.1993). Doch bereits in dieser Pressemeldung ist nicht mehr die Rede von einer 60/40 Verteilung: „Hessens Rahmenpläne für die Sekundarstufe I beschreiben künftig ein Kerncurriculum, das nicht die gesamte zur Verfügung stehende Unterrichtszeit festlegt." Doch noch im November 1993 suggeriert der Hessische Kultusminister Hartmut Holzapfel in einem Interview der Zeitschrift PÄDAGOGIK die Perspektive einer 60 Prozent zu 40 Prozent-Relation: „Für die Lehrpläne müssen wir einen Weg finden, der auf der einen Seite den Eltern ein hinreichendes Vertrauen zum Lehrplan gibt, andererseits den Spielraum der Schulen nicht unnötig einschränkt. Deswegen wollen wir den Lehrplan so strukturieren, daß er nur 60 Prozent des Stundenumfangs festlegt" (Holzapfel 1993, S. 27). Zu diesem Zeitpunkt ist im HIBS und auch im HKM bereits endgültig klar, dass diese Prozentvorgabe nicht aufrecht erhalten werden kann. So weist der zuständige Referent in einer Sitzung mit leitenden Schulamtsdirektoren des RP-Darmstadt darauf hin, dass die Nennung „60 % bewusst draußen gelassen" worden sei, da „die Inhalte nicht derart genau festzulegen sind" (Protokoll der teilnehmenden Beobachtung Nr. 1). Bereits in den Einleitungstexten der Entwurfsfassungen der RPL wird die genaue Angabe zur Zeitverteilung aufgegeben und eine wesentlich allgemeinere Formulierung gewählt: „Die verbindlichen Ziele und Themen sollen nicht in der insgesamt zur Verfügung stehenden Zeit erarbeitet werden" (RPL Chemie, Entwurf, 9/1993, S. 14). „Die Bearbeitung der verbindlichen Aufgabenfelder soll grundsätzlich nicht die gesamte zur Verfügung stehende Unterrichtszeit umfassen" (RPL Deutsch, Entwurf, 9/1993, S. 20). Aber auch wenn von der ursprünglichen Beschränkung auf 60 Prozent abgewichen wird, so bleibt doch das Konzept bestehen, dass die Rahmenpläne Minimalpläne sein sollen, die einerseits den Erwerb von Basisqualifikationen sichern sollen. Auf der anderen Seite sollen den Schulen und ihren Lehrerkollegien Freiräume eröffnet werden, jenseits der verbindlichen Mindestanforderungen einen schulinternen Arbeitsplan zu entwickeln und damit ihre Schule auch curricular zu profilieren.[17]

Mit dem Erlass vom 25.11.1992 erhalten das HIBS und seine zuständigen Dezernenten und Dezernentinnen sowie die ausgewählten Rahmenplanautoren und -autorinnen auch den Auftrag:

„*Erstens*, die Textteile aus den vorhandenen Rahmenrichtlinien bzw. -entwürfen, aus den vorliegenden Lehrplanentwürfen und den fächerübergreifenden Richtlinien zusammenzustellen, die zur Weiterentwicklung von Rahmenplänen geeignet sind. *Zweitens*, ‚Fehlstellen' in den bisherigen Plänen zu benennen

und

Drittens, Vorschläge für zu streichende Teile (‚Entrümpelung') zu machen" (HKM 25.11.1991, S. 3).

Die Durchsicht der diversen Pläne und Planentwürfe durch die Autoren und Autorinnen kann wie geplant 1992 (s.o.) abgeschlossen werden. Welche Pläne und Planentwürfe dies im Einzelnen sind, wird nachfolgend anhand des Deutsch- und des Chemieplans präziser dargelegt. Gut ein Jahr haben die Autoren und Autorinnen nun Zeit, die erste Fassung der RPL zu schreiben. Tatsächlich liegen fast alle Entwürfe für die neuen RPL im Sommer 1993 vor. Im Herbst beginnt dann das sogenannte Beratungsverfahren. Es besteht aus zwei Phasen. Die Planentwürfe werden zunächst innerhalb des Kultusministeriums in ein Beratungsverfahren gegeben. Hier durchlaufen sie die einzelnen Abteilungen und werden diskutiert. Stimmt der Kultusminister nach Abschluss dieser Phase den jeweiligen Planentwürfen zu, so gelangen sie anschließend in ein externes Beratungsverfahren (vgl. HKM 27.05.1994).

Die neuen Lehrplanentwürfe lösen über Hessen hinaus bei den Experten Erstaunen aus: Anstelle ausführlicher fachwissenschaftlicher Herleitungen und komplizierter didaktischer Begründungen wird der spezifische Bildungsauftrag des Faches knapp und verständlich dargelegt. Statt umfangreicher und stark theoriegeleiteter Texte erfolgt eine knappe Beschreibung der zu unterrichtenden Themen. Damit wird der in der Bundesrepublik seit Jahren herrschende Trend zu immer dickeren, immer komplizierter argumentierenden Lehrplänen umgedreht. Die neuen RPL scheinen nicht nur zur Orientierung für die Lehrer und Lehrerinnen geeignet zu sein, sondern auch als Information für die Eltern, Schülerinnen und Schüler sowie für die interessierte Öffentlichkeit.

In der Phase des externen Beratungsverfahrens werden im Herbst 1993 vor allem die Studienseminare, die Schulaufsicht, die Lehrerfortbildung und interes-

17 Eine ausführliche Darstellung der Entwicklung von den konkreten Prozentangaben zu allgemeineren Formulierungen ist nachzulesen in einem Aufsatz der Autorin in Pädagogik 5/1996.

sierte Fachkonferenzen aller Schulformen angesprochen. Zusätzlich kann jeder, der daran interessiert ist, eine Stellungnahme einreichen (vgl. auch Kapitel 3 dieser Arbeit). Insgesamt gehen rund 600 Stellungnahmen ein. Mit dem Beratungsverfahren versucht das HKM nach Aussagen des zuständigen Referenten, „die Basisbeteiligung“ wieder hereinzuholen, die in den Arbeitsphasen zuvor nicht ermöglicht wurde (vgl. Protokoll 2, S. 7). Doch gemessen an den Diskussionen um die Entwicklung der RRL in den 70er Jahren ist das öffentliche Interesse an dieser Lehrplanreform ausgesprochen gering. Nach der Präsentation der diversen Rahmenplanentwürfe im Oktober 1993 (vgl. HKM 13.10.93) weist der Pressespiegel des HKM für den Monat Oktober beispielsweise nur 27 Reaktionen in den Tages- und Wochenzeitungen aus.[18] Die Versuche, eine kontroverse Diskussion anzuzetteln, sind dabei sehr vereinzelt. Überschriften wie: „Lehrer an die Kandare genommen; Neue Rahmenpläne für Hessens Schulen schränken bisherige Freiräume stark ein“ (Wiesbadener Kurier 14.10.1993) gehören zu den Ausnahmen. Es überwiegen sachliche oder gar positive Überschriften: „Weniger Pflichtstoff, dafür mehr Freiräume“ (Frankfurter Rundschau 05.10.1993), „Lehrpläne werden freier“ (Wiesbadener Tagblatt 14.10.1993), „Rahmenpläne ‚entrümpelt'“ (Hessisch-Niedersächsische-Allgemeine 14.10.1993). Geringfügig anders sieht dies bei den Reaktionen auf den Rahmenplan Chemie aus (vgl. Kapitel 2.3.2.1). Ein wesentlicher Grund für diese insgesamt eher gelassen zu nennende öffentliche Reaktion könnte sein, dass die überwiegende Zahl der vorgelegten Pläne keine bildungspolitischen Kontroversen aufreißen, sondern eher auf Konsens hin orientiert sind.[19] Zudem erscheinen sie in einer Zeit, in der die Schul- und Bildungspolitik ohnehin im Schatten des öffentlichen Interesses steht.

Im Frühjahr 1994 werden die Planentwürfe an die Autoren und Autorinnen zur Überarbeitung zurückgegeben. Wie geht es nun weiter? Das Kultusministerium macht bei einer Veranstaltung mit den Hessischen Studienseminarleitern am 26.11.1993 hierzu genaue Angaben (teilnehmende Beobachtung: Protokoll Nr. 3)[20] Die Wünsche werden gesammelt und von den Autoren bzw.

---

18 Die Pressestelle des HKM wertet regelmäßig an die 40 regionale und überregionale Tages- und Wochenzeitungen aus.

19 So heißt es in einem Papier, das Grundlage für die Rahmenplanautoren und –autorinnen ist: „Der Plan muß normative Kraft besitzen: er soll nicht nur akzeptiert werden, sondern auch in den Schulen angenommen werden. (...) Der Plan muß konsensfähig sein: in der Öffentlichkeit, aber auch vor allem von den Lehrerinnen und Lehrern“ (HIBS 9. Juni 1992).

20 Gegenüber den Leitern der hessischen Studienseminare äußert der zuständige Referent des HKM bereits im November 1993: „>Der Plan will auf einer mittleren Ebene einen hohen Konsens erreichen, aber keinen Konsens in die eine oder andere Richtung.< Die Entscheidung darüber, wie die Entscheidungen gewichtet würden,

Autorinnen gesichtet: die Veränderungswünsche der hausinternen Beratung, des Landesschulbeirats, aller Beratungsrunden sowie der Stellungnahmen. Die gesammelten Einwände werden dann u.a. nach dem Grad ihrer Professionalität gesichtet und beurteilt. Die Aussagen eines Hochschuldidaktikers zum Unterrichtspraktischen Teil werden beispielsweise weniger gewichtet als die zum Allgemeinen Teil. „Dort wo die Professionalität am höchsten ist, da ist die Gewichtung am stärksten" (teilnehmende Beobachtung: Protokoll 2, S. 12). Zwei Dinge dürfen jedoch - so die Vorgabe durch das HKM - nicht verändert werden: die oben bereits beschriebene Grundstruktur und der Umfang der vorgegebenen Lehrinhalte. Letzteres bedeutet, dass nur dann etwas inhaltlich Neues hinzugenommen werden darf, wenn etwas anderes dafür weggelassen wird.

Ab August 1994 können dann die RPL in das Beteiligungsverfahren hineingegeben werden. So zeitlich stringent der Prozess bis dahin verläuft, so langwierig gestaltet er sich von nun an. Zum Beteiligungsverfahren gehören der Landesschulbeirat, der Hauptpersonalrat der Lehrerinnen und Lehrer, der Landesschülerrat und der Landeselternbeirat. Der Landesschulbeirat entspricht in seiner Funktion dem ehemaligen RRL-Beirat. Er ist wie dieser ein beratendes Gremium. Während der Hauptpersonalrat und der Schülerrat zwar ihre Urteile über die Pläne formulieren und dem HKM mitteilen können, jedoch keine Entscheidungsbefugnis haben, hat der Landeselternbeirat nach wie vor (gegenüber der Rahmenrichtlinien-Zeit ein nur zeitlich leicht eingeschränktes) Vetorecht. Dies bedeutet im Extremfall, dass er die Genehmigung eines Lehrplans bis zu 20 Wochen verzögern kann. Während der Hauptpersonalrat der Lehrerinnen und Lehrer bis auf konkrete Veränderungsvorschläge in Hinblick auf Einzelaspekte keine grundsätzlich ablehnende Haltung gegenüber den Plänen einnimmt, ist dies beim Landeselternbeirat anders. In keinem der Gremien gibt es so prinzipielle Widerstände gegen die RPL wie im Landeselternbeirat. Zentrales Problem für die Mitglieder dieses Gremiums sind weniger inhaltliche Momente einzelner Pläne als vielmehr die Konstruktion der *Bildungsgänge*, die für rechtswidrig gehalten werden. Dahinter steckt der Wunsch des Landeselternbeirates nach *schulformbezogenen* Plänen. Eine am Beginn der Lehrplanrevision beim Staatsgerichtshof eingereichte Klage gegen die Bildungsgänge wird erst 1996 entschieden[21]. Bis zu diesem Moment werden sämtliche Pläne abgelehnt.

---

liegen letztendlich allein beim HKM. Was keinesfalls geändert würde, seien die Eckdaten. Was einzelne Inhaltsaspekte anginge, so würde nach dem Haushaltsprinzip gearbeitet. Wenn einer ein neues Thema in den Plan aufgenommen sehen wolle, dann müsse er einen Deckungsvorschlag machen" (Protokoll 2, 26.11.1993, S. 21f.).

21 Vgl. „Urteil des Staatsgerichtshofs des Landes Hessen über die Vereinbarkeit einer Reihe von Vorschriften des Hessischen Schulgesetzes vom 17. Juni 1992 mit der Verfassung des Landes Hessen" StAnz.44/1995.

Das Prinzipielle in der ablehnenden Haltung wird dadurch besonders deutlich, dass auch dann keine Zustimmung erfolgt, wenn zuvor formulierte Einwände bei einer Überarbeitung berücksichtigt worden sind. Die Pläne der „ersten Welle“ müssen - bedingt durch diese Konstellation - überwiegend durch Kabinettbeschluss verabschiedet werden. Hierzu zählen auch die Pläne der Fächer Deutsch und Mathematik.

Trotz des präzise geplanten Lehrplanentwicklungsprozesses und obwohl die Autorinnen und Autoren unter großem zeitlichen Druck die neuen Lehrpläne erarbeiteten, zeigt sich schließlich, dass eine Legislaturperiode offensichtlich nicht reicht, um neue Pläne zu konzipieren und in die Schulen zu bringen. Dies geht zumindest dann nicht, wenn man einem Minimum an demokratischem Anspruch gerecht werden und möglichst viele Gremien beteiligen möchte. Anders als ursprünglich geplant, können die Pläne nicht schon im Schuljahr 1995/1996 wirksam werden (vgl. RP-Darmstadt 08.11.1993, S. 1). Es besteht somit die Möglichkeit, dass der Entwicklung neuer Pläne durch veränderte Machtverhältnisse nach der Landtagswahl 1995 ein Ende gesetzt werden würde. Erst nach der Wiederwahl der rot-grünen Landesregierung können im Frühsommer 1995 die ersten RPL durch Kabinettsbeschluss rechtskräftig werden. Ihre verbindliche Einführung ist dadurch erst zum Schuljahresbeginn 1996/97 möglich. Es bleibt den Fachkonferenzen etwa ein halbes Jahr, um sich in die neuen Rahmenpläne einzuarbeiten. Eine Erprobungsphase wird nicht vorgesehen, die Pläne sind, einmal beschlossen, verbindlich.[22]

Das bereits erwähnte Urteil des Staatsgerichtshofs (Oktober 1995) wirkt sich günstig auf das weitere Entscheidungsverhalten des Landeselternbeirates aus.[23] Dieses für die Landesregierung positive Urteil ist der Schlüssel für die zügige Etablierung der Pläne an den Schulen. Vom Landeselternbeirat wird nun - nach Berücksichtigung kleinerer Änderungen in den Plänen - der Einführung der Rahmenpläne zugestimmt. So kann sogar der heftig umstrittene Rahmenplan

22 Dies stand für das HKM bereits frühzeitig fest. Auf einer Sitzung mit den leitenden Schulamtsdirektoren des RP Darmstadt „wurden Befürchtungen bezüglich der Form der Einführung der Rahmenpläne geäußert. Die Gefahr sei groß, dass >Anspruch und Wirklichkeit weit auseinander klaffen<. >Dies lässt sich durch eine Erprobung vermeiden.< Der zuständige Referent des HKM sprach sich gegen eine Erprobung aus“ (Protokoll 2 der teilnehmenden Beobachtung, S. 7).

23 Hier heißt es: „[...] hat der Staatsgerichtshof des Landes Hessen auf Grund der Hauptverhandlung vom 7. Juni 1995 [...] für Recht erkannt: Die Bestimmungen des § 4 Abs. 2 und Abs. 4 Satz 2, § 5 Abs. 1 Nr. 2 und Abs. 2, § 6 Abs. 2 und Abs. 3, § 9 Abs. 5, § 12, § 13 Abs. 6 [...] des Hessischen Schulgesetzes vom 17. Juni 1992 (GVBl. S. 233, zuletzt geändert durch Gesetz vom 28. November 1994, GVBl. S. 695) sind mit der Verfassung des Landes Hessen vereinbar“ (ABl. 12/95). § 4 betrifft die Rahmenpläne, § 12 die Bildungsgänge.

Chemie zu Beginn des Schuljahres 1996/1997 an die Schulen gesendet werden. Er wird dann zum Schuljahr 1997/1998 verbindlich.

Insgesamt dauerte die Entwicklung der RPL etwa sieben Jahre. Am Ende der Entwicklung steht eine Generation formal vereinheitlichter Pläne, die verbindliche Grundlage für den Fachunterricht in der Sekundarstufe I sind.

2.3.2 Zwei Beispiele: Deutsch und Chemie

Wie sieht die veränderte Rahmenplankonzeption im Detail aus: In diesem Kapitel werden folgende Planfassungen miteinander verglichen:

- Rahmenplan Deutsch
Entwurfsfassung September 1993
- Rahmenplan Deutsch
1. Auflage November 1995

- Rahmenplan Chemie
Entwurfsfassung September 1993
- Rahmenplan Chemie
1. Auflage Mai 1996

Der RPL Deutsch erreicht die Schulen Anfang 1996 und wird verbindlich zum Schuljahr 1996/97. Der Chemieplan wird nach den Sommerferien 1996 an die Schulen verschickt und zum Schuljahr 1997/98 verbindlich eingeführt.

Der RPL Deutsch wird von einer einzelnen Autorin und nicht - wie sonst bei der RPL-Entwicklung üblich - von einem kleinen Autorenteam geschrieben. Die Autorin hat bereits an dem Realschulplan unter der CDU-Regierung mitgearbeitet. Als Fachleiterin für Deutsch und Lehrerin in der Sekundarstufe I ist der unmittelbare Praxisbezug gewährleistet. Dies gilt ebenso für die beiden Autoren des Rahmenplans Chemie. Einer von ihnen unterrichtet an einem Gymnasium, der andere ist Realschullehrer. Dies wird hier erwähnt, weil in dieser Konstellation ein gewisser Sprengstoff liegt, der in der späteren Planentwicklung noch relevant werden sollte. Zudem spielt die Frage, woher die "Lehrplanmacher" kommen, in den Stellungnahmen immer wieder eine wichtige Rolle (siehe Kapitel 3 dieser Arbeit). Dass die Angleichung der beiden Rahmenpläne auf formaler Ebene gelungen ist, wird bereits auf den ersten Blick deutlich. Die Lehrpläne, als Hefte (DIN A4) gedruckt, haben beide einen Umfang von etwa 50 Seiten. Die Inhaltsverzeichnisse der beiden Pläne (vgl. Anhang) bestärken den ersten Eindruck: Der Aufbau entspricht bei beiden Plänen weitgehend der ministeriellen Vorgabe: Im Teil A, dem Allgemeinen Teil, werden die Aufgaben und Ziele, die didaktischen Grundsätze sowie die Inhalte und Arbeitsbereiche und im Teil B, dem unterrichtspraktischen Teil, die Inhalte beschrieben. Beide Pläne sind innerhalb des vorgegebenen Zeitrahmens entwickelt worden. Bei den Vorarbeiten für den RPL Deutsch wie auch für den RPL Chemie sind zum einen die bisherigen RRL hinzugezogen worden. Zum anderen sind aber auch die Entwürfe der CDU-Landesregierung berücksichtigt worden.

Um den Einblick in die unterschiedliche Struktur der Pläne noch zu vertiefen, soll wie bereits bei den Rahmenrichtlinien Deutsch und Chemie auch hier ein Blick auf die konkrete Gestaltung der Rahmenpläne Deutsch und Chemie sowie deren Entwurfsfassungen geworfen werden. Ausgewählt wurde wiederum der Jahrgang 8 für Chemie bzw. in Deutsch die Doppeljahrgangsstufe 7/8.

2.3.2.1 Chemie

Bereits in einem der ersten HIBS-internen Schreiben zur Revision der Rahmenrichtlinien und zur Entwicklung der Rahmenpläne steht Chemie mit auf der Liste der dringend zu überarbeitenden Pläne. „Zu diesen Fächern gehören: SI Mathematik, Physik, Chemie und Biologie" (HIBS 04.03.1991a, S. 1). Für den Rahmenplan Chemie wird eine stärkere handlungs- und lebensweltorientierte Ausrichtung eingefordert. Die Durchsicht der vorhandenen Pläne und Planentwürfe ergibt wenig Ansatzpunkte für diese Ausrichtung[24]. Es gibt also noch Klärungsbedarf. Ist es leistbar, das Schulfach Chemie in einer gewissen Distanz zur wissenschaftlichen Fachsystematik zu konstruieren? Der Versuch wurde gewagt. Überprüft wird auch, welche Inhalte für exemplarisches Lernen wichtig sein könnten. Der Plan soll keinesfalls wieder eine Summierung aneinander gereihter Inhalte sein, sondern das fachliche Minimum kennzeichnen, auf umfangreiche fachtheoretische Erläuterungen weitgehend verzichten (s. o.) und didaktische Bezüge deutlich machen. Die traditionelle Fachsystematik, wie sie auch in den RRL ihren Niederschlag fand, wird so nicht wieder aufgegriffen. Vielmehr bestimmt nun eine ausgeprägte Schüler- und Alltagsorientierung die Konzeption der Inhalte. Dies wird bereits beim Aufbau jedes einzelnen Rahmenthemas mit den sogenannten Erschließungskategorien deutlich. Diese sind: Alltag, Technologie, Umwelt und Fachwissenschaft. Die verbindlichen Inhalte sollen auf dem Hintergrund dieser Erschließungskategorien behandelt werden.

Dieser schüler- und alltagsorientierte Ansatz macht die Pläne der Naturwissenschaften, vor allem den Chemie-Plan, zu einem der umstrittensten der neuen RPL. Während für Mathematik beispielsweise nur 15 Einzelstellungnahmen eingehen, sind es für Chemie über 40 (vgl. Kapitel 3). Auch in den Medien findet dieser Plan das größte Interesse. Die Entwurfsfassung wird kontrovers diskutiert, dabei sind die Proteste von Seiten gymnasialer Fachvertreter besonders heftig. „Die Kritik zielt diesmal auf die Naturwissenschaften" ist

---

24 Für Chemie werden folgende Lehrpläne herangezogen: der bis zu diesem Zeitpunkt gültige Lehrplan: Rahmenrichtlinien Sekundarstufe I (Oktober 1976); Diskussionsentwürfe, die nicht in Kraft gesetzt wurden: Revisionsentwurf (April 1985); Lehrplan Hauptschule (März 1991); Lehrplan Realschule (März 1991); Lehrplan Gymnasium (März 1991).

in der Frankfurter Rundschau am 13.05.1994 zu lesen. „Statt Bio, Physik, Chemie: Schule nach Lustprinzip“ (Frankfurter Neue Presse 13.05.94), „Kochen statt Chemie“ (Frankfurter Allgemeine Zeitung 13.05.94).

In seinem Resümee sämtlicher Veranstaltungen zu dem RPL-Entwurf für das Fach Chemie fasst einer der beiden Autoren die Situation wie folgt zusammen: „Auffällig ist die zumeist unterschiedliche Sichtweise der/des SI Lehrerin/Lehrers an HS, RS und GS einerseits und GY andererseits. Die GY-Vertreter/innen hatten vielmehr den Abschluß mit dem Abitur im Auge und das Daraufhinarbeiten. Die SI-Pläne wurden eher als Einheit mit den SII-Plänen gesehen. Das Grundverständnis von Chemieunterricht an Gymnasien scheint eher die rein fachwissenschaftliche Wissensvermittlung zu sein, bei der die Erkenntnisse methodischen Arbeitens anzuwenden sind. Dabei wird der Einstieg über komplexe *und* schülernähere Inhalte verworfen, zugunsten konkreten, fachwissenschaftlich leichter zu durchdringenden Sachverhalts, der zudem sich einzubetten habe in die sachlogische Struktur des Faches“ (HIBS, Bezler 06.03.1994, S. 2). Es stellt sich die Frage, inwieweit man den geäußerten Forderungen nach einer stärkeren Orientierung an der fachwissenschaftlichen Systematik nachgeben sollte. Die Rahmenplan-AG und auch die beiden Autoren entschließen sich nach sehr kontrovers geführten Diskussionen schließlich zu einer als Kompromiss gedachten Neufassung. Dennoch bleiben viele Kritiker bei ihrer ablehnenden Haltung (vgl. Kapitel 4).

Ein Vergleich des Inhaltsverzeichnisses der Entwurfsfassung und der Endfassung des RPL Chemie zeigt, wie versucht wurde, der Kritik Rechnung zu tragen: das Unterkapitel „Fachwissenschaft“ ist von Platz 4 auf Platz 1 gewandert. Das Unterkapitel „... erkenntnisorientiert“ ist umbenannt worden in „... kommunikationsfördernd“ und völlig neu geschrieben worden. Das Kapitel „Hinweise zur Benutzung“, das in der Entwurfsfassung etwas über eine halbe Seite lang ist, heißt im verabschiedeten Entwurf: „Zur Umsetzung des unterrichtspraktischen Teils“ und erläutert über zwei Seiten differenziert, wie die folgenden Vorgaben für den Unterricht verstanden werden sollten. Dabei wird auf das Problem der fachwissenschaftlichen Orientierung immer wieder gesondert eingegangen. Ein Beispiel: „Eine geeignete Form, Schülerinnen und Schülern die zunächst scheinbar verwirrende Vielfalt von Fragestellungen, Problemfeldern und Inhalten vorzustrukturieren, bietet die Zusammenstellung von Rahmenthemen und ihre Zuordnung zum fortschreitenden Lernprozess. Wesentliche Grundlage sind dabei die auch von Schülerinnen und Schülern wahrnehmbaren Bezüge zur Alltags- bzw. Selbsterfahrungswelt, der Umwelt und der zunehmend technisierten Welt. Als Erschließungskategorie für den Chemieunterricht in der Sekundarstufe I bilden sie neben der Fachwissenschaft das Gerüst bei der Unterrichtsplanung“ (RPL Chemie 5/1996, S. 19). Auch ein

Vergleich der unterrichtspraktischen Vorgaben zeigt die Tendenz, auf die Anhänger eines fachwissenschaftlich orientierten Chemieunterrichts einzugehen. Die verbindlichen Inhalte sind nunmehr fachwissenschaftlich zentriert. In der Kategorie „Fachwissenschaft" sind die Vorgaben erweitert worden, zugleich wird das Präsentationsschema übersichtlicher und damit leserfreundlicher.

Das im Anhang dokumentierte Beispiel veranschaulicht diese Veränderungen: Während in der Entwurfsfassung (RPL Chemie 9/1993) der Unterricht in Jahrgang 8 – Chemieunterricht in fünf Halbjahren[25] – auf 5 Seiten abgehandelt wird, ist es in der Endfassung nur eine Seite. Auf der ersten Seite (ebd., S. 16) der Ausführungen in der Entwurfsfassung werden zunächst 10 verbindliche Inhalte genannt. Hierzu gehören unter anderem „Stoffeigenschaften", „Erkennungs- und Prüfungsmethoden für Stoffeigenschaften", „Ordnungsprinzipien für Stoffe". Diese verbindlichen Inhalte werden drei Rahmenthemen zugeordnet:

„1. Wir ordnen Stoffe in unserem Alltag
2. Wir beobachten die Veränderungen der Stoffe in unserer Umwelt
3. Abfallbeseitigung – Trennung von Stoffgemischen exemplarisch"

Diese Rahmenthemen haben einen deutlichen Alltagsbezug. Auf der folgenden Seite werden genauere Ausführungen zu den vier Didaktischen Bezügen – „Alltag", „Umwelt", „Technologie" und „Fachwissenschaft" – gemacht (RPL Chemie 9/1993, S. 17). Auf den Seiten 18, 19 und 20 gibt es in Form eines Fließtextes ausführliche Erläuterungen und Umsetzungsvorschläge für den Unterricht.

Ganz anders ist die Präsentation in der Endfassung des Rahmenplans Chemie (RPL Chemie 5/1996, S. 21): Auf einer Seite werden die Verbindlichen Inhalte und die vier Didaktischen Bezüge grafisch so angeordnet, dass sie optisch schnell in Bezug zu den verbindlichen Inhalten gesetzt werden können. Es gibt nur noch 7 verbindliche Inhalte, diese sind jedoch mit zusätzlichen fachwissenschaftlichen Aspekten angereichert. Stand in der Entwurfsfassung unter „Ordnungsprinzipien für Stoffe" eine Ergänzung, nämlich „Klassifizierung nach Eigenschaftskombinationen" (RPL Chemie 9/1993, S. 16), sind es in der Endfassung 6 Ergänzungen: „Alltags- und nutzungsbezogene Kriterien; Eigenschaftskombinationen als Kriterien; Klassifizierung von Reinstoffen: metallisch, salzartig, flüchtig ...; Charakterisierung wäßriger Lösungen: sauer, neutral, alkalisch ...; Anwendung von pH-Indikatoren" (RPL Chemie 5/1996, S. 21). Es gibt nur noch ein Rahmenthema: „Stoffe – Ordnung in der Vielfalt". Der All-

25 In Hessen wird Chemie ab Jahrgang 8II unterrichtet. Das bedeutet, dass es zwei Lehrpläne geben muss. Einmal Chemie in 5 Halbjahren für jene Schülerinnen und Schüler, die nach Jahrgang 10 die Schule verlassen. Zum anderen Chemie in 3 Halbjahren für jene Hauptschulen, die mit dem Jahrgang 9 enden.

tagsbezug im Rahmenthema ist weggefallen. Im Vergleich zu den Rahmenthemen der Entwurfsfassung ist das der Endfassung eine eher konventionelle Rahmenthemenvorgabe. Weiterführende Erklärungen sind überwiegend weggelassen bzw. in sehr allgemeiner Form in den Anfang von Teil B (Unterrichtspraktischer Teil) integriert worden. Neu hinzugekommen ist das Kapitel „Der fachliche Kernbestand für den Mittleren Bildungsabschluß" (RPL Chemie 5/1996, S. 27-31).

2.3.2.2 Deutsch

Als im März 1991 in einem ersten (HIBS-internen) Papier die mögliche Lehrplanrevision unter einer rot-grünen Landesregierung angedacht wird, ist zu einem neuen Lehrplan Deutsch Folgendes zu lesen: „2. Fächer, in denen Revisionsentwürfe (weitgehend) fertiggestellt sind. Zu diesen Fächern gehören: (...) S I Deutsch, Neue Sprachen. Die Revisionsentwürfe (...) S I Deutsch und Neue Sprachen sollten wie alle anderen Revisionsentwürfe im HIBS diskutiert und dann dem HKM zugeleitet werden. Das HKM sollte (...) diese Revisionsentwürfe in das Beteiligungsverfahren geben" (HIBS 04.03.1991a, S. 2). Diese Revisionsfassung der alten Rahmenrichtlinien, von einer Arbeitsgruppe aus 6 Personen als internes Arbeitspapier erstellt, lag ab 1989 vollständig ausgearbeitet vor. Sie umfasst in der Manuskriptfassung 265 Seiten. Die inhaltliche Strukturierung geht entlang an 5 Arbeitsbereichen (Mündliche Kommunikation, Schriftliche Kommunikation, Umgang mit Texten, Reflexion über Sprache, Kulturelle Praxis) sowie an Doppeljahrgangsstufen. Doch es kommt nicht dazu, diese detailliert ausgearbeitete Revisionsfassung ins Verfahren zu geben. Auch für Deutsch soll ein den ministeriellen Vorgaben entsprechender Plan geschrieben werden. Die bereits vollständig ausgearbeitete Revisionsfassung der Rahmenrichtlinien Deutsch wird zugunsten der Vereinheitlichung der Rahmenpläne nicht in das Lehrplanverfahren gegeben, sondern wird ebenso wie die diversen anderen in Kraft und nicht in Kraft gesetzten Pläne für das Fach Deutsch[26] zum Steinbruch für den Rahmenplan Deutsch (Bsp. Kulturelle Praxis). Die Sichtung der alten RRL für Deutsch und der nachfolgenden Planentwürfe führt bei dem zuständigen Referenten im HIBS, der Rahmenplanautorin wie bei der Rahmenplan-AG zu dem Ergebnis, dass es bei der Entwicklung des RP Deutsch nicht um grundsätzliche inhaltliche Veränderungen zu gehen habe. Der

26 Für den Rahmenplan Deutsch werden folgende Lehrpläne herangezogen: der bis zu diesem Zeitpunkt gültige Lehrplan: Rahmenrichtlinien Sekundarstufe I (November 1980); Diskussionsentwürfe, die nicht in Kraft gesetzt wurden: Revisionsentwurf (1989); Lehrplan Hauptschule (Juli 1991); Lehrplan Realschule (Juli 1991); Lehrplan Gymnasium (Juli 1991).

Schwerpunkt wird hier auf die Konkretisierung der unterrichtlichen Vorgaben gelegt. Kritisiert werden die Beliebigkeit, die aufgeblähte Begrifflichkeit in den alten RRL, die schwer verständliche Fachterminologie, der globale Anspruch in der Zielsetzung und die ausufernden, schwer verständlichen fachdidaktischen und fachwissenschaftlichen Ausführungen (vgl. HIBS 19.02.1992). Die entscheidende Klärung fand in der Anfangsphase der Rahmenplanerstellung statt: Themen- oder Tätigkeitenplan, das war hier die Frage. Kann ein Plan, in dem Themen festgeschrieben werden, überhaupt richtig sein für ein Fach wie Deutsch? In dem vorgeschlagenen Themenplan für Deutsch werden beispielsweise Themen wie „Die Innenwelt der Außenwelt: das Zeichen" (Jg. 5/6) oder „Sprecher beurteilen die Ordnung der Welt" (Jg. 7/8) vorgeschlagen (HIBS 21.09.1992). Ein solcher Themenplan wäre sehr sprachorientiert gewesen. Die Gegenposition benennt als unumstößliche „Inhalte" im Deutschunterricht alle Formen des Umgangs mit Texten und Sprache, weniger bestimmte Themen.[27] Nach einem intensiven Diskussionsprozess mit Mitgliedern der Rahmenplan-AG sowie weiteren Fachexperten einigt man sich schließlich in Absprache mit dem Kultusministerium darauf, den Deutschplan als „Tätigkeitenplan" zu entwickeln. Drei Arbeitsbereiche sind das strukturierende Element: der Arbeitsbereich „Sprechen und Schreiben", der Arbeitsbereich „Lesen/Umgang mit Texten" und der Arbeitsbereich „Kulturelle Praxis". Diese werden durch Aufgabenfelder ergänzt. Zum Arbeitsbereich „Sprechen und Schreiben" gehört in der Doppeljahrgangsstufe 7/8 beispielsweise das Aufgabenfeld „Gespräche führen - Gesprächsverhalten verbessern" (RPL Deutsch 1995, S. 44). Zum Arbeitsbereich „Lesen/Umgang mit Texten" gehört in dieser Jahrgangsstufe unter anderem das Aufgabenfeld: „Erzählung und Romane" (a.a.O. S. 41).

Ein neues Element im RPL Deutsch ist der Arbeitsbereich „Kulturelle Praxis". Er wird in dieser Form erstmalig in einem staatlichen Lehrplan eines deutschen Bundeslandes festgeschrieben. Bei allen Veranstaltungen zum RPL Deutsch findet dieser Punkt mit die größte Aufmerksamkeit. Dies wird auch in den Sitzungen deutlich, die im Rahmen der teilnehmenden Beobachtung besucht wurden. Im Unterschied zum Alltagsbezug bei der Chemie wird diese Neuerung keineswegs ablehnend aufgenommen. „Der grundsätzliche Versuch, 'kulturelle

27 Mit dieser Diskussion verbunden ist auch die Frage, wie dogmatisch die Vorgaben zur Erstellung der Rahmenpläne (s.o.) zu verstehen sind. Der Konflikt in der Rahmenplan-AG über diese Grundsatzentscheidung spitzt sich beim Rahmenplan Deutsch so zu, dass der Protagonist für das Erstellen eines Themenplans Deutsch schließlich die Mitarbeit in der Rahmenplan-AG aufgibt: „Da ich eine Revision dieser Entscheidung für unzumutbar halte, sehe ich, da mir jegliche Arbeitsgrundlage fortan fehlen wird, keine Möglichkeit mehr, in der AG Rahmenpläne sinnvoll mitzuarbeiten" (HIBS 16.02.1993, S. 1).

Praxis‘ als wichtige Facette in den Deutschunterricht zu integrieren, ist zu begrüßen“ (teilnehmende Beobachtung: Protokoll 4b, S. 2). Vielmehr suchen Lehrerinnen und Lehrer, die bislang mit diesem Bereich noch keine Erfahrungen gesammelt haben, nach Hilfestellungen zur Umsetzung dieses Arbeitsbereichs. Dies führt zu einer der größeren Veränderungen von der Entwurfsfassung zur Endfassung des Deutschplans. Das Kapitel zum Arbeitsbereich „Kulturelle Praxis“ wird durch ganz konkrete Projektvorschläge ergänzt.

Der RPL Deutsch löst insgesamt keine größeren öffentlichen Debatten aus. Kaum mehr als 20 einzelne Stellungnahmen erreichen im Beratungsverfahren das Kultusministerium (vgl. Kapitel 3). Die öffentliche Einstellung ist gelassen bis desinteressiert, die Reaktion im Beratungs- und Beteiligungsverfahren tendenziell sogar eher positiv (vgl. Höhmann 1995a). Grundsätzlich wird dieser Plan eher von jenen kritisiert, die erhofft hatten, von dem RPL Deutsch würden mehr innovative Impulse ausgehen (vgl. Höhmann 1995b, S. 43). Nur die Stofffülle und die Verbindlichkeit werden häufiger bemängelt. In vielen Rückmeldungen (vgl. hierzu auch Kapitel 3) wird beklagt, dass bei der Entwurfsfassung nicht ausreichend klar sei, was verbindlich und was fakultativ sei. „Unklar ist, was nun genau verbindlich sein soll.“ „Die Formulierung dessen, was verbindlich ist, muss genauer sein.“ „Wenn alles verbindlich ist, was da steht, dann ist es nicht leistbar“ (teilnehmende Beobachtung: Protokoll 3). Es wird immer wieder kritisiert, dass der Plan völlig überfrachtet sei. Von einer Begrenzung auf 60 % der Unterrichtszeit könne keine Rede sein. „Die kurzen Ausführungen über die Verbindlichkeit des Plans sind viel zu dürftig und ungenau und müssen unbedingt präzisiert werden, zumal dem Anschein nach die Unterrichtsinhalte alles in allem eine Überfrachtung ahnen lassen, die den Rahmen der (...) 60 % auf jeden Fall sprengt.“[28] Gerade der Deutschplan ist ein gutes Beispiel dafür, dass es nicht gelingen kann, eine genaue **zeitliche** Festschreibung (60 %) vorzunehmen; denn der Interpretationsspielraum dafür, wie viel Zeit für welchen thematischen Bereich bzw. Tätigkeitsbereich des Rahmenplans benötigt wird, ist groß. Bei der Überarbeitung wird somit durch ein verändertes Layout versucht, die Übersicht über die „Tätigkeiten“ so zu gestalten, dass die Verbindlichkeiten und die fakultativen Anteile deutlicher zu erkennen sind.

In der Entwurfsfassung (RPL Deutsch 9/1993) gibt es eine dreispaltige Übersicht: Spalte 1: Aufgabenfelder; Spalte 2: Unterrichtsinhalte und Spalte 3: Hinweise. Aufgrund der Kritik, nicht genau zu wissen, was denn nun verbindlich

---

28 Staatliches Schulamt für den Landkreis Darmstadt-Dieburg: Stellungnahme der Arbeitsgemeinschaft Deutsch zu dem Entwurf des Rahmenplans Sek. I Deutsch von September 1993, S. 2.

sei, ist in der Endfassung des Rahmenplans Deutsch (RPL Deutsch 11/1995) die Übersicht so verändert worden, dass es nur noch zwei Spalten gibt: Spalte 1: Aufgabenfelder/Unterrichtsinhalte; Spalte 2: Erläuterungen/Hinweise. Zusätzlich wird der Text zur Frage der Verbindlichkeit mit einem konkreten Hinweis auf die linke Spalte konkretisiert. In der Entwurfsfassung heißt es: „Der hier vorliegende Rahmenplan beschreibt die Anforderungen in den Aufgabenfeldern und Unterrichtsinhalten für den Mittleren Abschluß (Realschulabschluß). Diese sind verbindlich, wobei die Zeitanteile und die Intensität der Bearbeitung je nach Lerngruppe unterschiedlich sein können" (RPL Deutsch 11/1995, S. 20). In der Endfassung wird formuliert: „Der hier vorliegende Rahmenplan beschreibt in der linken Spalte die Anforderungen in den Aufgabenfeldern und Unterrichtsinhalten für alle Schulformen (Kerncurriculum). Diese sind verbindlich, wobei die Zeitanteile und die Intensität der Bearbeitung je nach Lerngruppe unterschiedlich sein können" (RPL Deutsch 11/1995, S. 22).

Dass die Veränderungen wenig auf die inhaltlichen Essentials, sondern vielmehr auf die formale Strukturierung abzielen, zeigen auch die beiden im Anhang dokumentierten Beispiele. Es geht jeweils um die Vorgaben zu dem Arbeitsbereich „Sprechen und Schreiben" in der Doppeljahrgangsstufe 7/8. Die Entwurfsfassung ist in dem bereits genannten Querformat angelegt. Der Arbeitsbereich „Sprechen und Schreiben" für 7/8 zieht sich in der Entwurfsfassung über sieben Seiten (RPL Deutsch 9/1993, S. 34-38) und in der Endfassung über drei Seiten (RPL Deutsch 11/1995, S. 35-37). Die beiden Einleitungstexte sind nahezu identisch. In der Endfassung ist allerdings ein Passus hinzugekommen, der sich mit dem Sprachgebrauch auseinandersetzt: „Reflexion über Sprache hat in diesem Arbeitsbereich in allen Aufgabenfeldern einen hohen Stellenwert, Fachsprache wird sachgemäß verwendet, die Einflußfaktoren des Sprachgebrauchs müssen bedacht und die von Adressat und Zweck bestimmte Sprachebene berücksichtigt werden" (RPL Deutsch 11/1995, S. 35). Die deutlich reduzierte Seitenzahl der Endfassung gegenüber der Entwurfsfassung in dem hier besprochenen Beispiel verdankt sich zwei Gründen: 1. Es sind viele detaillierte Hinweise, z. B. zu fächerübergreifendem Unterricht, zu Unterrichtsmethoden, Unterrichtsinhalten und zu Bezügen zu anderen Bereichen des Rahmenplans (z. B. Reflexion über Sprache), gestrichen worden. Die Erläuterungen sind insgesamt knapper geworden (siehe Bereich „Beschreiben/Berichten" in den beiden dokumentierten Seiten in der Anlage). In der Endfassung gibt es für jede Doppeljahrgangsstufe besonders hervorgehobene Ausführungen zu Rechtschreibung und zu Grammatik. Diese hat es zwar integriert in den Arbeitsbereich „Sprechen und Schreiben" auch schon in der Entwurfsfassung gegeben, aber jetzt bekommen sie optisch eine sehr viel exponiertere Stellung innerhalb des Plans. Jeweils auf einer Seite werden in der Endfassung die diesbezüglichen Anforderungen übersichtlich und ausführlich dargelegt.

Ein Beschlussprotokoll der Bilanzkonferenz für den Rahmenplan-Entwurf belegt zusätzlich, was hier als These formuliert wurde: die Veränderungen im Verlauf der Rahmenplanerstellung sind marginal. Von insgesamt elf Punkten beziehen sich nur sieben auf zu verändernde Aspekte. Diese bewegen sich überwiegend auf der Ebene wie der folgende exemplarisch herausgenommene: „Umgang mit literarischen Texten: Um die Gewichtung auch optisch zu verdeutlichen, werden ‚Verfahrensweisen' fett, die Spiegelstriche und ‚Texte, die ...' in Standardschrift gedruckt" (HIBS 23.03.94).

2.3.3 Einführung der Rahmenpläne

2.3.3.1 Vorüberlegungen und Ausgangssituation

Am Anfang einer Lehrplanentwicklung muss auch die Frage stehen, wie die neuen Lehrpläne den Lehrerinnen und Lehrern so nahe gebracht werden können, dass diese damit arbeiten, so dass die Pläne für den Unterricht wirksam werden. Es muss geklärt werden, welche Unterstützungsmaßnahmen notwendig und machbar sind. Nicht nur in der RPL-AG des HIBS wird dieses Thema intensiv diskutiert. Es bestimmt spätestens ab 1994 auch die Diskussionen in den Einrichtungen der Lehrerfortbildung ebenso wie in der Schulaufsicht. In einer Vorlage für die HILF-Gesamtkonferenz vom 11-13.07.1994 sind zwei der wesentlichen Arbeits-Schwerpunkte:

- „Öffnung von Schule/Schulprofil/Veränderung von Schule (insbes. verstärkte Selbstverwaltung der Einzelschule, Zusammenarbeit mit außerschulischen Einrichtungen und Institutionen, Schulkonferenzarbeit (...)" und die
- „Weiterentwicklung von Schule und Unterricht im Zusammenhang mit den Rahmenplänen (insb. Unterstützung der Erprobung und der verbindlichen Einführung)"
  (HILF o.O, 07/1994, S. 1f.).

Die Diskussionen um die Einführung der Rahmenpläne stehen in einem zeitlichen Kontext mit den Diskussionen um die Öffnung von Schule, der größer werdenden Autonomie der Einzelschule und der damit zusammenhängenden Budgetierung (vgl. Eifert u.a. 1994, S. 1). Aber auch die knapper werdenden Ressourcen der Landesregierung sind zu berücksichtigen. Sie führen zu „negativen Eckdaten", wie der Abteilungsleiter des HIBS Dr. Günther Ricker vermerkt. Dazu gehören die „Lehrerarbeitszeit" und die „Lehrerversorgung" (vgl. HIBS: Ricker 15.12.1994). Und am 31.01.1995 schreiben der Leiter der

Rahmenplan-AG und sein Mitarbeiter in einem Papier zur „Konzeption der Einführung der neuen Rahmenpläne für die Fächer und Lernbereiche der Sekundarstufe I an den hessischen Schulen“: „Wären die neuen Rahmenpläne so angelegt, daß man erst einmal mehrere Lehrgänge des HILF durchlaufen muß, um hinter die Absichten der Pläne zu kommen (...) hätten die neuen Curricula unter den gegenwärtigen Bedingungen hessischer Schulentwicklung keine Chance, akzeptiert und ernstgenommen zu werden“ (HIBS 31.01.1995, S. 1). Und in einer Fußnote wird zur Erklärung jener „gegenwärtigen Bedingungen“ ergänzend hinzugefügt: „Das Klima für zeitaufwendige Innovationen ist in einer Situation (zumindest subjektiv empfundener) hoher Belastung der Lehrkräfte und drohender Verschlechterung der Arbeitsbedingungen durch höhere Klassenstärken und mehr Pflichtstunden für einen Teil der Lehrerinnen und Lehrer derzeit nicht sehr günstig“ (ebd.).

Ebenfalls wichtig für die Ausgangssituation der Rahmenplaneinführung ist die geplante Auflösung der mittleren Schulaufsichtsebene und die Zusammenlegung der Landesinstitute HIBS, HILF und Landesbildstellen (LABI)[29] zum Hessischen Institut für Pädagogik (HeLP). Die Diskussionen, die im Vorfeld dieser Umstrukturierungen stehen, ziehen – zeitgleich zur Einführung der Rahmenpläne – viel Zeit und Energie der Mitarbeiter und Mitarbeiterinnen der Lehrerfortbildung und des Landesinstituts ab und verunsichern bezüglich einer perspektivisch angelegten Planung von Unterstützungsmaßnahmen. Jeder Mitarbeiter, jede Mitarbeiterin der Rahmenplan-AG ist zu diesem Zeitpunkt in Arbeitsgruppen eingebunden, die sich mit den Institutsveränderungen beschäftigen.

Autonomiedebatte, Verschlechterung der Arbeitssituation an der Schulbasis und die strukturellen Veränderungen in der Schulaufsicht, der Lehrerfortbildung und bei den Landesinstituten sind Komponenten, die die Einführung der Rahmenpläne und den Verzicht auf ein zentralistisches Konzept mit beeinflussen. Bereits in dem Protokoll des HKM zur Sitzung der Arbeitsgruppe „Einführung der Rahmenpläne“ am 07.10.1994 ist zu lesen: „Bis Mai 1995 sollen in allen Regionen Hessens – organisiert als regionale Grundsatztagungen des HKM – Einführungs- bzw. Auftaktveranstaltungen durchgeführt werden, die

29 In einer Pressemeldung des Hessischen Kultusministeriums werden die diversen Veränderungen unter der Überschrift: „Kultusminister Holzapfel > Schulämter und Pädagogische Institute künftig in enger Vernetzung<“ wie folgt zusammengefasst: „Die Reform der hessischen Schulverwaltung ist zu ihrem konzeptionellen Abschluß gekommen. Wie von Kultusminister Hartmut Holzapfel im März dieses Jahres angekündigt, liegt das Gesamtkonzept nun vor: die Schulabteilungen bei den Regierungspräsidien werden aufgelöst, statt 24 wird es künftig 15 Staatliche Schulämter geben, und das Hessische Landesinstitut für Pädagogik (HeLP) erhält eine neue Organisationsstruktur.“

zum einen die Prinzipien der neuen Rahmenpläne erläutern, aber auch in einem zweiten Teil fachspezifische Fragen behandeln. Terminplanung, inhaltliche Ausgestaltung und personelle Zusammensetzung soll in Regionalkonferenzen geplant werden.

Von Mai bis zu den Sommerferien soll ein Netz von Serviceangeboten eingerichtet werden, die als Abrufangebote von allen Schulen genutzt werden können. Die Gestaltung und Akzentuierung dieser Serviceangebote soll von den Regionalkonferenzen geplant werden“ (HKM 11.10.1994). In einem zentralen – zunächst internen – Diskussionspapier des HIBS wird vor einem Implementationskonzept gewarnt: „(...) das ein aufwendiges Programm von Veranstaltungen, Lehrgängen, Seminaren, Konferenzen, Aktivitäten von Planungsgruppen und ähnlichem der Einführung vorausschickt oder damit koppelt“ (HIBS 31.01.1995). Diese Position wird zwar weder im HIBS noch im HKM durchgängig vertreten, setzt sich jedoch durch. Basis dieses Verzichts auf aufwendige Implementationsmaßnahmen ist die schon zur Zeit der Rahmenplanentwicklung in der Rahmenplan-AG und durch den zuständigen Referenten im HKM vertretene Meinung, Lehrpläne seien dann gut, wenn sie sich aus sich selbst heraus erklärten. „Die neuen Rahmenpläne sprechen zunächst einmal für sich selbst – täten sie es nicht, wären es schlechte Pläne – und brauchen nicht zusätzlich erklärt zu werden“ (HIBS 31.01.1995, S. 1). „Dies war eine Voraussetzung der Erstellung der Rahmenpläne, und das HIBS hat nur solche Pläne akzeptiert, bei denen es diese Voraussetzung erfüllt sah“ (HIBS 23.02.1995, S. 1). Es wird auf die Professionalität der Lehrerinnen und Lehrer gesetzt, die nicht im Sinne eines „top-down-Modells“ wie zu Rahmenrichtlinienzeiten unterwiesen werden sollten. Dass es auch darum gehen könnte, die mangelnden Ressourcen für eine umfangreichere, jede Einzelschule ansprechende Prozessbegleitung z. B. durch Mitarbeiter der Lehrerfortbildung zu kaschieren, ist vermutlich kein abwegiger Gedanke.[30]

Die Vorstellungen zur Planeinführung lassen sich letztendlich auf drei Momente fokussieren:

a) Die Pläne müssen sich aus sich selbst heraus erklären.
b) Die Implementation der Pläne wird regionalisiert.
c) Das HIBS gibt Begleitmaterialien heraus und stellt Experten für Auftaktveranstaltungen zur Verfügung.

---

30 Zumal es ein HIBS-internes Dokument aus der Anfangszeit der Rahmenplanentwicklung gibt, in dem ein sehr aufwendiges Implementationskonzept vertreten wird, in dem Stundenentlastungen für die Schulen ebenso vorgesehen sind wie umfangreiche Beratungsaktivitäten von HIBS und HILF sowie eine wissenschaftliche Begleitung der in diesem Konzept noch vorausgesetzten „Erprobungsphase“ (vgl. HIBS 12.03.1991, S. 3).

2.3.3.2 *Die offizielle Einführung der Rahmenpläne*

Rund fünf Jahre dauerte die Entwicklung der neuen Rahmenpläne. Am 17. Dezember 1991 war der Erlass an die Leiterin des Hessischen Instituts für Bildungsplanung und Schulentwicklung gegangen, in dem das HIBS beauftragt wird, mit der Entwicklung der Rahmenpläne zu beginnen. Die Arbeitsgruppe „Einführung der Rahmenpläne“ des Hessischen Kultusministeriums geht noch Mitte 1994 davon aus, dass die Pläne zum 01.08.1995 verbindlich eingeführt werden könnten. Eine Pressemeldung vom 28.09.1995 kündigt schließlich den Abschluss der Entwicklungsarbeit für die erste Gruppe von Plänen an: „Die Rahmenplanrevision trägt weitere Früchte: Die Rahmenpläne für die Sekundarstufe I in den Fächern Arbeitslehre, Deutsch, Mathematik, Sozialkunde, Geschichte, Erdkunde und der Rahmenplan für den Lernbereich Gesellschaftslehre haben die im Hessischen Schulgesetz festgelegten Beratungs- und Beteiligungsgremien durchlaufen, sind verabschiedet und werden ab dem Schuljahr 1996/97 für die hessischen Schulen verbindlich. Damit werden die seit 1976 bzw. 1982 gültigen Rahmenrichtlinien abgelöst“ (HKM 28.09.1995, S. 1). Im Dezember folgt die entsprechende Verfügung: „§ 1 Die Rahmenpläne für die Sekundarstufe I in den Fächern Arbeitslehre, Deutsch, Mathematik, Sozialkunde, Geschichte, Erdkunde und der Rahmenplan für den Lernbereich Gesellschaftslehre werden für verbindlich erklärt. (...) § 4 Diese Verordnung tritt am 1. August 1996 in Kraft“ (HKM; Abl. 12/95). Und im Amtsblatt des nächsten Monats erscheint dann schließlich auch die Verordnung über die „Grundsätze zur Einführung der Rahmenpläne Sek I“ (HKM; Abl. 1/96, S. 19). Diese Verordnung wie jene vom Dezember 1996 werden im Anhang dieser Arbeit dokumentiert, da sie von zentraler Bedeutung sind. Die Verordnung vom Dezember 1996 bezieht die sich auf die zweite Gruppe von Plänen: Ethik, Kunst, Biologie, Chemie, Physik sowie für den Lernbereich Naturwissenschaft, die an den Schulen ab dem Schuljahr 1997/98 verbindlich werden (HKM; Abl. 12/1996, S. 614f.).

Interessant sind die beiden Verordnungen zur Einführung der Rahmenpläne aus zwei Gründen. Aus ihnen wird ersichtlich, wie nach den vielen Diskussionen im Vorfeld schließlich im offiziellen Wortlaut die Aufgaben der sogenannten Unterstützungssysteme[31] definiert werden. Aus der Differenz zwischen beiden Verordnungen lassen sich Rückschlüsse darüber ziehen, wo es offensichtlich Konkretisierungsbedarf gegeben hat. Es wird sichtbar, an welchen Stellen Ergänzungen notwendig wurden, da es bei der Einführung der ersten Gruppe von

31 Zu den Unterstützungssystemen zählen die Einrichtungen der Lehrerfortbildung und das Landesinstitut, die Landesbildstelle (HILF, HIBS und LaBi, die später zum HeLP werden) sowie die Schulämter und die Studienseminare.

verbindlich gemachten Pläne Entwicklungen gegeben hat, mit denen man von Seiten des Kultusministeriums nicht einverstanden gewesen ist.

Die Aufgaben der Unterstützungssysteme bei der Rahmenplaneinführung werden hier nur im Überblick wiedergegeben, da die Details in den dokumentierten Verordnungen nachgelesen werden können: „Die Unterstützungssysteme haben vor allem beratende Funktion" (HKM; Abl. 1/96, S. 21): das HILF durch Fortbildungen, die Studienseminare durch „die Öffnung entsprechender Seminarveranstaltungen für Mentoren oder Fachsprecher" (a.a.O., S. 20), die Landesbildstelle durch „Hilfen im Medienbereich" (ebd.) und das HIBS durch Empfehlungen und Handreichungen. Flanierende Veranstaltungen zu den Rahmenplänen sollen von den Unterstützungssystemen am Bedarf der Region orientiert, geplant und koordiniert werden (a.a.O., S. 20). An die Unterstützungssysteme geht die Aufforderung, dass besagte Institutionen „den Prozess und die Ergebnisse der Einführung der Rahmenpläne in den Schulen ihrer Region" gemeinsam auswerten sollen.

Wesentlich für den Erfolg einer Lehrplaninnovation ist an bestimmten Punkten die Begleitung und unter Umständen auch Überprüfung des Implementationsprozesses an der Einzelschule: „Die Schulleiterin oder der Schulleiter sichert und gewährleistet diesen Prozeß der Vermittlung fachspezifischer und schulkonzeptioneller Ziele", heißt es in beiden Verordnungen (HKM; Abl. 1/96, S. 615 und HKM; Abl. 12/96, S. 19). Und was sind die Aufgaben der Schulaufsicht? Auch darin stimmen beide Verordnungen überein: „Die Schulaufsicht berät die Schulen und vergewissert sich im Rahmen ihrer Fachaufsicht der Umsetzung der Rahmenpläne" (HKM; Abl. 1/96, S. 616 und HKM; Abl. 12/96, S. 20). Von den Überlegungen, die sich die Arbeitsgruppe „Einführung der Rahmenpläne" noch am 07.10.1994 gemacht hatte, ist nicht viel geblieben: „Es ist daran gedacht, die Schulen aufzufordern, der staatlichen Schulaufsicht im Laufe des Schuljahres in Form eines Zwischenberichts über den jeweiligen Arbeitsstand zu berichten" (HKM 11.10.1994). Wieso wurde davon Abstand genommen?

Ein wesentlicher Grund hierfür ist, dass es der Schulaufsicht realistisch gesehen nicht in dem gewünschten Maße möglich gewesen wäre, unterstützend zu wirken. Zum Zeitpunkt der Rahmenplanimplementation findet eine umfassende Umstrukturierung der Schulaufsicht statt. Die mittlere Schulaufsichtsebene wird abgeschafft (RP Darmstadt, Gießen und Kassel) und vereinzelt werden Schulämter zusammengelegt. Am 04. Dezember teilt das Hessische Kultusministerium in seiner Pressemitteilung mit: „Die Reform der hessischen Schulverwaltung ist zu ihrem konzeptionellen Abschluss gekommen. Wie von Kultusminister Hartmut Holzapfel im März dieses Jahres angekündigt, liegt das Gesamtkonzept nun vor: die Schulabteilungen bei den Regierungspräsidien werden aufgelöst, statt 24 wird es zukünftig 15 Staatliche Schulämter geben" (HKM 04.12.1996, S. 1). Dies bedeutet nicht nur Belastungen in Hinblick auf die Verlegung von Standorten, sondern vor allem eine Veränderung der bisherigen Arbeitsstrukturen. „Die organisatorische Neukonzeption gehe parallel mit einer inhaltlichen, betonte der Minister" (ebd., S. 2). Angesichts dieser Mehrbelastung ist es nur folgerichtig, dass bezüglich der Rahmenplaneinführung jener Passus gestrichen wird, nach dem die Schulen Zwischenstandsberichte einreichen sollen. Damit wird vermieden, dass von den Schulen Berichte abgefordert werden, die ohne Resonanz bleiben müssen, weil die zuständige Schulaufsicht diese schlichtweg aus Kapazitätsgründen nicht geben kann. Eine solche Situation wäre aus Schulentwicklungssicht unproduktiv. Dies bestätigt sich durch die rückblickenden Einschätzungen der Rahmenrichtlinienzeit durch Lehrerinnen und Lehrer; ganz besonders auf die Reaktion - eigentlich ‚Nichtreaktion' der Schulaufsicht auf die von den Schulen verlangten Curricula. In vielen Sitzungen bei der Diskussion der Rahmenplanentwürfe äußerten sich Lehrerinnen und Lehrer missbilligend darüber, dass zur Zeit der Rahmenrichtlinieneinführung von ihren Schulen umfangreiche Schulcurricula bzw. Berichte gefordert worden waren, auf die sie aber nie eine Reaktion bekommen hätten. Es ist zu diesem historischen Zeitpunkt also nur konsequent, dass in beiden Verordnungen darauf verzichtet wird, die Schulaufsicht zu entsprechenden Handlungen zu verpflichten.

Doch neben Gemeinsamkeiten, die die beiden Einführungsverordnungen aufweisen, gibt es auch deutliche Differenzen. Aufgrund der Erfahrung bei der Diskussion und Einführung der ersten Gruppe von Rahmenplänen werden bei der zweiten Verordnung einige Aspekte anders behandelt:

– Der fächerübergreifende Ansatz wird stärker hervorgehoben. Neu ist die Formulierung: „Ziel ist es, thematische und methodische Berührungspunkte und Verknüpfungsmöglichkeiten zwischen den Fächern bei der zeitlichen Planung und der Festlegung der Unterrichtsschwerpunkte zu berücksichtigen oder darüber hinaus fächerübergreifende Unterrichtsvorhaben zu planen" (HKM; Abl. 12/96, S. 615).
– Kooperative Arbeitsstrukturen werden dezidierter eingefordert. Der Passus zur Aufgabe des Schulleiters bzw. der Schulleiterin wird wie folgt ergänzt: „Diese Entwicklungsaufgaben erfordern und befördern zugleich die Weiterentwicklung kooperativer Arbeitsstrukturen an der Schule" (ebd.).
– Ein genauerer Termin für einen ersten Arbeitsplan wird gesetzt: das Schuljahr 1997/1998: „Mit den hier benannten Aufgaben ist eine Zielperspektive beschrieben, die über das im laufenden Schuljahr Leistbare hinausweist. Bis zum Beginn des Schuljahres 1997/98 sollen aufbauend auf der vorgenommenen Bestandsaufnahme die für die Unterrichtsplanung notwendige Arbeitsgrundlage erarbeitet sein" (ebd.).

- Die Aufgabe der Studienseminare wird in der zweiten Verordnung zur Einführung der Rahmenpläne genauer beschrieben. Hier wird als weitere Möglichkeit für Engagement die Teilnahme an den Auftaktveranstaltungen genannt (a.a.O., S. 616).[32]

2.3.3.3 Der Einführungsprozess auf der regionalen Ebene

In dem Moment, wo die Pläne genehmigt sind, wird der einheitliche Prozess der Planerstellung abgelöst durch einen auf der Mikroebene sehr heterogenen Implementationsprozess. Gezeigt wurde in den vergangenen Kapiteln, dass auf der Makroebene die Rahmenplanerstellung bis in die Struktur der Pläne hinein detailliert gesteuert wurde. Auf der Ebene des Einführungsprozesses auf regionaler Ebene beschränkt sich das Kultusministerium nun auf zwei ausführliche Verordnungen zur Einführung der Pläne (HKM; Abl. 1/96 und HKM; Abl. 12/96) und setzt ansonsten auf dezentrale Einführungskonzepte. In den beiden Verordnungen wird deutlich, dass davon ausgegangen wird, dass die Unterstützungssysteme vor Ort am besten wissen, was Schulen brauchen und somit eine effektivere und zielgerichtetere Nutzung von Ressourcen ermöglicht wird. Das Prinzip, die Arbeit an den Verhältnissen und Strukturen vor Ort zu orientieren, führt zu sehr unterschiedlichen Vorgehensweisen in den Regionen. Es wäre wissenschaftlich interessant, die Vielfalt der Wege, die bei der Implementation vor Ort eingeschlagen werden, genauer zu analysieren. Dies könnte viele aufschlussreiche Ergebnisse über regionale Schulentwicklung aus Anlass der Einführung neuer Pläne liefern. Dies würde den Rahmen dieser Arbeit jedoch sprengen. Darum beschränkt sich die Autorin darauf, in diesem Kapitel die wesentlichen Grundzüge dieser Implementationsphase nachzuzeichnen.

In dem Protokoll der HKM-Arbeitsgruppe „Einführung der Rahmenpläne“ vom 07.10.1994 wird die Erwartung an die Regionalkonferenzen formuliert. Im Rahmen der Konzeption, die Schule vor Ort zu stärken, bekommt die Regionalkonferenz die Rolle zugewiesen, sinnvolle Konzepte zur Einführung der Rahmenpläne zu entwickeln. Mitglieder der Regionalkonferenz sind: die regional zuständigen Mitglieder der Schulaufsicht, des HILF, der Studienseminare, der Landesbildstelle und teilweise des HIBS.[33] Die Regionalkonferenzen

32 Dies hängt eng damit zusammen, dass die Studienseminare sich sehr zurückhaltend bei der Rahmenplaneinführung zeigen (s.u.).

33 Grundlage der Arbeit der Regionalkonferenzen wie auch der ihr angeschlossenen Institutionen ist unter anderem der Erlass zur Einführung der Rahmenpläne (Amtsblatt I/1996), die 206. Verordnung über Rahmenpläne vom 27. Oktober 1995 (Abl. 12/95, S. 107), Grundsätze zur Einführung der Rahmenpläne Sek I (Erlass vom 01. Nov. 1995, Abl. 1/96, S. 19), der Erlass vom 19.10.1994 V B 2.1 - 950/200 - 184 und

werden durch die dreizehn HILF-Außenstellen organisiert. Erste Aufgabe der Regionalkonferenzen: „Bis Mai 1995 sollen in allen Regionen Hessens Einführungs- bzw. Auftaktveranstaltungen durchgeführt werden" (HKM 11.10.1994, S. 2). Doch dieser Auftrag kann zunächst nur für die Grundschulen umgesetzt werden, da die Pläne für die Sek. I nicht so zügig wie gehofft durch das Beratungsverfahren kommen. Auf der Basis der Erfahrungen bei der Einführung des Rahmenplans Grundschule beginnt dann 1996 schließlich auch der Einführungsprozess der Rahmenpläne der Sek. I. Ergänzend zu der im Amtblatt im Januar 1996 abgedruckten Verordnung „Grundsätze zur Einführung der Rahmenpläne in der Sek. I" (a.a.O.) verschickt das HIBS an die Außenstellen des Hessischen Instituts für Lehrerfortbildung, die Kreisbildstellen, die Staatlichen Schulämter und die Studienseminare den Text: „Einführung der Rahmenpläne Sek. I - Zum Planungsprozeß in den Regionen" (HIBS 1996b). Dieser Text gibt leitfadenähnlich eine Orientierung, wie man in der Region die Rahmenplaneinführung organisieren könnte, welche Zielsetzung diese haben sollte, welche Arbeitsschritte sinnvoll sind, wie der Planungsprozess an den Schulen unterstützt werden kann. Es wird den Unterstützungssystemen vorgeschlagen, folgende Aktivitäten zu entwickeln:

1. Regionalkonferenzen und Einführungsveranstaltungen (Impulsveranstaltungen, Auftaktveranstaltungen), diese könnten zum Beispiel als Schulleiterdienstveranstaltungen geplant werden.
2. Fachangebote, die orientiert sind an den Lernbereichs- und Fachplänen.
3. Schulaktivitäten im Sinne von Pädagogischen Tagen, Gesamtkonferenzen, pädagogischen Konferenzen oder Konzeptgruppen (vgl. hierzu auch HIBS 09.01.1996).

Im HIBS ist die Einführung der Pläne mit vielfältigen Überlegungen dazu gekoppelt, mit welchen Materialien man den Einführungsprozess unterstützen könnte. Plakate, Overheadfolien und Video gehören ebenso dazu wie Info-Mappen und Handreichungen. Was schließlich realisiert wird, sind die sogenannten Handreichungen und eine Info-Mappe (HIBS 5/1995). In dieser Info-Mappe werden zentrale Texte zu den neuen Rahmenplänen und ihrer Erarbeitung zusammengestellt und an alle Schulämter und HILF-Außenstellen gesendet.[34] Die Handreichungen sind ergänzende Veröffentlichung zu den

der Erlass vom 30.01.94 (Dienstliche Besuche der Außenstelle des HILF, Ergebnisprotokoll) V B 1/V B.3 - 960/400 - 145 sowie begleitend eine Info-Mappe des HIBS mit wesentlichen Hintergrundinformationen zum Entstehungsprozess der Rahmenpläne (HIBS Mai 1995).

34 Texte der Info-Mappe des HIBS; HKM: „Schule im Wandel – Grundlage der Rahmenplanarbeit in Hessen" (1992); Erika Dingeldey: „Zur gegenwärtigen Lehrplanarbeit in Hessen" (1994); Gerold Becker: „Neue Rahmenpläne für Hessens

einzelnen Fächer und Lernbereichen, in denen Einzelaspekte der Pläne konkretisiert oder Unterrichtseinheiten dokumentiert werden. Die Handreichungen gehen den Schulen nicht automatisch zu. Sie können über die Veröffentlichungsstelle des HIBS bezogen werden. Die ersten Handreichungen erscheinen 1997 - ein Jahr nachdem die Pläne den Schulen vorliegen.[35] Auch die Publikation des HIBS „Lehrpläne und Lehreralltag - Einführung neuer Rahmenpläne in Hessen" (Vollstädt u.a. 1995) mit den ersten Untersuchungsergebnissen des Bielefelder Forschungsprojektes „Lehrpläne und alltägliches Handeln von Lehrerinnen und Lehrern", dient als ergänzendes Material z.B. bei der Vorbereitung von Veranstaltungen und als Diskussionsgrundlage (vgl. HILF, Außenstelle Friedberg 14.03.1996, S. 1).

Auf der Basis der teilnehmenden Beobachtung ist es möglich, einen Einblick in die Arbeit der Regionalkonferenz sowie zu den Auftaktveranstaltungen zu geben. Die Regionalkonferenzen für die Pläne der Sekundarstufe I finden zwar überwiegend 1995 statt. Es gibt jedoch auch Regionen, die erste Vorgespräche bereits 1994 (vgl. HILF-Jugenheim 01.03.1994 1994; HILF-Wiesbaden 05.05.1994) führen. Nur eine Außenstelle verzichtet ganz auf Auftaktveranstaltungen und steigt direkt mit fachbezogenen Veranstaltungen Ende 1996 ein. Begründung: es solle stärker auf die Eigeninitiative der Lehrerinnen und Lehrer gesetzt werden (vgl. HILF-Frankfurt 12/1994). Häufig unterstützt durch Mitarbeiter des HIBS findet in den ersten Sitzungen der Regionalkonferenzen ein Klärungsprozess über den Stand der Rahmenplanarbeit, die Situation in der Region und die Form der Auftaktveranstaltung statt (vgl. z.B. HILF-Fulda 17.11.1994). Bei den Regionalkonferenzen sind meistens die Direktoren oder Direktorinnen bzw. von ihnen beauftragte Mitarbeiter und Mitarbeiterinnen der HILF-Außenstellen, der regionalen Bildstellen sowie der Studienseminare vertreten. Wer von der Schulaufsicht anwesend ist, hängt von der Größe und der Organisationsstruktur innerhalb des zuständigen Schulamtes ab, davon, ob eine Person mit der Generale „Rahmenpläne" oder einzelne, für die jeweiligen Schul-

---

Schulen" (1994); Günter Ricker: „Aspekte einer Didaktik der Sekundarstufe I, die in den neuen Rahmenplänen erkennbar werden" (1994); HIBS-AG Rahmenpläne: „Essentials der neuen Rahmenpläne im Vergleich zu den Rahmenrichtlinien" (1995), Axel Görisch „Rahmenpläne und Schulentwicklung" (1995); Michael Elfner: „Das Hessische Schulgesetz und seine Auswirkungen auf die Gestaltung und Weiterentwicklung der Rahmenpläne des Landes Hessen" (1995).

35 Im Gesamtverzeichnis der Veröffentlichung des HeLP werden für den Rahmenplan Chemie zwei Handreichungen ausgewiesen: „Die Luft" und „Stoffe - Ordnung in der Vielfalt", für den Rahmenplan Deutsch eine Handreichung: „Materialhinweise – Fundstellen – Praxishilfen für den Deutschunterricht", wobei es unter der Überschrift „Kulturelle Praxis" diverse Veröffentlichungen gibt, die nicht den Titel Handreichung tragen.

formen zuständige Schulaufsichtsbeamte und Schulaufsichtsbeamtinnen Auftaktveranstaltung besuchen.

Nicht alle Gruppen der Unterstützungssysteme engagieren sich gleichermaßen intensiv bei der Planung und Durchführung der Auftaktveranstaltungen: Vertreter und Vertreterinnen der Studienseminare und Bildstellen sind zwar häufig bei den Regionalkonferenzen anwesend, ziehen sich jedoch teilweise von der konkreten Planung der Auftaktveranstaltung zurück. In einem Sachstandsbericht zur Unterstützung der Einführung neuer Rahmenpläne durch die Außenstellen heißt es: Es ist „vorhersehbar, daß bei einem zeitgleichen Erscheinen mehrerer Einzelpläne die personellen und organisatorischen Ressourcen schnell an Grenzen stoßen. (...) Auf diese begrenzten Ressourcen wiesen alle Kooperationspartner, insbesondere die Vertreter der Studienseminare hin. Sie betonten, dass ohne zusätzliche Anrechnungsstunden die Mitarbeit aus Gründen der Arbeitsbelastung auf punktuelle Angebote beschränkt bleibt" (HILF-Fuldatal 23.01.1995).

Die Veranstaltungen weisen im Detail große Unterschiede auf. Das betrifft die Terminierung ebenso wie die Strukturierung, die Größe ebenso wie die Intensität der Planung im Vorfeld und die Konzeptentwicklung für das, was nach der Auftaktveranstaltung angeboten wird. Wie ist dies zu erklären? Ein möglicher Grund könnte sein, dass - wie im Erlass gefordert - eine Orientierung an den Bedürfnissen der Region stattfindet. Es liegt jedoch der Verdacht nahe, dass die Konzeption der Veranstaltungen eher von der Persönlichkeit, dem Interesse, der Kompetenz oder dem Profilierungswillen der Personen abhängt, die die Veranstaltung maßgeblich vorbereiten. Zumindest lässt sich anhand der Protokolle der teilnehmenden Beobachtung nicht feststellen, dass es eine systematische Auseinandersetzung mit der spezifischen Situation der Schulen vor Ort gibt. Einige wenige HILF-Außenstellen versuchen dieses Moment durch die Beteiligung von Lehrerinnen und Lehrern aus den Schulen der Region bei den Vorbereitungssitzungen der Fachveranstaltungen zu berücksichtigen.

Die Gemeinsamkeiten zwischen den Regionen lassen sich leicht zusammenfassen. Die meisten Auftaktveranstaltungen für die Pläne der Sek. I finden im zweiten Halbjahr 1995 bzw. im ersten Halbjahr 1996 statt. Das heißt kurz vor bzw. nach dem Versand der ersten genehmigten Pläne für die Sek. I an den Schulen. Die Auftaktveranstaltungen haben meistens den rechtlichen Status von Dienstbesprechungen. Dies bedeutet, dass die Eingeladenen verpflichtet sind, an diesen Veranstaltungen teilzunehmen. Das Schulamt lädt zu den Veranstaltungen ein, das HILF führt sie durch. In einigen wenigen Fällen übernimmt das für die Region zuständige Schulamt auch die gesamte Organisation. Vereinzelt gelingt eine enge gleichberechtigte Kooperation zwischen beiden Institutionen. Vereinzelt gibt es alternativ oder zusätzlich zu den Auftaktveranstaltungen von

Schulamtsdirektoren organisierte Dienstversammlungen, in denen die Schulleiter über ihre neuen Aufgaben informiert werden. Überwiegend handelt es sich jedoch um Auftaktveranstaltungen, mit denen der Wunsch verbunden wird, schulinnovatorisch wirksam zu werden. Für diese gibt es oft mehrere Vorbereitungssitzungen. Teilweise werden sie für aufwendige Moderatorenschulungen und detaillierte Absprachen mit Experten genutzt.

Zwar gibt es keine zentralen Vorgaben, dennoch gibt es deutliche Parallelen zwischen den diversen Auftaktveranstaltungen. Häufig wird die überwiegend eintägige Veranstaltung durch das Referat eines Experten aus dem HIBS eingeleitet. Dann wird in Arbeitsgruppen weitergearbeitet. Die Auftaktveranstaltungen enden meistens mit einem Abschlussplenum. Der zusätzlich zu den Schulleitern eingeladene Personenkreis differiert von Region zu Region. Es kann der Pädagogische Leiter oder die Pädagogische Leiterin sein, Mitglieder des Kollegiums oder Fachvertreter bzw. Fachvertreterinnen. Die eingeladene Personenkonstellation gibt bereits erste Hinweise auf die Ausrichtung der Veranstaltungen und das Selbstverständnis der Regionalkonferenz. Ist sie mehr an einem „top-down"-Modell orientiert, werden ausschließlich Schulleitungsmitglieder eingeladen. Besteht eine größere Basisorientierung, wird von vornherein eine Anbindung an die Kollegien versucht und es werden mehrere Personen aus diesen mit eingeladen. Geht es dezidiert um Schulentwicklung, so werden neben den Schulleitern und Schulleiterinnen Lehrerinnen und Lehrer eingeladen, die sich speziell für die pädagogische Weiterentwicklung ihrer Schule engagiert haben. Geht es um eine deutliche Fachorientierung, dann werden neben dem Schulleiter bzw. der Schulleiterin vor allem die Fachsprecher hinzugezogen. Ebenfalls vom Selbstverständnis der jeweiligen Regionalkonferenz hängt es ab, ob es sich um schulformbezogene oder schulformübergreifende Veranstaltungen handelt.

Zentrales Ziel der meisten Auftaktveranstaltungen ist es, bei den Teilnehmerinnen und Teilnehmern eine Basis zu legen, damit sie Rahmenpläne in ihren Schulen sinnvoll implementieren können. Sie sollen in die Lage versetzt werden, inhaltlich informiert und methodisch angeregt, entsprechende Innovationsprozesse in ihren Schulen in Gang zu setzen. „Bei der regionalen Grundsatztagung soll es nicht um eine Diskussion einzelner Rahmenpläne gehen, vielmehr um die Spezifika der neuen Pläne, ihre Essentials, ihren „innovativen Kern" (HILF-Bruchköbel 21.12.1994). Es sollen grundsätzliche Informationen über den Entstehungshintergrund und die Struktur der Pläne vermittelt und mögliche Wege überlegt werden, wie die Pläne an der Schule etabliert werden können. „Die regionalen Grundsatztagungen sollen dazu beitragen, die Einführung der Rahmenpläne als Schulentwicklungsarbeit zu verstehen und zu betreiben" (ebd.). In einigen Veranstaltungen stehen die Methoden allerdings so stark im Vordergrund, dass andere Inhalte peripher zu werden scheinen. Die Konferenzteilnehmer und -teilnehmerinnen sollen aufgrund der Methoden, mit denen die Auftaktveranstaltungen durchgeführt werden, Anregungen für die eigene Arbeit erhalten, um so an ihren Schulen sinnvolle Arbeits- und Konferenzformen etablieren zu können. Manche Teilnehmerinnen und Teilnehmer empfinden dies als „Methodenzirkus".

Ein paar Schlaglichter und „O-Töne", die auch im Zusammenhang mit den beiden folgenden Teilen dieser Arbeit interessant sind, mögen andeuten, was die Teilnehmer und Teilnehmerinnen der Auftaktveranstaltung bewegt[36]: Schwierig ist es am Anfang der Auftaktveranstaltungen fast immer, die Teilnehmer und Teilnehmerinnen dazu zu bewegen, sich mit den Prinzipien der Pläne und Fragen der Umsetzung auseinander zu setzen und von fachspezifischen inhaltlichen Fragen der Rahmenpläne abzusehen. Es ist offensichtlich: viele Teilnehmerinnen und Teilnehmer möchten die Pläne erläutert haben: „Was ist verbindlich?" „Wie soll ich das umsetzen?" Was heißt „Alltagsbezug"? Wie ist das mit der Kulturellen Praxis? Durchgängig bei allen Veranstaltungen entsteht der Eindruck, dass sich die Pläne nicht aus sich selbst erklären. Bedauert wird vielfach, dass die Handreichungen nicht parallel zu den Einzelplänen erschienen sind. Mancher Teilnehmer der Einführungsveranstaltungen erhofft sich von den Handreichungen Hilfen für den Umgang mit den Plänen. Es wird vor allem in den Arbeitsgruppen viel Zeit auf die Interpretation der Pläne verwendet und viele Fragen, die gestellt werden, weisen auf ein falsches Verständnis hin. Ein Beispiel sind die immer wieder gestellten Fragen dazu, was verbindlich und was fakultativ ist. Viele Äußerungen zeigen: es wird selektiv das herausgegriffen, was für die aktuelle Unterrichtssituation benötigt wird. Es entsteht der Eindruck, dass beispielsweise in den Fachkonferenzen für das schulinterne Curriculum hauptsächlich Teil B der Rahmenpläne gelesen wird, aber Teil A nur eine sehr geringe Rolle spielt und teilweise auch gar nicht zur Kenntnis genommen wird. Dies führt zu Missverständnissen, was die Auslegung von Teil B angeht. Das Thema Verbindlichkeit ist ein Beispiel hierfür.

Manche Teilnehmerinnen und Teilnehmer der Auftaktveranstaltungen bezweifeln, dass Ziele und Aufgaben realistisch eingeschätzt worden sind. Viele Fragen betreffen die 60%/40%-Regelung, d.h. den Bereich verbindlicher Unterrichtsinhalte. Einige empfinden, dass die Pläne mit Fachinhalten überfrachtet seien, und andere wiederum finden, sie seien von „pädagogischen Forderungen" überlastet. Thematisiert wird immer wieder die Balance zwischen Offenheit und

36 Die Zitate stammen von den teilnehmenden Beobachtungen folgender Auftaktveranstaltungen: Wiesbaden: 10. und 11. Mai 1995; Bensheim: 24. April 1996; Groß-Gerau: 14. Mai 1996; Friedberg: 21. Mai 1996; Darmstadt: 30. Mai 1996.

Verbindlichkeit. „Für das mit dem Fächerübergreifenden haben wir doch gar keine Zeit mehr." Ein inhaltlicher „Bruch zur Oberstufe" wird von einige Vertreterinnen und Vertretern der Gymnasien kritisch festgestellt. Der Gedanke, dass die Pläne entlastend auf die tägliche Unterrichtsarbeit wirken könnten, wird allgemein belächelt. Manche stellen fest, dass die Rahmenpläne viel konkreter als die alten Rahmenrichtlinien seien, aber „was hier für die Hauptschule steht, ist viel zu viel." Entsprechende Äußerungen in die andere Richtung kommen von Vertreterinnen und Vertretern der Gymnasien. Befürchtet wird von einigen wenigen, dass bei einem Versagen der Pläne externe Prüfungen die Folge sein könnten.

Wenn es in den Veranstaltungen gelingt, den Blick weg von der Fixierung auf Planinhalte hin auf grundsätzliche Fragen der Lehrplaneinführung zu lenken, kommen andere Momente stärker in den Blick. Gefragt wird nach Philosophie und der „Wertehaltung" der Pläne. Manche beschäftigt, wie auf Basis der Pläne ein gutes Schulcurriculum erstellt werden kann und wie dieses aussehen müsste. Die Möglichkeiten, die die Einzelschule hat, sich mit Hilfe dieser Pläne weiterzuentwickeln, kommt mit ins Spiel. Erörtert werden immer wieder die innovativen Ansätze und Ansprüche der neuen Rahmenpläne. Das Thema Ressourcen für Schulentwicklungsarbeit bewegt in diesem Kontext viele. Die Planeinführung fällt zusammen mit Mittelkürzungen, Erhöhung der Klassenfrequenzen, Budgetierung und Schulautonomie. Schulprogramm und Evaluation, Ganztagsschule und Besoldungsveränderungen sind zu dieser Zeit bereits im Gespräch. Dies alles zusammen wird von manchen Schulleiterinnen und Schulleitern, Lehrerinnen und Lehrern als Überforderung oder auch als Zumutung empfunden.

In nahezu allen Veranstaltungstypen wird kritisch angemerkt, dass nicht für alle Fächer und Lernbereiche die Pläne zur gleichen Zeit eingeführt worden seien. Es besteht das Gefühl, an den Schulen nicht wie mit einen ‚Paukenschlag' mit der Arbeit beginnen zu können. „Ein motivierender Startschuss ist da kaum möglich." Anders als bei der Einführung des Grundschulplans sei es im Fall der Sekundarstufenpläne daher nicht möglich, in den Kollegien als Gesamtheit eine Auftaktstimmung zu schaffen. Es ist eine gewisse Hilflosigkeit spürbar, wie das Moment der Innovation in der eigenen Schule eingebracht werden kann. Auf das Desinteresse in vielen Kollegien wird hingewiesen: „Das kann ich in meinem Kollegium doch gar nicht umsetzen, die ziehen da nie mit." „Die Professionalität hessischer Lehrer steht den Plänen entgegen." Hilfe wird von Experten des HILF und des HIBS, aber auch von der Schulaufsicht erwartet. An diesem Punkt zeigt sich, wie richtig das Konzept ist, die Veranstaltungen so anzulegen, dass Vertreter aller Unterstützungssysteme anwesend sind, damit entsprechende Fragen möglichst vor Ort geklärt werden können.

Die Ausführungen haben deutlich gemacht, dass es bei aller Heterogenität vergleichbare Grundtendenzen bei der inhaltlichen und formalen Ausrichtung der Auftaktveranstaltungen gibt. Und trotz der Schwierigkeiten bei und Unterschieden in der Gestaltung des Einführungsprozesses kann davon ausgegangen werden, dass Vertreter und Vertreterinnen jeder hessischen Sekundarstufenschule an einer Einführungsveranstaltung teilnehmen konnten. Ob diese Form der regionalen Implementation Innovationsprozesse anstößt und beispielsweise zu fundierten Schulcurricula führt, daran muss nach den Ergebnissen der Bielefelder Untersuchung gezweifelt werden (vgl. Vollstädt u.a. 1999, S. 168, 185, 202). Die Untersuchung kommt diesbezüglich zu dem Ergebnis: Die Qualität staatlicher Lehrpläne ist „nicht belanglos; aber diese Pläne sind offensichtlich kein Mittel, mit dem in erster Linie Innovationsprozesse in Schulen angezeigt und gesteuert werden können“ (Vollstädt u.a. 1999, S. 212).

2.4 Fazit

In diesem Kapitel wurde – vergleichend mit den Rahmenrichtlinien - gezeigt, wie die Rahmenpläne erstellt und eingeführt wurden. Ein Überblick wurde sowohl über die Initiations- als auch über die Implementationsphase gegeben. Dabei wurde deutlich, dass es zwischen den Entwicklungen, die im Zusammenhang mit der Einführung der Rahmenrichtlinien und der der Rahmenpläne abgelaufen sind, große Unterschiede, aber auch einige Gemeinsamkeiten gibt. Die wohl wichtigste Gemeinsamkeit ist, dass in beiden Fällen neue Lehrpläne nach dem „klassischen Modell“ der Lehrplanentwicklung in einem Top-down-Prozess eingeführt wurden.

Von besonderem Interesse ist in dieser Arbeit die Schnittstelle zwischen Erstellung und Einführung von Lehrplänen sowie zwischen den Erwartungen der Lehrplanmacher und der Realität der Lehrplanumsetzung. Was lässt sich auf der Basis dieses ersten Kapitels über die Schnittstelle zwischen Initiation und Implementation sagen? Die Rahmenpläne wurden zumindest vordergründig gesehen wesentlich effizienter entwickelt und eingeführt als die Rahmenrichtlinien. Der Begriff ‚effizient' lässt sich besonders auf zwei Aspekte beziehen: Auf den an der Lehrplanentwicklung direkt beteiligten Personenkreis und auf die für die Lehrplanentwicklung benötigte Zeit. Betrachtet man den Sachverhalt jedoch unter dem Aspekt „Wirkung durch öffentliche Beteiligung“, so kann gesagt werden, dass die Rahmenrichtlinien eine weitaus größere Wirksamkeit erreicht haben. Sie werden von größeren Teams erarbeitet, werden intensiver in den Schulen diskutiert und sie sind insgesamt von größerem öffentlichen Interesse. Bei den Rahmenplänen steht hingegen im Vordergrund, möglichst zügig klar strukturierte Pläne zu entwickeln, die in den Schulen akzeptiert werden. Bei den Verfahren im Vorfeld der Planeinführung gilt es vor allem, Hinweise für die Überarbeitung zu bekommen, dazu genügt es, einen ausgewählten Kreis von Schulen einzubeziehen. Die Planentwürfe einem möglichst großen Personenkreis zur Verfügung zu stellen, um bereits die Initiationsphase für die Lehrplaneinführung zu nutzen, ist nicht das Ziel. Bei diesem Vergleich ist jedoch zu berücksichtigen, dass die intensive öffentliche Diskussion der Rahmenrichtlinien von Seiten des Kultusministeriums keineswegs bewusst geplant wurde. Es ist also kein bewusst eingesetztes Verfahren im Rahmen der Implementation. Allerdings ist dem Wunsch nach Diskussion – als dieser sichtbar wurde – Raum gegeben worden. Demgegenüber wurde bei der Rahmenplanerstellung von vornherein versucht, den Prozess in der zentralen Steuerung zu halten. Dies bedeutete auch, die Diskussionen stärker zu kanalisieren.

Was für die Lehrplanerstellung, also die Phase der Initiation gilt, ist für die Phase der Implementation wesentlich schwerer zu bestimmen. Was die Rahmenrichtlinien angeht, sind Initiation und Implementation durch den Versuchsstatus der Pläne sehr eng miteinander verzahnt, während bei den Rahmenplänen diese Phasen deutlicher voneinander getrennt sind. Bei der Einführung der Rahmenrichtlinien hatte das Kultusministerium den Gesamtprozess stärker in der Hand behalten und ihn weitgehend zentral gesteuert. Daher hatte es einen besseren Überblick darüber, was an Einführungsveranstaltungen stattgefunden hat. Es wurde ein Netz von flankierenden Einführungsmaßnahmen entwickelt. Bei den Rahmenplänen wurde dieser Prozess regionalisiert. Während dies einerseits eine effektivere, enger an der Schulbasis orientierte Planung von Veranstaltungen hätte bedeuten können, hatte es andererseits die Folge, dass es kein einheitliches Konzept gab, dass die Umsetzung von regionalen Bedingungen und personellen Zufällen sowie dem Profil und dem Interesse der jeweiligen Institutionen vor Ort abhing.

Des weiteren soll ein Blick auf die Differenz zwischen den Absichten, die mit der Rahmenplanrevision verbunden sind, und der Realität ihrer Einführung geworfen werden. Das Ministerium hat den Wunsch, Pläne zu entwickeln, die ein Kerncurriculum beschreiben und damit eine größere Verbindlichkeit besitzen als die Rahmenrichtlinien. Sie sollen zugleich aber Freiräume schaffen für spezielle Aktivitäten der jeweiligen Schule. Auf der Basis der Erfahrungen mit den Rahmenrichtlinien (z. B. den RRL Deutsch) hat diese Absicht eine zentrale Bedeutung. Ziel ist es ebenfalls, an den Schulen Pläne zu etablieren, die sich aus sich selbst erklären und von Lehrerinnen und Lehrern leicht zu verstehen und umzusetzen sind. Anhand der Ergebnisse der teilnehmenden Beobachtung lässt sich vermuten, dass es zwar gelungen ist, leichter handhabbare Pläne zu entwickeln, dass es aber aus Sicht vieler nicht gelang, Pläne zu erstellen, die Freiräume schaffen.

Thematisiert werden im Eingangskapitel fördernde und hemmende Faktoren einer Lehrplaninnovation. Was lässt sich hierzu auf der Basis des zweiten Kapitels sagen? Geht man von Areggers Perspektive aus, die sich auf die „Passung zwischen Innovation und Zielgruppe" bezieht (vgl. S. 46), so eröffnet sich auf der Basis der ersten Teilstudie folgende Antwortperspektive: Es ist erklärtes Ziel des Kultusministeriums wie der Lehrplanmacher, mit den Plänen an die Praxiserfahrungen der Lehrenden anzuknüpfen. Dies gelingt offensichtlich mit dem Deutschplan: Die Rahmenpläne greifen die Erfahrungen der Rahmenrichtlinien auf, zugleich wird aber versucht, einen an die gewandelte schulische Realität angelehnten Plan zu entwickeln, der zugleich weiterführt. Ein Beispiel hierfür ist der Arbeitsbereich „Kulturelle Praxis". Anders stellt sich die Situation – soweit eine Einschätzung auf der Basis des zweiten Kapitels schon möglich ist – bezüglich des Unterrichtsfaches Chemie dar. Hier scheint ein Konflikt zwischen den innovativeren Erwartungen des Haupt- und Realschulbereichs und dem stärker an traditionellem fachwissenschaftlichen Herangehen ausgerichtetem Gymnasialbereich zu bestehen. Dieser erste Eindruck muss in den weiteren Teilstudien überprüft werden. Es besteht die Vermutung, dass es mit dem Chemieplan nicht gelungen ist, zu einer Passung zwischen innovativen Absichten des Plans und den Erwartungen der Zielgruppe zu gelangen. Allerdings lässt sich an dieser Stelle vorsichtig die These formulieren, dass gerade durch die vehement geführten Diskussionen ein Nachdenken über die Unterrichtspraxis stärker eingeleitet worden ist als bei anderen, weniger umstrittenen Rahmenplänen. Somit ist es keineswegs gewiss, dass die These von Aregger (1976b, S. 267) für Lehrplaninnovationen wirklich stimmig ist. Ähnliches gilt für die These von Altrichter/Salzgreber (1995, S. 14 ff.) zur Zielkohärenz, denn eine solche Kohärenz ist im Gefüge der Lehrplanentwicklung kaum herzustellen, vielmehr sind Zieldiversitäten kennzeichnend für den Prozess der Rahmenplanentwicklung.

Wie sieht es mit den anderen innovationshemmenden und -fördernden Faktoren aus? Die ersten Aussagen, die auf der Basis der teilnehmenden Beobachtung gemacht werden können, zeigen, dass die geringe Beteilung von Lehrerinnen und Lehrern bei der Planerstellung tatsächlich die Resistenz gegenüber den „neuen" Plänen erhöht und die Diskussionsbereitschaft senkt. Ebenso innovationshemmend scheint zu sein, dass den Lehrkräften nicht ausreichend verdeutlicht wird, wo der Gewinn der Lehrplanentwicklung für die schulische Arbeit liegt. Im Gegenteil: Durch Maßnahmen in anderen Bereichen der Bildungspolitik (Veränderung der Lehrerarbeitszeit, Herabsetzen der Wochenstundenzahl) wird die Lehrplanreform noch zusätzlich gestört; denn auf

Seiten von Lehrerinnen und Lehrern entsteht der Eindruck, in der eigenen Arbeit nicht genügend ernst genommen zu werden.

Betrachtet man Hameyers Aussage, dass eine Innovation dann besonders erfolgreich ist, wenn das Innovationsfeld und seine Bedingungen gut bekannt sind (Hameyer 1978a, S. 51), so muss man feststellen: Weder bei der Entwicklung der RRL noch bei der RPL-Entwicklung hat eine umfangreichere Erkundung des Innovationsfeldes stattgefunden. Dies hängt eng mit dem politischen Zeitdruck zusammen, unter dem Lehrplaninnovationen fast immer stattfinden. Das bedeutet dann, dass der „richtige" Umgang mit dem Innovationsfeld abhängig ist von der Erfahrung und der Intuition der Lehrplanmacher. Dabei bestätigt die Rahmenplanentwicklung die These von Sardei-Biermann (1978, S. 141f.), dass die Verrechtlichung einer Innovation diese tendenziell wieder aufhebt. Die stärkere äußere und strukturelle Vereinheitlichung und Verrechtlichung der Rahmenpläne - im Vergleich zu den Rahmenrichtlinien - macht sie so zu staatlichen Papieren, die an Innovationskraft verlieren.

Abschließend lässt sich eine These formulieren, die anhand der nächsten beiden Kapitel überprüft werden soll: Lehrpläne stoßen auf positive Resonanz, wo sie auf eine Klientel treffen, die mit den Zielen der Pläne übereinstimmt. Diese positive Resonanz ist aber nicht gleichzusetzen mit mit einer umfassenden Wirksamkeit der Innovation; denn als staatliche Papiere verlieren Pläne von vornherein einen Teil ihrer Innovationskraft. Dort, wo die Differenz zwischen dem schulischem Selbstverständnis und den Inhalten der Pläne am größten ist, werden die Diskussionen am heftigsten geführt werden. Dies heißt aber nicht zwingend, dass dann auch die Innovationskraft am geringsten ist. Es kann vielmehr vermutet werden, dass dann die Innovationskraft der Pläne am größten ist, wenn die Diskussionen am heftigsten geführt werden, der Plan sich also in deutlicher Differenz zu einem gängigen Unterrichtsverständnis befindet. Es kann in den folgenden beiden Kapiteln gezeigt werden, wie und mit welchen Argumenten Widerstände aufgebaut bzw. positive Zustimmung begründet wird, wo der „Nerv" der Zielgruppe getroffen wurde bzw. sich der Plan konfliktfrei in den Schulalltag einzufädeln scheint.

3. Auswertung der Stellungnahmen zu den Rahmenplänen Deutsch und Chemie

Während im vorangegangenen Kapitel der Gesamtverlauf der Rahmenplanreform dargestellt und mit dem Verlauf der Rahmenrichtlinien-Erstellung verglichen wurde, geht es im Folgenden um einen spezifischen Aspekt der Rahmenplan-Reform: um die öffentliche Diskussion der Rahmenplanentwürfe (vgl. Abb. 1) – und hier speziell um die Stellungnahmen, die zu den Planentwürfen beim HIBS eingereicht wurden. Diese sind Bestandteil des offiziellen Beratungsverfahrens, dabei werden Form und Termin vom Hessischen Kultusministerium festgelegt (vgl. Kap. 2.3.3). Zwischen Oktober 1993 und April 1994 haben alle Interessierten die Möglichkeit, eine Stellungnahme zu den neuen Rahmenplänen einzureichen. Diese werden im Folgenden im Rahmen einer Materialanalyse rekonstruiert. Alle Stellungnahmen, die in besagtem Zeitraum beim HIBS zu den Rahmenplänen Deutsch (n=27) und Chemie (n=41) eingereicht wurden, sind Gegenstand einer qualitativen Inhaltsanalyse. Diese Stellungnahmen stammen sowohl aus dem Schulsystem selbst (Schulen, Studienseminare, Lehrerfortbildungs-Einrichtungen, Schulaufsicht etc.) als auch von Organisationen und Verbänden außerhalb des staatlichen Schulsystems (Lehrerverbände, Wirtschaft, Universitäten). Die Analyse dieser Stellungnahmen erlaubt es, die (fach-)öffentliche Reaktion auf die Rahmenplan-Entwürfe nachzuzeichnen. Dies wird im Folgenden näher erläutert.

3.1 Fragestellung und methodisches Vorgehen

Die Beteiligung der Öffentlichkeit ist in Hessen ein wichtiges Element bei der Entwicklung von Lehrplänen. Wie im zweiten Kapitel dieser Arbeit dargestellt, nimmt diese Beteiligung bei der Rahmenrichtlinienentwicklung der 70er Jahre sehr viel Zeit in Anspruch. Dies ist bei der Rahmenplanentwicklung der 80er Jahre anders. So wird innerhalb des Gesamtprozesses für das Beratungsverfahren lediglich eine Phase von etwa einem halben Jahr eingeplant. In dieser Phase können alle Interessierten und in die schulische Arbeit involvierten Kreise und Gremien schriftlich ihre Meinungen, Verbesserungsvorschläge und Anmerkungen zu den Rahmenplänen einreichen. Die Wege, auf denen Schulen und andere Institutionen von dieser Möglichkeit informiert werden, sind sehr unterschiedlich. Während die Schulaufsicht im Rahmen regelmäßig stattfindender

Dienstversammlungen informiert wird, werden Verbände zum Teil direkt angeschrieben. Die Schulen sollen über die Schulämter von der Möglichkeit erfahren, Stellungnahmen einreichen zu können. Doch es ist aus Sicht der Schulen eher Zufall[37] (vgl. Kap. 2), ob sie von dieser Möglichkeit erfahren. Für die Schulen kommen zwei weitere Erschwernisse hinzu, sich in das Beratungsverfahren einzubringen: Erstens sind sie zum Zeitpunkt des Beratungsverfahrens nicht im Besitz der Rahmenplanentwürfe, sondern müssen sich diese über die HILF-Außenstellen besorgen. Zweitens ist die Phase von einem halben Jahr zu kurz, um einen schulinternen Diskussionsprozess in Gang zu setzen, zu organisieren und eine konsensfähige Stellungnahme zu erarbeiten und einzureichen. Dies könnten die Gründe dafür sein, dass von den Schulen verhältnismäßig wenig Stellungnahmen eingereicht werden.

Bei den vorliegenden Stellungnahmen handelt es sich um eine Art von Selbstselektion einer Stichprobe; denn grundsätzlich sind alle Einrichtungen, Verbände, Organisationen aufgefordert, entsprechende Stellungnahmen einzureichen. Wer dieser Aufforderung nachkommt, hat sich damit selbst in die hier zu analysierende Stichprobe eingebracht. Es ist daher zu vermuten, dass es gegenüber der fiktiven Grundgesamtheit Verzerrungen gibt. So ist es wohl wahrscheinlich, dass sich besonders viele Kritiker dieser Lehrplanreform zu Wort melden. Der Grad der Verzerrung lässt sich anhand eines Vergleichs mit den Ergebnissen einer Repräsentativbefragung von Lehrkräften (vgl. Vollstädt u.a. 1999, S. 79ff.) zumindest grob einschätzen. Dieser Vergleich wird im Abschlusskapitel vorgenommen.

Die meisten Stellungnahmen treffen von Oktober 1993 bis März 1994 im HIBS ein. Sämtliche bis März 1994 eingegangenen Stellungnahmen werden bei den weiteren Überlegungen zur Überarbeitung der Rahmenpläne einbezogen. Die Stellungnahmen gehen in Kopie an die jeweiligen Autoren bzw. Autorinnen, die sie durchsehen und die zentralen Kritikpunkte herausfiltern. Auf der Basis dieser Stellungnahmen sowie der Diskussionen mit ausgewählten Schulen und den Ergebnissen der ersten Befragung von etwa 1000 hessischen Lehrerinnen und Lehrern in jedem der beiden Fächer durch das Bielefelder Forschungsprojekt formulieren sie konkrete Veränderungsvorschläge.[38] Diese werden dann in der Rahmenplan-AG des HIBS und mit dem zuständigen Referenten des HKM diskutiert. Sodann wird die Rahmenplanfassung erstellt, die ins Beteiligungsverfahren geht.

---

37 Dies wird auch bei Veranstaltungen geäußert, die im Rahmen der teilnehmenden Beobachtung besucht worden sind (vgl. Protokoll Nr.7).

38 Welche Veränderungen im Detail vorgenommen werden, ist in Teil 2 dieser Arbeit exemplarisch sowohl für den Deutsch- wie für den Chemieplan dokumentiert worden.

Am Beispiel der beiden Rahmenpläne für die Fächer Deutsch und Chemie sollen im Folgenden die Stellungnahmen analysiert werden, dabei sind folgende Fragestellungen forschungsleitend:

1.) Wer äußerte sich in der Phase des öffentlichen Beratungsverfahrens zu den RPL?
2.) Werden die RPL in diesen Stellungnahmen in Verhältnis gesetzt zu den RRL?
3.) Was wird kritisiert:
    auf der inhaltlichen Ebene,
    auf der formalen Ebene?
4.) Welche Kritikpunkte werden bei der Überarbeitung der Pläne aufgegriffen?
5.) In welcher Beziehung stehen die Aussagen in den Stellungnahmen zu den Ergebnissen bei der quantitativen und qualitativen Befragung?

Im Folgenden geht es somit darum, diese Stellungnahmen einer Inhaltsanalyse zu unterziehen. Die sozialwissenschaftliche Methodenliteratur unterscheidet zwischen qualitativen und quantitativen Inhaltsanalysen. Während bei der einen nach quantifizierbaren Aspekten in einem Material gesucht wird (z.B. Häufigkeit der Verwendung bestimmter Begriffe), geht es bei der anderen um die inhaltliche Aussage und die ins Feld geführten Argumente. Eine Inhaltsanalyse, die sich darauf bezieht, will nach Mayring:

„– *fixierte* Kommunikation analysieren
– dabei *systematisch* vorgehen
– das heißt *regelgeleitet* vorgehen
– das heißt auch, *theoriegeleitet* vorgehen
– mit dem Ziel, *Rückschlüsse auf bestimmten Aspekte der Kommunikation* zu ziehen." (Mayring 1990, S. 13).

Bei den Stellungnahmen handelt es sich um den Teil einer *Kommunikation* zwischen der schulischen bzw. schulinteressierten Öffentlichkeit und dem Kultusministerium. Es ist eine *fixierte Kommunikation*, da sie in schriftlicher Form, in der Form der Stellungnahmen vorliegt. Dieses Material wird *systematisch und regelgeleitet analysiert* anhand der o.g. Fragen und einiger zentraler Schlüsselbegriffe, die in einem unmittelbaren Kontext mit den Lehrplänen und der damit zusammenhängenden Diskussion stehen. Die Fragestellung im Sinne des von Mayring vorgeschlagenen *theoriegeleiteten Vorgehens* lautet knapp formuliert:

Wie schätzt die schulinteressierte und schulinterne Öffentlichkeit den neuen Rahmenplan ein und welche Bezüge werden zu den vergangenen Plänen, den Rahmenrichtlinien hergestellt? Um dies festzustellen, werden die Stellungnahmen nach zentralen Aspekten und Begriffen kategorisiert und analysiert. Zunächst wird entschieden, die Stichprobe auf jene Stellungnahmen zu begrenzen, die dem Hessischen Institut für Bildungsplanung und Schulentwicklung offiziell zugegangen sind. Das heißt, dass Stellungnahmen, die auf anderen Wegen in die Akten des Hessischen Kultusministeriums gelangt sind, nicht mit einbezogen werden, wenn sie nicht auch in Kopie an das HIBS gelangt sind. In einem zweiten Schritt werden die Stellungnahmen nach Absender sowie nach Datum sortiert und kodiert. Haben die Schreiben kein Datum, wird der Eingangsstempel für die Sortierung gewählt. Im Anhang zu dieser Arbeit findet sich eine Übersicht über alle Stellungnahmen. Die Übersicht gliedert sich zum einen nach den jeweiligen Gruppen, die Stellungnahmen eingereicht haben. Innerhalb der jeweiligen Gruppen wird die Reihenfolge anhand des jeweiligen Datums festgelegt. Die Zitate im Text sind codiert. Aus der Codenummer kann das Fach, der Listenplatz und die stellungnehmende Gruppe entnommen werden. Für die jeweiligen Gruppen stehen die folgenden Kürzel: A = Schulaufsicht, FHR = Fachleiter/Studienseminar für den Haupt- und Realschulbereich, FG = Fachleiter/Studienseminar für den Gymnasialbereich, LF = Lehrerfortbildung, E = Privatperson, SG = Gymnasium, SK = kooperative Gesamtschule, SI = integrierte Gesamtschule, SR = Realschule, SH = Hauptschule, U = Universität, V = Verband, W = Wirtschaft.

Im dritten Schritt werden die Auswertungskriterien nach Schlüsselthemen bestimmt. Diese werden aus dem Material selbst gewonnen. Dies heißt, dass Aspekte, die im Rahmen der Gesamtstichprobe Deutsch und der Gesamtstichprobe Chemie quantitativ gesehen besonders häufig thematisiert werden, ihren Niederschlag bei der Auswertung finden. Dabei werden die Kategorien nicht von außen an das Material herangetragen, sondern aus dem Material selbst gewonnen. „Wenn vorgefertigte Auswertungskategorien ‚von außen' an das Material herangetragen werden, besteht die Gefahr, die selbstgewählten, alltagssprachlichen Formulierungen der Befragten vorschnell einzuordnen (...) Vorfixierte Auswertungskategorien wären zudem wenig geeignet, neue, unvorhergesehene Themen und Aspekte, die aufgrund der Offenheit der Interviewfragen auftauchen können, im Material zu entdecken." (Schmidt 1997, S. 548). An dem folgenden Beispiel wird deutlich, was dies für die Auswertung der Stellungnahmen bedeutet: Der Übergang (zwischen den Schulformen bzw. von der Grundschule zur Sekundarstufe I oder von der Sekundarstufe I zur Oberstufe) ist kein Thema für die Stellungnehmenden des Rahmenplans Deutsch, daher wurde darauf bei der Auswertung auch nicht eingegangen. Es ist aber eines der zentralen Themen in den Stellungnahmen für den Lehrplan Chemie, denn in 22 von insgesamt 41 Stellungnahmen wird es thematisiert. An diesem Beispiel lässt sich auch gut deutlich machen, dass in diesem Kontext von Schlüsselthemen und nicht von Schlüsselbegriffen gesprochen werden muss. So wird in der einen Stellungnahme von „Übergang" gesprochen und in einer anderen die Formulierung gewählt „wenn die Schüler dann die Oberstufe besuchen". Beides spielt auf den gleichen Punkt innerhalb einer Schullaufbahn an.

Der vierte Auswertungsschritt beseht darin, zu jedem Schlüsselthema sämtliche Textstellen aus den Stellungnahmen herauszufiltern und zusammenzustellen. Dieser Schritt ermöglicht es, themengleiche Textstellen unmittelbar miteinander zu vergleichen und nach unterschiedlichen Wertungen, Beurteilungen zu klassifizieren. Für das Beispiel „Übergang" heißt das, dass die zusammengetragenen Zitate daraufhin untersucht werden, wie im Zusammenhang mit dem Lehrplan (in diesem Fall der RPL-Entwurf Chemie) der Übergang bewertet wird, ob auf der Basis des neuen Lehrplans Schülerinnen und Schüler gut oder schlecht auf den Übergang in die Oberstufe vorbereitet werden können. Der vierte Auswertungsschritt stellt die charakteristischen Zitate zur Verfügung, die dann im Auswertungstext das ganze Spektrum der Äußerungen sichtbar machen.

Um eine gute Lesbarkeit des Textes zu gewährleisten, musste in diesem wie auch dem nachfolgenden Teil der Arbeit eine Auswahl aus der Fülle möglicher Zitate vorgenommen werden. Wenn im Text nicht ausdrücklich Einschränkungen vermerkt sind, gelten die jeweiligen Aussagen für die Mehrzahl der Stellungnahmen. Die Zitate sind in kursiver Schrift in den Text integriert.

Abbildung 2: Übersicht über die eingegangenen Stellungnahmen für die Rahmenplanentwürfe zu den Fächern Deutsch und Chemie

Einrichtung		**Deutsch**	**Chemie**
Schulen	Kooperative Gesamtschule	5	2
	Integrierte Gesamtschule	1	2
	Gymnasium	1	13
Studienseminare	Gymnasium	7	6
	Grund-, Haupt-, Realschule	4	2
	Fachtagung		1
	Fachleiter ‚privat'		2
Verbände		6	4
Schulaufsicht		1	4
Industrie		1	2
HILF			1
Universität		1	
Privatpersonen			2
Gesamtzahl		**27**	**41**

Die Tabelle zeigt, dass die Verteilung der eingereichten Stellungnahmen auf schulische bzw. schulinteressierte Gruppen sich deutlich zwischen den Fächern unterscheidet.

Zum Rahmenplan Deutsch sind während des Beratungsverfahrens insgesamt 27 Stellungnahmen eingegangen. Die meisten stammen von Studienseminaren, an zweiter Stelle kommen die Schulen, gefolgt von den Verbänden. Die Stellungnahmen der Studienseminare stammen überwiegend von Fachleitern und Fachleiterinnen, die in die Ausbildung von Gymnasiallehrern involviert sind. Die Stellungnahmen insgesamt haben einen durchschnittlichen Umfang von 2 ½ Seiten. Die Stellungnahmen der Schulen liegen durchschnittlich bei gut zwei Seiten, die der Studienseminare bei knapp vier Seiten und die der Verbände bewegen sich im Mittelfeld.

Für Chemie werden insgesamt 41 Stellungnahmen eingereicht, davon 17 von Schulen. Die Studienseminare reichen insgesamt 11 Stellungnahmen ein. Von der Wirtschaft, deren Verbänden bzw. damit assoziierten Einrichtungen kommen vier Stellungnahmen, von der Schulaufsicht ebenfalls vier, und das Hessische Institut für Lehrerfortbildung reicht eine Stellungnahme ein. Von den Verbänden liegen zwei Stellungnahmen vor, die eine vom Philologenverband, die andere vom Verband für Bildung und Erziehung. Ein Blick auf die Stellungnahmen, die unmittelbar auf einzelne Schulformen bezogen werden können, ergibt ein interessantes Bild. Von den 30 Stellungnahmen aus dem Schulsystem sind 24 aus dem gymnasialen Bereich und sechs aus dem Gesamt-, Haupt- und Realschulbereich. Es besteht stärker als beim RPL Deutsch ein Überhang in Hinblick auf gymnasiale Positionen, die in den Stellungnahmen ihren Ausdruck finden. Dies muss bei der Lektüre mitbedacht werden.

In der nachfolgenden Auswertung wird nur selten auf die Unterschiede zwischen den verschiedenen Funktionsträgern eingegangen. Grund hierfür ist, dass sich keine nennenswerten Unterschiede zwischen den einzelnen Positionen herausstellten. Die Stellungnahmen der Schulen unterscheiden sich in Bezug auf den Deutschplan, gleichgültig um welche Schulform es sich handelt, kaum voneinander. Zwar wird in der Stellungnahme der IGS-Vertreter Antwort auf Fragen nach der inneren Differenzierung verlangt und einige Gymnasiallehrerinnen und -lehrer gehen etwas umfassender auf inhaltliche Aspekte wie z.B. Grammatik- und Rechtschreibfragen ein. Doch ganz unabhängig von der Schulform werden sehr häufig Themen wie z.B. der Schülerbezug der Pläne in den Vordergrund gestellt. Dies ist anders als beim Rahmenplan Chemie, bei dem bestimmte Positionen klar bestimmten Schulformen zugeordnet werden können. Gewisse thematische Doppelungen in den nachfolgenden Darstellungen können nicht ausbleiben, da in Zusammenhang mit den Rahmenrichtlinien teilweise ähnliche Themen angesprochen werden wie in Hinblick auf die Rahmenpläne.

3.2 Stellungnahmen zum Rahmenplan Deutsch

Es gelingt dem Plan, „(...) wesentliche Aussagen zum DU (Deutschunterricht, K.H.) prägnant und übersichtlich darzustellen. Sie sind verständlich geschrieben und gut lesbar (...)" (D4/HR/S. 2), *„(...) vom Kultusministerium ist ein erfreulicher, knapper, einem lebendigen, schülerorientierten und zeitgemäßen Deutschunterricht dienlicher Plan vorgelegt worden"* (D12/FG/S. 1).

Zwar nicht ganz so ausgeprägt, aber grundsätzlich nicht weniger positiv gegenüber dem Entwurf des Rahmenplans Deutsch[39] ist die Grundaussage in fast allen Stellungnahmen, die etwa zwischen Oktober 1993 und März 1994 das Hessische Institut für Bildungsplanung erreichen. Wie positiv - verglichen mit den Diskussionen um die alten Rahmenrichtlinien - die Grundeinstellung ist, zeigt sich vor allem daran, auf welcher Ebene die geäußerte Kritik liegt: Sie beschränkt sich überwiegend auf konkrete Ergänzungsvorschläge, Umformulierungswünsche und Präzisierungsvorstellungen. Es geht nahezu nie um eine fundamentale Veränderung der Pläne. Selbst der Hessische Philologenverband, der den Plänen der rot-grünen Landesregierung eher skeptisch gegenübersteht, äußert zum RPL Deutsch unter anderem: *„Insgesamt sind die genannten Aufgabenfelder und Unterrichtsinhalte (...) für die verschiedenen Jahrgangsstufen sachlogisch und sachangemessen und als Curriculum (...) auch für die gymnasialen Bildungsgänge, überzeugend und annehmbar"* (D26/V/S. 4). Nur eine GEW-Vertreterin kritisiert eine unsaubere Terminologie; denn der Begriff „Rahmenplan" stimme nicht mit dem überein, was der Plan eigentlich wolle: Besser wäre „Pflichtplan" oder „Grundplan". *„Es muß auf jeden Fall ein Wort sein, das ausdrückt, daß es sich um den kleinsten gemeinsamen Nenner der Fachdidaktik, den Extrakt des Faches auf jeder Jahrgangsstufe, das Unabdingbare handelt"* (D22/V/S. 1).

Erwartet werden konnte, dass es in den Stellungnahmen viele Proteste zum Verfahren geben würde, da die Beteiligung der „Basis" nur sehr eingeschränkt möglich ist (vgl. Kap. 4). Wie äußern sich die Stellungnehmenden nun hierzu? Nur in zwei Schreiben wird darauf eingegangen: In einem Fall handelt es sich um eine Schule, im anderen um ein Studienseminar. Kritisiert wird, dass teilweise nur über das Bielefelder Forschungsprojekt einzelne Exemplare des neuen Plans an die Schulen gekommen seien und keine systematische Ausstattung der Schulen mit Planentwürfen erfolgt sei. *„Nach kurzer Absprache stellt die Fako*

39 In Kapitel 3.2 und 3.3 werden sowohl die Formulierungen „Rahmenplanentwurf" wie „Rahmenplan" verwendet. Gemeint sind in beiden Fällen die Entwürfe von 1993. Auch die in diesen Kapiteln zitierten Äußerungen beziehen sich immer auf die Rahmenplanentwürfe.

(Fachkonferenz, K.H.) *fest, daß eine fundierte Auseinandersetzung und Stellungnahme noch vor den Osterferien nicht mehr möglich erscheint. (...) Die Fachkonferenz Deutsch protestiert gegen das undemokratische Verfahren"* (D18/SK/S. 1). In der anderen Stellungnahme wird ebenfalls die Kürze der Zeit kritisiert, die für die Stellungnahmen zur Verfügung stand: *„In Anbetracht der mir zur Verfügung stehenden Zeit ist keine dem Entwurf in allen Punkten gerecht werdende Begutachtung möglich, es kann nur eine fragmentarische Einschätzung geliefert werden"* (D7/FG/S. 1). Insgesamt ist diese knappe Zeit aber kein großes Thema. Dies mag auch daran liegen, dass diejenigen, die sich äußern, den hierfür vorgesehenen Zeitraum nutzen, um sich zu beteiligen und mit einzumischen.

Was sind nun die Themen, die in den Stellungnahmen vor allem behandelt werden? Mit an erster Stelle steht die sogenannte 60%-Regelung, teilweise kombiniert mit Fragen nach der Verbindlichkeit von Unterrichtsinhalten. In zwölf der 28 Stellungnahmen wird dieses Thema explizit angesprochen und auch mit dem Begriff „60 %" benannt. Weitere 14 Stellungnahmen thematisieren ebenfalls diesen Aspekt, ohne dass dieser speziell genannt würde: Wie viel Zeit braucht man, um den Rahmenplan Deutsch umzusetzen?

Bis auf eine gehen alle Stellungnahmen formal oder inhaltlich auf die Gliederungsprinzipien des Rahmenplans Deutsch ein. Sie schreiben sich sozusagen am inhaltlichen Aufbau des Plans entlang. Innerhalb des Teils A finden die Didaktischen Grundsätze (elf Stellungnahmen) und die Beurteilungskriterien (acht Stellungnahmen) sowie der Muttersprachliche Unterricht (sechs Stellungnahmen) besondere Beachtung. In Teil B sind es vor allem die drei Arbeitsbereiche „Sprechen und Schreiben", „Lesen und Umgang mit Texten", „Kulturelle Praxis", die eine vertiefte Aufmerksamkeit finden. Am größten ist der Aufmerksamkeitswert für den Bereich „Kulturelle Praxis". Es ist neben der 60%-Frage der am meisten beachtete Einzelaspekt (18 Stellungnahmen). Weitere vier streifen das Thema sozusagen am Rande, indem sie von „kreativen Aktivitäten" (vgl. D10/V/S. 2) u. a. m. sprechen.

Neben den genannten ‚großen Themen' gibt es Einzelaspekte, die darüber hinaus in mehreren Stellungnahmen Erwähnung finden: Da wären zum einen methodische Fragen zu nennen, hier steht an erster Stelle der Aspekt „Handlungsorientierung" (fünf Nennungen) und die Frage nach Handreichungen (vier Nennungen) sowie der „fächerübergreifende Unterricht" (neun Nennungen). An zweiter Stelle stehen im weitesten Sinne schulorganisatorisch/pädagogische Fragen wie „der Schulformbezug und Bildungsgänge" (acht Nennungen) sowie die Übergänge von Jahrgangsstufe 4 nach Jahrgangsstufe 5 bzw. von Jahrgangsstufe 10 zur Oberstufe (6 Nennungen). Als ein spezielles pädagogisches Problem, das in sechs Stellungnahmen Erwähnung findet, werden

Fragen aus dem Bereich der Einbindung der Kinder mit nichtdeutscher Muttersprache in den Deutschunterricht thematisiert.

Es zeigt sich somit: Die geringe Zahl der Stellungnahmen, ihr moderater Ton und die Aufmerksamkeit, die diversen Einzelthemen gewidmet wird, ohne das Ganze in Frage zu stellen, lassen vermuten, dass der Plan kaum jemanden aufregt und er sich offensichtlich nicht in Opposition zur gängigen Unterrichtspraxis bewegt.

3.2.1 Rahmenpläne und Rahmenrichtlinien

Viele der Stellungnehmenden beziehen sich auch auf die Rahmenrichtlinien. Dabei werden die Rahmenpläne als positive Weiter- oder Neuentwicklung gesehen, die weniger ideologielastig wirke, handhabbarer seien und präziser Orientierung gäbe. Manche wünschen sich in den Rahmenplänen einen Begleittext, in dem auf das eingegangen wird, was die Rahmenpläne eigentlich von den Rahmenrichtlinien unterscheidet. Ein Grund hierfür: *„Den Deutschlehrern und der interessierten Öffentlichkeit sollte wenigstens ansatzweise transparent gemacht werden, inwiefern der Rahmenplan eine Reaktion auf die Rahmenrichtlinien darstellt. Das könnte die Bereitschaft erhöhen, sich mit dem Rahmenplan konstruktiv auseinandersetzen zu wollen"* (D5/FG/S. 2). Dieser Begleittext sei auch deswegen notwendig, damit nicht weiter unterrichtet würde, als habe sich nichts verändert. Es müsse am Anfang deutlich gemacht werden, worin die Unterschiede zu den RRL lägen. *„Es besteht sonst die Gefahr, daß viele Lehrkräfte weiter unterrichten wie bisher, und das würde bedeuten: wie in den 60er Jahren"* (D1/A/S. 4).

Für viele ist der Wechsel von den Rahmenrichtlinien zu den Rahmenplänen keineswegs ein Bruch, sondern eine notwendige Anpassung an neue Gegebenheiten, ohne dass dabei allerdings das, was an den alten Plänen gut war, ad acta gelegt wird: *„Besonders auffällig ist, daß es erstmals gelungen ist, den neuen Plan aus dem Dialog mit dem alten und in dessen kritischer Fortschreibung zu entwickeln"* (D12/FG/S. 1). Zu diesen sinnvollen Neuerungen gehört auch die Verschiebung des Schwerpunktes hin zur Kulturellen Praxis (s.u.). In ähnlich positiver Weise wird auch die ausgeweitete Schülerorientierung hervorgehoben. *„Ich begrüße, daß durch den Plan eine lebendige, schülerorientierte, für neuere didaktische Positionen offene Weiterentwicklung der bisherigen Rahmenrichtlinien deutlich zum Ausdruck kommt"* (D19/SI/S. 1). *„Die Vorentscheidungen zu den (...) Arbeitsbereichen sind einsichtig legitimiert und stellen m.E. eine Weiterentwicklung der did. Ansätze der RRL Deutsch zu größerer Schüler- und Handlungsorientierung dar"* (D4/HR/S. 1).

Welche Veränderungen werden in Hinblick auf Inhalt und Struktur im Vergleich mit den Rahmenrichtlinien besonders hervorgehoben? Das ist zum einen die formale Verdichtung. Positiv wird gesehen: *„Die Straffung der bisherigen RRL in Hinblick auf Darstellungsstruktur und Handhabbarkeit* (....)" (D11/FG/S. 2). *„Die Konferenz äußert sich erfreut über die Übersichtlichkeit des Rahmenplans. Hier ist ein großer Fortschritt gegenüber den alten Rahmenrichtlinien vollzogen worden"* (D15/SK/S. 1).

In mancher Stellungnahme kann man feststellen, dass die vehemente Diskussion über die angebliche Ideologielastigkeit der alten Rahmenrichtlinien bis heute ihre Spuren hinterlassen hat. Hervorgehoben wird wiederholt, dass der neue Plan weniger „ideologielastig" sei, womit eine deutliche Abgrenzung dieses Plans gegenüber den RRL vorgenommen wird. Der Rahmenplan ist hinsichtlich *„der Punkte Ideologielastigkeit, Stoffülle, Anordnung, Altersgemäßheit und didakt. method. Anspruchsniveau angemessen und infolge etwa der starken Praxisorientierung (...) insbesondere von Vorteil"* (D14/SG/S. 1). Oder es wird davor gewarnt, in eine ähnliche Sprache wie die der RRL zu verfallen: In der Präambel der Rahmenpläne seien noch *„Spuren ihrer additiven Entwicklung* (zu finden, K.H.): *sie ist unsouverän, starr, wenig komplex, richtet den Blick zurück auf die Anfänge der Rahmenrichtlinienentwicklung"* (D12/FG/S. 3). In einer Stellungnahme wird die Befürchtung laut, es habe sich gar nichts verändert, das würde an dem Kapitel über Sprache ganz deutlich. Um das Thema „Sprache" rankten sich zu RRL-Zeiten die heftigsten Konflikte: *„Dies ist keine Abwendung von der Utopie, von der herrschaftssprengenden Kraft der Sprache, von der Qualifizierung aller Schülerinnen und Schüler zur Teilhabe an der materiellen Gestaltung unserer Gesellschaft, von der sinnstiftenden und lebensbewältigenden Literaturrezeption, auch nicht von den Möglichkeiten der Identitätsbildung im Deutschunterricht. Aber eine Utopie muß doch nicht gerade im Lehrplan, als Pflicht formuliert sein, für deren Realisierung die einzelne Lehrkraft verantwortlich ist"* (D22/V/ S. 2).

Es gibt Einzelaspekte die – verglichen mit den Rahmenrichtlinien – als weniger geglückt angesehen werden. So werden von einigen wenigen die ausführlicheren Erklärungen der Rahmenrichtlinien vermisst. Andere kritisieren ungeachtet der sonstigen Zustimmung die „fachspezifischen Qualifikationsbeschreibungen", die nicht ausreichend dargestellt und ausgeführt seien. *„Damit bleibt der Rahmenplan weit hinter den zwar unhandlichen, aber wesentlich umfangreicheren Rahmenrichtlinien zurück"* (D17/SK/S. 1). Gerade für jüngere Kollegen und Kolleginnen hätten die Rahmenrichtlinien in ihren didaktischen Ausführungen eine bessere Hilfe dargestellt: *„Die didaktischen Ausführungen sind im Vergleich zu den bisherigen RRL inhaltlich wesentlich reduziert (...). Hier sind für die jüngeren, noch unerfahreneren KollegInnen Informationshilfen* *zu leisten*" (D7/FG/S. 3). Und selbst in dem Bereich, der in dem neuen Plan „Kulturelle Praxis" heißt, hätten die Rahmenrichtlinien teilweise Besseres geleistet. Im Vergleich zu den anderen Arbeitsbereichen sind die grundsätzlichen didaktischen Ausführungen zu dem neuen Arbeitsbereich „Kulturelle Praxis" (S. 16f.) ausgesprochen knapp geraten, man hätte hier „*z.B. die Hinweise auf das phantasiebezogene Schreiben in den bisherigen RRL (S. 73ff.), die die Bedeutung des Schreibens stärker herausgehoben haben, übernehmen sollen*" (D11/FG/S. 2). Ähnliches gelte für den Grammatikunterricht: „*Es wird daher empfohlen, wenigstens die vier Begründungszusammenhänge für den Grammatikunterricht aus den bisherigen RRL (a.a.O. S. 204/205) zu übernehmen, die den Stellenwert des Grammatikunterrichts etwas besser verdeutlicht hatten. (...)*" (D11/FG/S. 3) Und die Unterschiede zwischen dem, was in den Rahmenplänen „Bildungsgänge" genannt wird, seien in den RRL prägnanter formuliert worden: „*Auch die angedeutete besondere Kennzeichnung der ‚verbindlichen Anforderungen für die Bildungsgänge der Hauptschule und des Gymnasiums' (S. 20) sind auf die Jahrgangsstufe 9/10 beschränkt und so minimal - viel geringer als in den Rahmenrichtlinien die Unterscheidung zwischen ‚elementaren' und ‚entwickelten Fähigkeiten', daß daraus kaum ein Niveauunterschied abgeleitet werden kann*" (D26/V/S. 3). Dies alles sind allerdings Einzelmeinungen und somit nicht repräsentativ für die Stellungnahmen als ganze.

Insgesamt zeigt sich: Die Rahmenpläne werden kaum als abgegrenzte neue Plangeneration, sondern vielmehr auf dem Hintergrund der Rahmenrichtlinien verstanden. Auch wenn es bezüglich des Verhältnisses Rahmenplan/Rahmenrichtlinien vereinzelt kritische Anmerkungen gibt, so werden die neuen Rahmenpläne als wohltuende und sinnvolle Weiterentwicklung empfunden. Bereits an diesem Punkt zeigt sich die positive Grundstimmung, die sich durch die Rezeption des Rahmenplans Deutsch durchgängig hindurchzieht.

3.2.2 Rahmenvorgaben des Rahmenplans

3.2.2.1 Bildungsgang und Schulformbezug

Die Bildungsgänge sind eines der Themen, die bei der Auseinandersetzung mit konservativen Plankritikern, insbesondere bei den Auseinandersetzungen mit dem Landeselternbeirat, von zentraler Bedeutung sind. Ob die Bildungsgänge legal seien oder nicht, unter anderem darüber hatte der Staatsgerichtshof zu entscheiden. Es wäre zu erwarten gewesen, dass dieses Thema auch in den Statements eine übergeordnete Rolle spielt. Doch anders als vielleicht manch einer erwartet hat, geht es nicht um das Für und Wider von Bildungsgängen, sondern vielmehr um die Frage, wie diese ausgestaltet sein sollten. Hierzu polarisieren sich die Meinungen. Im Rahmenplan wird formuliert, dass „die Anforderungen in den Aufgabenfeldern und Unterrichtsinhalten für den Mittleren Abschluss (Realschulabschluß)“ beschrieben werden. Dies wird in den ersten beiden Spalten der insgesamt drei Spalten des Praxisteils festgelegt.[40] In einer der Stellungnahmen wird betont, dass die Hinweise zu den Bildungsgängen differenziert seien (vgl. D4/HR/S. 1). Der größte Kontrast hierzu ist das Statement, in dem zum Ausdruck gebracht wird, dass die Bildungsgänge „unscharf“, „zu allgemein“ seien und „keine arbeitsfähigen Aussagen“ enthielten. *„Die notwendige unterrichtsmethodische Unterschiedlichkeit ist überhaupt nicht angesprochen“* (D1/A/S. 2). In nur einer Stellungnahme eines gymnasialen Verbandsvertreters wird an die Diskussion um schulform- oder schulstufenbezogene Pläne angeknüpft. Wo immer möglich streichen die Autoren heraus, dass ein schulstufenbezogener Plan problematisch sei. Ein Beispiel: *„Unterschiedliche Qualifikationen in bezug auf Kommunikationsfähigkeit, Sprach- und Literaturverständnis (Abschlußprofil am Ende der Jahrgangsstufe 10) für den Besuch der gymnasialen Oberstufe mit dem Ziel der Studierfähigkeit oder für den berufsbezogenen Hauptschul- oder Realschulabschluß sind nicht klar zu erkennen“* (D26/V/S. 3).

In den meisten Stellungnahmen geht es um die Schulform, für die die jeweiligen Autoren und Autorinnen der Stellungnahmen stehen. Es geht aber nicht um ein Infragestellen der Konstruktion der Bildungsgänge an sich. Für die Hauptschüler wird zum Beispiel darum gebeten, stärker zu berücksichtigen, dass diese häufig Schwierigkeiten mit dem Lesen hätten und daher die Literaturvorschläge gar nicht einzusetzen seien (vgl. D23/V). Wichtig sei es auch, dass im Vorspann für die Aufgabenbereiche der Jahrgangsstufe 7/8 der Hinweis erfolge, dass *„grundsätzlich die für den Bildungsgang der Realschule am Ende der Klasse 8 erreichten Lernansprüche, für den Bildungsgang der Hauptschule am Ende der Klasse 9 erfüllt sein sollen“* (D23/V/S. 2). Für den gymnasialen Bildungsgang werden nur wenige Wünsche formuliert. Einmal geht es dabei um einen Streichungswunsch: *„Die explizite Erwähnung des Gymnasiums auf den Seiten 44-46 halten wir nicht für unbedingt notwendig“* (D15/SK/S. 2). In einer anderen wird festgestellt: *„Gymnasiale Themen werden zu spät erwähnt“* (D11/FG/S. 3). Auf ein ganz besonderes Problem machen jene aufmerksam, die mit der besonderen Situation integrierter Gesamtschulen beschäftigt sind. Der Plan gehe nicht auf die besondere Situation dieser Schulform und auf Fragen der inneren Differenzierung ein. Und so wird von einer Seite gefürchtet, er fördere

40 Ein Beispiel für diesen Praxisteil des Rahmenplanentwurfs ist im Anhang dieser Arbeit dokumentiert.

eine Dreierdifferenzierung und mache es somit den Schulen schwer, die nur auf zwei Niveaus differenzieren wollen (vgl. D21/V). Es fehlten Anmerkungen zur Zweierdifferenzierung (vgl. D19/SI).

Eklatanter als das Problem der Bildungsgänge - misst man dies an der Häufigkeit der genannten Aspekte – scheint einigen die Frage der Übergänge zu sein. Ganz besonders geht es hierbei um den Übergang zwischen Grundschule und weiterführender Schule. In einer Stellungnahme wird mehrfach hervorgehoben, dass der RPL Grundschule gut übereinstimmt mit dem RPL Deutsch für die Sek. I. Zum Beispiel: *„Beide RPL stimmen in ihren didaktischen-methodischen Prinzipien weitestgehend überein"* (D4/HR/S. 2). Das sehen sehr viele andere Stellungnehmenden nicht so. So bemängelt ein Verbandsvertreter, dass die unterschiedliche Sprachkompetenz von Kindern aus der Grundschule keine Berücksichtigung fände (vgl. D21/V). Die Übergangsproblematik müsse stärker berücksichtigt werden (vgl. D13/SK). Von der Schulaufsicht wird vermutet, dass die Übergänge von der vierten zur fünften und von der zehnten zur elften Klasse *„offenbar überhaupt nicht beachtet"* (D1/A/S. 3) worden seien. Auf diesen Übergang wird allerdings nur in einer Stellungnahme mit einem konkreten Überarbeitungswunsch eingegangen: Es würden viele Texte genannt, die auch in Büchern der Sek. II und im Kursstrukturplan stünden. Das bemängelt der Autor: *„Diese Überschneidungen sollten nicht, zumindest nicht kommentarlos bestehen bleiben"* (D5/FG/S. 1).

3.2.2.2 Verbindliche Vorgaben

Die Frage von Verbindlichkeiten ist ein zentrales Thema in den Stellungnahmen. Zur Verbindlichkeit gibt es insgesamt drei positive Äußerungen: *„Ist für mich in Ordnung"* (D9/HR/S. 7), *„Redliche Intention"* (D21/V/S. 1) und *„Es werden klare Aussagen zur Verbindlichkeit gemacht"* (D25/V/S. 2). Alle anderen stehen der Ausgestaltung dieses Aspekts – trotz aller positiven Grundeinstellung - im Rahmenplan Deutsch skeptisch gegenüber. Ein Fachleiter hebt hervor, dass er zwar *„mit der Kürze"* des Plans einverstanden sei, doch gleichzeitig betont er, dass *„(...) es sich noch immer um einen Maximalplan handelt"* (D6/HR/S. 1). Andere Urteile sind ähnlich: *„Auf völliges Unverständnis stößt die Maßgabe, daß es sich im Planentwurf um ein Pflichtpensum handele, das in ca. 60 % der Arbeitszeit zu erfüllen sei. Von allen bisher damit befaßten Kolleginnen und Kollegen wird vermutet, daß zu seiner Erfüllung nicht einmal die 100%ige Unterrichtszeit ausreiche" (D21/V/S. 1).* Wieder andere sprechen davon, dass der Plan „150 %" (D22/V/S. 1) der Unterrichtszeit erfordere. Auch in den Stellungnahmen von den Schulen ist davon die Rede, dass der Umfang an verbindlichen Inhalten zu groß sei, allerdings geschieht dies nicht unter der Überschrift 60 %. Typisch sind hier Sätze wie *„Die Stoffülle ist viel zu groß“* (D16/SK/S. 1).

Mit den Vorstellungen von den 60 % werden offensichtlich Freiräume imaginiert, die die Autoren der Stellungnahme nicht erfüllt sehen. *„Von wegen 60 %. Hat sich auch nichts mit freier 40 % Unterrichtsgestaltung auf der Basis der Lerngruppe und beruhend auf eigenen Lehr-Erfahrungen“* (D22/VS. 1 f.). Andere fragen, welche *„Zeitspannen und Möglichkeiten für Eigeninitiative der Lerngruppe, des Fachlehrers oder Fachkonferenzen* (...)“ (D26/V/S. 4) noch übrig bleiben würden. Sie befürchten, dass durch mangelnde Zeit eine *„sinnvolle pädagogische Verwirklichung Ihrer Richtlinien“* (D7/FG/S. 3) und auch das Erstellen eines Schulprogramms gefährdet sein könnte (D7/FG). Hingewiesen wird mehrfach auf die Kürzung der Stundentafel. Der Plan entferne sich *„von der Realität der Schule recht weit, soweit die Schule mit Stunden-/Stellungkürzungen wirtschaften und zum Teil mit beträchtlichem Stundenausfall auskommen muß“* (D3/FG/S. 3).

In einigen Stellungnahmen wird deutlich gemacht, dass die Ausführungen zur Verbindlichkeit *„viel zu dürftig und ungenau“* seien (D1/A/S. 1). *„Unklar bleibt, inwieweit die angegebenen Lektüren verbindlich sind, auch als Auswahl (,z. B. ‘), oder nur empfohlen werden und durch andere Lektüren ersetzt werden können, die die angegebenen Intentionen ermöglichen“* (D26/V/S. 4). *„Ab Seite 24 ist jedoch aus unserer Sicht nicht klar zu erkennen, daß lediglich die linke Spalte (,Aufgabenfelder‘) verbindlich sein soll, die mittlere Spalte (,Unterrichtsinhalte‘) hingegen Vorschlagscharakter hat“* (D15/SK/S1). Entsprechend wird gefordert, diesbezüglich bei der Überarbeitung für eine größere Klarheit zu sorgen.

Einige befürchten, dass zum Beispiel die Unterrichtsmethoden im Widerspruch zu den Verbindlichkeiten stehen könnten. Genannt werden vor allem die geforderte Handlungsorientierung sowie die Kulturelle Praxis. *„Wer die Handlungsorientierung ernst nimmt, gar zum Prinzip des Deutschunterrichts erhebt, kann sich auch aus Zeitgründen - jeder handlungsorientierte Unterricht kostet viel Zeit - nicht einem verbindlichen Plan anschließen“* (D21/V/S2). *„Nimmt man die Forderungen ernst, die ‚Kulturelle Praxis‘ nicht als eigenständigen Arbeitsbereich anzusehen, sondern in den Deutschunterricht zu integrieren, so bedeutet dies doch zwangsläufig einen größeren Zeitaufwand. Diesem Gesichtspunkt wurde, meiner Meinung nach, nicht Rechnung getragen“* (D2/FG/S. 3). Und nicht nur das könnte aus der Sicht einiger zum Problem werden. Als Gegenreaktion sei zu befürchten, dass Lehrerinnen und Lehrer in ‚tradierte Verfahren‘ zurückfallen, die aus deren Sicht ein zeitlich effizienteres Arbeiten ermöglichen würden. *„Gerade die sinnvolle pädagogische Verwirklichung Ihrer neuen Richtlinie in Verbindung mit der Ausgestaltung eines*

Schulprofils muß für die KollegInnen größere zeitliche Freiräume lassen, in einem zu eng bemessenen zeitlichen Rahmen sehe ich die Gefahr, daß in den Bereichen Rechtschreibung, Grammatik und Umgang mit Texten mit Hilfe tradierter Verfahren Zeit eingespart wird, was ihrem Grundverständnis widerspräche" (D7/FG/S. 3).

Welche Forderungen leiten die Stellungnehmenden von ihrer Kritik ab? Auf jeden Fall sollten größere Freiräume gelassen werden. Diese sollen sowohl für die pädagogische Arbeit als auch für die Gestaltung eines Schulprofils genutzt werden: *„Gerade die sinnvolle pädagogische Verwirklichung Ihrer neuen Richtlinie in Verbindung mit der Ausgestaltung eines Schulprofils muß für die KollegInnen größere zeitliche Freiräume lassen* (...)*"* (D7/FG/S. 3). Viele verbinden ihre Vorstellungen wiederum mit der Forderung nach einem in 60 % der Unterrichtszeit zu realisierenden Plan. *„Der Rahmenplanentwurf muß so gekürzt werden, daß er als verbindlicher Pflichtplan in ca. 60 % der Unterrichtszeit erfüllt sein kann"* (D22/V/S. 2). Es werden klare Aussagen dazu gefordert, was verbindlich sei. Allerdings wird ein reiner Stoffplan von denen, die sich dazu äußern, abgelehnt. *„Die Arbeitsgruppe lehnt einen vom Kultusminister vorgelegten verbindlichen Stoffplan ab"* (3/HR/S. 3). Und eine der Autorinnen schreibt an den Rand einer von ihr durchkorrigierten Fassung des Rahmenplans unter 1.3 Verbindlichkeit (S. 20) im zweiten Absatz an den Rand: *„Hier muß ca. 60 : 40"* stehen (D22/V/Anlage).

Deutlich wird, dass es eine intensive Auseinandersetzung mit dem Aspekt „Verbindlichkeit" gibt. Vier Problemfelder werden dabei besonders in den Vordergrund gerückt:

1.) Es ist nicht ausreichend klar, was genau verbindlich ist.
2.) Lernmethoden verbindlich zu machen, ist problematisch.
3.) Es wird nicht ausreichend deutlich, was für welchen Bildungsgang verbindlich ist.
4.) Die vorgeschriebene Verbindlichkeit lässt nicht genügend Raum zur Profilbildung der Schule bzw. zur pädagogischen Arbeit im Klassenraum.

3.2.3 Aufbau und pädagogische Einzelaspekte

3.2.3.1 Die Gliederung

Es gibt einige Äußerungen zur Gliederung der Rahmenpläne. Diese sind überwiegend positiv: *„Der Rezensent ist im Grundsatz mit dem Rahmenplan einverstanden"* (D6/HR/S. 1). *„Die Konferenz äußert sich erfreut über die Übersichtlichkeit des Rahmenplans"* (D15/SK/S. 1). *„Der Plan versucht schon* *in seiner äußeren Gliederung der Gefahr (entgegen) zu steuern, daß sich die einzelnen Teilbereiche (...) verselbständigen und nicht mehr in ihrer kommunikativen Funktion gesehen werden"* (D20/U/S1). *„Die Vorgaben des Ministeriums zur Gliederung und Gestaltung sind grundsätzlich zu begrüßen* (...). *Mit ca. 50 Seiten ist der neue Plan handlich und kompakt und bietet daher die Gewähr, daß er auch gelesen und für den Unterricht genutzt wird" (D26/V/*S. 1).

Auch hier gibt es wieder vereinzelte Einschränkungen der grundsätzlich positiven Einstellung. So wird befürchtet, dass *„diese gestalterisch und sprachliche Konzentration, vor allem die Spalteneinteilung, auch Verknappungen, Pauschalierungen, Mehrdeutigkeiten, (...) Verunsicherungen bei den Kollegen"* (D26/V/S. 1) verursacht. In einer anderen Stellungnahme wird festgestellt, dass der knapper angelegte Plan auch zu einer verkürzten Darstellung gesellschaftlicher Probleme führe: *„Die momentanen gesellschaftlichen Probleme und die Probleme der Zukunft sind nicht erwähnt. Gleichzeitig jedoch nimmt der Planentwurf in kurzen undifferenzierten Statements eine Einschätzung der gesellschaftlichen Lage vor, die so verkürzt nicht stehenbleiben kann und wohl auch nicht in einen Rahmenplan gehört"* (D21/V/S. 3). Als Beispiel wird unter anderem jene Textpassage auf Seite 3 des Rahmenplanentwurfs genannt, die den *„Verlust an unmittelbarer Erfahrung"* thematisiert. Eine Stellungnahme fordert, eine genauere Bestandsaufnahme am Anfang des Rahmenplans zu machen, andere argumentieren in eine ähnliche Richtung wie die bereits genannten. Wichtig sei eine Bestandsaufnahme am Anfang: *„Welche Realität umgibt (1.) und erwartet (2.) den Schüler heute; welche Konsequenzen hat das für den Deutschunterricht im besonderen"* (D9/HR/S. 1).

3.2.3.2 Aufgaben und Ziele

Die „Aufgaben und Ziele" kann man als Präambel der Rahmenplanentwürfe verstehen. Auch hierzu gibt es in Hinblick auf den Rahmenplan Deutsch weitestgehend Zustimmung. *„Die genannten Aufgaben und Ziele des DU scheinen insgesamt, besonders in ihrer Intention, sinnvoll, angemessen, annehmbar"* (D26/V/S2) zu sein. *„Die im allgemeinen Teil ausgewiesenen Aufgaben und Zielsetzungen des Deutschunterrichts sind klar und präzise formuliert"* (D8/HR/S. 1). Kritikpunkte machen sich fest an dem formulierten Anspruch. So wird gefragt, *„ob das zu leisten sei"*? (D2/FG/S. 1) Während, wie oben bereits erwähnt, die Ausgewogenheit und der Realismus der Pläne gelobt wird, fordert ein anderer, *„die Benennung der Aufgaben und Ziele, der didaktischen Grundsätze und Arbeitsbereiche (...) zu entidealisieren und zu straffen"* (D22/V/S. 2). In einer anderen Stellungnahme liegen dem Autor *„die Schwerpunkte zu eindeutig auf der sprachlichen und zu wenig auf der literarischen Seite. So taucht* *das Wort ‚Literaturunterricht' bezeichnenderweise erstmalig auf Seite 14 (!) auf"* (D2/FG/S1). In einer Stellungnahme, die ansonsten sehr positiv ist, wird angemerkt, dass die Aufgaben und Ziele *„recht allgemein formuliert sind"* (D26/V/S. 2).

3.2.3.3 Didaktische Grundsätze

„Den sechs didaktischen Grundsätze mit den entsprechenden Erläuterungen ist uneingeschränkt zuzustimmen" (D8/HR/S. 1). So wie von diesem Fachleiter werden in vielen Stellungnahmen die Didaktischen Grundsätze beurteilt. Die „Didaktischen Grundsätze" sind ein weiterer Aspekt im Allgemeinen Teil, der weitergehende Aufmerksamkeit bekommt. Sie umfassen zweieinhalb Seiten, sind also ein verhältnismäßig umfangreiches Kapitel innerhalb des Rahmenplans. Was wird von den Stellungnehmenden an den Didaktischen Grundsätzen befürwortet? Sie seien aktuell und auf der Höhe der fachdidaktischen Diskussion: Der RPL entspreche hinsichtlich seiner *„Ziele, Inhalte und didaktischen Prinzipien modernen Entwicklungen"* (D4/HR/S. 1). *„Der Rahmenplan Deutsch (Entwurf) entspricht in angemessener Weise dem fachdidaktischen Diskussionsstand"* (D5/FG/S. 1). Sie seien kurz und knapp formuliert. *„Der Verzicht auf allzu ausschweifende didaktische Begründungen führt zu einer wohltuenden Kürze, Überschaubarkeit und vor allem Lesbarkeit des Textes"* (D1/A/S. 1). Es handele sich um eine *„klare Darstellung der didaktischen Grundsätze"* (D25/V/S. 1). Selbst von Seiten eher als konservativer einzuschätzende Kommentare werden die Didaktischen Grundsätze gelobt, weil sie *„erfreulicherweise auch notwendige Erziehungsziele andeuten"* (D26/V/S. 2).

Kritiken sind - wie auch bereits bei der Gliederung und den Aufgaben und Zielen –eher Einzelpositionen. So wird in der Stellungnahme aus der Schulaufsicht angemerkt, dass im dritten didaktischen Grundsatz *„‚Die Versinnlichung' zu einseitig akzentuiert"* werde, insgesamt gebe es *„platzraubende Redundanzen"*, die Systematik sei inkonsequent und die Redeabsicht *„unscharf"* (D1/A/S. 3). In einer Stellungnahme wird kritisch angemerkt, dass die didaktischen Grundsätze nicht konsequent aus den Aufgaben und Zielen ableitbar seien. Von Seiten des Philologenverbandes wird vorgeschlagen, für den gymnasialen Bildungsgang einen zusätzlichen didaktischen Grundsatz mit aufzunehmen: *„Gymnasiale Bildung verlangt und erstrebt vor allem eine Entfaltung und Entwicklung kognitiver Fähigkeiten, insbesondere bezogen auf: Differenzierung (...), Vertiefung (...), Kreativität, Ästhetik, Methodenbewußtsein, Abstraktion, Systematisierung, Transfer"* (D26/V/S. 2).

3.2.3.4 Beurteilungskriterien

„Besondere Anerkennung verdienen die differenzierten, faktenreichen, umfassenden und hilfreichen Aussagen zu dem schwierigen Komplex der Beurteilung sprachlicher Leistungen von Schülern" (D8/HR/S. 1). So positiv wie diese Fachleiteräußerung sind nur wenige – doch diese seien zunächst erwähnt. Noch drei weitere Stimmen gibt es zu diesem Punkt. Ein Verbandsvertreter findet die Hinweise zur Beurteilung *„begrüßenswert"* (D23/V/S. 1). Ein Universitätsvertreter erklärt sich grundsätzlich *„einverstanden"*: *„Im ‚Unterrichtspraktischen Teil' (B) bin ich mit dem schwierigen Abschnitt ‚Beurteilung' einverstanden"* (D20/U/S. 2). Ein Fachleiter nennt dieses Kapitel *„sehr ausgewogen und subtil"* (D12/FG/S. 1). Die Kritik an diesem Kapitel ist vielfältig und keineswegs einheitlich. Ein Fachleiter verlangt, dass einem quantifizierbaren Fehlermessverfahren stärker vorgebeugt werden müsse (D12/FG/S. 3). In einer anderen Stellungnahme wird kritisiert, dass sich die Beurteilungskriterien *„ausschließlich auf frei verfasste schriftliche Texte"* bezögen. „(...) *im Deutschunterricht werden von dem Schüler aber auch andere schriftliche und natürlich mündliche Leistungen verlangt. Darauf sollte hingewiesen werden"* (D6/HR/S. 3). Von daher fordert er, dass die Beurteilungskriterien *„auf alle Bereiche des Deutschunterrichts ausgeweitet werden"* (D6/HR/S. 3). Nordhessische Fachleiter vermissen „(...) deutliche Konsequenzen aus dem Abschnitt ‚Schreiben'" (S. 2). Da dies Konsequenzen auf die Beurteilung habe, *„auf den gesamten Prozeß des Schreibens als Entwerfen, Überarbeiten, Veröffentlichen. Es verändert grundlegend die Rolle des Lehrers als Korrektor"* (D20/U/S. 2). Aus Sicht der Schulaufsicht seien die Beurteilungskriterien mit ihrer einseitigen Schülerorientierung *„nicht akzeptabel"* (D1/A/S. 2). *„Vergleichbarkeit und allgemeine Profil-Forderungen (sind; K.H.) weitgehend ausgespart"* (D1/A/S. 2). Beurteilungen seien nicht mehr nachprüfbar, Willkür werde Tür und Tor geöffnet. Andere vermissen eine größere Klarheit in dem Beurteilungstext bzw. stören sich an einzelnen Formulierungen: S. 19: *„(...) bitten wir um Streichung des Wortes ‚vorschnell' (...) da hierbei unterstellt wird, daß Lehrer so handeln. Der Begriff ‚schülerangemessen' ist unseres Erachtens diskussionswürdig, weil nicht eindeutig definiert. (...) unter diesem Punkt fehlt das erstrebenswerte Erlernen der Selbstkritik, was natürlich eine Offenlegung der Beurteilungskriterien in der Lerngruppe erfordert"* (D15/SK/S. 1 f.). Da wird der Verlust von Fachqualifikationen vermutet, da diese „wenig genau beschrieben" seien, und es ist von Teilqualifikationen die Rede: Anhand „einzelner Projekte und Unterrichtseinheiten" müsse „beispielhaft dargestellt" werden, *„welche Teilqualifikationen jeweils erreicht werden können"* (D17/SK/S2). Und eine Stimme wird laut, die fordert, den Lehrer bzw. die Lehrerin stärker in die Pflicht zu nehmen:

„Wo kommt eigentlich zum Ausdruck, daß die Schüler sich weiter entwickeln sollen, daß verantwortungsvolle Lehrer ihre Schüler auch fördern wollen (Fördern durch Fordern)" (D9/SG/S. 4).

3.2.3.5 Kinder mit nichtdeutscher Muttersprache

Auch Kinder mit nichtdeutscher Muttersprache sind im Rahmenplanentwurf Deutsch angesprochen und werden in den Stellungnahmen thematisiert: *„Multikulturelle Erziehung ist begrüßenswert und wird praktiziert. (...)"* (D2/FG/S. 3). Die Stellungnahmen zu diesem Bereich kommen überwiegend aus dem H/R- und Gesamtschulbereich. Es wird befürchtet, dass die *„Beschäftigung mit ausländischen Autoren automatisch die zur Verfügung stehende Zeit für das Kennenlernen und die Bewußtmachung der eigenen Literatur"* (D2/FG/S. 3) einschränken werde. Andere meinen, dass der mulitkulturelle Ansatz zu wenig gewahrt werde, und vor allem ginge man zu wenig auf die Schwierigkeiten dieser Gruppe ein. *„Völlig unberücksichtigt sind (wohnort-)regionale Herkunft und sozio-kulturelle Lebensbedingungen. Zu glauben, derartige Disparitäten seien mit dem Hinweis auf die Verbindlichkeit des mittleren 8er Pensums für HauptschülerInnen zu lösen, ist sehr optimistisch"* (D21/V/S. 3). Auch die Klassengröße sei in diesem Zusammenhang ein Problem. Dies zusammen mit den Methoden lassen einen der Stellungnehmenden zweifeln, dass eine Umsetzung des Rahmenplans wirklich möglich ist. *„Man kann kaum glauben, daß mit einem attraktiven Angebot an offenen Lernangeboten bei gekürzter Unterrichtszeit gleichzeitig eine höchst anspruchsvolle Sonderförderung im Rahmen von Klassen mit teilweise mehr als 30 Schülern geleistet werden soll bei mitunter hohen Anteilen von Schülern mit verschiedenen Muttersprachen"* (D17/SK/S. 3). In einer Stellungnahme wird dies als eines unter vielen gesellschaftlichen Momenten bezeichnet, die im Plan zu wenig berücksichtigt würden. *„Seien es die Auswirkungen veränderter Kindheit, mangelnde kommunikative Strukturen in vielen Familien, der große Anteil von Kindern und Jugendlichen mit nichtdeutscher Muttersprache - alles das kommt im Plan nicht vor, ist also nicht Ausgangspunkt des Deutschunterrichts heute"* (D22/V/S. 2). Dass der multikulturelle Ansatz zu wenig gewahrt werde, was in den mangelnden Ausführungen zu diesem Bereich deutlich werde, lasse befürchten, dass die Umsetzung des Planes als ganzem zum Problem werden könne. *„Die Realisierung der Hinweise unter 1.5. Kinder und Jugendliche mit nicht deutscher Muttersprache, wird aus hinreichend bekannten Gründen in Hauptschulen mit hohem Anteil Betroffener ein Wunschtraum bleiben und damit die Umsetzung der Rahmenpläne im vorliegenden Umfang"* (D23/V/S. 2).

Es wird deutlich: Die meisten Stellungnahmen zur Gliederung und zur Philosophie der Pläne lassen eine positive Grundeinstellung gegenüber den Plänen deutlich werden. Über die Gliederung des Plans, die Aufgaben und Ziele wie auch den Didaktischen Grundsätzen gibt es durchweg zustimmende Äußerungen. Hervorgehoben wird zum Beispiel die Handlichkeit, was sich besonders auf dem Hintergrund der umfangreichen Rahmenrichtlinien erklärt. Hinweise auf Redundanzen im Plan oder Kritik an einer angeblich inkonsequenten Systematik sind Einzelstimmen. Nur dort, wo es in Teil A des Rahmenplans Konkretisierungen gibt, die sich unmittelbar auf die Alltagssituation der Unterrichtenden auswirkt, fächert sich allerdings auch das Spektrum der Reaktionen auf. Ein Thema, das für besonders viele von Bedeutung ist, ist das Thema „Bewertung". Hier scheiden sich die Geister, werden sowohl mehr Klarheit und deutlichere Vorgaben als auch mehr Freiheit gefordert. Es wird sogar befürwortet, dass es im endgültig verabschiedeten neuen Rahmenplan ein Kapitel zur Beurteilung geben wird, da dies einer der kritischen Punkte im Deutschunterricht sei, die zu den konfliktreichsten gehöre. Nicht ganz so umfassend behandelt, aber mit etlichen Fragezeichen versehen, ist das Kapitel zu den Kindern mit nichtdeutscher Muttersprache. Dass dieser Bereich in den insgesamt wenigen Stellungnahmen zum RPL Deutsch doch verhältnismäßig häufig thematisiert wird, zeigt, wie virulent das Thema für viele ist.

3.2.4 Strukturierende Kategorien des Rahmenplans: Die Arbeitsbereiche

Zur Gliederung der Inhalte des Deutschunterrichts in die drei Arbeitsbereiche „Sprechen und Schreiben", „Lesen/Umgang mit Texten" und „Kulturelle Praxis" werden unter anderem folgende Stimmen laut: *„Die von Ihnen vorgenommene Aufteilung und enge Verzahnung der drei Arbeitsbereiche ist sinnvoll"* (D7/FG/S. 1), die Arbeitsbereiche *„sind einsichtig legitimiert"* (D4/HR/S. 1). *„Der Plan ist auf drei, das Fach besonders betreffende Kompetenzen konzentriert: Sprechen, Schreiben, Lesen"* (D20/U/S. 1). *„Die deutliche Herausstellung von Qualifikationen, Fähigkeiten, Fertigkeiten und Erkenntnissen zu den einzelnen Arbeitsbereichen verdient besondere Erwähnung"* (D8/HR/S. 1) und *„Die aufgeführten Inhalte zu den verschiedenen Arbeitsbereichen werden voll unterstützt"* (ebd., S. 2). Es gibt in den Stellungnahmen keine Kritik an dieser Aufteilung.

3.2.4.1 Der Arbeitsbereich „Sprechen und Schreiben"

Die Reaktionen über die Integration des ehemaligen RRL-Arbeitsbereichs „Reflexion über Sprache" in den RPL-Arbeitsbereich „Sprechen und Schreiben" sind gemäßigt und weitgehend zustimmend. So schreibt ein Gesamtschullehrer: *„Ich begrüße (...) die Entscheidung, den Arbeitsbereich ‚Reflexion über Sprache' in die einzelnen Arbeitsbereiche zu integrieren" (D19/SI/S. 2).* Ähnlich lautet die Stellungnahme des Hessischen Philologenverbandes: *„Die Aufteilung in die drei genannten Arbeitsbereiche wird befürwortet, auch deren Verzahnung im konkreten Unterricht und die Umwandlung des früheren Arbeitsbereichs ‚Reflexion über Sprache' in das Prinzip der Sprachreflexion, die in allen Arbeitsbereichen und Stoffgebieten berücksichtigt werden soll" (D26/V/S. 2).*

In einer Stellungnahme wird gefordert, den Arbeitsbereich umzubenennen. Der Autor schlägt vor, von „Mündliche/schriftliche Kommunikation" zu sprechen statt von „Sprechen und Schreiben" (S. 1 f.). Letzteres erscheint ihm *„willkürlich". „Man spürt die zugrundeliegende Absicht, kann sie aber nicht recht gutheißen"* (D5/FG/S. 2). In kaum einem anderen Bereich gibt es so viele Anspielungen auf die Rahmenrichtlinien wie in diesem. In einigen Stellungnahmen wird dieser Arbeitsbereich ganz offen auf der Folie der Rahmenrichtlinien bewertet. Hier wird in Andeutungen der alte Konflikt durchaus sichtbar: Einerseits ist eine deutliche Distanz zu der Integration des Arbeitsbereichs „Reflexion über Sprache" zu bemerken: *„Es fehlt im Rahmenplan auch das in den Rahmenrichtlinien dargestellte Kapitel ‚Reflexion über Sprache', das nun wohl als ‚integrativer Bestandteil' der Projektarbeit mit vermittelt werden soll"* (D17/SK/S. 3). Auf der anderen Seite wird ganz unumwunden und positiv wertend von der nun möglichen „Rückkehr" zu dem gesprochen, was man eigentlich schon vor den RRL richtig fand: *„Die Integration des Arbeitsbereichs ‚Reflexion über Sprache' in ‚Sprechen und Schreiben' läßt die Deutung zu, daß man zum funktionalen Ansatz des Sprachhandelns, der u. a. hier pädagogisch sinnvoll erscheint, zurückkehren kann"* (D11/FG/S. 3).

Neben diesen grundsätzlichen Meinungsbildern zum Bereich „Sprechen und Schreiben" gibt es eine Vielzahl von kleinen Hinweisen und Ergänzungsvorschlägen zu dem Teilbereich „Sprechen". Davon sollen hier zwei genannt werden, um zu zeigen, auf welcher Konkretionsebene sich diese bewegen. *„Unter die Arbeitsbereiche ‚Sprechen und Schreiben' (...) müßte aber noch aufgenommen werden: zusammenhängende, möglichst objektive und verständliche Wiedergabe der Äußerungen und Meinungen anderer als Grundlage einer kritischen Auseinandersetzung"* (D10/V/S. 2). *„(...) ergänzend deutlich zu machen, daß im Deutschunterricht dialogische Kommunikation gefördert* *werden sollte"* (D5/FG/S. 1). „Erzählen und freies Gestalten" müsse im Abschnitt „Sprechen" eine bessere Grundlegung finden (D20/U/S. 1).

Ganz anderes als bei dem Aspekt „Sprechen" findet die Auseinandersetzung mit dem Thema „Schreiben" statt. Grundsätzliches wird nahezu nicht geäußert; beim näheren Betrachten der hierzu gemachten Anmerkungen könnte der Eindruck entstehen, dass Schreiben gleichzusetzen sei mit Rechtschreibung und gleichbedeutend sei mit Grammatik. Dieser Teilbereich findet zwar viele Befürworter: *„Grundsätzliche Aussagen zur Grammatik sind gut"* (D25/V/S. 1). Sie sind einverstanden: *„- mit der Position des Rechtschreib- und Grammatikunterrichts"* (D6/HR/S. 1). Mehrere Stimmen werden aber laut, in denen die Befürchtung zum Ausdruck kommt, dass das Konzept des integrierten und situativen Grammatikunterrichts nicht durchgesetzt werden kann (vgl. D7/FG/S. 2). So vermutet einer der Stellungnehmenden, dass es ähnliche Schwierigkeiten damit geben könnte wie bereits bei den Rahmenrichtlinien: *„Die Umsetzung läuft in den Kollegien sicher - so wie schon bei den alten RR - nicht problemlos, da das Thema im Mittelpunkt des Unterrichts steht und nicht die ‚gängigen und bewährten' Darstellungsformen"* (D25/V/S. 1). Und auch in einer anderen Stellungnahme wird das Konzept, das dem Grammatik- und Rechtschreibunterricht zugrunde liegt, zwar gelobt, doch wird zugleich darauf hingewiesen, dass es Zeitprobleme geben könnte. *„Ihr zum Aspekt ‚Rechtschreibung' vorgestelltes Grundverständnis und die methodische Vorgehensweise erscheinen mir hervorragend geeignet, erfordern aber mehr Zeitaufwand als die bisherigen Konzepte"* (D7/FG/S. 2).

Grammatik und Rechtschreibung bieten sich für die Auseinandersetzung mit dem Rahmenplanentwurf insofern an, als dieser Bereich mit seinen unterrichtlichen Vorgaben der konkreteste im Rahmenplan Deutsch ist. Teilweise werden die einzelnen Grammatikbereiche ausgezählt und davon dann die Stofffülle abgeleitet. *„Für die Klasse 5/6 führt das im Arbeitsbereich SPRECHEN UND SCHREIBEN im Aufgabenfeld GRAMMATIK zu 15 grammatischen Kategorien, von denen z. B. die ‚Wortarten' wiederum siebenfach untergliedert sind. (...) Das soll wohl ein Beispiel für Stoffülle sein"* (D22/V/S. 1). In einer anderen Kritik wird ein „didaktischer Widerspruch zwischen kasualistisch einbezogenen Grammatikunterricht" und der *„in Klasse 9/10 vorausgesetzten Systemkenntnis der Grammatik, die der Textinterpretation dient"* gesehen (D11/FG/S. 3). Hier bestünde methodischer und didaktischer Klärungsbedarf. Auch sei es wichtig, dass Rechtschreibbereiche den Jahrgangsstufen konkret zugeordnet würden (vgl. D24/V/S. 1). Doch die kritisierte Stofffülle im Bereich des Grammatik- und Rechtschreibunterrichts verhindert nicht, dass in vielen Stellungnahmen umfangreiche Ergänzungsvorschläge gemacht werden, ohne allerdings zu sagen, was stattdessen wegfallen könnte (vgl. D10/FG). Zu diesen Vorschlägen gehören beispielsweise die verstärkte Auseinandersetzung mit dem Passiv, das Anlegen von Regelheften oder das verbindliche Vorschreiben von differenzierten Fehleranalysen in Jahrgang 5 (vgl. D7/FG).

3.2.4.2 Der Arbeitsbereich „Lesen und Umgang mit Texten"

Begrüßt wird der *„hohe Stellenwert des Lesens"* (D21/V/S. 1) im neuen Rahmenplan. Viele Stellungnehmenden zeigen sich auch einverstanden *„mit dem Verständnis der Lektüre"* (D6/HR/S. 1). Gelobt wird die positive Einschätzung der Kinder- und Jugendliteratur und die Maßnahmen zu Leseförderung (vgl. D20/U) sowie den im RPL angesprochenen „Werkstattcharakter von Literatur". Hervorgehoben wird in einer Stellungnahme ganz besonders der *„Freiraum im Bereich ‚Umgang mit Texten'"* (D7/FG/S. 2). Und selbst aus „gymnasialer Sicht" sind *„die genannten Erkenntnisse, Fähigkeiten und Fertigkeiten im Umgang mit literarischen Texten (...) vertretbar"* (D26/V/S. 2). Es gibt nur einzelne kritische Anmerkungen zur Formulierung des Arbeitsbereichs und zu dessen Inhalten. In einer Stellungnahme heißt es beispielsweise, dass „Lesen" eine Doppelung in der Formulierung bei „Umgang mit Texten" sei (vgl. D5/FG/S. 1). In einer anderen Stellungnahme wird der Wunsch geäußert, den Aspekt *„Hören"* explizit mit zu verankern (vgl. D6/HR/S. 1), da gerade dies für Schülerinnen und Schüler heute schwierig sei. *„Vermisst werden programmatische Sätze zum literarischen Gespräch"* (D20/U/S. 2), und bemängelt wird in einer einzelnen Stellungnahme, dass *„Aussagen über das Anspruchsniveau und die Komplexität der im Unterricht zu erarbeitenden literarischen Texte"* fehlen (D26/V/S. 2). Dem Autor fehlt im Zusammenhang mit dem Behandeln von Literatur: *„Der Begriff der Text- bzw. Strukturanalyse sowie das Kennenlernen unterschiedlicher Methoden der Textanalyse ist (...) nicht einmal erwähnt"* (D2/FG/S. 1). Und ein anderer bemängelt, dass es Stoff gäbe, der zu früh eingesetzt würde („Physiker") (vgl. D11/FG/S. 3).

3.2.4.3 Der Arbeitsbereich „Kulturelle Praxis"

Es gibt uneingeschränkte Zustimmung zur Einführung des Bereichs Kulturelle Praxis. Stimmen wie die folgende lassen sich mannigfach in den Stellungnahmen finden. *„Der grundsätzliche Versuch, ‚Kulturelle Praxis' als wichtige Facette in den Deutschunterricht zu integrieren, ist zu begrüßen"* (D1/A/S. 2). Der Arbeitsbereich Kulturelle Praxis wird *„grundsätzlich begrüßt"* (D26/V/S. 3). Gelobt wird die Verbindlichkeit dieses Arbeitsbereichs und der damit festgeschriebene Stellenwert von Kreativität im Deutschunterricht (vgl. D21/V/). Die Kulturelle Praxis ergäbe sich zudem logisch aus dem Fachverständnis, *„das dem sprach-*

lichen Handeln (...) Priorität einräumt gegenüber einer davon weitgehend losgelösten Wissensvermittlung" (D20/U/S. 1). Die Kulturelle Praxis sei zeitgemäß: *„Im besonderen Maße halte ich das Bemühen um ein ausgewogenes Verhältnis zwischen primär kognitiven, auf Analyse abzielenden Lernprozessen und einem Lernen, bei dem es um ‚Förderung sprachlich-kreativer Betätigung', ‚ästhetisch-künstlerische Interaktion' (...) und zudem um ‚Kulturelle Praxis' geht, für zeitgemäß"* (D5/FG/S. 1). Sie böte den Schülern und Schülerinnen *„vielfältige Lernmöglichkeiten"* (D7/FG/S. 2). Die Kulturelle Praxis ist also etwas, *„was unser aller Lob verdient"* (D22/V/S. 1).

In zwei Stellungnahmen wird der Befürchtung Ausdruck verliehen, dass unter Umständen im Rahmen der Kulturellen Praxis die Kinder- und Jugendkultur zu viel an Bedeutung gewinnen würde und die Beschäftigung mit tradierter Kultur, mit ‚Erwachsenenkultur' ins Hintertreffen geraten könnte. Es solle bei Kultureller Praxis also nicht nur um *„Pflege und Förderung einer Kinder- und Jugendkultur"* gehen, sondern auch die *„Auseinandersetzung mit Kultur und Kulturen"* (D26/V/S. 3). Ein Heranführen *„an kulturelle Aktivitäten der Gesellschaft (...) im Hinblick auf eine spätere kritische Teilnahme am literarischen und kulturellen Leben"* (D7/FG/S. 2) sei dringend notwendig. *„Im zweiten Absatz wird der Begriff ‚Kulturelle Praxis' extra eingegrenzt, um im dritten Absatz doch wieder zu dem ‚weiten Kulturbegriff' erweitert zu werden. Der Bezug zum Deutschunterricht könnte vielleicht das Kriterium zur Eingrenzung sein"* (D9/HR/S. 5). In den meisten Stellungnahmen geht es um Konkretisierungswünsche. Der Arbeitsbereich Kulturelle Praxis sei zu *„allgemein gehalten und bedarf der Präzisierung"* (D8/HR/S. 1). Die Hinweise zur Umsetzung im Unterricht seien auf jeden Fall ausgesprochen *„knapp geraten"* (D11/FG/S. 2). Der Arbeitsbereich „Kulturelle Praxis" sei teilweise „mit wenig Sorgfalt" in den Rahmenplan eingebaut worden. Dies würde zum Beispiel an der Theaterarbeit deutlich gemacht. Was für „Theater" sei gemeint und welche Form der Theaterarbeit mit Schülern und Schülerinnen? Differenzierte Ausführungen, welche Inhalte der Kulturellen Praxis welchen Jahrgängen zugeordnet werden (vgl. D21/V), werden ebenfalls vermisst.

Kritisiert werden verbindliche Festschreibungen von Inhalten im Unterricht. Verbindlichkeiten, wie sie für den Arbeitsbereich „Kulturelle Praxis" formuliert werden, seien „nicht hinzunehmen". Es könne ja wohl nicht gemeint sein, dass alle Themen der kulturellen Praxis abzuhandeln seien. *„Wer hinzurechnet, dass in den Klassen 9 und 10 Deutschunterricht um 25 % gekürzt wurde, der verbindliche Katalog der Aufgabenfelder aber nur rund 60 % der Unterrichtszeit ausmachen soll, steht vor einem unlösbaren Dilemma"* (D17/SK/S. 2). Es sei problematisch, dass der Plan durch „(...) *mangelnde Konkretheit und Zuordnung* *außerhalb der für die Klassen im einzelnen festgeschriebenen Unterrichtsinhalte völlig unverbindlich bleibt"* (D22/V/S. 1).

Die Befürchtung, dass Kulturelle Praxis nicht qualifiziert unterrichtet werden könne, weil Lehrern und Lehrerinnen dafür die Fachkompetenz fehle, ist in den Stellungnahmen nahezu kein Thema. Nur in einer Stellungnahme wird die Befürchtung geäußert, dass Lehrerinnen und Lehrer, die nicht in der Lage sind, diesen Bereich inhaltlich qualifiziert zu unterrichten, keine guten Ergebnisse erzielen könnten. Dies gilt für „kulturelle Praxis" und „Kreativität". *„Wenn dafür nicht Lehrer mit bestimmten Fachkombinationen zur Verfügung stehen, geht das nicht oder nur in seichten Ansätzen"* (D3/FG/S. 4).

Als Fazit lässt sich festhalten: Die drei Arbeitsbereiche „Sprechen und Schreiben", „Lesen/Umgang mit Texten", „Kulturelle Praxis" sind zentrale Strukturelemente des Unterrichtspraktischen Teils der neuen Rahmenpläne. Dass die Akzeptanz recht hoch ist, erklärt sich wohl auch daher, dass diese Form aus den Rahmenrichtlinien nicht recht vertraut ist.

Der Arbeitsbereich „Reflexion über Sprache" war einer der Bereiche in den Rahmenrichtlinien Deutsch, der auf größte Widerstände gestoßen und mit heftigen Ideologievorwürfen belegt worden war (vgl. Kap. 2). Die Diskussion war so vehement, dass in die RRL Deutsch ein gesondertes Kapitel V über das „Problem der Kompensatorischen Spracherziehung: Unterrichtspraktische Hinweise zum Ausgleich unterschiedlicher Kommunikationsfähigkeit" aufgenommen wurde. Anlässlich des Arbeitsbereichs „Sprechen und Schreiben" in den neuen RPL hätten diese Kontroversen durchaus wieder aufflammen können. Doch sie bleiben aus. Vielmehr gibt es eine grundsätzliche Zustimmung zu den Ausführungen, Kritik macht sich fast ausschließlich an Einzelfragen fest. „Lesen und Umgang mit Texten" ist historisch gesehen und auch in der aktuellen Plandiskussion der Bereich, der nicht umstritten ist. Am vielfältigsten sind allerdings die Reaktionen auf den neuen Arbeitsbereich „Kulturelle Praxis". Es gibt kaum eine Stellungnahme, in der das grundsätzliche Lob und die prinzipielle Befürwortung nicht mit einem „Aber" im Hinblick auf die konkrete Ausformulierung ergänzt wird. Worauf sich dieses „Aber" bezieht, ist sehr unterschiedlich. Es geht um Konkretisierungswünsche, um Kulturvorstellungen, um Fragen der Verbindlichkeit und um das Problem der Lehrerqualifikation für diesen Bereich. Der Arbeitsbereich Kulturelle Praxis an sich wird jedoch nie in Frage gestellt.

3.2.5 Unterricht und Methoden

3.2.5.1 Handlungsorientierung und Methodenlernen

Da in den neuen Rahmenplänen die Vermittlung von Lernmethoden und eine handlungsorientierte Ausrichtung einen hohen Stellenwert haben, findet dies auch in den Stellungnahmen Beachtung. Bei einigen gibt es Missverständnisse darüber, was „handlungsorientiert" eigentlich sei. So wird in einer der Stellungnahmen z.B. eigenständiges Denken als eine Form von Handlungsorientierung verstanden. Dieser Definition folgend, würde auch alles, was bisher im Unterricht praktiziert worden ist, ebenfalls unter „Handlungsorientierung" fallen. In anderen Stellungnahmen wird ausgesagt, dass *„die 'Versinnlichung'"* zu einseitig akzentuiert werde und das eigenständige Denken, das ebenso ein handlungsorientierter Lernfaktor ist bzw. sein kann, völlig vernachlässigt werde (vgl. D1/A). In vielen Stellungnahmen wird die Handlungsorientierung begrüßt: Diese ermögliche ein *„produktives Unterrichtsgeschehen"* (vgl. D17/SK). Andere begrüßen diesen Ansatz, da sie durch ihn die propagierte Schülerorientierung realisiert sehen. *„Begrüßenswert ist der von Ihnen vorgestellte didaktische Grundsatz des produktiv-handlungsorientierten, schülerorientierten Deutschunterrichts, der unter Berücksichtigung der individuellen Lernvoraussetzungen und der Leistungsfähigkeit am Erfahrungsbereich der Schüler ansetzt, und damit auf die momentane Schülergeneration und ihre veränderten Sozialisationsbedingungen reagiert"* (D7/FG/S. 1). In einer Stellungnahme wird betont, wie sinnvoll man eine größere Verbindlichkeit (vgl. D21/V) des handlungsorientierten Ansatzes fände.

In den Stellungnahmen der Schulen wird der Wunsch laut, dass bei der Überarbeitung stärker konkretisiert wird, wie das mit der Handlungsorientierung funktioniert und wie es möglich ist, dass *„im handlungsorientierten Deutschunterricht die Kulturtechnik Sprache in allen Teilaspekten alters- und anspruchsgemäß vermittelt werden kann"* und wie die *„,Reflexion über Sprache' im Rahmen des handlungsorientierten Unterrichts erreicht werden soll"* (D17/SK/S. 3). Der Wunsch nach Konkretisierungen impliziert die Zustimmung zum handlungsorientierten Unterricht. Es gibt jedoch auch einzelne Stimmen, die grundsätzlich eher skeptisch sind. So befürchtet einer der Stellungnehmenden, dass das Propagieren der Handlungsorientierung keineswegs nur Chancen bietet. *„Die weitgehende Aufgabe der problemorientierten, wissenschaftlich-kritischen Konzeption zugunsten einer überwiegend produktiv-handlungsorientierten stellt m.E. eine inhaltliche Reduzierung der bisherigen allgemeinen Erziehungs- und Lernziele dar und bedeutet wie jede Verabsolutierung einer didaktischen Konzeption auch eine Einengung von Lernchancen"*

(D7/FG/S. 1). In dieser Stellungnahme wird anschließend vor der einen wie vor der anderen Vereinfachung gewarnt. Gefordert wird die Verknüpfung von beidem. In einer anderen Stellungnahme wird davon gesprochen, dass viele Lehrerinnen und Lehrer durch den Anspruch des Rahmenplans entmutigt werden könnten. *„Viele Kolleginnen und Kollegen fürchten (...), daß sie den hohen Anspruch nicht erfüllen können - es sein denn sie verzichten auf - etwa Handlungsorientierung* (...)“ (D21/V/S. 4).

3.2.5.2 Fächerübergreifender Unterricht

Ähnlich wie mit der Handlungsorientierung wird auch bezüglich der Vorgabe diskutiert, dass verstärkt fächerübergreifend unterrichtet werden soll. Dies finden viele der Stellungnehmenden gut. *„Grundsätzlich positiv zu bewerten sind die fächerübergreifenden Verweise“* (D15/SK/S1*)*. *„Zurecht wird auf fächerübergreifende Möglichkeiten des Faches Deutsch hingewiesen* (...)*“* (D5/FG/S1). In einer Stellungnahme wird gelobt, wie Lehrerinnen und Lehrer diesbezüglich Hilfen bekommen: *„Hier (im unterrichtspraktischen Teil, K.H.) findet man eine große, ja übergroße Fülle von Zielen, Methoden, Verzahnung mit anderen Fächern, vor allem Hilfen, die speziell für den Deutschunterricht förderlich sind“* (D3/FG/S. 4). An grundsätzlicher Kritik werden nur zwei Stimmen laut. In einer Stellungnahme wird kritisiert, dass das, was im allgemeinen Teil angeregt wird, in Teil B nicht entsprechend auftaucht. Es fehlten Querverweise (vgl. D21/V). In einer anderen Stellungnahme wird kritisiert, wie das Kapitel zum fächerübergreifenden Unterricht im Rahmenplan formuliert worden sei: *„Die Formulierung ist zudem verquer“* (D9/HR/S. 8).

Bezüglich der Hilfestellungen und Hinweise sind die Meinungen geteilt. Doch was in der einen Stellungnahme als ausreichend definiert wird, wird in einer anderen als Mangel kritisiert: *„Wünschenswert wären hier noch konkrete Hinweise auf Inhalte anderer Fächer (...)“* (D15/SK/S. 1). Diese Stimme ist nicht die einzige. Widersprüchliche Äußerungen gibt es auch dazu, zu welchen Fächern in welchem Umfang fächerübergreifende Vorschläge gemacht werden. Bitten die einen darum, auch die Fächer der politischen Bildung stärker mit ins Visier zu nehmen: *„(....) Es wäre wünschenswert, neben der besonderen Bedeutung der Fächer Kunst und Musik und der Sprachen-Fächer auch Querverbindungen zu den Fächern Sozialkunde, Geschichte zu erläutern“* (D5/FG/S. 1) - besondere Hinweise zu GL/Geschichte seien notwendig, da Literatur sonst nicht zu verstehen sei (D7/FG/S. 1) - kritisieren andere, dass die fächerübergreifenden Angebote sich zu sehr auf Geschichte, Erdkunde etc. beziehen und die Naturwissenschaften stärker zu berücksichtigen seien: *„Die fächerübergreifenden Angebote sind stark sozialkundlich gebunden, enthalten* *wenig naturwissenschaftliche Perspektiven, was z.B. beim Umgang mit Sachtexten durchaus möglich wäre (...)*" (D11/FG/S. 2f.).

Zusammenfassend lässt sich festhalten, dass sich bezüglich der handlungsorientierten Ausrichtung die positiven und negativen Urteile die Waage halten. Zwei Aspekte sind besonders hervorzuheben. Zum einen wird der Ruf nach einer Verbindlichkeit auch solcher Ausrichtungen laut. Dem liegt die Vorstellung zu Grunde, dass Veränderungen in diese Richtung nur möglich seien, wenn eine Auseinandersetzung mit den neuen Inhalten quasi „erzwungen" wird. Zum anderen besteht die Schwierigkeit zu erfassen, was denn eigentlich mit Handlungsorientierung gemeint sei. An diesem Punkt wird deutlich, dass der Annahme, dass sich Pläne aus sich selbst erklären können und von daher keiner Erklärungen bedürfen, deutlich Grenzen gesetzt sind. In Hinblick auf die Handlungsorientierung stellt sich somit die Frage, was sich hinter dem Wort verbirgt. Bei der Forderung, fächerübergreifend zu arbeiten, wird hingegen vor allem die Frage gestellt, wie diese zu organisieren sei und welche Hilfestellung der Plan gibt.

3.2.6 Resümees und Konsequenzen

In vielen Stellungnahmen wird am Ende eine Art Resümee gezogen. Diese sehr komprimierten Urteile geben nochmals einen Überblick über die Grundhaltung gegenüber den Plänen und die Einschätzung der eigenen Arbeitsperspektive. In zwei Stellungnahmen wird der Plan im Schlussresümee grundsätzlich abgelehnt, in 14 Stellungnahmen wird er hingegen grundsätzlich befürwortet. In fünf Stellungnahmen werden flankierende Maßnahmen im Sinne eines Teils C bzw. Handreichungen reflektiert.

3.2.6.1 Ablehnende Resümees

Die ablehnenden Resümees leiten sich ab von einer durchgängig kritischen Haltung gegenüber dem Rahmenplan Deutsch. „*Da diese Kritik derart massiv ausgefallen ist, dürfte verständlich werden, warum ich den Einsatz des Rahmenplanes in dieser Form für unverantwortlich halte. Besonders bei Referendaren führt das bemängelte Ungleichgewicht zu fatalen Konsequenzen. Ein im Sinne meiner Vorschläge überarbeiteter Plan ließe dagegen sehr wohl eine fruchtbare Diskussion auf einer soliden Grundlage zu*" (D9/HR/S. 8). Das zweite ablehnende Resümee leitet sich weniger aus der inhaltlichen Kritik ab als vielmehr daraus, dass mit dem Plan, wie er vorliege, die Schulaufsicht nicht handlungsfähig sei: „*Mit den Ungenauigkeiten, Unschärfen und Unzulänglichkeiten dieses*

Entwurfs, die auf allen Ebenen Unsicherheiten hervorrufen, kann die Schulaufsicht die Schulen weder beraten noch unterstützen" (D1/A/S. 4).

3.2.6.2 Zustimmende Resümees

Viele sehen sich in ihrer Form, wie sie bisher arbeiten, voll bestätigt und bestärkt. „*Der Fachbereich Deutsch an unserer Schule wird in seinem, vom pädagogischen Konzept der Offenen Schule allgemein getragenen, Anspruch der Öffnung des Deutschunterrichts für die Kulturelle Praxis in unserer Gesellschaft (...) und für selbstorganisierte, differenzierende Lern- und Erkenntnisformen (...) bestärkt*" (D19/SI/ S. 1). Während sich eine Schule in ihrem pädagogischen Handeln bestärkt sieht, betont eine andere, dass dieser Rahmenplan eine besonders gute Grundlage für Stoffverteilungspläne sei. „*Als ,Fundus' sind die Rahmenpläne gut geeignet, sie sind eine Hilfe bei der Bestimmung von Unterrichtszielen, der Planung von Inhalten und Themen des Unterrichts und der Erstellung eines Stoffverteilungsplanes für die eigene Klasse, sie erleichtern auch die Planung einer Unterrichtseinheit/-sequenz*" (D16/SK/S. 1).

Viele Fachleiter aus allen Schulformen sind es, die zu dem Schluss kommen, in ihrer Arbeit bestärkt worden zu sein. Herausgehoben werden dabei in diesem Kontext unterschiedliche Aspekte des Plans, die für besonders hilfreich erachtet werden: Zum einen ist es die fachdidaktische Ausrichtung, die als Grundlage für Diskussionsprozesse gut geeignet erscheint: „*Der Plan unternimmt eine Gesamtschau des Fachs, wie sie in der fachdidaktischen Literatur so kaum noch geleistet wird, und verdient darum als fundierter Überblicksbeitrag auch in der Lehrerausbildung und in der fachdidaktischen Diskussion Beachtung*" (D20/U/S. 2). Bei den anderen ist es die besondere Schülerorientierung, deren verbindliche Festschreibung im Plan ihnen eine gute Grundlage für die Arbeit der Studienseminare bietet: „*Auch die Betonung des entdeckenden, sinnlich-anschaulichen und produktiv-handlungsorientierten Lernens (...) und die ausdrückliche Anerkennung von ,Individualität im sprachlichen Ausdruck' und von ,Subjektivität im Denken und Wahrnehmen' (...) der Schüler ist zu begrüßen und tragen dazu bei, entsprechende Bemühungen in der Referendarausbildung zu unterstützen und abzusichern*" (D6/HR/S. 1). Ganz besonders gut ist er aus der Sicht des Philologenverbandes für Fachleiter geeignet, den Ausbildungsstand der Referendare zu überprüfen. „*Auch für die Lehrerausbildung scheint er in all seinen Teilen gut geeignet zu sein; er kann sowohl als Diskussionsgrundlage über didaktische Positionen und Unterrichtsinhalte in den Seminaren als auch als Hilfe bei der Planung und Durchführung von Lernprozessen und zur Überprüfung des Unterrichts und des Ausbildungsstandes genutzt werden*" (D26/V/S. 4). Und ein Fachleiter beendet seine Stellungnahme wie folgt: „*Zu-*

sammenfassend kann gesagt werden, daß der vorliegende Entwurf eine Antwort auf die Vorgabe im Hessischen Schulgesetz darstellt. Die praktische Umsetzung verlangt aber von den Kollegien viel Engagement und viele Aussprachen: Der vorgegebene Rahmen muß im wahrsten Sinne des Wortes mit Inhalt gefüllt werden. Dabei ist nicht zu vergessen, daß eine Ausdifferenzierung für die verschiedenen Schulformen viel Einsatz von der Fachschaft verlangt" (D25/V/S. 2).

3.2.7.3 Handreichungen oder ein Teil C ?

In fünf Stellungnahmen wird über die Ergänzung des Rahmenplanentwurfs durch ein weiteres Kapitel bzw. durch Handreichungen gesprochen. Ein Fachleiter schreibt in seiner Stellungnahme: *„Belehrungen sollen in einen Handreichungsband"* (D21/V/S. 2). Und er plädiert dafür, den Rahmenplan daraufhin durchzusehen, ob nicht noch weitere Belehrungen dort herausgenommen werden könnten. *„Es entsteht der Eindruck, daß sich Ziel- und (...) Methodenbeschreibung abwechseln."* Es wäre günstiger, *„lange, belehrende Passagen der Belehrung zu entledigen und sie in einen Handreichungsband" auszulagern"* (D21/V/S. 2). Als Beispiel werden alle Absätze des Kapitels „Erzählen und freies Gestalten" genannt. Und auch ein Verbandsvertreter argumentiert in eine ähnliche Richtung: *„Hinweise und Beispiele sind in einer gesonderten Handreichung für den Deutschunterricht konkret und ausführlich zu erarbeiten"* (D22/V/S. 2). Eine konkrete Ergänzung gibt es, wobei es dem Stellungnehmenden gleichgültig ist, ob dies in einer Handreichung oder in einem Teil C geschieht. „Dem Kapitel ‚Umgang mit Texten' fehlt ein Vorschlagskatalog im Hinblick auf Gedichte, klassische und Jugendliteratur" (D25/V/S. 1). Nur in einer Stellungnahme - und zwar der der Schulaufsicht - wird deutlich ein Teil C gefordert: Die *„Ausführungen bleiben allgemein und unscharf"*, darum wäre ein Teil C wichtig.

3.2.7 Zusammenfassung

Die Resonanz auf den Rahmenplan Deutsch ist insgesamt auffallend gut. Es gibt - vergleicht man es mit den Reaktionen auf die Rahmenrichtlinien - kaum Kritik und insgesamt eine sehr positive Grundeinstellung. Diese Zufriedenheit entsteht allerdings nicht dadurch, dass es Neuerungen im großen Stil gäbe, deren Notwendigkeit man sieht, deren innovatorische Schubkraft erwartet und geschätzt würde. Es ist eher eine stilles Einverständnis und die Bestätigung dessen, was im Deutschunterricht bereits üblich ist. Diese Stimmung wird verstärkt - vielleicht sogar verursacht - durch die Offenheit des Plans, der kaum ein Thema vorschreibt und auch dadurch ermöglicht, dass sich (fast) jeder darin wiederfindet.

Der Rahmenplan Deutsch - und die Reaktionen auf ihn - ist ohne die Rahmenrichtlinien Deutsch nicht zu verstehen. Und so ist es nur konsequent, dass nicht nur sehr viele der Stellungnehmenden Bezüge zu diesem alten Lehrplan herstellen, sondern von vielen der Rahmenplan sogar als konsequente Weiterentwicklung der Rahmenrichtlinien verstanden wird. Da scheint nur oberflächlich gesehen ein Widerspruch zu sein, dass es zugleich warnende Stimmen vor einem Rückfall in Rahmenrichtlinienzeiten gibt. Die Neuerungen des Deutschunterrichts, die durch die Rahmenrichtlinien möglich wurden, sind mittlerweile Alltag und werden begrüßt. Die in den 70er Jahren sehr hart und emotional geführten Auseinandersetzungen um diese Neuerungen werden jedoch nicht mehr gewünscht. Darauf lässt auch die Erleichterung über die „Entideologisierung“ schließen.

Gelobt wird die bessere Handhabbarkeit der Rahmenpläne. Die Pläne sind dünner und leichter lesbar, die Gliederung ist überzeugend, die Inhalte werden stringenter dargelegt. Zwar werden vereinzelt Begründungen zu didaktischen Diskussionen, zu einzelnen Inhalten - insbesondere zur Kulturellen Praxis oder auch zu den Traditionen des Plans - vermisst. Doch letztlich sind die meisten der Meinung, dass solche Konkretisierungen ebenso wie detaillierte Unterrichtsvorschläge in die geplanten Handreichungen gehören würden. Nur dort, wo die Planinhalte ganz besonders konkret erscheinen, im Bereich Rechtschreibung und Grammatik, wird die Kritik etwas intensiviert. Doch auch hier gibt es kaum Grundsätzliches und Allgemeines, sondern vielmehr Detailkritik.

Der Rahmenplan ist das Wagnis eingegangen, konzeptionell das Thema „Beurteilung im Deutschunterricht“ anzugehen. Das wird in allen Stellungnahmen sehr begrüßt. Doch weiter geht der allgemeine Konsens diesbezüglich nicht. Dann brechen vielmehr die unterschiedlichsten Vorstellungen auf, was eigentlich sinnvolle Beurteilung sein könne. Darüber hinaus gibt es weitere Bereiche, in denen unterschiedliche Meinungen bestehen. Wie viel „multikulturelle Anliegen“ können in den Deutschunterricht integriert werden? Welche Orientierung wird für den Unterricht für die Kinder, deren Muttersprache nicht Deutsch ist, gegeben? Mit welcher Intensität und Differenzierung sollte auf gesellschaftliche Probleme eingegangen werden? Zu all diesen Aspekten gibt es kritische Einzelmeinungen, die interessante Schlaglichter darstellen und Klärungsbedarf kennzeichnen.

Die größere Verbindlichkeit des Plans wird grundsätzlich befürwortet, doch gibt es Unklarheit darüber, was eigentlich genau verbindlich ist. Wo dies konkret wird, etwa im Bereich des Grammatik- und Rechtschreibunterrichts, findet eine detailliertere Auseinandersetzung damit statt. Auf jeden Fall wird das Pensum, das der RPL Deutsch vorschreibt, insgesamt als zu umfangreich empfunden. Und so wundert es nicht, dass trotz der konstatierten Offenheit ein Protest gegen die Stofffülle entstanden ist. Dabei spielt auch hinein, dass mit einem 60%-Plan - wie er lange vor dem Erscheinen der Rahmenpläne angekündigt worden war - große Hoffnungen auf unterrichtliche Freiräume verbunden werden. Obwohl von diesen 60 % von ministerieller Seite her gesehen schon kurz nach dem Beginn der Lehrplanrevision keine Rede mehr war, hat sich diese Zahl in den Köpfen der Beteiligten als Messlatte an den Plan gehalten. Und hier liegt vor allem die Ursache für viele Enttäuschungen.

Methoden, Handlungsorientierung, fächerübergreifender Unterricht, das sind die drei zentralen pädagogischen Leitwörter der neuen Rahmenpläne. Auch sie sind unumstritten, werden in den Stellungnahmen entweder befürwortet oder zumindest gelassen gehandhabt. Gesprächsbedarf gibt es nur darüber, wie die Arbeit damit funktionieren könne. Und wie so oft, wenn es auf der Konkretionsebene Unsicherheiten gibt, sind die Äußerungen widersprüchlich. Genügend, nicht ausreichend, wichtige Fächer übersehend - so zum Beispiel die drei Einschätzungen zum fächerübergreifenden Unterricht. Bei der Handlungsorientierung ist es bereits die Definition, die einigen unklar ist. Die größere Methodenvielfalt ist kaum ein Thema, da diese nicht über das hinausgeht, was prinzipiell schon in den Rahmenrichtlinien angelegt war. Für die fachbezogene Implementation hat dies die Konsequenz, dass auf der Klärung von Aspekten wie „Kulturelle Praxis", „Handlungsorientierung", „Verbindlichkeiten" die Schwerpunkte liegen könnten. Die allermeisten Lehrerinnen und Lehrer müssen nicht von der Philosophie des Plans überzeugt werden, da er an die Tradition der RRL Deutsch anknüpft und nicht quer zur Erwartungshaltung von Lehrerinnen und Lehrern sowie deren Unterrichtspraxis liegt.

3.3 Stellungnahmen zum Rahmenplan Chemie

„Mit Erstaunen - ja mit Entsetzen - hat daher die Fachkonferenz Chemie den Rahmenplan Chemie, Sek. I (...) zur Kenntnis genommen" (C34/SI/S. 1). In diesem Satz formuliert die Fachkonferenz Chemie einer integrierten Gesamtschule das, was wohl viele bewogen hat, die ihre Stellungnahme zu der Entwurfsfassung des Rahmenplans Chemie an das hessische Kultusministerium geschickt haben: grundsätzliche Ablehnung des Planentwurfs. Das Zitat macht zugleich deutlich, dass sich die Protestwelle nicht auf die gymnasialen Interessengruppen beschränkt.

Der Rahmenplan Chemie gehört zu jenen Plänen der neuen hessischen Plangeneration, die am meisten Protest auf sich ziehen. Obwohl Chemie zu den 'kleinsten' Fächern gehört[41], gehen zum Rahmenplan Chemie die meisten – 41 – Stellungnahmen ein. Das Ziel der Argumentation ist jedoch nahezu identisch: Mit dem Plan könne und wolle man nicht unterrichten. Die Argumentationsketten, die in den Stellungnahmen aufgebaut werden, unterscheiden sich jedoch deutlich voneinander.

Es gibt insgesamt nur zwei Stellungnehmende, die sich grundsätzlich positiv zu dem RRL-Entwurf äußern. Beide stammen aus Wirtschaft und Industrie (C41/W; C19V). In acht Stellungnahmen halten sich positive und negative Einschätzungen in etwa die Waage. Darunter sind das HILF und der Verband für Bildung und Erziehung, vier Studienseminare, ein Vertreter der Schulaufsicht und ein Gymnasium. Alle anderen Stellungnahmen stehen dem Rahmenplan Chemie grundsätzlich ablehnend gegenüber. Der Umfang der Stellungnahmen ist je nach Gruppe unterschiedlich. Während die Schulen im Durchschnitt knapp zwei Seiten schreiben, sind es bei den Studienseminaren fast vier Seiten. Die drei längsten Stellungnahmen stammen mit jeweils zehn Seiten von einer integrierten Gesamtschule, einem gymnasialen Studienseminar und vom Philologenverband. Hinzu kommen teilweise sehr umfangreiche Anlagen, die den Stellungnahmen beigelegt worden sind. Hierbei handelt es sich um Verbandspapiere oder auch durchkorrigierte Rahmenplanteile.

In Zusammenhang mit den teilnehmenden Beobachtungen (vgl. Kap. 2) wurde angesprochen, dass es vereinzelt Einwände gegen das Verfahren der Lehrplanerstellung gibt. In drei Stellungnahmen kommt dieser Punkt zur Sprache. Vertreter eines Gymnasiums schreiben: *„(...) das Verfahren der anonymen Autorenschaft (ist) beispielhaft entlarvend und einer demokratischen Lehrplanentwicklung unwürdig"* (C35/SG/S. 2). Ein Fachleiter bezweifelt, ob es sich überhaupt um ein aufrichtiges Verfahren handelt, als dessen Konsequenz Veränderungen vorgesehen seien. *„Für den Verfasser dieses Textes bleibt ohnehin die Frage, ob an dem Entwurf zu diesem Rahmenplan noch Veränderungen beabsichtigt sind und wenn, ob diese dann noch so grundlegend sein können, um der hier angebrachten Kritik überhaupt gerecht zu werden"* (C14/FG/S. 4). Und der Vertreter einer Arbeitsgruppe der Schulaufsicht formuliert, was in der anderen Stellungnahme nur anklang. Es sei zu befürchten, dass die *„Beratung der Rahmenpläne nur Alibicharakter habe"* (C2/A/S. 1). Als Grund für seine Vermutung nennt er im weiteren Verlauf als Beispiel die Tatsache, dass die Schulen zu wenig Exemplare des Entwurfs erhalten hätten. Damit könne man keine „effektive Beratungsarbeit" leisten. *„Dadurch entsteht sowohl eine eher negative Grundhaltung zu der Beratungsaufgabe als auch zu*

41 Chemie wird mit zwei Wochenstunden ab Jahrgang 8, zweites Halbjahr unterrichtet.

den durch die Einführung der Rahmenpläne zu erwartenden unterrichtlichen Änderungen" (ebd., S. 1).

Welche Themen stehen bei der Diskussion um den Rahmenplanentwurf im Vordergrund? Da ist zunächst der Themenkomplex 60 %, Verbindlichkeit und Stofffülle zu nennen. Das Stichwort 60 % fällt in elf Stellungnahmen, das Stichwort „Verbindlichkeit" in zwölf und über Stofffülle wird in 20 Stellungnahmen gesprochen. Werden Überschneidungen herausgerechnet, ergibt sich, dass dieser Themenkomplex in 31 Stellungnahmen angesprochen wird. Demgegenüber spielt die formale Gliederung des Rahmenplans eher eine untergeordnete Rolle. In fünf Stellungnahmen wird darauf eingegangen. Anders ist es bei der Auseinandersetzung mit den vier Erschließungskategorien: Technik, Alltag, Umwelt und Fachwissenschaft. Hier sind es immerhin 21 Stellungnahmen, die sich ganz explizit damit beschäftigen. Sehr umstritten ist die Frage der fachwissenschaftlichen Orientierung in dem Rahmenplanentwurf. Mit Nennungen in 27 Stellungnahmen ist dies ein weiteres großes Themenfeld. In vielen Stellungnahmen werden ausführlich fachinhaltliche Details behandelt. Es ist dieser Arbeit nicht möglich, die Fülle an Einzelhinweisen und Korrekturen zu inhaltlichen Details im Ganzen vorzustellen. Es sind vor allem die Begriffe „Formel", „Modell" und „Stoff", die häufig in den Stellungnahmen herangezogen werden, um nachzuweisen, dass die Neuorientierung des Lernens im Rahmenplan Chemie nicht sinnvoll sei. Verwoben mit der Auseinandersetzung um eine wissenschaftliche bzw. nichtwissenschaftliche Ausrichtung des Plans ist die Diskussion um Unterrichtsmethoden. Die Frage der Unterrichtsmethode wird in der Hälfte aller Stellungnahmen thematisiert. Hierzu gehören insbesondere methodische Elemente wie das Schülerexperiment und die Blackbox[42]. Mit Fragen des fächerübergreifenden Unterrichts beschäftigen sich neun Stellungnahmen.

Ein weiterer großer Themenkomplex lässt sich zusammenfassen unter den Stichworten „Bildungsgang" und „Übergang". In 22 Stellungnahmen wird auch dieses schulische Moment angesprochen. Ebenfalls wichtig ist jener Bereich, in dem die ‚ideologische Ausrichtung' des Plans kritisiert wird. Wie diese Argumentationen im Einzelnen aussehen, darauf soll in einem gesonderten Kapitel eingegangen werden. Eingeleitet wird die folgende Analyse der Stellungnahmen zum Rahmenplan Chemie allerdings mit einer Darlegung der in den Stellungnahmen gemachten Äußerungen zu den RRL Chemie; denn die

---

42 **Blackboxmethode:** „*Kybernetik* und *Wissenschaftsmethodik:* kybernetisches System, dessen innerer Aufbau unbekannt oder im Rahmen einer vergleichenden Untersuchung unerheblich ist und von dem man nur seine am Ausgang messbare Reaktion auf bestimmte Eingangssignale kennt" (CD-ROM: Bibliographisches Institut & F. A. Brockhaus AG, 1999).

Reaktionen auf den RPL Chemie sind nicht zu verstehen, ohne die zu diesem Zeitpunkt aktuellen Einschätzungen der RRL zu kennen.

Fazit: Die Vielschichtigkeit des Protests gegen den Rahmenplan Chemie ist ein Indiz dafür, wie fundamental die Ablehnung gegenüber diesem Plan ist. Sie reicht von mehrseitigen Detailkritiken bis zu knappen, sehr pauschalen Ablehnungsschreiben. Schülerbezug wie Fachsystematik werden für die Argumentation herangezogen, die Verantwortung gegenüber den unterrichtenden Lehrerinnen und Lehrern wird ebenso genannt wie jene gegenüber der Zukunft der Schülerinnen und Schüler. Die Demokratie sehen einige gefährdet, andere befürchten Gefährdungen für die Zukunft der (chemischen) Industrie und damit des deutschen Wohlstandes. In den folgenden Teilkapiteln wird deutlich werden, wie vielschichtig, oft auch widersprüchlich die Argumentationen teilweise sind.

3.3.1 Rahmenpläne und Rahmenrichtlinien

„Der Umfang der Pläne ist im Vergleich zu den Rahmenrichtlinien deutlich geringer geworden. Dabei hat sich die Lesbarkeit und Überschaubarkeit der Pläne erhöht. Als Folge ist eine bessere Akzeptanz in der Lehrerschaft zu erwarten" (C3/A/S. 2). Viele der Stellungnahmen vergleichen ähnlich wie in diesem Zitat die Rahmenpläne Chemie mit ihren Vorgängern, den Rahmenrichtlinien, doch fast alle Stellungnahmen kommen zu einem entgegengesetzten Urteil. *„Im Vergleich zu den bisher geltenden RRL Chemie ist der vorliegende Entwurf ein erheblicher qualitativer Rückschritt"* (C35/SG/S. 1). *„Qualität wird durch Quantität ersetzt"* (C31/SG/S. 1). In vielen Stellungnahmen wird zum Ausdruck gebracht, dass der neue Rahmenplan im Vergleich zu den Rahmenrichtlinien so schlecht sei, dass er zurückgezogen werden müsse. *„So gesehen erscheint uns die Notwendigkeit für die Erstellung eines neuen Rahmenplans überhaupt nicht gegeben"* (C31/SG/S. 2). Und kurz und knapp zieht einer der Autoren einer Stellungnahme das Resümee: *„Zusammenfassend ergibt sich, daß der vorliegende Entwurf einem Vergleich mit den bisherigen bewährten Rahmenrichtlinien nicht standhält"* (C9/FG/S. 2).

3.3.1.1 Inhalt und Umfang

„Im Vergleich zu den bisher gültigen und vernünftigen Rahmenrichtlinien handelt es sich beim vorliegenden Entwurf um eine grundlegende Neugestaltung" (C9/FG/S. 1), darin sind sich fast alle Schreiber und Schreiberinnen einig. Fortgesetzt würde die schlechte inhaltliche Koordination zwischen den

naturwissenschaftlichen Fächern. *„Damit wird ein ‚Mangel' der alten RR traditionsreich fortgeführt, und die Aufgabe der Koordination den Fachkonferenzen der Schulen, der Schulverbünde zugespielt"* (C38/V/S. 3). Vor allem der Umgang mit der Stoffsystematik stößt auf massive Kritik: *„Damit steht der Lehrplan in deutlichem Kontrast zu den Lehrplänen herkömmlicher Art, in denen die Prioritäten in genau umgekehrter Reihenfolge gesetzt werden. In ihnen wird zunächst eine Systematik der Stoffe und Reaktionen erarbeitet, diese wird dann u. a. dazu verwendet, Phänomene und Probleme des Alltags in ihrem ‚chemischen Gehalt' zu verstehen und zu interpretieren"* (C16/HR/S. 2). Interessant ist dabei die Terminologie „herkömmliche Lehrpläne". Eine Formulierung, die wohl auf die RRL Deutsch so nicht angewendet worden wäre. Besonders wird bedauert, dass die Rahmenpläne im Vergleich zu den Rahmenrichtlinien der organischen Chemie eine geringere Bedeutung beimessen: *„Der Ansatz der Rahmenrichtlinien, daß sich ein Schüler, der mit einem Abschluß in der SI die Schule verläßt, sich auch mit organischer Chemie befaßt haben sollte, geht verloren"* (C13/FG/S. 2).

Inhaltliche Entlastungen stellen hingegen nur wenige fest: *„Die Auslassung der vielen quantitativen Betrachtungen in Klasse 9 sind (...) zu begrüßen"* (C14/FG/S. 3). Was den inhaltlichen Umfang der Pläne angeht, so überwiegt die Meinung, dass die Rahmenpläne in diesem Punkt keine Erleichterung gebracht hätten. *„Als eine der wenigen Gemeinsamkeiten* (zwischen RRL und RPL, K.H.) *ist die Überfrachtung mit Inhalten zu nennen"* (C9/FG/S. 1). Dass es keine entscheidenden Reduzierungen gegeben habe, sei „(...) *für sich genommen auch richtig"* (C14/FG/S. 3). Was die Fachinhalte angeht, werden zwischen den beiden Plänen keine großen Unterschiede gesehen. Allerdings gebe es entscheidende Differenzen dadurch, dass neue Anforderungen hinzugekommen seien - die allerdings nicht als fachspezifische Elemente im eigentlichen Sinne verstanden werden: *„Dazu kommen die sehr zeitaufwendigen umwelt- und alltagsbezogenen Inhalte"* (C7/FG/S. 2). Eine Verschärfung sehen andere dadurch gegeben, dass es sich bei den RPL im Gegensatz zu den RRL um einen Stoffkatalog handeln würde (C32/SG).

3.3.1.2. Bildungsgänge

Die Bildungsgänge sind der einzige Bereich, bei dem der RPL Chemie mehr Zustimmung bekommt als die RRL Chemie. Die Rahmenpläne sind wie die Rahmenrichtlinien schulformübergreifend und jahrgangsbezogen angelegt, allerdings weist der Rahmenplan Chemie eine inhaltliche Abfolge für drei und eine für fünf Halbjahre aus. Der Planteil für drei Halbjahre ist speziell für den Bildungsgang Hauptschule konzipiert. Diese „Differenzierung" wird gelobt:

„Auch die alten RRL Chemie waren nicht schulformbezogen, sondern auf Jahrgangsstufen aufgebaut, aber die Autoren hatten jedenfalls den Mut, Differenzierungsentscheidungen vorzunehmen“ (C35/SG/S. 1). Von Verbesserung wird gesprochen: *„Der Bildungsgang der Hauptschule (...) ist ausführlich dargestellt“* (C1/A/S. 3). *„Der Rahmenplan Chemie für die Sekundarstufe I zeichnet sich durch eine klar überschaubare Gliederung aus“* (C10/FHR/S. 1). Der gymnasiale Bildungsgang sei allerdings im Vergleich zu den Rahmenrichtlinien nicht genügend durchdacht, was die Inhalte anginge: *„Wenn wir die alten Rahmenpläne Chemie (6 Halbjahre) mit den neuen Plänen (5 Halbjahre) vergleichen, so erkennen wir nicht, wo hier für den Bereich Gymnasium Abstriche gemacht wurden, wir erkennen aber leicht, daß eine Menge neuer, verbindlicher Inhalte hinzugekommen ist“* (C33/SK/S. 1).

3.3.1.3 Lernziele

Selbst jene, die die RPL im Großen und Ganzen annehmbar finden, erwähnen die fehlende Lernzielorientierung: *„Die allgemeine Struktur der Rahmenpläne ist akzeptabel, aber nicht mehr an Lernzielen orientiert“* (C13/FG/S. 1). Für andere zeigt sich genau an diesem Punkt, dass die RPL die RRL nicht sinnvoll fortsetzen: Der Rahmenplan stelle *„(...) keine sinnvolle Fortschreibung der noch gültigen und weitgehend bewährten Rahmenrichtlinien dar“* (C32/SG/S. 1). Die nicht vorhandene Lernzielorientierung führe zu Unsicherheiten, was die Lernzielorientierung angehe: *„Weiterhin möchte ich darauf eingehen, daß der Rahmenplan zwar verbindliche Inhalte, aber keine Lernziele mehr enthält. Es bleibt unklar, was ein Schüler können/wissen soll bzw. was von ihm zur Anerkennung eines bestimmten Abschlusses verlangt werden darf“* (C12/HR/S. 1). Gerade, weil die RRL akzeptiert worden seien, sei es unverständlich, warum diese Neukonstruktion notwendig war. Zumal die Freiräume für den einzelnen Lehrer, die einzelne Lehrerin geringer geworden seien. *„Zunächst ist kritisch zu bewerten, daß eine Orientierung an den bisher gültigen Rahmenrichtlinien, die in weiten Teilen der hessischen Lehrerschaft eine große Akzeptanz hatten, nicht erkennbar ist. Sicherlich war es an der Zeit, eine Überarbeitung der ‚alten' RRL in Angriff zu nehmen. Eine völlige Neukonstruktion, die insgesamt den Lehrerinnen und Lehrern - im Gegensatz zu der bisher mehr lernzielorientierten Konzeption - sehr wenig Freiräume läßt, wird jedoch nicht einsichtig“* (C17/FG/S. 1).

In einem zusammenfassenden Überblick lassen sich die Ergebnisse wie folgt zusammenfassen: Die RRL Chemie werden insgesamt positiv bewertet, der RPL Chemie wird hingegen als Rückschritt empfunden. Mit Ausnahme der deutlich herausgearbeiteten Bildungsgänge findet der Rahmenplan Chemie in inhaltlichen wie in formalen Fragen gegenüber den Rahmenrichtlinien keine Akzeptanz. Dass die Bildungsgänge so positiv hervorgehoben werden, ist hierzu kein Widerspruch. Im Grunde ‚versteckt' sich im Rahmenplan Chemie ein schulformbezogener Plan: Weil Chemie in drei Halbjahren sich speziell an den Bildungsgang Hauptschule wendet, steckt darin ein Schritt in Richtung traditioneller Schulformorientierung, die viele befürworten. Und genau an der Stelle, an der Bildungsgänge nicht getrennt ausgewiesen worden sind (Bildungsgang Realschule bzw. Gymnasium), setzt die Kritik wieder ein (vgl. Kap. 3.3.3). Auf dem Hintergrund der RRL wird die Stofffülle ebenso wie die fehlenden Lernziele, der Alltagsbezug ebenso wie die Präsentation der Inhalte kritisiert. Immer wieder taucht in den Stellungnahmen die Frage auf, wieso es überhaupt notwendig war, die RRL durch neue Pläne abzulösen. Eine Weiterentwicklung, so die Aussagen, hätte die Lehrerschaft akzeptiert, aber nicht einen solchen Entwurf, der jetzt vorliege. Darin sind sich die meisten Schreiber der Stellungnahmen einig, ohne dass innerhalb der Stellungnahmen funktionsspezifische Unterschiede zu erkennen wären. Das Spektrum der Kritik und der Hinweis darauf, wie viel besser die RRL gewesen seien, geben einen ersten Eindruck, mit welchem Nachdruck die neuen Pläne abgelehnt werden.

3.3.2 Rahmenvorgaben des Rahmenplans

3.3.2.1 Bildungsgang und Übergang

Die Äußerungen zur Frage der Bildungsgänge und Übergänge sind widersprüchlich. In einigen Stellungnahmen werden deutliche Probleme hinsichtlich der Übergänge gesehen, *„sowohl zwischen verschiedenen Schulen der gleichen Schulform wie zwischen verschiedenen Schulformen. Mobilitätsbedingte Übergänge in Schulen anderer Bundesländer bleiben weiterhin ungeregelt"* (C2/A/S. 3). Andere hingegen sehen die Durchlässigkeit durchaus gewährleistet: *„Die Konzeption des neuen Lehrplans ermöglicht eine hohe Kompatibilität zwischen den verschiedenen Schulformen"* (C41/W/S. 1). Wenige Stimmen sind so grundsätzlich positiv wie die folgende: *„Grundsätzlich wird die Orientierung an einem ‚mittleren Abschluß' als tragfähiges Konzept erachtet"* (C3/A/S. 3). Zum Grad der Differenzierung der Bildungsgänge sind die Aussagen zu den Rahmenplänen kontrovers: Mehrere Stellungnahmen sprechen davon, dass der Rahmenplan gar nicht oder nicht ausreichend differenzieren würde: *„Der Rahmenplan zeigt keinerlei Differenzierung nach unterschiedlichen Bildungszielen"* (C31/SG/S. 2). Zumindest für die Hauptschule gilt dies allerdings nicht, denn die Vorgaben für diese Schulform sind gesondert aufgeführt: *„Der*

Bildungsgang der Hauptschule (...) ist ausführlich dargestellt" (C1/A/S. 3). Andere halten gleiche Inhalte für verschiedene Schulformen für wenig sinnvoll und knüpfen damit an die alte Diskussion an, ob Pläne schulform- oder schulstufenbezogen sein sollten. *„Wir sind die Meinung, daß die verbindliche Vorgabe von gleichen Inhalten für drei verschiedene Schulformen nicht sinnvoll ist"* (C32/SG/S. 1). Befürchtet wird von einigen, dass die angestrebte Durchlässigkeit trotz des konkreter gefassten Plans nicht gewährleistet ist. In einer Stellungnahme werden die *„Hilfestellungen bei der Festlegung inhaltlicher Schwerpunkte für den Unterricht"* positiv herausgestellt. *„Dennoch reichen die praktischen Anregungen nicht aus, um sicherzustellen, daß in allen hessischen Schulen derselben Schulform ein im Niveau vergleichbarer Chemieunterricht stattfindet"* (C10/HR/S. 3). Auch in der Stellungnahme der Schulaufsicht wird Unsicherheit darüber zum Ausdruck gebracht, ob die Durchlässigkeit eigentlich gewährleistet sei und inwiefern man diese sichern könne. Insgesamt seien die Bildungsgänge nicht ausreichend differenziert: *„Andererseits bieten die Rahmenpläne nur geringe Ansatzpunkte für die Schulaufsicht, die Schulen im Hinblick auf Bildungsgänge, Abschlüsse, Differenzierung und Anspruchsniveaus zu beraten und zu unterstützen. Konflikte entstehen insbesondere dann, wenn die konkrete Situation vor Ort die Umsetzung der dezidierten Anforderungen der Rahmenpläne unmöglich macht"* (C2/A/S. 5).

Wie bereits beschrieben wurde, sind die Reaktionen aus dem Hauptschulbereich mit die positivsten. Dies hängt auch damit zusammen, dass ein gesonderter Plan für den Bildungsgang Hauptschule erstellt wurde (Chemie in drei Halbjahren, Chemie 1993). *„Beim Durchlesen fällt auf, daß man sich bemüht hat, die Theorielastigkeit der Rahmenrichtlinien abzubauen. Damit kommt man einer ständigen Überforderung der Hauptschüler entgegen bzw. entlastet das ständig schlechte Gewissen des Hauptschullehrers, der es nie schafft, seinen Schülern diese Inhalte zu vermitteln. Inwieweit dieser Plan eine Unterforderung der Gymnasialschüler beinhaltet, muß vor Ort geprüft werden"* (C10/HR/S. 4). Doch auch hier gibt es Gegenstimmen. So fürchten einige, dass nach wie vor eine Überforderung bestehe.

Während die einen meinen, dass das Experiment eine gute Form der Motivation sein könne für diese Schülergruppe, sehen andere darin keineswegs das geeignete Mittel: *„Für die Hauptschule muß festgestellt werden, daß forschendes Lernen bei der heutigen Schülerpopulation nicht das geeignete Mittel darstellt, Schüler zu unterrichten"* (C24/SK/S. 1). Und vereinzelt wird eine weitere Befürchtung laut. Dieser Einschätzung liegt die Meinung zugrunde, dass die Pläne stärker durch gymnasiale Ansprüche geprägt sein könnten, als es gut ist. *„Die Rahmenpläne beschreiben die ‚Anforderungen für den mittleren Abschluß'. Es besteht Sorge, daß vielfach diese Anforderungen dennoch zu stark* *von gymnasialen Akzenten geprägt werde"* (C3/A/S. 4). Diese Unsicherheit besteht allerdings auch bei den Vertretern anderer Schulformen: *„Abgesehen von wenigen, allgemein gehaltenen Sätzen schweigt sich der Plan über Besonderheiten des Unterrichts an Realschule und Gymnasium und über Abschlußprofile aus"* (C6/E/S. 2).

Probleme zeichnen sich für den Chemieunterricht in den integrierten Gesamtschulen ab: *„Für den Chemieunterricht an integrierten Gesamtschulen entstehen jedoch Probleme bezüglich der Differenzierung und der Durchlässigkeit"* (C12/HR/S. 1). Die *„(...) notwendige Durchlässigkeit z. B. für den Unterricht in der IGS nicht gegeben"* (C11/HR/S. 1). Vertreter der Lehrerfortbildung sehen hingegen durchaus die Möglichkeit für die Gesamtschulen, auch ohne eine Veränderung des Rahmenplans mit diesem Problem umgehen zu können: *„Wenngleich seitens der Gesamtschulen moniert wird, daß keine Angaben zur Differenzierung nach E und G vorhanden sind, läßt sich dieses Problem dann lösen, wenn den Schulkollegien genügend Freiraum zur Verfügung gestellt wird, in dem in der Tat die Inhalte des Lehrplans in 60 % der Unterrichtszeit realisiert werden können"* (C18/LF/3). Die Schulaufsicht sieht durch die mangelnden Vorgaben für die integrierten Gesamtschulen auf sich ein ganz besonderes Problem zukommen: *„Die Aussagen zur Verbindung der unterschiedlichen Bildungsgänge in der Gesamtschule erscheinen unter dem Aspekt der verbindlichen Zuordnung der verbindlichen Inhalte zu den einzelnen Halbjahren in den anderen Bildungsgängen problematisch (...). Dies sollte auch unter dem Aspekt geprüft werden, wie weit bei der schulaufsichtlichen Überprüfung der Umsetzung des Plans Abweichungen akzeptiert werden müssen"* (C1/A/S. 3).

Es gibt keine Äußerung aus dem gymnasialen Bereich, die sich in Bezug auf den Plan für diese Schulform positiv äußert. Den Autoren wird vorgeworfen, „(...) *daß sie den Unterricht der SI nicht als Vorbereitung auf die Oberstufe ansehen. (...) für gymnasialen Unterricht ist dieser Ansatz indiskutabel"* (C15/FG/S. 1). Diese negative Reaktion hängt auch mit den Vorstellungen zusammen, für was die Schülerinnen und Schüler das Gymnasium durchlaufen. *„Die gymnasiale Bildung hat traditionell einen hohen Stellenwert in unserer Gesellschaft. Wir sehen die Gefahr, daß die naturwissenschaftliche Ausbildung an den Gymnasien deutlich an Bedeutung verlieren wird"* (C32/SG/S. 4). Vermisst wird, dass der Bildungsgang für das Gymnasium deutlich ausformuliert wird. Die Bemerkungen am Anfang des Rahmenplans, in denen darauf hingewiesen wird, was den gymnasialen Bildungsgang beschreibe (Deutsch Rahmenplan, Entwurf 9/1993, S. 15f.), reichen vielen nicht aus. *„Man vermißt allerdings schmerzlich genauere Aussagen über die Umsetzung der Vorschläge, insbesondere bei einer vertieften Betrachtung im Gymnasialen Bildungsgang"*

(C7/FG/S. 4), der auch als *„studienbezogener Bildungsgang“* (C1/A/S. 4) bezeichnet wird. Vor diesem Hintergrund wird der Plan natürlich vor allem daraufhin geprüft, wie er auf die gymnasiale Oberstufe vorbereitet und auf das sich daran anschließende Studium: *„Zielsetzung des gymnasialen Unterrichts ist die Absolvierung der Sekundarstufe II und damit der Erwerb der allgemeinen Hochschulreife“* (C25/SG/S. 2). *„Wir fragen uns, wie mit dem so ausgebildeten Schülern in der Oberstufe Chemie betrieben werden soll! Vor dem Hintergrund pädagogischer Verantwortung kann der Rahmenplan nicht die Voraussetzungen für eine erfolgreiche Mitarbeit in der Oberstufe schaffen, die das Erlangen der Studierfähigkeit zum Ziel hat“* (C31/SG/S. 2). In Hinblick auf die Anforderungen im Abitur sei es notwendig, *„sich diesen Anforderungen auch in der Mittelstufe bewußt zu werden und diesen dann auch konkret Platz und Rang zuzuweisen. Wenn dies in einem ‚Mittelstufenmix' nicht zu leisten ist, dann muß die ‚Ideologie' zurückstecken (sic!), damit nicht die S/S die Leidtragenden sind“* (C38/V/S. 5). Interessant ist bei diesem Zitat der abwertend gemeinte Begriff „Mittelstufenmix“ und die dahinter stehende Forderung schulformbezogener Pläne. Ziel dieser schulformbezogenen Pläne ist es, die Studierfähigkeit zu verbessern. Einige sprechen den Aspekt Studierfähigkeit ganz direkt an: *„Es besteht (...) die Notwendigkeit zu prüfen, ob die gymnasiale Oberstufe auf der Grundlage der Arbeitsergebnisse der Sekundarstufe I im studienbezogenen Bildungsgang die festgelegten Anforderungen erfüllen kann“* (C1/A/S. 5). Gegeneinander ausgespielt werden die Ganzheitlichkeit und die Studienqualifizierung: *„Die vertiefende und differenzierende Behandlung des Lehrstoffes für den studienqualifizierenden Bildungsgang ist in diesem Zeitrahmen nicht möglich, wenn eine ganzheitliche Gestaltung des Lernprozesses angestrebt werden soll“* (C27/SG/S. 1). Gefordert wird, *„verbindliche Inhalte mit entsprechendem Anspruchsniveau festzulegen, um einen Unterricht in der Sek II zu gewährleisten, der auch die Studierfähigkeit in Natur- und Technikwissenschaften zum Ziel hat* (...)*“* (C32/SG/S. 1 f.).

Kritisiert wird, dass die Kursstrukturpläne nicht abgestimmt worden seien mit dem Rahmenplan Chemie: *„(...) die eigentlich selbstverständliche Abstimmung mit dem inzwischen genehmigten Kursstrukturplan Chemie für SII und die KMK-Vereinbarung ist nicht gegeben“* (C38/V/S. 4). Die *„Ansprüche im gymnasialen Bereich sind zu niedrig“* (C35/SG/S. 2), *„eigenständiges Denken“*, *„Abstraktionsvermögen“*, *„Transferdenken“* (C17/FG/S. 3) werde zu wenig gefördert. Es wird bestritten, dass die Fachinhalte des Chemieunterrichts in eine sinnvolle Beziehung zueinander gesetzt worden seien, gesehen wird nur ein ungeordnetes Nebeneinander: *„Wie soll aus diesem zufälligen Nebeneinander ein systematisch geordnetes, vernetztes Wissen entstehen, auf dem Berufsausbildung bzw. Oberstufenanforderungen gegründet werden können?“*

(C38/V/S. 9). Auch hier wieder die Annahme, dass die Fülle an Inhalten nur einen rein mitteilenden Unterricht möglich machen würde. Doch der auf die Oberstufe vorbereitende Unterricht *„(...) verbietet im wesentlichen einem* (sic!) *rein mitteilenden Unterricht"* (C20/SG/S. 1). Zentrale Methode für die Oberstufe sei das Experiment.

3.3.2.2 Verbindliche Vorgaben

Was ist verbindlich? Aus Sicht vieler Stellungnehmender lässt sich dies nicht eindeutig erkennen. Die *„verbindlichen Inhalte (Teil B) sind meist recht allgemein gehalten, z.T. unscharf und nicht genügend konkretisiert und strukturiert"* (C6/E/S. 1). Der Plan werde dem Anspruch *„der verbindlichen Inhalte und Stufenzuordnung"* nicht gerecht (C35/S/S. 1). *„Es ist nur schwer erkenntlich, welche Inhalte tatsächlich verbindlich sind und was selbständig ausgewählt werden kann"* (C13/FG/S. 1). *„Weiterhin bleibt unklar, welche Behandlungstiefe der Fachinhalte gewollt ist"* (C15/FG/S. 1). Einige befürchten, dass der Interpretationsspielraum zu groß sei und es dadurch Missverständnisse geben könne. *„Die vorliegende Form ist für den Leser ohne ergänzende Erläuterungen in manchen Teilen mißverständlich"* (C15/FG/S. 1). Dies wiederum habe Auswirkungen auf die Schüler und deren Situation bei Schulwechseln: *„Jede Fachkonferenz wird die Inhalte anders interpretieren, so daß große Unterschiede im Anforderungsprofil und unnötige Schwierigkeiten bei Schulwechseln entstehen dürften"* (C6/E/S. 1).

Es wird bezweifelt, dass es sinnvoll sei, Methoden verbindlich zu machen: *„Klare Ausweisung der verbindlichen Inhalte - dazu können doch wohl nicht auch Methoden (...) gehören"* (C37/V/S. 2). Gerade weil Stofffülle und Experimente so viel vom Lehrer verlangen würden, *„(...) muß, um alle festgelegten Themen in der vorgegebenen Zeit bewältigen zu können, der Lehrkraft mehr Freiheit in der Methodenwahl zugestanden werden"* (C2/A/S. 5). Unklarheiten bestehen schließlich auch darüber, wie die didaktischen Grundsätze zu bewerten seien: *„Welche Verbindlichkeit haben die Didaktischen Bezüge?"* (C7/FG/S. 2) In einer Stellungnahme wird die Schulkonferenz ins Spiel gebracht: Die Verbindlichkeit schränke die Schulkonferenz in ihren demokratischen Rechten ein, sie stünden somit *„im Widerspruch zu dem Entscheidungsrecht der Schulkonferenz über die Ausbildung eines Schulprofils"* (C2/A/S. 2).

Es sind die Vertreter der Schulaufsicht, die die Vermutung äußern, der neue Chemieplan müsse eigentlich den Lehrerinnen und Lehrern entgegenkommen. Der Umfang sei geringer als bei den Rahmenrichtlinien, sie seien lesbarer und überschaubarer. *„Als Folge ist eine bessere Akzeptanz in der Lehrerschaft zu erwarten"* (C3/A/S. 2). Und eine andere Arbeitsgruppe kommt zu dem Ergebnis, dass die größere Verbindlichkeit es der Schulaufsicht ermögliche, besser zu kontrollieren. Dies wiederum würde schulisch einiges positiv bewegen. *„Der Grad der Verbindlichkeit der Rahmenpläne ist Handhabe für die Schulaufsicht, bestimmte Themen und Methoden sowie die Arbeit an einem schulinternen Curriculum (...) einzufordern. Insofern haben die Pläne Aufforderungscharakter und fördern die schulinterne Kooperation"* (C2/A/S. 5).

Nur in wenigen Stellungnahmen wird die Kürze der Pläne gelobt: *„(...) positiv bewerte ich die Unterteilung in verbindliches Fundamentum und zusätzliche Rahmenthemen. Damit wird dem Tenor des neuen Hessischen Schulgesetzes Rechnung getragen, den einzelnen Schulen mehr eigene Gestaltungsmöglichkeit zu erlauben"* (C12/HR/S. 1). Ganz anders die folgende Äußerung, die die Mehrheitsmeinung repräsentiert: *„Als geradezu absurd erleben wir den Hinweis, daß die ausgewiesenen verbindlichen Inhalte nur 60 % der real (!) zur Verfügung stehenden Zeit benötigen sollen"* (C33/SG/S. 1). Im Plan selbst ist von 60 % nicht die Rede (vgl. Kap. 2). Dennoch wird in vielen Stellungnahmen betont, dass es nicht nachvollziehbar sei, wie die 60 % Verbindlichkeit zustande kämen und was denn die 100 % seien, auf deren Hintergrund das berechnet worden sei (C2/A/S. 1). In dem folgenden Beispiel überwiegt die Vorstellung, die verbleibende Zeit nach individueller Einschätzung zum Wohl der Schüler und Schülerinnen verwenden zu können: *„Somit könnte der Rest der Zeit für spezielle Schülerinteressen, fächerübergreifende Aktionen/Projekte und dergleichen genutzt werden. Um so fassungsloser steht ein Leser mit Unterrichtserfahrung dann vor den eigentlichen, explizit als ‚verbindlich' bezeichneten Inhalten. Sie sind in ihrer Menge völlig maßlos und in dieser festgeschriebenen, ausdifferenzierten Form von einem verantwortungsvollen Chemielehrer nicht unterrichtbar"* (C28/SG/S. 1). Ganz besonders die neu vorgeschriebenen Unterrichtsmethoden und Betrachtungsweisen würden die vorhandene Unterrichtszeit belasten: *„Solche Betrachtungsweisen erfordern Zeit, und diese Zeit ist nach dem jetzt vorliegenden Plan nicht vorhanden. Befürworter wie Kritiker der Rahmenplanentwürfe sind sich darin einig, daß die Inhalte ausgelegt sind auf eher 150 % der vorliegenden Unterrichtszeit, denn für 60 %"* (C18/LF/S. 2). Handlungsorientierung und sinnvolle Vermittlung von Inhalten, Methodenvielfalt und Stofffülle seien so nicht vereinbar. *„Insgesamt scheint die stoffliche Fülle (...) in Verbindung mit der getroffenen Festlegung hinsichtlich der Unterrichtsformen und Methoden (Handlungsorientierung) zu groß"* (C2/A/S. 4).

Nur ganz selten werden trotz aller Kritik an der Stofffülle Vorschläge zur Streichung von Inhalten gemacht. Jene, die Vorschläge in diese Richtung machen, setzen bei der Stoffchemie an: *„Der vorliegende Plan zeichnet sich durch eine Überfrachtung mit Stoffchemie bei weitgehender Vernachlässigung* *der theoretischen Hintergründe aus"* (C37/V/S. 3). Es ist die vorherrschende Meinung, dass die *„Freiheit der Unterrichtenden"* (C6/E/S. 1) durch den neuen Rahmenplan unnötig eingeengt würde.

3.3.2.3 Stundentafel und Lernbereich

Zeitnah zur Veröffentlichung des Rahmenplanentwurfs wurde die Kürzung der Stundentafel im Fach Chemie bekannt gegeben (vgl. Kap. 2). Davon kann die Rezeption des Planentwurfs nicht unbeeinflusst bleiben. *„Es ist eine Unmöglichkeit, auf der einen Seite die Bedeutung des Faches Chemie in unserer Zeit mit Recht derart herauszustellen, gleichzeitig aber mit Ch-Unterricht in 3 bzw. 5 Halbjahren arbeiten zu wollen"* (C13/FG/S. 2). Teilweise wird davor gewarnt, dass diese Kürzung unweigerlich dazu führen müsse, einen stärker lehrerzentrierten, informierenden Unterricht zu praktizieren und auf ein entwickelndes Erarbeiten zu verzichten. In einigen Stellungnahmen wird kritisiert, dass der RPL-Entwurf nicht spiegele, dass ein Halbjahr entfallen sei. *„Geht man davon aus, daß in den bisherigen 6 Halbjahren sinnvoller und produktiver Chemieunterricht geleistet wurde, der nach den bislang gültigen RRL didaktisch-methodisch sorgfältig durchdacht und fundiert war, dann müssen nun Bildungsinhalte eines Halbjahres entfallen"* (C14/FG/S. 1). Nur ein Verbandsvertreter äußert anerkennend, dass der Plan die neue Situation bereits berücksichtigen würde: *„Äußerst positiv ist zu werten, daß die Rahmenpläne den gültigen Stundentafeln angepaßt werden"* (C36/V/S. 1). Ein anderer stellt zwar ebenfalls fest, dass Inhalte reduziert worden seien, kritisiert aber, an welchen Stellen dies geschehen sei, und er äußert seine Verwunderung darüber, *„(...) daß bei der sicherlich notwendigen Kürzung des Stoffes, der sich der gekürzten Stundenzuteilung anpassen mußte, in erster Linie der Unterbau gekürzt wurde, und das bei teilweiser Ausdehnung des Überbaus"* (C34/SI/S. 1). Ein anderer bedauert, dass vor allem die Organische Chemie reduziert worden sei: *„Das bedauerliche Opfer der Stoff- und Themenüberfrachtung und nicht zuletzt des fehlenden 6. Halbjahres ist die Organische Chemie, die bisher in Jgst. 10II gelehrt wurde"* (C14/FG/S. 3). Wesentliche Inhalte seien durch die Streichung des einen Halbjahres nicht mehr zu unterrichten, und auch der didaktisch-methodische Ansatz des Planes sei aus diesem Grund nicht zu realisieren. *„Die wesentlichen Kritikpunkte an den Plänen beziehen sich auf die Unvereinbarkeit von didaktisch-methodischem Ansatz (etwa Berücksichtigung der Lernausgangslage und der Lernvoraussetzungen der Schüler) und der inhaltlichen Fülle im Hinblick auf die reduzierte Stundentafel"* (C29/SG/S. 1).

Zeitgleich mit der Entwicklung der Rahmenpläne für die naturwissenschaftlichen Einzelfächer wird auch per Erlass für die Schulen die Möglichkeit eingeführt, die drei naturwissenschaftlichen Fächer – Biologie, Chemie, Physik – integrativ in einem „Lernbereich Naturwissenschaft“ zu unterrichten. Der Rahmenplan für den Lernbereich Naturwissenschaft erscheint zeitgleich mit den Rahmenplänen für die Einzelfächer. Auch dies hat bei manchen Chemielehrerinnen und -lehrern Verärgerung hervorgerufen. Zwar ist es eine Entscheidung der Schulkonferenz, ob die drei Einzelfächer oder der Lernbereich unterrichtet werden sollen, doch der Druck auf das jeweilige Einzelfach und sein Selbstverständnis nähme zu. *„Der Gesetzgeber hat das Fach Chemie (...) zum Schlußlicht des Fachkanons bestimmt. Es besteht vielmehr der Verdacht, daß hier der Zusammenfügung der Fächer Biologie, Chemie und Physik zum Lernbereich Naturwissenschaften über den RP Chemie nachgeholfen werden soll“* (C38/V/S. 3).

Die Ausführungen in den vorangegangenen und in den nachfolgenden Teilkapiteln zeigen, dass es in den zentralen Momenten der Kritik an dem Rahmenplanentwurf wenig schulformspezifische Unterschiede gibt. Ein Beispiel hierfür ist die Kritik an der mangelnden fachwissenschaftlichen Ausrichtung. Die Schulform kommt bei fast allen in dem Moment ins Spiel, wo es um die Bildungsgänge und die Übergänge in die Schulformen geht. Ob schulformübergreifend oder schulformbezogen, die Meinungen sind uneinheitlich. Verhältnismäßig positiv sind die Reaktionen aus bereits beschriebenen Gründen im Hauptschulbereich. Zustimmend wird vor allem von Seiten der Hauptschul- und Gesamtschullehrer und –lehrerinnen der größere Alltagsbezug bewertet. Befürchtet wird von dieser Gruppe aber auch, dass es dennoch einen zu starken Gymnasialbezug geben könne.

Anders sieht es bei den Reaktionen der Gesamtschulvertreter aus. Gleichgültig ob Vertreter der integrierten Gesamtschule, ob Fachleiter oder Schulaufsicht: in Hinblick auf die Gesamtschulen wird ein großes Defizit des Rahmenplanentwurfs festgestellt: Wie soll man mit einem Plan arbeiten, der den Chemieunterricht einmal in drei Halbjahren und einmal in fünf Halbjahren darstellt? Integrierte Gesamtschulen, die eine ABC-Differenzierung haben, was etwa einer Differenzierung in die drei Bildungsgänge entspricht, können damit vielleicht umgehen. Gesamtschulen, die eine Zweierdifferenzierung oder gar keine Differenzierung vornehmen, geraten zwangsläufig in Planungsschwierigkeiten. Der Vorwurf der gymnasialen Vertreter und Vertreterinnen ist deutlich. Der Plan unterstütze nicht bzw. behindere sogar die Arbeit, die die Grundlage für Oberstufe und universitäre Ausbildung lege. Viele der Rahmenplankritiker halten das Abitur und die Studierfähigkeit für gefährdet. Weder in Hinblick auf die Arbeitsmethoden noch auf die Inhalte sei mit dem RPL-Entwurf ein gymnasialer Unterricht mit Qualität möglich.

In der überwiegenden Zahl der Stellungnahmen zu den Bereichen Verbindlichkeit und Stofffülle wird ein widersprüchlicher Eindruck präsentiert: Einerseits wird so argumentiert, als wüssten die Stellungnehmenden genau, was verbindlich ist, andererseits wird aber ausgesagt, dass man nicht genau wisse, welche Vorgaben denn nun wirklich verbindlich seien. Teilweise wird dieser Widerspruch innerhalb der gleichen Stellungnahme sichtbar. Von zu großer Stofffülle kann jedoch im Grunde nur gesprochen werden, wenn klar ist, was an Stoff definitiv behandelt werden muss. Deutlich formuliert wird immer eines: Es ist zu viel. Dass zugleich in fast jeder Stellungnahme gesagt wird, was fehlt und unbedingt noch hinzugenommen werden muss, gehört zu einer der weiteren Widersprüchlichkeiten. Nur wenige erkennen beispielsweise, dass Teil B auf dem Hintergrund von Teil A gelesen werden muss und es nicht um die Addition genannter Inhalte beider Teile geht.

Die Stellungnahmen bewegen sich in einem Spannungsfeld, das folgende Eckpunkte hat: Verbindlichkeit, Stofffülle, Lernbereich Naturwissenschaften und Reduzierung der Stundentafel. Dabei sind nur zwei Aspekte aus dem Rahmenplan selbst zu erklären. Die Schärfe in der Auseinandersetzung entsteht vor allem durch die beiden „extremen" Aspekte: die Reduzierung der Stundentafel[43] und die Gründung des Lernbereichs Naturwissenschaften. Beides rüttelt aus der Sicht vieler Chemielehrerinnen und -lehrer vehement am Selbstverständnis und am Status des Faches. Die Schärfe der Auseinandersetzung muss von diesem Hintergrund gesehen werden.

3.3.3 Aufbau und Autorenschaft

3.3.3.1 Der allgemeine Aufbau

Es fällt auf, dass der Rahmenplan Chemie in seiner Gesamtstruktur kaum thematisiert wird. *„Die Grundidee ist gut und endlich aktualisiert im Sinne eines alltagsanwendungsbezogenen Unterrichts"* (C13/FG/S. 2). In den meisten Stellungnahmen geht es um inhaltliche Details. Zunächst ein kurzer Blick darauf, wie die Gliederung des Rahmenplans, die Aufteilung in einen Teil A und einen Teil B beurteilt wird: Die Erklärungen in Teil A werden von den wenigsten thematisiert. Auf 12 Seiten wird in diesem Teil des Rahmenplanentwurfs Chemie erläutert, wie z.B. die vier Erschließungskategorien „Alltag, Umwelt, Technologie und Fachwissenschaft" zu verstehen seien. Dies sei, so schätzt einer

43 Verordnung über die Stundentafeln für die Grundschule, die Schule für Lernhilfe und die Mittelstufe der allgemeinbildenden Schulen vom 30. März 1993, Teil IV, § 12.

der Verbandsvertreter die Situation ein, zu ausführlich: *„Der allgemeine Vorspann sollte so kurz gehalten werden, daß er noch gelesen wird"* (C37/V/S. 2). Ein anderer geht auf die doppelseitigen Erläuterungen zu jeder Jahrgangsstufe ein. Diese werden besonders hervorgehoben und gelobt: *„Sehr hilfreich wurden die Erläuterungen empfunden, die die Gedankengänge der Autoren klarlegen, nachvollziehbar machen und eine große Hilfe für die Umsetzung der Rahmenrichtlinien sein werden"* (C36/V/S. 1). Die Grafiken - so eine weitere einzelne Stimme - seien hilfreich für ein besseres Verständnis: *„In den Rahmenplan eingefügte Grafiken helfen, seine Struktur zu verdeutlichen"* (C8/HR/S. 1). Ebenso werden die Hinweise eingeschätzt, die in Teil B gegeben werden: *„Die vielen stichwortartigen Hinweise, die der Rahmenplan nun dazu liefert, sind sicher wertvolle anregende Ergänzungen, um den Chemieunterricht in diesem Sinne noch stärker zu aktualisieren, zu beleben und erzieherisch effektiver zu machen"* (C14/FG/S. 2). In einer einzelnen Stellungnahme wird die Gliederung für die fünf Halbjahre positiv herausgehoben: *„Die Gliederung erscheint für die 5 Halbjahre des Chemieunterrichts der Mittelstufe systematisch sinnvoll. Jedes Halbjahr ist einer wichtigen Thematik unter Einbeziehung der relevanten Fragestellung gewidmet* (...)" (C40/W/S. 1). Auch Hinweise zur Überarbeitung der Gesamtstruktur gibt es. Diese weisen sehr dezidiert auf das hin, was dem Plan von seinen Kritikern vorgeworfen wird: die nicht sachlogische und somit auch nicht fachwissenschaftliche Orientierung, und damit verbunden die Verhinderung einer erkenntnisorientierten Ausrichtung: *„Die Abfolge und Strukturierung des Planes sollte so konzipiert sein, daß zumindest streckenweise ein sachlogisch-genetisches Unterrichten begünstigt wird, d.h. ein erarbeitendes, entdeckendes, problemorientiertes Vorgehen, das am Prozeß der Erkenntnisgewinnung Anteil gewinnen läßt"* (C6/E/S. 1).

3.3.3.2 Autorenschaft

Die Frage der Autorenschaft wird beim Rahmenplan Chemie häufig in den Blick genommen und die Anonymität der Autorenschaft wird vehement kritisiert. *„Der oder die anonymen Autoren werden in keiner Weise dem Anspruch gerecht, der an neue RRL Chemie zu stellen ist (...)"* (C35/S/S. 2). Wer so einen Plan vorlegt – so die Unterstellung -, der kann nichts mehr mit der Schulpraxis zu tun haben. *„Daß sich der oder die Verfasser schon lange aus der Schulpraxis zurückgezogen haben müssen, wird deutlich beim Stichwort ‚Phosphate in Waschmitteln'. Man empfehle ihnen den Versuch des praktischen Nachweis in einem modernen Vollwaschmittel"* (C35/S/S. 2). Und ein anderer begründet seine Annahme, die Autoren hätten von Chemieunterricht keine Ahnung, mit dem Hinweis: *„Der Anspruch zum Erlangen von Verständnis der Problem-*

zusammenhänge ist offensichtlich stark überbewertet und offenbart mangelnde Kenntnis der tatsächlichen Unterrichtssituation" (C31/SG/S. 2). Insgesamt erwecke der Plan den *„Eindruck von fachfremden Personen erstellt worden zu sein, die wenig praktische Unterrichtserfahrung in der Sek. I und keine in der Sek. II zu haben scheinen"* (C31/SG/S. 2). Auch die Vertreter der Fachkonferenz einer integrierten Gesamtschule vermuten, dass der Grund für die inhaltlichen und formalen Fehler im Plan *„die fehlende Sachkompetenz der Autoren oder zumindest fehlender Überblick über die Aufgaben des Faches Chemie in der Sekundarstufe I - besonders in der Gesamtschule - sein könnte"* (C34/SI/S. 5).

Die Kritik an den Autoren wird besonders deutlich, wenn Formulierungen und die Sprache des Plans kritisiert werden. Äußerungen wie die folgenden sind die Ausnahme: *„Die Erläuterungen sind kurz, prägnant und verständlich"* (C13/FG/S. 2). Meistens klingen die Stellungnahmen so: „(...) *die Formulierungen sind wenig hilfreich, um tradierte oder überholte Unterrichtsvorstellungen zu verändern"* (C39/W/S. 5). Andere finden die Formulierungen unpräzise und somit auch unwissenschaftlich: *„Nicht dagegen ist einzusehen, warum die Schüler gerade in Chemie so schludernd mit Begriffen umzugehen lernen sollen, ist es doch gerade wichtiges Ziel des Chemieunterrichtes, eine Fachsprache zu Kennzeichnung typischer Reaktionsweisen von Stoffen verfügbar zu machen"* (C34/SI/S. 5). Zentraler Vorwurf: die Autoren würden die Fachsprache *„sehr lax und unsicher handhaben."* Ihr Sprachgebrauch würde zwischen *„trivial und oberflächlich"* pendeln. Eine andere Position lautet: Die Autoren biederten sich mit ihrer Sprache bei den Jugendlichen an, wobei auch hier der Bezugspunkt die Fachwissenschaft ist, die angeblich vernachlässigt würde: An dem Themenblatt „echt ätzend" wird beispielsweise kritisiert, dass es: „(...) *völlig unangemessen ist, während das (...) Beispiel offensichtlich der jugendlichen Modesprache verpflichtet scheint und hier zu einer zweideutigen Aussage führt, was gerade eine Fachsprache verhindern soll"* (C34/SI/S. 4). Manche Autoren schreiben akribisch Formulierungsfehler auf. So listet einer der Stellungnehmenden auf fünf Seiten angebliche Fehler auf, z.B.: *„Es werden zwei Begriffe für dieselbe Sache verwendet, bzw. es wird nicht deutlich, ob - und gegebenenfalls wie - die beiden Begriffe unterschiedlich definiert werden"* (C16/HR/S. 7). Es werden Erklärungsformen und inhaltliche Fehler kritisiert. *„Die genannten Prozesse verlaufen nicht mit binären Verbindungen (Elemente sind keine binären Verbindungen), sondern sie führen zu binären Verbindungen"* (C16/HR/S. 7). Und schließlich werden noch grammatikalische Fehler bemängelt: *„Der Satz hat mehrere Subjekte, dann muß auch das Prädikat im Plural stehen"* (C16/HR/S. 10).

Viele bedauern, dass die Autoren ungenannt bleiben, „(...) *damit wird - wie auch durch das Fehlen eines bibliografischen Bezugs auf die didaktische*

Fachliteratur - jeder Anspruch auf Wissenschaftlichkeit und Überprüfbarkeit übergangen!" (C34/SI/S. 1). Dies ist eine Anspielung auf die Erstellung der Rahmenrichtlinien, in denen die Autoren und Autorinnen namentlich genannt worden sind, was auch ermöglichte, ihren persönlichen Standpunkt auf den des Planes zu beziehen. Diese Form der ‚Autorenpläne' war bei der Erstellung der Rahmenpläne bewusst vom Kultusministerium nicht gewählt worden (vgl. Kap. 2). In einer Stellungnahme werden Empfehlungen für die zukünftige Zusammensetzung der Autorengruppe bei der Überarbeitung bzw. Neuschreibung des Chemieplans gegeben: „(...) *mit der Erarbeitung von Chemielehrplänen (*sollte, K.H.*) ein mehrköpfiges, ausgewogen zusammengesetztes Team beauftragt werden"* (C38/V/S. 9).

Die Zusammenfassung der Ergebnisse zeigt: es ist nicht die allgemeine Struktur des Rahmenplans Chemie, die auf besonderen Widerstand stößt. In diesem Bereich sind – wenn überhaupt darauf eingegangen wird - die Stellungnahmen verhältnismäßig moderat. Da ansonsten nahezu jeder Teilbereich ‚in Angriff' genommen wird, kann dies im Grunde nur damit zusammenhängen, dass der Blick auf den Gesamtplan durch die Vielzahl der Teilbereiche, die betrachtet, beurteilt und verworfen werden, verstellt ist. Ein solcher Teilbereich ist die Autorenschaft. Hier werden die Widerstände gegenüber dem Plan deutlich. Die Sprache wird ebenso zur Zielscheibe wie die Fachtermini. Die Kritik mündet in die Aussage, dass die Autoren keine Ahnung von der Unterrichtsrealität hätten. Hier klaffen Annahme und Realität weit auseinander, da beide Autoren zur Zeit der Rahmenplanentwicklung aktiv im Schuldienst als Chemielehrer tätig sind.

3.3.4 Strukturierende Elemente: die vier Erschließungskategorien

3.3.4.1 Die vier Erschließungskategorien

Die Erschließungskategorien im Allgemeinen finden durchaus einige Befürworter: Diese Konzeption *„ist grundsätzlich zu begrüßen und entspricht dem Stand der didaktischen Diskussion"* (C17/FG/S. 1), es sei *„sicherlich der richtige Ansatz"* (C40/W/S. 1). *„Die Konzeption präsentiert sich als sehr mutig und innovativ; sie stellt sich den vielschichtigen Fragekomplexen der Gegenwart und versucht einen Brückenschlag von aktuell bestehenden Problemkreisen zu Erfahrungswelten der heranwachsenden Jugend. Das ist zu begrüßen"* (C19/SG/S. 1). Vereinzelt wird gesagt, dass diese schon seit längerem Gliederungsprinzip gewesen seien. *„Natürlich sollen Alltags-, Umwelt- und Technologiebezüge nicht unberücksichtigt bleiben. (...) Das geschah zwar schon* *immer, aber eine Erweiterung an dieser Stelle ist sicher sinnvoll"* (C20/SG/S. 1). Und in der Lehrerfortbildung sei diese Form der Orientierung schon lange Maßstab: *„Der Alltags-, Umwelt-, Technologieaspekt schreibt auf der Lehrplanebene etwas fest, das in der Vergangenheit unter anderem bestimmend war für Fortbildungsveranstaltungen"* (C18/LF/S. 1). In den anderen Stellungnahmen wird die Konzeption nur kurz kommentiert, um dann dazu überzugehen, was geändert werden müsste: *„Die Konzeption des Entwurfes enthält zwar durchaus einige interessante Ansätze und akzeptable Passagen, ist jedoch auch in weiten Teilen aus unterschiedlichen Gründen abzulehnen bzw. überarbeitungsbedürftig"* (C17/FG/S. 1).

In der überwiegenden Zahl der Stellungnahmen wird jedoch eine grundsätzliche Ablehnung formuliert: „(...) *abwegig scheint das ‚neue' Gliederungsprinzip der Rahmenplanautoren* (...)" (C34/SI/S. 1). Wobei bei vielen die Gewichtung der vier Erschließungskategorien untereinander der Grund für die Ablehnung ist: *„Wenn nach Meinung der Bildungsplaner die Chemie in ihrer Alltagsbedeutung mehr Schwergewicht bekommen soll, dann heißt das doch in der praktischen Durchführung eine thematische und stoffliche Ausweitung des Unterrichts. Bisher war die Unterrichtszeit auf die grundlegende und sorgfältige Vermittlung eines soliden Grundwissens der Chemie abgestimmt (...). Mit den reichhaltigen Bezügen zu Alltag, Umwelt und Technologie - und das ist der neue Schwerpunkt des Rahmenplans - vergrößert sich zwangsläufig das Unterrichtspensum, d.h. die Inhalte, die über das bisherige Maß hinaus thematisiert werden müssen."* Er führt dann weiter aus, dass dies nicht zu leisten ist, wenn man ein Halbjahr streicht und das Fach nur zweistündig unterrichtet. (C14/FG/S. 3)

Die neue Systematik widerspräche der „Chemiesystematik". *„Das Verlassen der Chemiesystematik zugunsten der Felder Luft, Wasser und Boden befördert die organische Chemie in eine Nebenrolle des gelegentlichen Auftauchens und damit de facto ins Abseits"* (C15/FG/S. 2). Hinzu käme, dass die einzelnen Themen nicht miteinander verknüpft seien und im Sinne eines Lehrgangs aufeinander aufbauen würden. „(...) *in einem Thema erarbeitete Kenntnisse der Schüler/innen lassen sich - wenn überhaupt - nur höchst sporadisch als Vorkenntnisse der folgenden Themen einsetzen, ein für Schüler/innen geeignetes und tragfähiges Gerüst an Fachsystematik wird nicht entwickelt"* (C16/HR/S. 5). Die *„Didaktik des Systemdenkens (ist, K.H.) nicht erkennbar"* (C11/HR/S. 2).

Einige Kritiker reagieren spöttisch auf die vier Erschließungskategorien und sehen den Chemieunterricht an den Schulen in Hessen zurückversetzt in die Antike. *„Aus diesem ‚modernen' Entwurf lassen sich mühelos die vier Elemente von Aristoteles herauslesen, eine Idee, die etwa 2300 Jahre alt ist"* (C9/FG/S. 2). *„Damit wird ein Strukturierungsprinzip wiederbelebt, dessen Überwindung vor etwa 200 Jahren den Beginn der Entwicklung der heutigen Chemie markiert. Die* *im Verlauf dieser Überwindung entwickelten, heute gültigen Strukturierungsprinzipien werden nicht - oder nur rudimentär - verwendet"* (C16/HR/S. 5). Doch nicht alle, die die Verwendung dieser vier Bereiche thematisieren, sind so ironisch. In einer Stellungnahme wird durchaus anerkannt, dass diese Form der Gliederung etwas Reizvolles hat, nur würde sie in Bezug auf den Unterricht nicht funktionieren: *„So bestechend auch ein Rückgriff auf die aristoteleischen (sic!) Elemente Feuer, Luft, Wasser und Erde sein mag, hier trägt er nicht"* (C7/FG/S. 4).

Aus dieser Kritik ergibt sich die Forderung, *„(...) die Systematik des Faches (müßte) erheblich stärker betont und zu einer Leitlinie des Lehrplans gemacht werden"* (C16/HR/S. 5). Zugleich wird eine stärkere Vernetzung zwischen den vier Bereichen gefordert. In einer Stellungnahme wird hierzu ein konkreter Vorschlag für die Überarbeitung gemacht, in der die Fachwissenschaft zu dem alles verknüpfenden Element werden könnte: *„Wie kann Chemieunterricht (...) einen roten Faden oder besser ein Netz bekommen, das Verknüpfungen zulässt? Ein solches Netz kann die Fachwissenschaft bieten, es läßt sich aber aus keinem der anderen Orientierungspunkte entwickeln"* (C1/A/S. 2).

3.3.4.2 Der Stellenwert der Fachwissenschaft

Der Protest an den Erschließungskategorien macht sich vor allem an der ‚Platzierung' der „Fachwissenschaft" fest.[44] In fast allen Stellungnahmen wird die *„extreme Zurückdrängung der Fachsystematik"* (C16/HR/S. 5) beklagt, der Fachwissenschaft würde *„zu wenig Raum beigemessen"* (C31/SG/S. 1). *„Fachwissenschaftliche Inhalte erst an 4. Position"* (C11/HR/S. 1) wird kurz und bündig konstatiert. Polemisch wird gefragt: *„Besitzen die chemischen Grundgesetze keine Bedeutung mehr für die Naturwissenschaften?"* (C32/SG/S. 3) *„Verwundern mußte die Fachkonferenz auch die Aufgliederung des Lernweges, der von Alltag über Umwelt und Technologie zur Fachwissenschaft fortschreitet, wobei scheinbar dem Alltag die höchste Priorität eingeräumt wird und die Fachwissenschaft auf einer Position stehen soll, die ihr einen kleineren - den kleinsten Stellenwert einräumt"* (C34/SI/S. 2). Einige bringen zum Ausdruck, dass das Fach Chemie mit dieser Aufteilung abqualifiziert werde: *„Die fachwissenschaftlichen Aspekte der Chemie werden als letzter Punkt gerade noch*

44 Die Vorgaben für die einzelnen Halbjahre fangen jeweils damit an, dass in einem Kasten, der eine Seite umfasst, die verbindlichen Inhalte genannt werden und dann auf einer weiteren Seite in vier untereinander liegenden Kästen angegeben wird, welchen Beitrag im Rahmen der einzelnen didaktischen Bezüge: „Alltag", „Umwelt", „Technologie" und „Fachwissenschaft" - sie sind in dieser Reihenfolge untereinander angeordnet - geleistet werden kann (siehe Anhang).

erwähnt. Die Fachwissenschaft wird reduziert zum Lieferanten von notwendigen Arbeitsmethoden" (C30/SG/S. 1). Eigentlich sei die Unterrichtsfachbezeichnung „Chemie" angesichts dieser Veränderungen nicht mehr adäquat: *„Wenn in dem Fach, das hier noch Chemie genannt wird, die Fachwissenschaft Chemie (...), nur noch unbedeutendes und gerade noch geduldetes Hilfsmittel sein soll, dann sollten diese radikal überbetonten Anliegen ehrlicher in einem Fach oder Lernbereich ‚Umweltlehre' abgehandelt und so auch im Lehrplan ausgewiesen werden"* (C38/V/S. 4).

Lernen werde für die Schülerinnen und Schüler durch den neuen Rahmenplan erschwert. *„Die deutliche Zurücksetzung der Fachsystematik führt dazu, daß die Schüler/innen mit einem Konglomerat von Themen konfrontiert werden, zwischen denen ein sachlogischer Zusammenhang entweder nicht vorhanden oder aber so verdeckt ist, daß die Schüler/innen ihn nicht erkennen können"* (C16/HR/S. 3). Von Seiten der Schulaufsicht wird entsprechend formuliert: *„Die Ziele des Chemieunterrichts (S. 4) müßten (...) erweitert werden. Es fehlen insbesondere: Vermittlung von Kenntnissen und Einsichten in spezifische Formen der Erkenntnisgewinnung in der Naturwissenschaft Chemie"* (C1/A/S. 1). In einer der Stellungnahmen findet sich ein weiterer interessanter Zirkelschluss: Der Plan würde durch seinen stringenten Aufbau den Lehrer, die Lehrerin davon abhalten, auf die Interessen der Schülerinnen und Schüler einzugehen. *„Der Entwurf vollzieht offensichtlich eine akzentuierte Abkehr von der bisherigen, fachsystematisch bestimmten Gliederung und Abfolge der Unterrichtsinhalte. Das kann insofern positiv sein, als es die Möglichkeit zur Bearbeitung neuer, aktueller und somit für die Lebenswelt der Schüler wichtiger Themen läßt. Trotzdem sind die Inhalte, wenn man sie dann wieder einzeln betrachtet, größtenteils fachwissenschaftlicher Art. Das schafft Probleme; äußerst naheliegende Assoziationen werden ‚verbindlich verboten'. Nur ein Beispiel: nach dem Verbrennen von Metallen wollen die Schüler vielleicht wissen, woher man Metalle bekommt. (...) Leider ist Metallerzeugung an dieser Stelle nicht erlaubt"* (C28/SG/S. 1).

Und in diesem Zusammenhang werden auch die Aussagen zur Propädeutik aus Teil A[45] des Rahmenplanentwurfs hinzugezogen, um zu belegen, wie deut-

45 „Chemieunterricht an allgemeinbildenden Schulen darf sich nicht als Propädeutik zur Fachwissenschaft Chemie verstehen, da diese unter völlig anderer Zielsetzung steht: Der begrenzten und didaktisch begründeten Auswahl und Festlegung von Inhalten im Schulfach Chemie steht in der Fachwissenschaft eine inhaltliche Offenheit gegenüber, die durch das Streben nach Erweiterung und Vervollständigung der Erkenntnisse bestimmt wird. Chemieunterricht vermittelt zwar zahlreiche Inhalte der wissenschaftlichen Chemie und bedient sich ihrer typischen Denk- und Arbeitsweisen, kann aber die Gliederungsprinzipien der fachwissenschaftlichen Erkenntnisse und inhaltlichen

lich die Relevanz der Fachwissenschaft heruntergestuft wurde. *„Unverständlich ist, daß die Propädeutik zur Fachwissenschaft Chemie nur noch einen geringen Stellenwert besitzt"* (C32/SG/S. 2). Diese „apodiktische" Aussage stünde im *„Widerspruch zu Aussagen des Entwurfs für die Kursstrukturpläne Chemie der Oberstufe"* (C7/FG/S. 1 f.). Propädeutische Elemente müssten eine wichtige Rolle spielen. *„Nur so kann die Zielsetzung umgesetzt werden, die oben angesprochen wurde, daß Einsichten zum spezifischen Erkenntnisweg dieser Naturwissenschaft entwickelt werden"* (C1/A/S. 2).

Aus diesen Gründen bekommt der Entwurf des Rahmenplans Chemie den Vorwurf, er sei „unredlich" (C7/FG). Es müsse gefordert werden, *„die angeführten Orientierungspunkte in Reihenfolge und Wertung vom Kopf wieder zurück auf die Füße zu stellen: 1. Fachwissenschaft, 2.-4. die anderen Bezüge"* (C7/FG/S. 1). Befürchtet wird, dass die Schülerinnen und Schüler nicht mehr ausreichend im logischen Denken geschult würden. *„Die Auflistung der Unterrichts-Inhalte läßt keinen fachwissenschaftlich logischen Gang des Unterrichts erkennen. Eine Erziehung zum folgerichtigen Denken ist damit nicht gewährleistet"* (C31/SG/S. 2). In einer der Stellungnahmen wird zufrieden festgestellt, dass zumindest in Jahrgang 10 die Fachwissenschaft angemessen berücksichtigt worden sei: *„Erfreulicherweise wird in einem Großteil der verbindlichen Inhalte von 10/II die Fachwissenschaft Chemie angemessen berücksichtigt"* (C9/FG/S. 3).

Die Ergebnisse der vorangegangenen Ausführungen zeigen, dass es nicht die vier Erschließungskategorien sind, die in den Stellungnahmen verurteilt werden. Es ist vielmehr die Rangfolge dieser Kategorien, die die Stellungnehmenden aus der Darstellungsform ablesen. Was von den Autoren als eine Auflistung gleichgewichtig zu verstehender Elemente gedacht ist, wird nun zu einer Hierarchisierung, die nach dem Selbstverständnis der Lehrenden einmal mehr ihre Fachkompetenz in Frage stellt und den geballten Zorn auf sich zieht. „Grundlagen", „Grundausbildung", „Wissensbasis", „grundlegendes Wissen", „Grundlagenwissen" - diese und ähnliche Begriffe tauchen häufig auf, um zu umreißen, was es denn sei, was den Schülern und Schülerinnen verloren geht, sollten sie nach dem neuen Rahmenplan unterrichtet werden. Gerade in Hinblick auf den Aspekt „Propädeutik" wird jedoch deutlich, dass sich hier jene besonders vehement gegen die Ausrichtung des Plans aussprechen, aus deren Sicht die Vorbereitung der Schülerinnen und Schüler auf ein späteres Studium die wichtigste Aufgabe des Gymnasiums ist. Wenn sich gymnasiale Bildung ausschließlich als Ort der Vorbereitung zu einem Studium an der Hochschule

---

Aussagen nicht zu seinem eigenen Ordnungsschema machen" (Entwurf, Rahmenplan Chemie, Wiesbaden 1993).

versteht, muss die stärkere Alltagsorientierung auf Unverständnis stoßen, stellt sie doch das traditionelle Ziel gymnasialer Bildung in Frage.

Dem Rahmenplanentwurf wird immer wieder vorgeworfen, dass er durch das Zurückdrängen der Fachwissenschaft den Schülerinnen und Schülern jede Möglichkeit nehmen würde, wirklich zu verstehen, um was es in der Chemie gehe. Im Grunde wird hier versucht, den Rahmenplan mit seinen eigenen Intentionen zu schlagen. Genau das, was mit dem neuen Plan gefördert werden soll und was sich mit dem Stichwort „vernetztes Denken" umreißen ließe, würde durch das Zurückdrängen der Fachwissenschaft verhindert werden.

3.3.5 Unterricht und Methoden

3.3.5.1 Didaktische Grundsätze und Methodenfrage

In einigen wenigen Stellungnahmen ist eine positive Einstellung gegenüber dem didaktischen Konzept festzustellen: *„Die ganzheitliche projektorientierte Behandlung von Unterrichtsthemen entspricht dem aktuellen Entwicklungsstand der Fachdidaktik"* (C10/HR/S. 1). In einer Stellungnahme wird die Stimmigkeit mit den Bildungskonzepten der Landesregierung hervorgehoben: *„Begrüßenswert sind die durchgängig in allen Fächern formulierten ‚Didaktischen Grundsätze'. Ihre weitgehende Übereinstimmung weist auf die Orientierung an einem gemeinsamen Erziehungs- und Bildungskonzept hin"* (C3/A/S. 3).

Es überwiegen die kritischen Anmerkungen: Die *„Auswahl der didaktischen Grundsätze ist unausgewogen"* (C35/SG/S. 2). Argumentiert wird dabei von sehr unterschiedlichen Seiten her. Etliche vertreten die Position, dass die Didaktik, die Stofffülle und die Stundentafel miteinander unvereinbar seien: *„Die wesentlichen Kritikpunkte an den Plänen beziehen sich auf die Unvereinbarkeit von didaktisch-methodischem Ansatz (etwa Berücksichtigung der Lernausgangslage und der Lernvoraussetzungen der Schüler) und der inhaltlichen Fülle im Hinblick auf die reduzierte Stundentafel"* (C29/SG/S. 1). Immer wieder ist von Widersprüchen die Rede: *„(...) ferner Widersprüche und Ungereimtheiten im Bereich methodisch-didaktischer Einzelentscheidungen"* (C16/HR/S. 5). Andere sprechen davon, dass die modernen didaktischen Elemente des Plans eher Alibicharakter hätten. *„Modernere Erkenntnisse einer Didaktik des Faches werden bestenfalls im äußeren Rahmen als Alibi abgehandelt. (...) Stattdessen findet eine Aufblähung unverbundener und unzusammenhängender Einzelheiten statt, die bestenfalls wieder den Mythos, die Chemie sei eine komplizierte, unverständliche Wissenschaft, auferstehen läßt, statt wirklich zum emanzipatorischen Lernen beizutragen"* (C34/SI/S. 7 f.). Und in einer Stellungnahme wird unterstellt, in dem neuen Rahmenplan würde auf didaktische Effekthascherei gesetzt: *„Nahezu alle didaktischen Grundsätze sind auf spontane Zustimmung hin formuliert. Leider sind sie in der aktuellen Schulrealität weitgehend absolut bzw. überhaupt nicht umsetzbar"* (C19/SG/S. 1).

Andere wiederum bestreiten, dass moderne didaktische Erkenntnisse ausreichend berücksichtigt worden seien, und kritisieren, dass der Plan dem *„heutigen Diskussionsstand der Chemiedidaktik in vielem nicht entspricht"* (C6/E/S2). Am weitesten geht diesbezüglich jene Stellungnahme, in der die Aussage formuliert wird, dass der Plan im Grunde völlig tradiert sei und gerade nicht aktuellen Bedingungen und Bedürfnissen gerecht würde: *„(...) der Plan hinterläßt den Eindruck, als ob gerade die Ergebnisse jahrzehntelangen methodisch-didaktischen Bemühens im Fach Chemie mit Absicht mißachtet worden sind"* (C31/SG/S. 2).

Methodische Überlegungen sind ein wichtiges Thema in den Stellungnahmen. *„Methodische Überlegungen, wie sie in der aktuellen pädagogischen Diskussion (z.B. Handlungsorientierung, Schülerorientierung) behandelt werden, sind genannt* (...)*"* (C8/HR/S. 1). Letztendlich, so wird von mehreren Stellungnehmenden angedeutet, sei in diesem Plan nichts, was wirklich neu sei. Er gäbe sich modernistisch, würde aber eigentlich nur das festschreiben, was sowieso schon gemacht würde: *„Die in den Plänen formulierten Grundsätze der Gestaltung des Unterrichts (...) klingen zwar sehr modern, sind aber seit längerer Zeit schon selbstverständliche Bestandteile des Chemieunterrichts und können als Grundlage für den Plan akzeptiert werden"* (C37/V/S. 3). Und in einer Stellungnahme findet sich gar die Position, dass der Plan genau genommen einen Rückschritt darstelle: *„Kritisiert werden muß in diesem Zusammenhang jedoch, daß durch den Plan dem erkenntnisorientierten Prinzip nur noch eine untergeordnete Bedeutung zukommt"* (ebd., S. 3).

In weit über der Hälfte der Stellungnahmen findet sich die Befürchtung, der Lehrer/ die Lehrerin müsse den Schülerinnen und Schülern Fakten interessant präsentieren, die er/sie aber nicht mehr gemeinsam mit diesen erarbeiten könne. Es wird befürchtet, dass *„die fast zwanghaft wirkende Stofffülle der Rahmenpläne Chemie"* das Fach *„zu einem reinen Benennungsfach"* werden lasse (C34/SI/S. 6). Der Plan würde sich von dem verabschieden, was eine Generation der Chemiedidaktiker und Chemiedidaktikerinnen geprägt habe: problemorientiert vorzugehen. *„In zunehmenden (sic!) Maße werden hier Kenntnisse gesammelt, aber nicht Erkenntnisse gewonnen. Die im Entwurf vorliegende Verschiebung von einem problemorientierten Vorgehen und einem Erarbeiten von Inhalten hin zu einer mitteilenden Verfahrensweise und einem nur informierenden Unterricht widerspricht den grundlegenden Arbeitsweisen jeder Naturwissenschaft"* (C38/V/S. 7). Es sei zu befürchten, dass *„einzig das Wissen* *isolierter Fakten und Erscheinungen das Bild des Unterrichts prägen muß"* (C34/SI/S. 1). Früher – zu Rahmenrichtlinienzeiten – habe man mit den Schülern und Schülerinnen noch anders arbeiten können, nun müsse man vor ihnen dozieren, ohne sicher zu sein, dass sie das verstehen, was man ihnen erzählt. *„Was die Schülerinnen und Schüler lernen sollen, wird größtenteils durch den Lehrer mitgeteilt, einer Erarbeitung mit Methoden der naturwissenschaftlichen Erkenntnisgewinnung kommt nur ein geringer Stellenwert zu"* (C37/V/S. 3.).

Das Thematisieren methodischer Fragen hängt – wie bereits beschrieben – eng zusammen mit der von vielen befürchteten Stoffüberfrachtung (vgl. Kap. 3.3.1.1). Immer wieder wird gefragt, wie es zu leisten sei, die Vorgaben des Plans umzusetzen: „(...) *wie sollen Schülerinnen und Schüler im Alter von 14 bis 16 so schnell auf ein derartiges Abstraktionsniveau gelangen und dann auch noch fundierte Erkenntnisse in konkretes Handeln umwandeln? Wie groß ist die Zahl honoriger Erwachsener mit anerkannt fundierten Kenntnissen, die angesichts der Komplexität vieler Probleme noch nicht einmal Ansätze zu Handlungsmustern vorweisen können!"* (C19/SG/S. 1) Und auch an diesem Punkt wird wieder die Befürchtung laut, dass letztendlich eine Unterrichtssituation entstehe, in der genau nicht mehr methodisch angemessen Inhalte vermittelt werden können. *„Probleme ergeben sich nach unserer Auffassung aber auch an zahlreichen Stellen, an denen komplexe Vorgänge ‚irgendwie chemisch' erklärt werden sollen"* (C30/SG/S. 1).

3.3.5.2 Das Schülerexperiment und Blackbox-Verfahren

Zum Stellenwert des Aspekts Schülerexperiment gibt es durchaus zustimmende Äußerungen: *„Positiv an dem Plan erscheint u. a., daß im allgemeinen Teil als eine Aufgabe des Chemieunterrichts auch die Bindung an Werte hervorgehoben wird, daß eine originale Begegnung mit Stoffen und Reaktionen im Vordergrund stehen soll und daß der experimentellen Erschließung der Inhalte ein bedeutender Stellenwert zugeschrieben wird"* (C6/E/S. 1). Selbst unter den vehementesten Kritikern finden sich solche, die den Ansatz „Schülerexperiment" eindeutig befürworten: *„Die zentrale Bedeutung des Experiments für das Unterrichtsfach Chemie wird überzeugend begründet und die verschiedenen Funktionen von Schülerexperimenten und Demonstrationsexperimenten werden einsichtig aufgezeigt. (...) Die vorgenommenen Wertungen sind akzeptabel und entsprechen elementaren Forderungen der Chemiedidaktik"* (C39/W/S. 5).

Kritisiert wird vereinzelt, dass das Schülerexperiment überbewertet würde: *„Die Funktion des Experiments, als eine der tragenden Säulen des Chemieunterrichts, wird ebenso einseitig im Sinn reiner Wissensvermittlung dargestellt"* (C17/FG/S. 1). In einer anderen Stellungnahme wird darauf hingewiesen, dass die möglichen Experimente zu banal seien: *„Ein großer Teil der möglichen Experimente ist entweder zu primitiv oder es handelt sich um ‚black-box'-Versuche, die wenig zum chemischen Verständnis beitragen"* (C9/FG/S. 3). In einer Stellungnahme werden Unsicherheiten darüber formuliert, wo im Rahmen des Unterrichts das Experiment überhaupt platziert werden soll und was für Experimente ausgewählt werden sollten. *„Wie in allen Plänen zuvor - und trotz aller Anfragen, Diskussionen und Vorschläge bleibt ungeklärt, wo das Schülerexperiment angesiedelt, wie es im Unterricht Platz finden und zusammen mit dem Schulträger realisiert werden soll"* (C38/V/S. 6 f.). Der Stellungnehmende fordert weiter, *„eine mutige Entscheidung zum Schülerexperiment (...) Hier ist die Organisationsform festzulegen und wichtige Experimente sind zu nennen"* (C38/V/S. 9). Bei anderen findet sich eine „Ja, aber..."-Position, wobei sich dieses „Aber" meistens aus den realen schulischen Bedingungen begründet. Diese stünden quer zu dem, was der Plan wolle. Dabei geht es den Stellungnehmenden sowohl um Verbrauchsmaterialien als auch um personelle Ressourcen: *„Die Berufung auf die Erstausstattung kann nur als bildungspolitisches Scheinargument eingestuft werden. Chemikalien sind Verbrauchsmittel und müssen über ausreichende Sachmittel finanzierbar sein"* (39/W/S. 6). *„Skepsis muß aber bei der Frage der Realisierung auftreten. Bei den zu erwartenden Entwicklungen in der personellen Versorgung von Schule scheint eine Umsetzung dieser Zielsetzung nur schwer möglich"* (C1/A/S. 2 f.).

Verwiesen wird auch auf die Erlasslage, nach der Schülerexperimente nur in Gruppen von 16 Schülern und Schülerinnen durchgeführt werden dürften. *„Hier ist die Verordnung über die Aufsicht über Schüler vom 28.03.1995, Abl. 4/85, S. 185 zu beachten. (Insbesondere Anlage 2, I.17. Richtzahl 16 Schülerinnen und Schüler in 8 Arbeitsgruppen)"* (C2/A/S. 4). Und einige rechnen den Autoren detailliert vor, dass angesichts der Stundentafel, dem Schulalltag und der Stofffülle Schülerexperimente quasi nicht möglich seien. *„Reduziert man diese Stundenzahl (er hat zuvor 68 Std. ausgerechnet, wenn man Fahrten und andere Schulveranstaltungen abzieht, K.H.) um den gewollten Dispositionsspielraum des Lehrers, ergeben sich für einen Halbjahresplan effektiv etwa 20 bis 25 Unterrichtsstunden! Dies bedeutet z. B. für die aus meiner Sicht problematische Planung 9/2 (5 Halbjahre) pro ‚verbindlichem Inhalt' 2 bis max. 3 Unterrichtsstunden. (...) woher die Zeit für Schülerexperimente, die ja eine praktische Einführung, Bennenung (sic!) und Handhabung im Umgang mit Geräten, Chemikalien und Energien erfordert, kommen soll (sic!), bleibt völlig schleierhaft"* (C22/SI/S. 1). Solch ein Ansinnen, in dem geforderten Ausmaß mit Schülerexperimenten zu arbeiten, sei angesichts der Klassengrößen eine Unverschämtheit: *„Es ist schlichtweg eine Unverschämtheit wie auf S. 19, 4. Abs. zu fordern: ‚Der gefahrlose Umgang mit dem Gasbrenner und anderen*

Wärmequellen, der Schutz vor Verbrennungen und Verpuffung, vor Siedeverzug und Herausschäumen wird ebenso geübt wie die Handhabung der Sicherheitsvorkehrungen ...', wenn derzeit eine Lerngruppengröße von über 30 Schülern in der Stufe 8 factum ist" (C13/FG/S. 2). Manche formulieren diese „Erkenntnis", dass für das Schülerexperiment keine Zeit sei, mit Bedauern: *„Die Inhalte der ‚Elektrochemie' bieten gute Möglichkeiten, einen schülerorientierten Experimentalbaukasten durchzuführen. Leider läßt der überfrachtete Stoffkatalog (...) dem Lehrer keine pädagogische Freiheit"* (C32/SG/S. 3).

Als Konsequenz aus Stoffüberfrachtung wird immer wieder davon gesprochen, dass man verstärkt mit Blackbox-Verfahren arbeiten müsse. *„Unter fachspezifischen Gesichtspunkten muß man die Pläne teilweise als black-box Katalog bezeichnen"* (C13/FG/S. 1). Unter dem Schlagwort der Blackbox kulminiert die ganze Ablehnung gegen den Plan.[46] *„Eine Säule des Chemieunterrichts ist das Experiment. Nach diesem Entwurf ist zu erwarten, daß überwiegend langweilige oder viele ‚black-box'-Versuche den Unterricht beherrschen"* (C9/FG/S. 2). In einer der Stellungnahmen nimmt der Verfasser sogar an, dass das Verwenden des black-box-Verfahrens eine von den Rahmenplanautoren intendierte Lösung für die Stofffülle sei: *„Die Vorstellungen der Autoren gehen offensichtlich von einer sehr oberflächlichen Behandlung aus, die häufig nur eine ‚black-box'-Beschreibung der chemischen Inhalte vorsieht. Unter diesem Aspekt ist es sicherlich in der vorgegebenen Zeit zu schaffen, die verbindlichen Inhalte zu unterrichten"* (C15/FG/S. 1).

Befürchtet wird, dass wissbegierige Schüler und Schülerinnen völlig entmutigt würden: *„Dies bedeutet aber einen nicht hinnehmbaren Motivationsverlust für den Chemieunterricht in SI. Junge, wißbegierige Menschen werden sich nicht permanent mit Blackboxreaktionen (z.B. Teststäbchen) abspeisen lassen"* (C7/FG/S. 2). Für eine zukünftige Überarbeitung des Plans wird polemisch gefordert: Die *„Vorläufigkeit einer ‚black-box' sollte zumindest an einem Beispiel durch deren 'Erhellung' verdeutlicht werden"* (C11/HR/S. 2).

3.3.5.3 Projektorientierung, Problemorientierung und fächerübergreifender Unterricht

In den Didaktischen Grundsätzen (Rahmenplanentwurf S. 6-11) geben die Autoren vor, dass die Gestaltung des Unterrichts bzw. seine Arbeitsweisen

46 Im Plan selber ist einmal die Rede von diesem Verfahren. Auf Seite 32 wird innerhalb des Verfahrens, Mineralsalze nachzuweisen, vorgeschlagen, „... z.B. black-box-Verfahren mittels Indikatorlösungen oder Meßstäbchen" (Rahmenplanentwurf Chemie 1993, S. 32) zu verwenden.

exemplarisch, fächerübergreifend, ganzheitlich-projektorientiert und erkenntnisorientiert sein sollen. Kritisiert wird in den Stellungnahmen, dass es nicht genügend Spielraum gäbe, um diese Vorgabe umzusetzen: *„Genausowenig wundert es, daß in der einführenden Vorbetrachtung Prinzipien genannt werden (exemplarisch, fächerübergreifend vernetzend, ganzheitlich-projektorientiert und erkenntnisorientiert), für die dann in den praktischen Teilen nicht die Spur eines Spielraums gegeben wird“* (C34/SI/S. 6).

Gefordert wird, keine Festschreibung der Projektorientierung vorzunehmen: *„Die praktischen Erfahrungen mit projektorientiertem Chemieunterricht haben (...) gezeigt, daß eine Ergänzung durch Elemente des Lehrgangs nötig ist, um Lernvoraussetzungen zu schaffen und um eigene Erfahrungen in systematische Zusammenhänge einzuordnen. (...) von daher sollte im neuen Rahmenplan Chemie die Projektorientierung empfohlen, nicht aber verbindlich festgeschrieben werden“* (C10/HR/S. 1).

An der festgeschriebenen Problemorientierung, die laut einer anderen Stellungnahme nur zu RRL-Zeiten vorhanden war, stoßen sich vor allem jene Stellungnehmenden, die der Meinung sind, dass diese nicht mehr möglich sei, da durch die Stofffülle nur noch vorgetragen werden könne und die Vorgaben des Plans die Lehrer zu Unterrichtsmethoden greifen lassen würden, die problemorientiertes Arbeiten ad absurdum führten: *„Die Autoren scheinen eine informierende Kenntnissammlung statt eines problemlösenden Vorgehens zur Erkenntnisgewinnung zu propagieren, da anders die vermehrte Stoffülle bei weniger Zeit nicht zu bewältigen ist“* (C7/FG/S. 2).

Gegen den Aspekt „fächerübergreifendes und vernetztes Arbeiten“ gibt es keine grundsätzlichen Widerstände. Es wird dem Plan aber unterstellt, er würde in seinen unterrichtspraktischen Vorgaben (Teil B) genau das verhindern, was er fordert: Vernetztes Denken können die Schüler und Schülerinnen auf der Basis dieses Plans nicht lernen, *„da die Themenkreise (...) so sehr auseinanderdriften, daß Bezüge kaum hergestellt werden können. Des weiteren sind (...) zum Knüpfen eines Netzes Haltepunkte oder Verankerungen (...) erforderlich. Es geht jedoch aus dem Rahmenplan nicht einmal andeutungsweise hervor, welche Haltepunkte hier errichtet werden sollen“* (C16/HR/S. 3). Andere sehen das Ziel gefährdet durch den handlungsorientierten Ansatz. Tun und Denken stehen hier dualistisch einander gegenüber: *„Ein vernetztes Denken ist sicher anzustreben, aber auf der Grundlage kausalen Denkens. Das ist sicher nicht durch Herstellen von Metallschmuck zu erreichen“* (C20/SG/S. 1). Die überwiegende Zahl von Stellungnahmen kritisiert allerdings, dass es nicht genügend Querverweise zu anderen Plänen gäbe und die Pläne der Naturwissenschaften nicht ausreichend aufeinander abgestimmt seien: *„Die Strukturierung der Pläne ist nicht einheitlich angelegt, so daß Vergleichbarkeit und Erkennen fächerübergreifender*

Aspekte erschwert werden" (C3/A/S. 3). *„Konkrete Hinweise zur Vernetzung mit anderen Fächern können die Arbeit der Fachkonferenzen der Schulen erleichtern"* (C8/HR/S. 1). Einer weist darauf hin, dass die Kollegien unter Umständen noch gar nicht in der Lage sein könnten, diese Form von fächerübergreifendem Arbeiten zu leisten: *„Fächerübergreifender vernetzter Unterricht setzt Teamarbeit in den Kollegien voraus bzw. die Weiterbildung der Kollegen in benachbarten Unterrichtsfächern"* (C10/HR/S. 1).

Im Rahmenplanentwurf wird gefordert, neben naturwissenschaftlichen Arbeitsweisen auch „Methoden aus dem gesellschaftswissenschaftlichen Bereich" einzusetzen (vgl. Rahmenplanentwurf Chemie 1993, S. 11). Dieses *„Eindringen gesellschaftswissenschaftlicher Methoden und Verfahren" findet keine Zustimmung* (C35/SG/S. 1). Ein Kritiker des Rahmenplanentwurfs schreibt kurz und bündig: *„Keine Zeit für den Einsatz von Methoden der Sozialwissenschaft"* (C11/HR/S. 2). Bei vielen besteht die Meinung, dass die im Rahmenplan genannten Methoden, *„ z.B. Erhebung und Auswertung von Daten und Meinungen, Erstellung und Interpretation von Statistiken, Auswertung von Texten der Interessengruppen und Printmedien"* (Rahmenplanentwurf Chemie 1993, S. 11) nicht in den Chemieunterricht gehören: *„Wir sind nicht der Meinung, daß ‚Erhebung und Auswertung von Daten und Meinungen usw.' Thema eines Chemie-Mittelstufenunterrichts sein sollte"* (C20/SG/S. 1).

Die Idee, außerschulische Lernorte mit einzubeziehen, trifft bei den wenigen, die diesen Aspekt ansprechen, auf Zustimmung: *„Der Technologieaspekt bietet viele Möglichkeiten, außerschulische Lernorte zu besuchen, wenn auch dies nicht explizit genannt wird"* (C8/HR/S. 1). *„Soll es sich in der Zukunft wirklich realisieren lassen, die Schülergruppe spontan zu einem Ausflug in den Wald einzuladen, um sich ‚Verstehenlehren' zu lassen. Es wäre traumhaft schön"* (C19/SG/S. 1).

Als Resümee lässt sich festhalten, dass bezweifelt wird, dass durch den neuen Rahmenplan die Methodenvielfalt erhöht werden wird. Folgt man den Stellungnahmen, so entwickelt sich eher das Bild eines methodisch verarmenden Chemieunterrichts. Wieder wird dem Rahmenplanentwurf zum Vorwurf gemacht, dass er befördere, was durch ihn eigentlich bekämpft werden solle: lehrerzentrierter, dozierender Unterricht, der die Schülerinnen und Schüler kaum berücksichtigt. Wogegen sich die meisten der Stellungnehmenden wehren – und das wurde schon im vorangegangenen Kapitel deutlich -, ist die Festschreibung von Methoden. Besonders die Verpflichtung, gesellschaftswissenschaftliche Arbeitsmethoden mit einzubeziehen, stößt auf Kritik. Dass problemorientiertes Herangehen an Inhalte bzw. Projektorientierung oder Handlungsorientierung sinnvoll sein können, wird nicht bestritten. Das Problem scheint zu sein, diese im Unterrichtsalltag anwenden zu müssen. Es gibt kaum eine Stellungnahme, die das Experiment, auch das Schülerexperiment, als wichtiges Element im Unterricht ablehnen würde. Problematisch ist letztendlich für alle Kritiker das Verhältnis dieser methodischen Vorgaben zur real vorhanden Zeit, den schulischen Rahmenbedingungen und dem durch den Rahmenplan vorgegebenen Stoffpensum.

3.3.6 Resümees und Konsequenzen

3.3.6.1 Halbwissen - Oberflächlichkeit – Trivialität

In vielen Stellungnahmen wird die Gefahr gesehen, dass das Fach aufgrund des neuen Plans zur Oberflächlichkeit verdammt sei. Angesichts der knappen Zeit sei es nicht möglich, den Schülern und Schülerinnen fundierte Kenntnisse zu vermitteln. *„Angesichts der tatsächlich zur Verfügung stehenden Zeit gerät der Lernbestandteil ‚Fachwissenschaft' zu einem einzigen Jonglieren mit Begriffen, die im Unterricht bestenfalls mit Trivialerfahrungen der Schüler gefüllt werden können und so zu einer abstrakten Ansammlung von exotisch wirkenden Vokabeln gerinnt"* (C34/SI/S. 3).

„Insgesamt besteht in dem Entwurf der Rahmenpläne Chemie die Tendenz, viele Dinge nur an der Oberfläche anzureißen (...). Eine detaillierte fachliche Klärung ist in den angegebenen Altersstufen meist nicht möglich und wird wohl auch gar nicht angestrebt" (C30/SG/S. 1). Eine weitere Variante geht davon aus, dass die mangelnde fachwissenschaftliche Orientierung des Unterrichts sowie der Aufbau der Inhalte Oberflächlichkeit erzeugen würden: *„Ohne Kritikfähigkeit (die nur durch fachwissenschaftliches Arbeiten erreicht werden kann, K.H.) ist aber die erreichbare Kompetenz sehr oberflächlich"* (C27/SG/S. 1). *„(...) für das Fach Chemie ist zusätzlich zu bemerken, daß ein systematischer Aufbau der Inhalte fehlt, so daß bestimmte Problemstellungen für Schüler nicht nachvollziehbar sind, es sei denn, man bleibt nur an der Oberfläche und löst den Anspruch auf Wissenschaftlichkeit nicht ein"* (C24/SK/S. 1).

In den Stellungnahmen findet die Befürchtung ihren Ausdruck, die Schüler bekämen nur noch *„(...) sprachliche Hülsen für ein aufgesetztes Pseudoverständnis"* (C34/SI/S. 3). Dieses Pseudowissen würde auch dadurch produziert, dass der Chemieunterricht neue Aufgaben bekommen habe, die er angesichts der Zeit nicht leisten könne. Die *„Fülle von Aufgaben, die über die Wissensvermittlung von chemischen Wissen und chemischen Denkweisen weit hinausgehen, wird Schüler und Lehrer überfordern. Durch fehlende konkrete Benennung des ‚eingeforderten' Wissens und Könnens besteht die Gefahr einer Reihung insularen oberflächlichen Pseudowissens"* (C38/V/S. 2). In anderen Stellungnahmen wird nicht von Pseudowissen, sondern von Besserwisserei - und die auch noch in ihrer plumpen Variante - gesprochen, die durch den Rahmenplan erzeugt werden könnte. „(...) *die Auseinandersetzung (mit Technologie, K.H.) kann nur beispielhaft erfolgen und darf nicht auf plumpe Besserwisserei hinauslaufen*" (C5/E/S. 2).

An vielen Stellen wird die Sorge vor Beliebigkeit sichtbar: „*Es dominiert der Eindruck, daß die Behandlungsform und Behandlungstiefe weitgehend beliebig ist*" (C39/W/S. 5). „*Durch den Versuch, die gesamte moderne Industriegesellschaft in das Fach Chemie ‚hineinzupacken' wird die Auswahl für die/den FachkollegIn beliebig und nicht mehr nachvollziehbar*" (C22/SI/S. 2). Die Stimmung insgesamt ist negativ. „*Grundtendenz negativ*" (C11/HR/S. 1). Das Fach Chemie, so ist es aus fast allen Stellungnahmen herauszuhören, verliere an Seriosität. In der folgenden Äußerung wird diese Position auf die Spitze getrieben: „*Chemie wird so zum unverbindlichen, alltagsgesteuerten Plauderfach mit gestaffeltem Abschreckungseffekt. Höheres Erkenntnisinteresse wird zunehmend diskriminiert, und zwar am stärksten durch mangelhaftes Eingehen auf den Aspekt Fachwissenschaft*" (C34/SI/S. 8). Und damit schließt sich der Argumentationskreis wieder hin zur Fachwissenschaft.

3.3.6.2 Gefährdung des Industriestandorts Deutschland

In einigen Stellungnahmen wird der Bogen zur chemischen Industrie ganz offen gezogen: „*Der Chemieunterricht muß auch vermitteln, daß die Wissenschaft Chemie und ihre technologische Verwertung durch Industrie ganz erhebliche positive Bedeutung für die Menschen hat. Sie ist nicht nur eine wesentliche Quelle unseres Wohlstandes, sie ist auch Grundlage für die Lösung wichtiger Probleme der Menschheit in Vergangenheit und Zukunft*" (C1/A/S. 2). „*Die Frage, inwieweit es sich ein Staat, dessen Reichtum in entscheidendem Maße nicht von Ackerbau und Bodenschätzen, sondern von Hochtechnologie abhängt, leisten kann, den gymnasialen Unterricht in der Naturwissenschaft Chemie nicht mehr auf die Grundlage dieser Naturwissenschaft zu stellen, sondern unter dem großen Motto: ‚Wir reden über alles und verstehen nichts!' ablaufen zu lassen, soll hier nicht ausdiskutiert, sondern nur als Anregung zum Nachdenken gestellt werden*" (C15/FG/S. 2).

Einer der Stellungnehmenden sieht die Gefahr, dass eine „*ablehnende Haltung gegenüber che. Produkten und somit gegenüber der chemischen Industrie bei den Lernenden erzeugt wird (...) In Anbetracht der Abhängigkeit unserer Gesellschaft von der chem. Industrie und der tiefen Kriese* (sic!) *auf dem Arbeitsmarkt können wir uns das nicht leisten*" (C5/E/S. 1). Da nicht mehr nach dem „Grundsatz der exakten Wissenschaft" gearbeitet würde, entstünde „*das typische Halbwissen"* (C14/FG/S. 3). Befürchtet wird die *„Resignation"* und eine *„Abwehrhaltung bei Schülerinnen und Schülern gegenüber Chemie aufgrund der Überbetonung der von Chemie ausgehenden Gefahren in Medien und Schule"* (C1/A/S. 2). Das Gegenteil sei notwendig: Die Schüler und Schülerinnen müssten eine positive Einstellung bekommen gegenüber der Chemie. Dies sei eine Aufgabe des Chemieunterrichts. *„Die Einbeziehung und Einbindung von Fragen des täglichen Umfelds muß zu einer verstärkten Akzeptanz der Natur- und Ingenieurwissenschaften führen, um diese als Grundlage der Gesellschaft anzuerkennen"* (C39/W/S. 5). Die nach Plan zu vermittelnden Inhalte können zur ‚Hysterie' bei den nur partiell informierten Schülerinnen und Schülern führen: *„Der Erfolg dieses Unterrichts dürften die bekannten auf jegliche Chemie hysterisch reagierenden Pseudoinformierten sein* (...)*"* (C15/FG/S. 1). Auch die teilweise ökologische Ausrichtung des Plans wird zur Zielscheibe der hier beschriebenen Kritik. Kritisiert werden die „(...) *immer wiederkehrende und (...) sich wiederholende Beschreibung von umweltzerstörenden Prozessen."* Das würde zu Abstumpfung, Resignation oder Destruktion führen. (C5/E/S. 1) Die Chemie werde zum „Buhmann der Nation" (C31/SG/S. 3).

In dem Moment, wo etwas anders ist als erwartet, wird in Lehrplanzusammenhängen gerne von Ideologie gesprochen. Dies fällt ganz besonders bei der Rahmenrichtliniendiskussion auf und setzt sich in Ansätzen bei der Diskussion der Rahmenpläne fort. Gefragt wird, „(...) *ob die Umsetzung in der schulischen Praxis bezüglich industrieller Gesichtspunkte ideologiefrei erfolgt (...)"* (C40/W/S. 1). Ein Rahmenplan Chemie wird gefordert, *„der sich weniger von der systematischen Chemie, dafür aber mehr von Parteiprogrammen und Ideologien löst* (...)*"* (C38/V/S. 10). Viele Lehrerinnen und Lehrer sehen in dem neuen Plan „(...) *einen 180°-Kurswechsel, der leider ebenso ideologisch motiviert (und damit auch intolerant) anmutet wie die zuvor dominierende Fachsystematik"* (C28/SG/S. 1). Besonderer Ausdruck der Ideologie sei der ökologische Schwerpunkt. *„Chemie wird in erster Linie unter ökologischen Aspekten behandelt, alle anderen Aspekte erscheinen sekundär. Damit wird der Chemie-Rahmenplan Ausdruck einer einseitigen Ideologie"* (C1/A/S. 4).

3.3.6.3 Verhinderte Erziehung zum mündigen Bürger

Nur in zwei Stellungnahmen wird ausgesagt, dass genau dieser Plan, wie er vorliege, die Erziehung zum mündigen Menschen erleichtere: *„Im Rahmenplan sind die Aufgaben und Ziele des Chemieunterrichts als wichtiger Beitrag zur Entwicklung der Fähigkeit der Schüler, moderne naturwissenschaftliche und technische Entwicklungen als mündiger Bürger sachlich bewerten zu können, sinnvoll formuliert"* (C40/W/S. 1).

Sämtliche Äußerungen, die ansonsten zu dem Thema gemacht werden, sind negativ. Was bewegt die Stellungnehmenden dazu zu sagen, dieser Plan erzieht nicht zur Mündigkeit? Zu große Stofffülle steht an erster Stelle der Kritik: der Plan sei so überfrachtet mit Inhaltsvorgaben, dass keine Zeit mehr dafür besteht, dieses Erziehungsziel zu verwirklichen: *„Unter diesem Aspekt werden die Schüler mit einer Fülle von Mitteilungen überhäuft, so daß ein Hinterfragen, Bewerten und Einordnen des angebotenen Stoffes durch ‚mündige' Schüler nicht erfolgen kann"* (C31/SG/S. 1). Aber nicht nur die Stofffülle, sondern auch die Begriffssystematik, wie sie in dem Plan vorliege, sei ein Hindernis. *„Entgegen der Intention, Schülerinnen und Schüler zu mündigen Bürgern zu befähigen, steht auch die unsystematische Anordnung von Begriffen und Inhalten"* (C37/V/S. 4). Andere argumentieren mit Methodikaspekten. Von den mangelnden Möglichkeiten her, chemische Experimente im Unterricht durchzuführen, wird in einer Stellungnahme abgeleitet, dass es nicht möglich sei, die Schüler *„zu demokratischen Entscheidungsprozessen als mündige Bürger zu befähigen"* (C17/FG/S. 2; vgl. auch RPL S. 3). Andere bauen ihre Argumentation auf die reine Wissensvermittlung auf, die der Plan angeblich den Lehrerinnen und Lehrern auferlegt: *„Ein Chemieunterricht, der die reine Wissensvermittlung in den Vordergrund stellt bzw. überbetont, ist abzulehnen. Auf diese Weise kann naturwissenschaftlicher Unterricht keinen Beitrag leisten, Kinder und Jugendliche zu mündigen, kritikfähigen Menschen zu erziehen"* (C32/SG/S. 3). In der überwiegenden Zahl von Stellungnahmen wird jedoch eher kritisiert, dass zu wenig vertieftes Wissen gefördert würde und so die Schüler und Schülerinnen unmündig blieben, was die Beurteilung von chemischen Zusammenhängen anginge (vgl. C10/F). Wieder andere unterstellen von vornherein eine undemokratische Grundhaltung des Rahmenplanentwurfs, auf deren Basis dann natürlich auch keine Erziehung zum mündigen Bürger stattfinden kann. *„In den vorgelegten Entwürfen (...) ist von (einer) demokratischen Grundhaltung leider nicht sehr viel zu finden."* Er zitiert in diesem Zusammenhang das Geleitwort des Ministers Holzapfel zu den Plänen im ABL.1/94 (C37/V/S. 2).

3.3.6.4 Zurückziehen, erneuern, überarbeiten, ergänzen

„Der vorliegende Entwurf zum Rahmenplan Chemie ist nun der erfreuliche Versuch, die entstandenen Bildungsdefizite der letzen Jahre zu beheben. Der Lehrer bekommt eine Fülle von konkreten Hinweisen, in welchen Lebensbereichen und Objekten des Alltags die Sachinhalte der Chemie ihre tiefere Bedeutung finden. Dadurch ist die Aktualität des Chemieunterrichts deutlich herausgestellt, und das Fach erfährt die Aufwertung, die bisher im gesamten

Bildungskontext vielfach noch unbeachtet geblieben ist" (C14/FG/S. 2). Es muss nach den bisherigen Ausführungen eigentlich kaum noch darauf hingewiesen werden, dass dies eine Minderheitenposition ist.

Es gibt einige, die fordern, dass der Rahmenplanentwurf Chemie zurückgezogen wird: *„Der vorliegende Entwurf sollte in dieser Form zurückgezogen werden und überarbeitet werden, wobei man sich an den erprobten Prinzipien der alten RRL Chemie orientieren sollte"* (C35/SG/S. 2). In einer Stellungnahme wird darauf hingewiesen, dass das Konzept so nicht umzusetzen sei, wenn es nicht insgesamt ein Umdenken gibt: *„Die Fachschaft Chemie begegnet trotz emotionaler und idealistisch gesteuerter Befürwortung des Entwurfs dem gesamten Rahmenplan mit großer Skepsis, da er einseitig Veränderungen vornehmen möchte, die das Bildungssystem im gegenwärtigen Zustand absolut nicht vollziehen kann. Erst ein Umdenken zugunsten eines moralisch begründeten und menschlich ausgestatteten Leistungsprinzips kann derartige Konzepte verwirklichen"* (C19/SG/S. 2).

Vor allem Verbandsvertreter und die Fachleiter fordern Hilfestellungen wie Handreichungen und *„Begleitende Materialien, z.B. Unterrichtsvorschläge"* (C8/HR/S. 1): *„Eine derartige revolutionäre Änderung gegenüber den bisherigen Plänen ist ohne detaillierte Konkretisierungsvorschläge in Begleitmaterialien und Arbeitshilfen nicht umsetzbar"* (C38/V/S. 5). Auch die Forderung, als Konsequenz dieser Pläne die Hochschulausbildung der Chemielehrer und Chemielehrerinnen zu verändern, kommt vor allem aus diesem Bereich (vgl. C13/FG/S. 2). Forderungen – wie zum Beispiel die Auswechslung der Autoren – sind selten.

Die am häufigsten genannte Konsequenz ist jene, dass man keinesfalls mit dem Rahmenplan in der vorliegenden Form wird arbeiten können: Es könne *„(...) mit Sicherheit behauptet werden, daß aufgrund der tatsächlichen schulischen Möglichkeiten die Erfüllung des Plansolls nicht machbar sein wird"* (C32/SG/S. 2). Gefordert wird zum einen, klarere und konkretere Vorgaben zu machen. Die *„verbindlichen Inhalte (Teil B) sind meist recht allgemein gehalten, z.T. unscharf und nicht genügend konkretisiert und strukturiert"* (C6/E/S. 1). Andere sehen die Möglichkeit, Inhalte auszulagern und anderen naturwissenschaftlichen Fächern zuzuordnen: *„Es sollte überprüft werden, ob bestimmte Bereiche, die im Unterricht zu behandeln sind, einer anderen Naturwissenschaft zugewiesen werden können"* (C1/A/S. 3). Oder gar anderen Fächern. Vorgeschlagen wird, *„solche Inhalte herausnehmen, die aufgrund fachlicher oder traditioneller Bezüge eher anderen Fächern zugeordnet werden sollten (...)"* (C5/E/S. 1). In einer Stellungnahme wird gefordert: *„Zu häufige Überschneidungen (...) mit dem Fach Biologie vermeiden"* (C5/E/S. 1). Genannt werden beispielsweise CO_2 und N-Kreisläufe. Und immer wieder wird der Wunsch geäußert, verbindliche Inhalte zu vermindern: *„Wir fordern, daß die verbindlichen Inhalte erheblich reduziert und in einer weit weniger differenzierten Form formuliert werden"* (C28/SG/S. 2). Auf dem Hintergrund des Ideologievorwurfs lautet die Forderung, dass „(...) *die Rahmenthemen (...) unbedingt wertfrei formuliert werden"* müssten (C9/FG/S. 3).

Schulspezifische Aussagen gibt es vor allem von den integrierten Gesamtschulen. Die Forderung, die sich hieraus ergibt, ist klar: *„Vor allem erwarten sie ein fachgerechtes und didaktisch-methodisches Eingehen auf die besonderen Probleme der Gesamtschule"* (C34/SI/S. 8). Und von den gymnasialen Vertretern: Aus all dem ergibt sich die Forderung nach einer Überarbeitung, die die gymnasiale Perspektive stärker berücksichtigt. *„Für gymnasiale Schülerinnen und Schüler bedarf dieser Entwurf einer grundlegenden Überarbeitung. (...)"* (C9/FG/S. 2). *„Vor allem müßte eine Ausdifferenzierung der Rahmenpläne in Zusammenhang mit den Bildungsgängen konsequenter vollzogen werden"* (C3/A/S. 4).

Trotz der insgesamt massiven Kritik an Stofffülle gibt es doch Wünsche für die Erweiterung der Fachinhalte. Ein Beispiel hierfür ist der Vorschlag, in einer Überarbeitung geschichtliche Aspekte stärker zu berücksichtigen. In einer Stellungnahme wird die Befürchtung formuliert, dass angesichts der wichtigen Rahmenthemen eine Chance vertan sei, wesentliche historische Inhalte mit zu integrieren. *„Im Rahmenplan Chemie wird an unterschiedlichen Stellen Chemiegeschichte gestreift. Chemiegeschichte sollte nicht ein eigenes Kapitel im Rahmenplanentwurf werden. Vielmehr ginge es darum, daß Chemiegeschichte einen wesentlichen Bezugspunkt bei vielen Themen des Rahmenplans darstellt"* (C18/LF/S. 3). In einer anderen Stellungnahme wird ebenfalls - trotz *„zwanghafter Stoffülle"* - die Berücksichtigung *„historische Entwicklungen"* vermisst: Als Beispiel werden die IG-Chemie und der Zweite Weltkrieg genannt, die thematisiert werden sollten (vgl. C34/SI).

Während auf der einen Seite Wünsche laut werden, Historisches nicht völlig auszublenden, wird auf der anderen Seite mehrfach der Versuch der Rahmenplanautoren kritisiert, aktuelle Themen im Rahmenplan zu verankern. *„Eine Festschreibung von singulären Umweltproblemen als verbindliche Inhalte in einem Lehrplan berücksichtigt nicht die Schnellebigkeit unserer Zeit und die damit verbundene Gewichtsverschiebung aktueller Bezüge"* (C7/FG/S. 2f.). In mehreren Stellungnahmen wird angemerkt, dass der Plan bei den Themen, mit denen er aktuell sein möchte, bereits veraltet ist. *„Dafür wird ein Stand von Technik aufwendig gedehnt, der längst nicht mehr zeitgemäß ist (Phosphat in Waschmitteln)"* (C34/SI/S. 6f.). In einer Stellungnahme wird der Kreis so weit gezogen, dass die drei didaktischen Grundsätze „Alltag", „Technik" und „Umwelt" für sich genommen schon der Grund dafür seien, dass der Plan schnell veralten wird: *„Die Überbetonung der drei genannten Grundsätze führt dazu, daß der Rahmenplan rasch veraltet, gerade weil diese ständigen Wechsel, Veränderungen etc. unterliegen (Beispiel: Phosphate aus Waschmitteln, S. 30)"* (C9/FG/S. 1).

Ein Überblick über die Ergebnisse zeigt, dass es Widerstände auf breiter Front gibt. „Halbwissen", „Pseudowissen", „Trivialität", „Plauderfach", „Worthülsen" – Begriffe wie diese suggerieren, dass die Autoren des Rahmenplanentwurfs Chemie einem Fach, das bisher fundiert unterrichtet werden konnte, die Existenz abgraben würden. Es ist wieder das negative Verhältnis von zu viel Stoff und zu wenig Zeit, das der Grund für die wachsende Oberflächlichkeit sei. Lehrerinnen und Lehrer könnten auf dieser Basis Schülerinnen und Schüler nicht mehr qualifiziert in die Inhalte des Faches einführen. Die Stofffülle und mangelnde Zeit werden in den meisten Stellungnahmen als Grund für die größere Oberflächlichkeit genannt, und die Folge sei die Gefährdung des Industriestandorts Deutschland. Es mag erstaunen, wie offen in einigen Stellungnahmen ausgesagt wird, dass ein anderer Chemieunterricht zu fordern sei, weil „wir" uns als Industrieland etwas anderes nicht leisten könnten. Ganz deutlich wird ausgesagt, dass es nicht angebracht sei, den Industriebereich „Chemie" zu diffamieren bzw. zu stark zu kritisieren. Die zweite Konsequenz aus dem verschlechterten Unterricht ist aus Sicht vieler, dass die „Erziehung zum mündigen Bürger" erschwert worden sei. Die Erziehung zum mündigen Bürger war aus Sicht derer, die so argumentieren, eines der wichtigsten Ziele der RRL, das nun aufgegeben würde. „Ideologie kontra Demokratie", so oder so ähnlich könnte man bezeichnen, was die überwiegende Zahl der Stellungnehmenden ausführt. Sie kritisieren den Plan als ideologisch und sehen in ihm eine Gefährdung der Erziehung der Schülerinnen und Schüler zur Demokratiefähigkeit. Die Schülerinnen und Schüler würden zur Oberflächlichkeit erzogen. Die Resümees bestätigen das Bild, das sich in den Kapiteln zuvor entfaltet hat: Von der Mehrheit der Stellungnehmenden wird der Rahmenplanentwurf Chemie abgelehnt. Das Spektrum der geforderten Konsequenzen reicht von dem Wunsch, inhaltliche Details zu verändern, bis hin zu einem völligen Zurückziehen und Neuschreiben des Plans.

3.3.7 Zusammenfassung

Der Aufschrei gegen den Rahmenplanentwurf Chemie kann interpretiert werden als die Angst von Fachlehrerinnen und Fachlehrern vor dem Verlust ihrer Fachidentität. *„Es ist zu befürchten, daß die fachlichen Besonderheiten der Naturwissenschaft Chemie, sollte dieser Entwurf des Rahmenplans verbindlich wer-*

den, in großem Maße verloren gehen" (C30/SG/S. 1). In der Schärfe der Auseinandersetzung und der Konstruktion der Argumente wird sehr deutlich, wie ‚betroffen' viele der Stellungnehmenden sind. Das geht über die reine verbandspolitische Rhetorik weit hinaus. Bei genauer Analyse fällt auf, dass es in den Argumentationen viele Widersprüche gibt und dass die unterschiedlichsten Argumente gewählt werden, um das Gleiche zu fordern: Die Pläne in der vorliegenden Fassung dürfen so nicht an die Schulen gehen. Die Pläne seien zu schülerorientiert, heißt es beispielsweise ebenso wie, dass sie nicht wirklich schülerorientiert seien. Sie sind angeblich inhaltlich überfrachtet, aber sie gäben zugleich nicht wirklich vor, was verbindlich sei.

Immer wieder wird dazu aufgerufen, an der Besonderheit des Faches Chemie festzuhalten, es solle wiederentdeckt werden *„welche Motivationskraft in den Inhalten unseres Fachs selbst steckt"* (C5/E/S. 2). Die Wurzeln des Faches, seine Traditionen, seine Essentials - es gibt viele sprachliche Varianten hierfür - würden durch den neuen Rahmenplan gefährdet. Das, was der Rahmenplanentwurf Neues präsentiert, wird nicht als Chance zur Weiterentwicklung des Faches gedeutet, sondern als Bedrohung angesehen. Das Zentrale am Unterrichtsfach Chemie sei die Vermittlung fachwissenschaftlicher Inhalte und diese gelte es zu verteidigen. Das Schulfach Chemie und die Fachwissenschaft Chemie gehen sozusagen eine Symbiose ein und haben den gleichen Prinzipen zu folgen. Von daher muss die Vorstellung der Rahmenplanautoren, nach der das Schulfach einer anderen Systematik folgt als die Wissenschaft Chemie, als Affront gewertet werden.

Auf jeden Fall - diese Meinung vertreten viele - würde nicht nur das Fach Chemie, sondern auch die schulische Allgemeinbildung durch die Veränderungen im Fach Chemie *„verarmen"* (C34/SI/S. 2). Vor allem der sozialwissenschaftliche Ansatz gefällt so manchem der Stellungnehmenden nicht. Dieser wird nicht als Ergänzung verstanden, sondern als Aufruf zur Oberflächlichkeit. Von Hilfs- und Alibiwissenschaft ist da die Rede, zu der Chemie degradiert würde (vgl. C25/SG/S. 2): Es solle *„hier mit einer quasi-wissenschaftlichen Begründung eine soziologisch orientierte ‚Naturwissenschaft' verordnet werden"* (C37/V/S. 2). Im RPL wird *„eine nicht zulässige Verlagerung weg von der Naturwissenschaft Chemie hin zu einer 'chemischen Sozialkunde' dokumentiert (...). Der Chemie-Unterricht wird zu einer populärwissenschaftlichen Informationsveranstaltung herabgestuft, bei der Umwelt- und Technologieprobleme bestenfalls auf unterster Erkenntnisstufe diskutiert werden können"* (C25/SG/S. 1). Und einer meint, es könne doch gleich ein neues Fach aufgenommen werden: Es *„sollte auch überlegt werden, ob nicht ehrlicher ein neues ‚Fach' oder ein neuer Lernbereich mit definierten Qualifikationen in die Stundentafel aufgenommen wird"* (C38/V/S. 9).

Die neuen pädagogischen Vorstellungen, die im Rahmenplanentwurf ihren Ausdruck finden, werden nur selten als förderlich, meistens als hinderlich bei der Vermittlung fachlicher Inhalte verstanden. Der Vorwurf Einzelner geht so weit zu unterstellen, hiermit sei ein neues Feld ideologischer Auseinandersetzungen eröffnet worden. Einer sieht die Handlungsorientierung als neues Dogma, das die alten der RRL abgelöst habe. *„Neben den Resten der lernzielorientierten Pädagogik (...) wird nun aber - wieder mit geradezu missionarischem Eifer - auf handlungsorientierte Pädagogik und soziologische Ansätze gesetzt, die in einem breiten Teil A quasi-wissenschaftlich ausgebreitet werden"* (C37/V/S. 2).

Viele Chemielehrerinnen und Chemielehrer sind offensichtlich in ihrem beruflichen Selbstverständnis durch den Rahmenplanentwurf Chemie fundamental verunsichert worden. Damit wird ein gelassener Zugang zu den Rahmenplänen fast unmöglich. Zugleich erscheinen dann die alten Pläne - die RRL – in einem besonders positiven Licht. Ganz deutlich wird dies zum Beispiel an den positiven Bezügen, die zu den Lernzielen der Rahmenrichtlinien hergestellt werden.

Mit Misstrauen wird alles verfolgt, was mit dem Modus der Planentwicklung zusammenhängt. So wird die Autorenschaft sehr kritisch bewertet. Es wird bezweifelt, dass diese ‚unrealistischen' Pläne von jemandem geschrieben worden sein könnten, der Erfahrung mit der alltäglichen Schulpraxis habe. Manche befürchten, dass versucht würde, ein neues Fach zu etablieren, indem das Schulfach Chemie so abgewertet würde und die Schulen so zu dem neuen Fach „Naturwissenschaft" (NAWI) hingedrängt würden. *„(...) das muß nicht zu einem Lernbereich Naturwissenschaften führen. Das darf es nicht, da sonst die spezifische Eigenart des Faches und die ‚originären Aufgaben des Chemieunterrichts' nicht mehr im Mittelpunkt stehen"* (C20/SG/S. 1).

Auch wenn festzustellen ist, dass viele Aspekte, die kritisiert werden, nicht nach den einzelnen Schulformen auseinander sortiert werden können, so zeichnet sich letztendlich punktuell doch eine deutliche Kontroverse zwischen den gymnasialen Vertreterinnen und Vertretern auf der einen Seite und denen der anderen Schulformen auf der anderen Seite ab. Diese Kontroverse macht sich vor allem fest an der Bewertung der Handlungsorientierung und der stärkeren Berücksichtigung von Alltagsaspekten. Von einem Verbandsvertreter wird gar befürchtet, dass die Lehrerschaft durch den neuen Plan gespalten werde (C37/V/S. 2).

Der Beginn der Implementation, wie er in den Stellungnahmen auf den Rahmenplanentwurf seinen Ausdruck findet, ist über weite Teile somit denkbar schlecht verlaufen. Die Fülle der Kritik, die sämtliche Planebenen betrifft, lässt für die weitere Implementation nur vermuten, dass die Ablehnung eine erfolgreiche Inkorporation, insbesondere im gymnasialen Bereich, verhindern wird.

Wenn nicht im weiteren Verlauf sehr klug die diversen Angriffspunkte von Seiten der Lehrplanmacher aufgegriffen, diskutiert und teilweise revidiert werden und wenn es nicht gelingt, einen gewissen Konsens in der Lehrerschaft herzustellen, steht der Erfolg der Lehrplanrevision in Frage.

3.4 Die Ergebnisse der Auswertung der Rahmenplanstellungnahmen für die Fächer Deutsch und Chemie: ein Fazit

In den beiden Zwischenfazits dieses Kapitels (3.2.7 und 3.3.7) wurden jeweils fachspezifische Resümees gezogen. Sie haben ergeben, dass sich der Rahmenplan Deutsch gut in den Schulalltag eingliedert und bereits angelegte innovative Tendenzen unterstützt. Der Rahmenplan Chemie stößt schulformübergreifend auf weitgehende Ablehnung. Nur an einigen Eckpunkten werden kontroverse Standpunkte zwischen den Schulformen deutlich. Etwas vereinfacht lassen sich die Tendenzen wie folgt kennzeichnen: Während aus dem Bereich der Gesamtschul- und Hauptschulvertreter sowie ab und an auch bei den Realschulvertretern Positionen zu finden sind, die stärker schülerbezogene und alltagsorientierte Ansätze befürworten, wird dieses im gymnasialen Bereich nahezu einhellig und mit großer Vehemenz abgelehnt. Untermauert wird diese ablehnende Position in vielen Stellungnahmen dadurch, dass durch Detailkritik den Autoren die Sachkompetenz abgesprochen wird. Nur in den wenigsten Stellungnahmen wird eine positive Haltung sichtbar, verbunden mit der Bereitschaft, mit dem neuen Ansatz im Schulalltag konstruktiv umzugehen. Es gibt nur wenige Parallelen zwischen den Reaktionen auf den Rahmenplanentwurf Deutsch und den Rahmenplanentwurf Chemie. Eine auffällige Gemeinsamkeit bezieht sich auf Äußerungen zu dem Verhältnis von Lernmethoden und Lerninhalten. Beide werden gegeneinander ausgespielt. Kaum jemand sieht die Möglichkeit, durch die Verbindung von Inhalt und Methode zeitlich effizienter arbeiten zu können.

Auf die Veränderungen, die nicht zuletzt durch diese Stellungnahmen bei der Überarbeitung herbeigeführt wurden, wurde bereits in Kapitel 2 eingegangen. Kurz zusammengefasst lässt sich sagen, dass sich die Änderungen beim Rahmenplan Deutsch darauf beschränken, das Layout zu verbessern. Teil B des Rahmenplans wird übersichtlicher und leserfreundlicher gestaltet. Verbindliche und fakultative Inhalte werden klarer voneinander getrennt. Für den Bereich Kulturelle Praxis wird dem in den Stellungnahmen geäußerten Wunsch entsprochen und es werden Unterrichtsanregungen mit aufgenommen. Im Rahmenplan Chemie werden auf der Basis der Stellungnahmen hingegen deutliche Veränderungen auch in der inhaltlichen Struktur vorgenommen. So wird zwar der Schüler- und Alltagsbezug nicht grundsätzlich aufgehoben, es werden aber fachwissenschaftliche Elemente deutlicher eingebracht bzw. herausgestellt. Einige in der Entwurfsfassung noch verbindliche Themen mit Alltagsbezug werden gestrichen oder fachwissenschaftlicher formuliert. Das Layout der Pläne wird ebenso wie bei dem Deutschplan geändert. Was an Erläuterungen bei den Jahrgangsvorgaben gestrichen wird, wird in Teil A ergänzt. Zu den konfliktträchtigen Aspekten werden zusätzliche Ausführungen aufgenommen.

Diese Teilstudie bezieht sich vor allem auf die öffentliche Diskussion der Rahmenpläne und stellt auch hier die Frage, was sich auf der Basis dieser Diskussion über die Innovationskraft der Pläne sagen lässt. Dabei lässt sich – ebenso wie bei Teilstudie 1 – auch wieder in den Blick nehmen, inwieweit die Erwartungen der Lehrplanmacher in Erfüllung gehen. Für den Rahmenplan Deutsch lässt sich feststellen, dass die Revisionsabsichten bei den Stellungnehmenden durchaus ankommen. Die größere Verbindlichkeit, der geringere Umfang, die Konstruktion der Arbeitsbereiche finden Zustimmung. Anders bei dem Rahmenplan Chemie: Keines der gesteckten Ziele findet bei der Mehrheit der Stellungnehmenden Zustimmung. Es zeigt sich somit, dass die genaue Zielbestimmung (vgl. Kapitel 1.3.4) – wie beim Rahmenplan Chemie geschehen – keineswegs innovationsfördernd sein muss. Wenn das Ziel einer Lehrplanrevision nicht konsensfähig ist, wird die Innovation wahrscheinlich an jenen vorbeigehen, die Vorbehalte gegen diese Zielsetzung haben. Die Stellungnahmen für den Rahmenplan Chemie machen sichtbar, auf wie vielen Ebenen kritische Argumentationsketten aufgebaut werden. Die Fachkompetenz, die den Autoren abgesprochen wird, wurde schon genannt. Die Sprache wird kritisiert, die Form, der Aufbau, die Themen, die didaktische Ausrichtung. Darüber hinaus wird den Plänen die politische und pädagogische Redlichkeit abgesprochen, und es wird in den besonders vehement formulierten Protesten ein Szenario entwickelt, nach dem der neue Rahmenplan am prophezeiten Niedergang sowohl des Faches als auch der Volkswirtschaft entscheidende Anteile haben werde. Bei einer solchen Argumentationskette bleiben kaum Möglichkeiten, einen solchen Plan innovativ wirksam werden zu lassen. Natürlich könnte man davon ausgehen, dass der Lehrplan aufgrund seines rechtlichen Charakters als staatliche Verordnung bewirkt, dass sich Lehrerinnen und Lehrer notgedrungen danach richten. Die Ergebnisse der Bielefelder Lehrplanstudie lassen jedoch eher vermuten, dass Lehrer und Lehrerinnen sich Lehrplanvorgaben keineswegs entsprechend verpflichtet fühlen (vgl. Vollstädt u.a. 1999, S. 215f.). Es scheint so zu sein, dass jene Theorien Bestätigung finden, nach denen Innovationen nur dann erfolgreich sind, wenn ein Mindestkonsens über die Ziele vorhanden ist (vgl. Nöth 1978, S. 37f.). Der Arbeitsbereich „Kulturelle Praxis“ im Fach Deutsch ist hierfür ein gutes Beispiel: Es wurde in den Schulen bereits vor der Rahmenplanentwicklung teilweise in diesem Bereich gearbeitet. Es gibt nahezu niemanden, der sagen würde, dass dieser Bereich unwichtig sei. Aus manchen Stellungnahmen ist lediglich eine Unsicherheit herauszulesen, wie er bewältigt werden kann, so dass der Wunsch nach Konkretisierung laut wird. Doch dies bedeutet zugleich, dass es eine Bereitschaft gibt, sich darauf einzulassen.

Wenn das Innovationsfeld nicht ausreichend erkundet wird – was Hameyer (1978a, S. 51) fordert –, kann die Schere zwischen der Innovationsabsicht und der Reaktion auf Seiten der Zielgruppe so groß werden, dass kein sinnvolles Arbeiten mit dem Lehrplan mehr möglich ist. Doch vielleicht sind es auch die von Rumpf (1975, S. 46) beschriebenen Widerstände, die sich aus der Angst vor Inkompetenz und Unsicherheit speisen, die – wie im Fall Chemie - zu einer solchen Ablehnung führen. Dies kann anhand der Untersuchung der Stellungnahmen jedoch nicht belegt werden, da diese immer die Ebene wählen, fachkompetent Allgemeingültiges zu thematisieren. Um persönliche Probleme mit dem neuen Rahmenplan geht es dabei nicht. Hierzu könnten allerdings auf der Basis des folgenden Kapitels vertiefte Erkenntnisse gewonnen werden.

Wenn das Lehrerselbstverständnis und die Lehrersozialisation als Analyseperspektive hinzugenommen werden (vgl. Santini 1971), steht eine weitere Interpretationshilfe für die heftigen Reaktionen auf den Rahmenplan Chemie zur Verfügung. Ob die Schere durch eine gute Lehrerfortbildung geschlossen werden kann, wie Lütgert und Stefan (1983, S. 510f.) annehmen, ist sehr die Frage. Teilweise wird Teilstudie 3 hierüber Auskunft geben können. Interessant ist es, anlässlich der Stellungnahmen die Konfliktkategorien von Kaiser anzulegen (1983, S. 597). In Bezug auf den Rahmenplan Chemie gibt es nicht nur einen Normenkonflikt, sondern auch einen Auslegungskonflikt und einen Entscheidungsträgerkonflikt. Was den Rahmenplan Deutsch angeht, so wird in den Stellungnahmen höchstens ein Auslegungskonflikt sichtbar. Allein die Konfliktkonstellationen lassen vermuten, dass es - anders als beim Rahmenplan Deutsch - in Bezug auf den Rahmenplan Chemie schwierig sein wird, diese aufzubrechen.

Im Gegensatz zu Teilstudie 1, auf deren Basis man annehmen kann, dass die größere Diskussionsfreudigkeit in Bezug auf den Rahmenplan Chemie innovative Kraft besitzt, muss aufgrund von Teilstudie 2 angenommen werden, dass die Vehemenz der Diskussion und der ausgeprägte Widerstand gegen den Plan darauf deuten lassen, dass der Plan zumindest in bestimmten Schulformen nicht innovatorisch wirksam werden kann. Es wird anhand von Teilstudie 3 interessant sein zu verfolgen, wie die Pläne an der Schulbasis rezipiert werden.

4. Von den Rahmenrichtlinien zu den Rahmenplänen: zwei Fallstudien

In dieser Untersuchung wird der Prozess der Neueinführung von Lehrplänen in Hessen in drei Teilstudien untersucht. Zwei wurden bereits präsentiert:

- In der ersten Teilstudie (Kap. 2) wurde der Prozess der Konstruktion und Neueinführung der Rahmenpläne auf der Ebene der zentralen Institutionen beschrieben – und zugleich mit dem entsprechenden Prozess bei der Konstruktion und Neueinführung der Rahmenrichtlinien in den 70er Jahren verglichen.
- Die zweite Teilstudie (Kap. 3) hat sich auf die fachöffentliche Diskussion zu den neuen Rahmenplänen konzentriert und die eingegangenen Stellungnahmen zu den Plänen für die Fächer Deutsch und Chemie analysiert.

Beide Teilstudien erfassen wichtige Aspekte des Initiations- und Implementationsprozesses einer Lehrplanreform, verbleiben allerdings im Bereich zentraler Aktivitäten (Teilstudie 1) oder landesweiter Debatten (Teilstudie 2). Die Ebene der einzelnen Schule und des Unterrichts wurde damit noch nicht erreicht. Genau dies wird aber mit der dritten, der nun folgenden Teilstudie angestrebt.

4.1 Fragestellung und methodisches Vorgehen

Auf der Basis mehrerer Fallstudien wird analysiert, in welcher Weise die Lehrplanreform in den Schulen wirksam wird. Die entsprechende Fragestellung wurde bereits in Kapitel 1.4.3 formuliert.

„Wie wurden die neuen Rahmenpläne in den Schulen aufgenommen und von den Lehrerinnen und Lehrern verarbeitet? Welche Veränderungen des schulinternen Curriculas, des Fachunterrichts wurden dadurch bewirkt?“

Auch bei dieser Teilstudie beziehen wir uns wieder auf die beiden Fächer Chemie und Deutsch. Untersucht wird auf der Basis von teilnehmenden Beobachtungen und qualitativen Interviews, welche Verbindungen sich in diesen beiden Fächern zwischen dem Schuljahr 1994/95 (Ende der RRL-Phase) und dem Schuljahr 1996/97 (offizielle Einführung der neuen Rahmenpläne) vollzogen haben.

Methodisch ist diese Teilstudie durch zwei Merkmale gekennzeichnet:

a) Es handelt sich um zwei fachspezifische Fallstudien, die jeweils an drei exemplarisch ausgewählten Schulen durchgeführt wurden.
b) Diese Fallstudien beziehen sich in einer Längsschnitt-Perspektive auf den Initiations- und Implementationsprozess; denn sie beschreiben an den gleichen Schulen die Veränderungen in einem Zeitabstand von zwei Jahren.

Insgesamt handelt es sich hierbei um Erhebungen, die im Rahmen des Bielefelder Forschungsprojekts durchgeführt wurden, die in dieser Dissertation jedoch unter einer neuen und ergänzenden Fragestellung ausgewertet werden.

4.1.1 Fachbezogene Fallstudien an drei Schulen

4.1.1.1 Die Fallstudien

Das Spektrum dessen, was als Fallstudie in der wissenschaftlichen Forschung bezeichnet wird, ist groß, darum ist eine jeweilige Konkretisierung auf dem Hintergrund des aktuellen Forschungsprojektes wesentlich. Die Grundlage jeder Fallstudie sind ein oder mehrere Fälle. Dabei bezieht sich ein Fall typischerweise auf eine Person oder eine Personengruppe. Doch der Begriff ist nicht darauf beschränkt. Er kann, wie Fatke deutlich macht, auch auf „größere und letztlich auch abstrakte Einheiten, wie z.B. eine Bildungsinstitution, einen Lehrplan oder gar eine Erziehungstheorie, angewendet werden“ (Fatke 1997, S. 61). In dieser Arbeit wird der Revisionsprozess eines Fachlehrplans als „Fall“ definiert, es wird somit eine Fallstudie „RPL Deutsch“ und eine „RPL Chemie“ durchgeführt. In beiden Fällen werden zwei zeitlich voneinander abgrenzbare Phasen untersucht. Eine Fallstudie zeichnet sich dadurch aus, dass sie „Informationen (...) wissenschaftlich analysiert, d.h. auf methodisch kontrollierte (...) Weise den Einzelfall mit vorhandenen allgemeinen Wissensbeständen in Beziehung setzt, um zu prüfen, was am Fall aus diesen Wissensbeständen heraus erklärbar ist und was an den Wissensbeständen aus diesem Fall heraus zu differenzieren und gegebenenfalls zu korrigieren ist“ (Fatke 1997, S. 59). Die beiden Fallstudien dieser Arbeit werden auf dem Hintergrund von Lehrplantheorien und Innovationstheorien (vgl. Kap. 1) realisiert. Interessant ist bei Fallstudien immer die Relation zwischen dem Besonderen und dem Allgemeinen. Fallstudien im Rahmen wissenschaftlicher Forschung haben nur dann Relevanz, wenn aus dem Blick auf das Besondere heraus Erkenntnisse für das Allgemeine gewonnen werden können. Wir gehen davon aus, dass die beiden Fallstudien Rückschlüsse auf die generelle Situation einer Lehrplanrevision möglich machen und dass auf dieser Basis Erkenntnisse für weitere Lehrplanrevisionen gewonnen werden können. Obwohl „die Erforschung eines Einzelfalls bereits starke Hinweise auf

Typisches im Individuellen liefert, bedarf es weiterer Fallstudien. Dabei ist es freilich nicht nötig, eine repräsentative Gesamtzahl von Fällen zu untersuchen (...), sondern jeder andere Fall, der in gleicher Weise das Typische im Individuellen zeigt, kann schon als weitere Bestätigung der Richtigkeit der theoretischen Aussagen gelten" (Fatke 1997, S. 59). Gewählt wird auch in der hier vorliegenden Arbeit die Form des Vergleichs. Allerdings werden nur zwei „Fälle" (Fächer) einbezogen. Dies ist sicher eine recht begrenzte Vergleichsperspektive; doch die Einbindung in ein insgesamt mehrperspektivisches Forschungsdesign erweitert die Möglichkeit, verallgemeinernde Schlussfolgerungen zu ziehen. Zu diesen weiteren Perspektiven zählen sowohl die hier bereits präsentierten Teilstudien als auch die Repräsentativerhebung[47] der Bielefelder Lehrplanstudie (vgl. Vollstädt 1995a, Tillmann 1996a, Tillmann 1996b, Vollstädt u.a. 1999).

4.1.1.2 Die Schulen

Die Schule als komplexe Handlungseinheit spielt in beiden Phasen der Fallstudien eine wichtige Rolle. Bei der Auswahl dieser Schulen finden verschiedene Schulformen ebenso Berücksichtigung wie unterschiedliche regionale Einzugsgebiete. In diesem Sinne wurden die drei Schulen, die nachfolgend kurz vorgestellt werden, ausgewählt und zum Ort intensiver Analyse der Fächerentwicklung in Deutsch und Chemie gemacht:

- ein Gymnasium einer Großstadt im südhessischen Ballungsgebiet
- eine integrierte Gesamtschule in der ländlichen Region Mittelhessens
- eine kooperative Gesamtschule in einer mittleren Großstadt mit ländlichem Umfeld

Das ausgewählte **Gymnasium** wird 1870 gegründet und entwickelt sich nach dem Zweiten Weltkrieg zum zweitgrößten Gymnasium der Stadt. In den 50er Jahren wird die Schule an ihrem heutigen Standpunkt neu gebaut. Aufgrund des Einzugsgebiets – Viertel eines wohlsituierten Bürgertums gehören ebenso dazu wie soziale Brennpunkte - ist die Schülerschaft für ein Gymnasium verhältnismäßig heterogen. Der Anteil von Kindern und Jugendlichen aus eher sozial schwachen Familien wächst. Die Schule wird 1994 von rund 1150 Schülerinnen und Schülern besucht. Diese werden von 44 Lehrerinnen und 41 Lehrern

47 Im Rahmen dieser Teilstudie wurden in der ersten Erhebungsphase 1994 1000 hessische Chemielehrerinnen und -lehrer und 1000 Deutschlehrerinnen und -lehrer zu ihrer Einstellung gegenüber den alten RRL und ihren Erwartungen an die neuen Lehrpläne befragt. Die gleiche Gruppe wurde in der zweiten Erhebungsphase 1997 zu den neu eingeführten RPL befragt. Die Ergebnisse sind im Bericht des Forschungsprojekts ausführlich dargestellt (Tillmann u.a. 1999, S. 79-151).

unterrichtet. In der 5. Klasse werden Kinder von über 20 Grundschulen aufgenommen. Die Schule gilt innerhalb der Gymnasien dieser Stadt als Reformen gegenüber aufgeschlossen. Auffällig ist die enge Zusammenarbeit von Kollegium, Schülerschaft und Eltern, wie sie zum Beispiel in einem gemeinsam gegründeten pädagogischen Arbeitskreis zum Schulleben sichtbar wird. Es gibt vielfältige außerunterrichtliche Aktivitäten sowohl im naturwissenschaftlichen als auch im musischen Bereich. Dass die Schule in der Stadt ein positives Image hat, lässt sich auch daran ablesen, dass mehr Kinder angemeldet werden, als aufgenommen werden können.

Die ausgesuchte **integrierte Gesamtschule** gehört zu einer der ersten hessischen Gesamtschulgründungen in den 70er Jahren. Die Schule hat ein großes, ländlich strukturiertes Einzugsgebiet: 14 Gemeinden mit vier Grundschulen. Die nächsten weiterführenden Schulen liegen in einer Entfernung von 15–20 km. Besucht wird die Schule 1994 von rund 1.000 Schülerinnen und Schülern, die von 72 Lehrkräften unterrichtet werden. Die Schülerzahl steigt stetig. Die Kinder und Jugendlichen kommen aus allen sozialen Schichten. Ein Grund für die steigende Schülerzahl ist vor allem die wachsende Zahl von Aussiedlerkindern, die zum Erhebungszeitpunkt etwa 20 Prozent der Gesamtschülerzahl ausmacht. In dem Lehrerkollegium sind viele, die an der Gründung der Schule beteiligt waren und sich nach wie vor aktiv für die Belange dieser Schulform oder in anderen schulischen Bereichen engagieren. So sind beispielsweise viele Lehrerinnen und Lehrer für das HILF tätig. Besonders wichtig ist aus Sicht der Schule ein gutes Lehrer-Schüler-Verhältnis. Das Klassenlehrerprinzip ist ein zentrales Element, um dies zu erreichen. Wochenplanarbeit und starke Handlungsorientierung sind zwei Methoden, die von vielen Lehrerinnen und Lehrern praktiziert werden. Die Fachleistungsdifferenzierung findet in Englisch und Mathematik ab Klasse 7 sowie in Deutsch ab Klasse 8 auf zwei Niveaus (Grund- und Erweiterungskurs) statt. Zum Zeitpunkt der Untersuchung werden erste Versuche klasseninterner Differenzierung unternommen. Es gibt viele außerunterrichtliche Aktivitäten, die teilweise vom Kollegium und den Eltern gemeinsam getragen werden. Hierzu gehört zum Beispiel die Organisation einer großen Schulbibliothek.

Die **kooperative Gesamtschule**, die in die Studie mit einbezogen wird, wird 1957 als Realschule gegründet. Die Schule gilt als Reformen gegenüber aufgeschlossen, sie war die erste Koedukationsschule der Stadt. Sie wird als erste Schule eine Fünftageschule und später Ganztagsschule. 1986 wird sie zur kooperativen Gesamtschule erweitert. Zum Zeitpunkt der Untersuchung - 1994 - wird sie von rund 720 Schülerinnen und Schülern besucht. Die Kinder und Jugendlichen kommen überwiegend aus drei benachbarten Grundschulen. Die Schule liegt in einem sozialen Brennpunkt, viele Kinder und Jugendliche wachsen in instabilen Familiensituationen auf. Fast die Hälfte aller Schülerinnen und Schüler haben einen nichtdeutschen kulturellen Hintergrund. Das Kollegium besteht aus rund 61 Lehrerinnen und Lehrern. Die Schule beginnt mit einer zweijährigen Förderstufe (Jahrgang 5 und 6) und führt dann weiter in drei Schulzweige: Hauptschule, Realschule, Gymnasium. Auf diese Schulzweige werden die Schülerinnen und Schüler ab dem zweiten Halbjahr des Jahrgangs 5 durch eine Dreierdifferenzierung in Mathematik und Englisch vorbereitet. Innerhalb der drei Schulzweige gibt es keine Fachleistungsdifferenzierung, allerdings gibt es zusätzlichen Wahlpflichtunterricht. Individuelle Förderung wird besonders in den ersten beiden Jahrgängen groß geschrieben. Die „Freie Arbeit" und die Einbeziehung der Hausaufgaben in den Fachunterricht sind zwei Elemente dieser Förderung, spezielle Förderkurse bei Lernschwierigkeiten ein weiteres. Mit dem Ziel, die Zahl der Lehrerinnen und Lehrer, die pro Klasse eingesetzt werden, zu reduzieren, wird seit 1993/94 die Teamarbeit intensiviert. Es gibt ein profiliertes Nachmittagsangebot, zu dem auch 20 Arbeitsgemeinschaften gehören. Ein wichtiger außerunterrichtlicher Schwerpunkt sind die Schulpartnerschaften mit zwei Schulen in Tschechien und einer Schule in Kroatien.

4.1.2 Prozessanalyse

Die Fallstudien, deren Ergebnisse im Folgenden referiert werden, sind als Längsschnittuntersuchung angelegt: Die für die Fächer Deutsch und Chemie zuständigen Personen wurden in den drei Schulen zu zwei unterschiedlichen Zeitpunkten befragt: Die erste Erhebung fand vor der Rahmenplaneinführung - im Zeitraum von November 1994 bis Mai 1995 -, die zweite kurze Zeit nach der Rahmenplaneinführung - zwischen Dezember 1996 bis März 1997 - statt. Auf diese Weise ist es möglich, curriculare Auffassungen und Vorgehensweisen im Prozess zu vergleichen und erste Vermutungen zur Wirkung von Lehrplänen in der Schulpraxis und zum Erfolg der Implementation zu formulieren. Als Erhebungsmethoden wurden in beiden Forschungsphasen folgende Verfahren eingesetzt:

- Einzelinterviews mit Lehrerinnen und Lehrern zur individuellen und kooperativen Unterrichtsplanung und zum alltäglichen Umgang mit den Rahmenrichtlinien
- Gruppeninterviews mit Fachkonferenzen und/oder Lehrerteams zu Inhalten und Strukturen curricularer Kooperation sowie zum Umgang mit den Rahmenrichtlinien bzw. zu Erwartungen an die beabsichtigte Lehrplanrevision

- Teilnehmende Beobachtung an möglichst allen institutionalisierten Formen curricularer Kooperation
- Analyse von schulischen Curricula und individuellen Unterrichtsplänen (soweit sie zur Verfügung gestellt werden)

Um mit allen vier Erhebungsverfahren Daten zu sammeln, war für die erste Erhebungsphase ein zusammenhängender Aufenthalt von etwa drei Wochen an jeder Fallstudien-Schule erforderlich. Die Erhebung der zweiten Phase wurde jeweils in etwa einer Woche durchgeführt. Die Autorin war als eine von fünf Mitgliedern des Forschungsteams an diesen Erhebungen beteiligt.

4.1.2.1 Erste Erhebungsphase

Die erste Erhebungsphase der Fallstudie wird im Schuljahr 1994/95 durchgeführt. In dieser Zeit findet der Unterricht an hessischen Schulen noch auf der Basis der Rahmenrichtlinien statt. Die Rahmenpläne können den Lehrerinnen und Lehrern – wenn überhaupt – nur in der Entwurfsfassung bekannt sein. Die meisten kennen sie jedoch nicht im Detail, haben allerdings meist davon gehört und erste Pressemeldungen gelesen. Wer ein Exemplar des Rahmenplanentwurfs besitzt, verfügt entweder über Kontakte zu den Autoren und Autorinnen oder zu Mitarbeitern im HIBS oder HILF. Vereinzelt sind Rahmenplanentwürfe, die über die Befragung im Rahmen des Bielefelder Forschungsprojektes an Lehrerinnen und Lehrer geschickt worden sind, innerhalb eines Kollegiums weitergereicht worden.

Wie im Vorfeld der jeweiligen Befragung deutlich wurde, hat es zum Zeitpunkt des Interviews bei den wenigsten der Befragten eine intensive Beschäftigung mit dem Rahmenplan gegeben. Wenn in den nachfolgenden Interviewauszügen von „Rahmenpläne" die Rede ist, gibt es folgende Verwendungsmöglichkeiten:

a) Das Wort „Rahmenplan" wird synonym für „Lehrplan" benutzt. Es ist also nicht der angekündigte neue Lehrplan gemeint, sondern Lehrpläne im Allgemeinen *(vgl. z.B. 1I6-Ch-m).*
b) Es wird von Rahmenplan gesprochen, aber der eigene, schulinterne Lehrplan gemeint *(vgl. z.B. 1K12-De-w).*
c) Es wird von Rahmenplan gesprochen und der Rahmenplanentwurf gemeint *(vgl. z.B. 1I16-Ch-Fk).*

Es geht bei diesen ersten Interviews vor allem um den alltäglichen Umgang mit den noch gültigen Rahmenrichtlinien sowie um die Erwartungen an die neuen Rahmenpläne. Dabei werden vor allem folgende Aspekte angesprochen:

- die Bedeutung und der alltägliche Umgang mit den Rahmenrichtlinien;
- die schulpraktischen Kritikpunkte an den Rahmenrichtlinien;

- die alltägliche Praxis der Unterrichtsplanung und -vorbereitung in den Fächern Mathematik, Deutsch und Chemie;
- die Formen, Inhalte und Strukturen unterrichtlicher Kooperation zwischen Fachlehrerinnen und -lehrern, insbesondere mit Blick auf kooperative Unterrichtsplanung;
- die eventuell vorzufindenden unterschiedlichen „Fachkulturen" bzw. fachspezifischen Unterschiede.

Zugleich wird ermittelt, welche Bedeutung die anstehende Lehrplanrevision in der Sicht der Lehrerinnen und Lehrer besitzt, welche Erwartungen damit verbunden werden und wie sie in den Schulen vorbereitet wird.

4.1.2.2 Die zweite Erhebungsphase

In der zweiten Untersuchungsphase der Fallstudien wird in denselben Schulen danach gefragt, wie die neuen Rahmenpläne Deutsch und Chemie in der ersten Zeit ihrer Gültigkeit in der Schulpraxis aufgenommen und umgesetzt wurden. Zu diesem Zeitpunkt - im Schuljahr 1996/97 – sind die neuen Rahmenpläne aller Fächer den Schulen zugegangen. Einige Pläne, unter ihnen Deutsch, sind zu diesem Zeitpunkt bereits verbindlich, in Chemie liegen den Schulen die neuen Pläne schon seit einigen Wochen vor, sie werden aber erst zu dem darauf folgenden Schuljahr 1997/98 verbindlich werden.

Dieser zweite Forschungsschritt konzentriert sich auf folgende Aspekte:

- Wie ist der Umgang mit den neuen Rahmenplänen?
- Welche Bereitschaft und Widerstände, Interesse und Desinteresse bestehen in den Fallstudienschulen gegenüber den neuen Rahmenplänen? Wie ist die Einschätzung der Qualität der neuen Rahmenpläne?
- Welche konkreten Auswirkungen der neuen Rahmenpläne sind feststellbar (z. B. Veränderung schulinterner Pläne)?
- Welche innerschulischen Vorgehensweisen verstärken bzw. behindern die Beschäftigung mit den Plänen?
- Sind fachspezifische Unterschiede bei diesem Einführungsprozess festzustellen? Welche sind es?

Bei den Interviews geht es also vor allem um zwei Aspekte: Zum einen wird ermittelt, ob und wie sich die einzelnen Lehrkräfte in ihrer individuellen Arbeit mit diesen Plänen auseinandersetzen und sie in ihre Unterrichtsarbeit einbeziehen; zum anderen wird erhoben, was aus der Sicht der Lehrerinnen und Lehrer die neuen Lehrpläne, bezogen auf die jeweiligen Fachkonferenzen, Lehrerteams, den Fachunterricht, bewirken. Welche institutionelle Relevanz haben sie und wie wird durch sie die curriculare Kooperation beeinflusst?

Grundlage für die nachfolgende Untersuchung sind vor allem Einzel- und Gruppeninterviews. Friebertshäuser bezeichnet Interviews als eine verführerische Methode, da man „einen raschen Zugang zum Forschungsfeld, zu den interessierenden Personen" und schnell reichlich Datenmaterial erhält (vgl. Friebertshäuser 1997a, S. 371). Seitdem im ausgehenden 19. Jahrhundert (vgl. Fontana/Frey 1994) die Methode des Interviews für die Forschung entdeckt worden ist, haben sich eine Vielzahl von Interviewtechniken entwickelt. Eine davon ist das Leitfaden-Interview, das in dieser Studie für die Einzel- und die Gruppeninterviews ausgewählt worden ist. Absicht des Leitfadeninterviews ist es, eine gewisse Vergleichbarkeit der Aussagen zu ermöglichen, aber dennoch – anders als bei einem standardisierten Fragebogen – den Blick für Unerwartetes offen zu halten. „Aus der Besonderheit eines Einzelfalls lässt sich stets noch anderes von allgemeiner Relevanz ableiten als nur das, was dem Theoretiker in seinen kategorialen Blick gelangt" (Fatke 1997, S. 64). Die Leitfadeninterviews dieser Teilstudie werden als fokussierte Interviews (vgl. Merton/Kendall 1984) angelegt. Für diese Form ist eine vom Forscher vorgegebene Konzentration auf einen bestimmten Teilaspekt eines Forschungsgegenstandes kennzeichnend. Im Fall dieser Teilstudie sind dies die Diskussionen und Entwicklungen in den Fächern Deutsch und Chemie, die in den die Schulen abgelaufen sind. Gearbeitet wurde vor allem mit eher offenen Gesprächsanstößen, die durch halbstrukturierte Fragen ergänzt werden. Im Sinne dieser fokussierten Interviews dienen die im Anhang dieser Arbeit dokumentierten Interviewleitfäden (siehe Anlage 7.16 und 7.17) nicht „zur Vorstrukturierung eines Frage-Antwort-Schemas, sondern fungiert im Gegenteil lediglich als Orientierungsrahmen und Gedächtnisstütze für den Interviewenden" (Friebertshäuser 1997a, S. 380).

An jeder der ausgewählten Schulen werden in der ersten Phase Interviews mit der jeweiligen Fachkonferenz sowie Einzelinterviews mit einer größeren Zahl von Lehrenden durchgeführt. Die Anzahl der Interviews ist unter anderem abhängig von der Größe der Fachgruppe. An den drei Schulen werden insgesamt die folgenden Interviews durchgeführt:

Deutsch: drei Gruppeninterviews und
sechzehn Einzelinterviews

Chemie: drei Gruppeninterviews und
sieben Einzelinterviews

In der zweiten Erhebungsphase werden ebenfalls Gruppeninterviews mit der jeweiligen Fachkonferenz und pro Fach und pro Schule zusätzlich ein Einzelinterview geführt, so dass insgesamt in dieser zweiten Phase der Fallstudien folgende Interviews gemacht werden:

Deutsch: drei Gruppeninterviews und
vier Einzelinterviews
Chemie: drei Gruppeninterviews und
zwei Einzelinterviews

Die Auswahl der Stichprobe erfolgt nach zuvor definierten Merkmalen. Es wird festgelegt, dass einige Lehrerinnen und Lehrer ohne schulische Funktion sowie ein Personalratsvertreter / eine Personalratsvertreterin, der Fachsprecher bzw. die Fachsprecherin der Chemie- bzw. Deutsch-Fachkonferenz sowie die Schulleiterin bzw. der Schulleiter interviewt wird. Die Auswahl der Lehrerinnen und Lehrer ohne Funktion für die Einzelinterviews erfolgt nach dem Zufallsprinzip, allerdings basierend auf Freiwilligkeit. An der Datenerfassung „vor Ort" sind grundsätzlich mehrere Forscher beteiligt, so dass über Auswertungsgespräche eine kommunikative Validierung möglich wird. Für die weitere Bearbeitung werden die Interviews auf Tonband aufgenommen.

Bei einem Leitfadeninterview ist neben sehr genauer Vorbereitungen die durchdachte und differenzierte Auswertung des Materials von Bedeutung. Die Methode der Auswertung ist vergleichbar mit der, die bei der Auswertung der Stellungnahmen angewendet wurde (vgl. Kap. 3.1). Darum wird hier nur ein kurzer Abriss der Auswertungsschritte gegeben: Als erstes werden die Interviews transkribiert, dabei wird auf die Notierung emotionaler Aspekte (Pausen, zögerndes Antworten) verzichtet (vgl. Flick 1995, S. 192f.). Die Transkription wurde anonymisiert, so dass lediglich eine schul- und fächerspezifische, aber keine personenbezogene Auswertung möglich ist. Aus diesem Grund wurde auch darauf verzichtet, Funktionsstelleninhaber speziell zu kennzeichnen. Im Text sind Zitate aus den Interviews kursiv und mit einem Code kenntlich gemacht. Die im nachstehenden Text angegebenen Zitate aus diesen Interviews sind so codiert, dass die Fallstudie (1 = erste Fallstudie bzw. 2 = zweite Fallstudie), die Schulform (*I = integrierte Gesamtschule, K = kooperative Gesamtschule, G = Gymnasium*), Unterrichtsfach (*De = Deutsch, Ch = Chemie*) und Geschlecht (*w = weiblich, m = männlich*) abzulesen sind. Die restlichen Angaben dienen der forschungsinternen Erfassung. Aus Gründen der Lesbarkeit musste eine Auswahl aus der Fülle möglicher Zitate vorgenommen werden. Wenn im Text nicht ausdrücklich Einschränkungen vermerkt sind, gelten die jeweiligen Aussagen für die Mehrheit bzw. für die Gesamtheit der von uns interviewten Lehrpersonen.

Im Anschluss an die Codifizierung der Interviews werden die Auswertungskategorien entwickelt. Diese werden – ähnlich wie bei den Stellungnahmen – zum Teil aus dem Material selbst entwickelt. Zu einem anderen Teil sind die Auswertungskategorien durch den Interviewleitfaden vorgegeben (siehe Anhang). Wie schon bei den Stellungnahmen wurde darauf geachtet, „Formulierungen der Befragten aufzugreifen und herauszufinden, welchen Sinngehalt sie damit verbinden" (Schmidt 1997, S. 548). Schmidt warnt davor, vorgefertigte Auswertungskategorien an das Material anzulegen, da unter Umständen vorgefasste Meinungen der Auswertenden die Aussagen der Interviewten bei der Interpretation überlagern. Damit die fachspezifischen Auswertungen miteinander vergleichbar werden, werden die groben Kategorien, die die Leitfäden strukturierten, auch hier zur Strukturierung der Analyseergebnisse verwendet:

1.) Die Situation am Ende der RRL-Phase.
2.) Die Erwartungen an den neuen Rahmenplan.
3.) Zum Umgang mit dem neuen Rahmenplan.

Anhand der zentralen Auswertungskategorien wird schließlich das Material analysiert. Dabei werden die Interpretationen immer wieder im Forschungsteam besprochen, um durch einen Kommunikationsprozess unangemessene Interpretationen auszuschließen.

4.2 Deutsch

4.2.1 Die Situation der Schulen am Ende der RRL-Phase (1994/95)

In der Fallstudie zur Implementation des Deutsch-Lehrplans werden an den drei ausgewählten Schulen drei Gruppeninterviews und 16 Einzelinterviews durchgeführt. Zu diesem Zeitpunkt haben alle Interviewten davon gehört, dass es neue Pläne geben wird, einige wenige haben durch Kontakte zu HILF und HIBS schon mal hineingeschaut. Die Äußerungen in den Interviews zeigen, wie groß das Spektrum an Meinungen ist, wenn danach gefragt wird, wie die Situation am Ende der RRL-Phase sei.

– *„Also, was gilt denn eigentlich, eigentlich gilt überhaupt nichts." (1I3-De-w)*

Andere äußern, dass das, was man auf der Basis des Schulcurriculums mache, schon irgendwie auch mit den Rahmenrichtlinien übereinstimme:

– *„(...) ...so dass ich auch bei meinen eigenen Vorbereitungen vom Schulcurriculum her, sehr deutlich auf diese RRL schließen kann. Also ich kann auch sehr genau belegen und erkennen, wo da die Zusammenhänge sind." (1K13-De-w)*

Und auch Extrempositionen gibt es. So die eine, die lautet: Die RRL brauchen nicht beachtet werden. Erfahrungsgemäß würde der richtige Unterricht gemacht.

– *„Ich sage einfach mal ganz kühn: Ich glaube nicht, dass ich gegen die RRL verstoßen habe". (1G1-De-m)*

Im Zentrum der Aussagen und Erläuterungen dazu, warum aus angeblich gutem Grund die RRL keine Rolle mehr spielen, steht immer wieder das Schulcurriculum, in dem man die Rahmenrichtlinien aufgehoben zu meinen weiß. Fast alle gehen ganz sicher davon aus, dass die Rahmenrichtlinien *„ins Schulcurriculum Eingang gefunden haben." (1I3-De-w)*

– *„Ja, es sieht so aus, (...) dass wir so einen - über zwei Jahrgangsstufen hinweg, so einen Rahmenplan eigentlich erstellt haben, man kann das nicht Stoffverteilungsplan nennen, sondern Rahmenplan, den haben wir damals abgestimmt auf die RRL, dass wir gesehen haben, was ist eben in der jeweiligen Klassenstufe an Lernzielen zu erreichen. (...) Ja, aber in bezug auf die RRL, der ist damals mal in der Deutschfachkonferenz erstellt worden und von uns allen abgesegnet worden und der ist aber ein so grobes Raster, (...) der ist so grob, da kann man ja alles ... Und trotzdem gibt es da eben Schwerpunkte drin und die behandelt man und dann sprechen wir uns jahrgangsmäßig halt noch ab, was sich so anbietet." (1K12-De-w)*

Sicherheit bieten überwiegend die schulinternen Curricula, daraus erklärt sich unter anderem die persönliche Abstinenz gegenüber staatlichen Lehrplänen:

– *„Ich gucke da nie rein, wenn ich ehrlich bin. Ich hab mich da wirklich nur an unserem Schulcurriculum orientiert." (1G1-De-m)*

Das Schulcurriculum ist an zwei der drei Fallstudienschulen das einzige verbindliche Moment innerhalb der Fachschaft der einzelnen Schule. Und für diese Verbindlichkeit seien, so die überwiegenden Meinungen, die RRL eine wichtige Voraussetzung gewesen :

– *„Wenn es die RRL nicht gäbe, dann hätte man keine Richtlinien für das Aufstellen eines schulinternen Curriculums. Von daher denke ich, schlagen die Richtlinien auch irgendwo durch, das glaube ich schon." (1G3-De-m)*

An der dritten – der integrierten Gesamtschule - gibt es differenzierte Absprachen und Jahrgangskoordinationen sowie ausgearbeitete Unterrichtseinheiten, die so differenziert sind, dass die Lehrer und Lehrerinnen von daher keine Notwendigkeit mehr zur Beschäftigung mit den RRL sehen.

– *„Weil ich immer so arbeite, seit 1973, war immer an einer integrierten Gesamtschule. Also, ich denke mir, es hat einen wesentlichen Grund, warum ich auch dahinter stehe. Es ist die einzige Kontrolle, das heißt, wir Kollegen kontrollieren uns untereinander." (1I9-Ma-m)*

Für viele ist die Zeit, in der sie in die Rahmenrichtlinien geschaut haben, lange her:

– *„Ich kann mich gar nicht mehr erinnern, wann die RRL überhaupt erschienen." (1G-De-FK)*
– *„Ich hab bestimmt, sagen wir mal, 15 Jahre nicht reingeguckt oder so ähnlich." (1I1-De-w)*

Für viele der befragten Deutschlehrer und -lehrerinnen haben die Rahmenrichtlinien vor allem eine wichtige Bedeutung in der Berufsbiografie: Als die Rahmenrichtlinien neu gewesen sind, waren viele der interviewten Lehrerinnen und Lehrer entweder noch während des Studiums oder gerade neu im Schuldienst. Die Rahmenrichtlinien gaben ihnen damals eine grundlegende Orientierung für den Unterricht in ihrem Fach:

- *„(...) ja wann hab ich mich damit beschäftigt? Vor 15 Jahren. Da waren die ... Nach der Ausbildung ... Und in der Ausbildung natürlich auch, aber als ich so zu Beginn, als ich angefangen habe zu unterrichten, als ich noch unsicherer war, da waren die Pläne für mich ... - da hab ich schon nachgelesen und geguckt - eine Absicherung für mich und eine Legitimation. Das sind sie für mich jetzt nicht mehr, - oder sagen wir so, das sind sie natürlich immer noch, nur sie haben diese Bedeutung nicht mehr. (...) Es sind ganz ganz andere Komponenten, die wichtig sind für einen Ablauf der Stunde. Ob der Text besser oder schlechter ist, ist für das Ergebnis nicht das entscheidende." (1K8-De-w)*

Eine größere Alltagsbedeutung haben die Pläne für bestimmte Funktionsstellenträger. Sowohl für Fachleiter und Fachleiterinnen in den Studienseminaren als auch für Fachbereichsleiter in den Schulen sind die Rahmenrichtlinien von größerer persönlicher Bedeutung:

- *„(...) also ich bin dies Jahr nicht mehr in der Referendarsausbildung, aber ich war es, so vor zwei Jahren - und dann, wenn ich dann so als Mentorin, mal die Leitziele mit durchgucke, bei meinen Referendaren, dann ist es klar, dann guckt man mal wieder in die RRL, ob wir denn noch ganz linientreu sind, oder nicht." (1K12-De-w)*
- *„Also, die alten Rahmenrichtlinien, die habe ich natürlich als Fachbereichsleiterin durchgearbeitet, hab damals geguckt, was sagen die denn aus über Deutsch in Gesamtschulen oder im heterogenen Unterricht." (1I1-De-w)*

Trotz der generellen Einschätzung, dass die Rahmenrichtlinien kaum eine Bedeutung für den gegenwärtigen Unterrichtsalltag haben, gibt es einige wenige Lehrer und Lehrerinnen, die doch gelegentlich in die Pläne schauen. Zwei Interviewpartnerinnen nutzen sie beispielsweise, um Anregungen für den eigenen Unterricht zu erhalten:

- *„Ich gucke manchmal rein, wenn sie (die RRL) Lektürevorschläge machen. Da hinten bei den Lektürevorschlägen, (um) Anregungen zu kriegen, obwohl ich feststelle, dass große Teile davon einfach unrealistisch sind, aber gut, dafür ist eine riesige Bandbreite drin, da kann ich mir also durchaus was einfallen lassen." (1K10-De-w)*

- *„Gleichzeitig gibt es natürlich - und da sind die RRL dann auch hilfreich - so gerade in der Mittelstufe bestimmte Fertigkeiten, die ich im Deutschunterricht ... die also bestimmten Jahren dann zugeordnet sind." (1G4-De-w)*
- *„Ja, da sind Beispiele drin, aber bei mir geht der Weg nicht über die RRL. Das sind Vorgaben, und dann versuche ich daraus zu ziehen, was muss ich denen jetzt beibringen an Kompetenz oder so an Sach- und Fachkompetenz. Aber das eigentliche Unterrichtsgeschehen spielt sich nicht über die Rahmenlehrpläne ab, bei mir. (...)" (1K13-De-w)*

Selbst Festlegungen der RRL zu einzelnen Schulstufen werden nur eingeschränkt berücksichtigt.

- *„In Deutsch ist das eigentlich relativ unwichtig. Da ist es uns wichtig, was wollen wir insgesamt erreichen und in welcher Altersstufe machen wir was? Ob das in den RRL eigentlich so vorgesehen ist, dass in 5 und 6 nun mal, ob Grammatik abgeschlossen werden muss oder nicht, ist uns eigentlich relativ wurscht." (1G4-De-w)*

Die Rahmenrichtlinien werden insgesamt kaum kritisiert. Viele Aussagen wirken sogar unsicher, sowie die Ebene der allgemeinen Urteile verlassen wird.

- *„Ja also positiv wäre sicher, wenn man sagt, man hätte da einen Minimalkatalog und ganz tolle Anregungen - aber vielleicht sind die ja sogar drin? - also wenn sie mich da jetzt so fragen ..." (1G5-De-w)*

Einigen der Deutschlehrerinnen und Deutschlehrern fällt es gar schwer sich zu erinnern, was in den Plänen steht. Dies erklärt, wieso viele Interviewte keine oder nur sehr allgemein Kritik äußern können. Wird die Frage nach der Kritik an den Rahmenrichtlinien nicht direkt gestellt, so wird dieser Aspekt von den Lehrerinnen und Lehrern nahezu nie thematisiert. Dies ist ein weiterer Hinweis darauf, dass die Rahmenrichtlinien kaum noch von Bedeutung sind.

Die zentrale Kritik - in fast allen Interviews genannt - betrifft den Umfang und die angebliche Stofffülle der Rahmenrichtlinien. Sie seien zu ausführlich. Dieser Umfang scheint die Arbeit mit ihnen im Alltag zu erschweren. Die folgenden Aussagen sind typisch für die allgemeine Reaktion auf die RRL Deutsch.

- *„Wenn ich ganz offen bin, die damaligen RRL Deutsch habe ich nie ganz durchgelesen. Das war dieser Wälzer." (1G1-De-m)*
- *„Sie sind zu dick. Ich finde, es ist zuviel Text drin. Den lese ich nicht." (1G2-De-w)*
- *„Und das ist auch das, was ich an RRL kritisieren würde. Das ist manchmal ganz schön utopisch, was da so gefordert und abgesteckt wird. (...)" (1K13-De-w)*
- *„Es ist viel zu viel ... Da reichen unsere Stunden noch nicht, die wir jetzt haben." (1G-De-FK)*

Die sogenannte Kopflastigkeit der RRL und deren Distanz zu den eigentlichen Bedürfnissen der Schüler und Schülerinnen und den eigenen Bedürfnissen korrespondiert eng mit dem Aspekt der Stofffülle.

- *„Unsere Änderungen beziehen sich eigentlich mehr da drauf, inwieweit haben sich die Schüler geändert, was muss man dann anders machen (...) denn auch die Rahmenrichtlinien waren ja früher eher kopflastig und treffen vielleicht nicht das ganze Kind." (1I1-De-w)*
- *„Da wären vielleicht zwanzig Seiten, mit denen ich konkret was anfangen konnte. Was dahinter steht, die Pädagogik, die Philosophie, der Moralanspruch, das ist alles wunderbar. Aber das muss nicht in diesem Rahmenrichtlinienheft stehen." (1G-De-FK)*

Die positive Variante dieser Kritik lautet, dass die Pläne zwar unrealistisch seien, aber durchaus viele Auswahlmöglichkeiten böten.

- *„(...) obwohl ich feststelle, dass große Teile davon einfach unrealistisch sind. Aber gut, dafür ist eine riesige Bandbreite drin, da kann ich mir also durchaus was einfallen lassen." (1K10-De-w)*

Ein wesentlicher Kritikbereich, der an den verschiedensten Aspekten festgemacht wird, ist, dass die Pläne angeblich veraltet seien. Sie seien Produkt eines bestimmten historischen Moments. Dies würde zum Beispiel an der Sprache, den pädagogischen Vorstellungen und den Inhalten deutlich:

- *„Ja, man merkt das ja auch schon an dieser sprachlichen, ...ne an dieser Diktion, die ist einfach jetzt veraltet." (1K12-De-w)*
- *„Da muss man aber sehen, dass die pädagogischen Formulierungen heute überholt sind, so kann man heute nicht mehr argumentieren." (1G-De-FK)*

Andere nennen die pädagogischen Konzepte und Lernziele, sie würden den heutigen Schülern und Schülerinnen nicht mehr gerecht:

- *„(...) Also ich persönlich hab ein ganz gebrochenes Verhältnis zu RRL, weil, ich sag das so ganz deutlich, das ist für mich so eine historisch geronnene, pädagogische oder didaktische Sichtweise. Wenn man reinguckt, es ist 1980 herausgegeben, ne? Da weiß man, dass die Entstehungszeit zwei, drei Jahre davor war. Und ich denk mir, da ist auch ein gesellschaftlicher Wandel auch an Sichtweisen, was man vermitteln sollte, das kann nur ... das soll hin und wieder festgeschrieben werden, dafür bin ich auch, aber das hat für mich nichts Verbindliches." (1K12-De-w)*
- *„Ich denke mir, die Schüler sind schon wieder anders, als sie in den RRL skizziert sind." (1G4-De-w)*
- *„Ich finde auch, dass die Lernziele nicht mehr stimmen. Die Schüler haben sich wirklich sehr verändert." (1G-De-FK)*

Außerdem gibt es offenbar Inhalte, die problematisch erscheinen:

– *„Wenn heute jemand ankäme, wie das ja mal in den 70er Jahren war, und würde was von generativer Transformationsgrammatik von mir vermittelt haben wollen in den Klassen. Ja gut, dann könnte ich das machen. Aber ich bin fest davon überzeugt, dass kein Schüler auch nur einen Ton davon kapiert, weil ich es selbst total bescheuert finde." (1G3-De-m)*

Ein wesentlicher und schulspezifischer Aspekt der Kritik ist, dass sich wichtige Ansprüche integrierter Gesamtschulen in den Plänen kaum wiederfinden. So machen die RRL z. B. keine Aussagen zur Differenzierung:

– *„Also die alten Rahmenrichtlinien, die habe ich natürlich als Fachbereichsleiterin durchgearbeitet, hab damals geguckt, was sagen die denn aus über Deutsch in Gesamtschulen oder im heterogenen Unterricht, das war relativ wenig (...)." (1I-De-w)*

Zusammenfassend lässt sich sagen: Die Rahmenrichtlinien Deutsch waren von großer Bedeutung, als sie in den 70er Jahren eingeführt wurden. Doch zum Zeitpunkt der Befragung (1994/95) sind sie nur noch von geringer Relevanz. Damals hat man sich an ihnen abgearbeitet, in der Universität, in den Fachkonferenzen oder auch aus persönlichem Interesse. Zur Zeit ihrer Einführung waren sie z.B. als Vorlage für neu zu erstellende Schulcurricula wichtig. Sie waren zentrales Medium im Kampf um eine andere Schule. Nach mehr als 20 Jahren liegt ihre wichtigste Bedeutung höchstens noch darin, Sondersituationen zu bewältigen: z.B. Ausbildung, Wiedereinstieg in den Beruf, Konfliktsituationen. In Einzelfällen sind sie auch als individuelle Anregung von Bedeutung. Aber bei wesentlichen aktuellen Entscheidungen spielen die RRL nur eine untergeordnete Rolle. In Entscheidungskonflikten steht die persönliche Meinung oder die der Fachkonferenz über den Vorgaben der Rahmenrichtlinien. Allgemein beklagt wird die Stofffülle. Viele weisen darauf hin, dass der RRL-Text einfach zu umfangreich sei. So viel könne man kaum lesen, geschweige denn verarbeiten. Das alles ließe sich nicht im Unterricht verwirklichen. Die RRL gingen an der Schulrealität vorbei. Auch das Alter der RRL wird kritisch angemerkt. Allein wegen ihrer mangelnden Aktualität würde es sich nicht anbieten, mit ihnen zu arbeiten. Nur vereinzelt wird darauf hingewiesen, dass sie nach wie vor recht anregend seien und sozusagen als Fundgrube genutzt werden könnten. Die Schulform spielt in Bezug auf die geäußerte Kritik keine Rolle. Punktuell eingeklagt werden Hinweise zu der für integrierte Gesamtschulen wichtigen Frage der Differenzierung. Darauf gingen die RRL nicht ausreichend ein.

4.2.2 Die Erwartungen an den neuen Rahmenplan Deutsch

Zwar halten sich die interviewten Lehrerinnen und Lehrer des Fachbereichs Deutsch im Unterrichtsalltag kaum noch an die alten Rahmenrichtlinien, in ihren Forderungen an staatliche Lehrpläne beziehen sie sich jedoch teilweise sehr direkt auf Prinzipien, die den Rahmenrichtlinien zugrunde liegen. Einige wenige nur sagen ganz offen, dass sie nichts erwarten:

- *„Ich habe irgendwie prinzipiell etwas gegen diese, gegen Pläne und sowas." (1G3-De-m)*
- *„Ich erwarte eigentlich nichts." (1G2-De-w)*

Der Wunsch nach Stoffreduzierung wird von der Mehrheit der Interviewten geäußert. Verbunden ist er damit, dass Freiräume - vergleichbar mit jenen in den Rahmenrichtlinien - gefordert werden. Das angekündigte 60%-40%-Verhältnis ist auch bei den interviewten Deutschlehrern und Deutschlehrerinnen ein Thema. Insgesamt überwiegt die Einschätzung, dass man sich eher durch eine gewisse Stofffülle bedroht sieht, als dass erkennbar wäre, dass es reale Freiräume geben könnte.

- *„(...) Das ist ein Witz, als wenn wir 40 Prozent freie Zeit zur Verfügung hätten, wenn wir das verwirklichen sollen, das was da drin steht. Das ist überhaupt nicht machbar. Also da stimmen die einfach nicht. Aber, sagen wir mal so idealtypisch, zu sagen, Lehrpläne sollen realistischerweise einen Rahmen von 60 Prozent abdecken und 40 Prozent hat man aufgrund unterschiedlichster Verhältnisse, das finde ich schon o.k." (1I3-De-w)*

Befürchtet wird immer wieder eine Überfrachtung der Pläne, wobei teilweise nicht von „Stofffülle", sondern von einem überhöhten „Anspruch" gesprochen wird. Plädiert wird für mehr Bescheidenheit.

- *„Erst mal finde ich, dass die Ansprüche immer viel zu hoch gehängt werden. Nicht von dem, was erreicht werden soll. das noch nicht mal, aber von Funktion von Schule." (1G3-De-m)*

Gefordert wird auch, dass die Pläne eine größere Offenheit aufweisen sollen, so dass die Schulen ihr eigenes Profil entwickeln können.

- *„Ich würde 'ne Orientierungshilfe erwarten, aber keine Einengung." (1G-De-FK)*

Es fordert niemand Stoff- bzw. Minimalpläne. Vielmehr geht es darum, Rahmenbedingungen zu analysieren und Aussagen hierzu zu machen, die für den einzelnen Lehrer, die einzelne Lehrerin eine wesentliche Hilfe zur Konzeption und Planung des Unterrichts sind. Auch konkrete Vorschläge für Unterrichtseinheiten sind nicht erwünscht. Auch hier besteht eher die Vorstellung, Rahmenvorgaben zu bekommen, die eigene Überlegungen nicht einengen.

- *„Also, ich halte die (die Rahmenplanentwürfe) schon für sinnvoll an ganz vielen Punkten. Ich finde es aber auch gut, dass Freiräume gelassen werden, wo man Alternativen suchen kann und wo man überhaupt eine Chance hat, so was wie ein Schulprofil zu entwickeln. Das große Problem an den neuen Lehrplänen ist, dass die genau so vollgepfropft sind (...).“ (113-De-w)*
- *„Nein, ich will auf keinen Fall noch mal so einen kleinkarierten Stoffplan haben, wo ich dann wirklich dran gemessen werde. (...) Nicht stundenweise, das ginge ja nun wirklich nicht, das würde den Rahmen sprengen, aber auch an Inhalten, die man so abhaken könnte, das will ich auch auf keinen Fall, das sollen die auf keinen Fall leisten, die Rahmenpläne. Die sollen mögliche Lernziele ..., wie so eine verkürzte Gesellschaftsanalyse oder Schulsituationsanalyse leisten und festschreiben, was in den verschiedenen Bereichen geleistet werden soll, aber mehr sollen die nicht bringen.“ (1K12-De-w)*

Einige wenige der Interviewten wünschen Begründungen zu den Rahmenplänen. Erwartet wird, dass ein entsprechender Plan das begründen sollte, was er inhaltlich und thematisch von den Lehrerinnen und Lehrern fordert. Verbunden ist das mit der Vorstellung, so eine Legitimationshilfe zu erhalten. Eine der Deutschlehrerinnen fände es wichtig, dass die Schulen in ihrer Arbeit durch entsprechende Lehrplanvorgaben bestätigt, abgesichert werden:

- *„Einfach noch einmal zu überprüfen, was denken sich andere Leute, mit welchen Begründungen und das sind ja sehr wenige in den neuen Rahmenrichtlinien und vielleicht kriege ich auch noch einmal eine Idee, aber nicht um eine ganze Konzeption da zu adoptieren. (...) Vielleicht bin ich da auch so sehr ein 68er Kind, dass man doch schon immer, ich mich frage, warum mache ich denn eigentlich was und wenn das so total ausgeblendet ist, stört mich, ich möchte schon eine Legitimation haben für das, was ich mache.“ (111-De-w)*

Auch der Aspekt „Unterrichtshilfe“ wird angesprochen.

- *„Ja, es wäre schön, wenn Lehrpläne geschrieben würden wirklich zur Hilfe für die Kollegen, für uns. Oft habe ich den Eindruck, dass das etwas abgehobene Leute sind, die sich selbst verwirklichen mit ihren Ideen.“ (G1-De-m)*

Einige der Deutschlehrerinnen und Deutschlehrer entwickeln hierzu recht dezidierte Vorschläge. Es wird unter anderem zum Ausdruck gebracht, dass gerade für neue Aufgabengebiete, wie kulturelle Praxis u.ä., Unterrichtsanregungen und -hilfen notwendig wären.

- *„Ich denke, dass das ein bisschen offener ist, dass auch Anregungen kommen, was alles Deutschunterricht ist oder was alles mit Deutsch zu tun hat, was die eigene Sprachfertigkeit bedeutet und wie die gefördert werden kann. Und nicht nur einfach über diese Unterrichtseinheiten. Also, wir haben schon lange das Defizitgefühl, dass wir in Sachen mit darstellendem Ausdruck:*

Theater, Zeichnen, Pantomime, Karikatur und so, dass wir da einfach nicht weiterkommen." (1I4-De-w)

- *„Also wenn man genug Anregungen kriegte, wenn man sagte, viel anderes Zeug brauchste an sich gar nicht mehr. Wie ein Lehrbuch meinetwegen (...)" (1G5-De-w)*

Allerdings, so eine der Meinungen, sollten diese Hinweise und Anleitungen nicht im Sinne ausgearbeiteter Unterrichtseinheiten gegeben werden, dies würde zu sehr einengen:

- *„Wenn also solche Anleitungen, Hinweise kämen, die würde ich mit Interesse durchblättern. Das ist ganz sicher. Einzelne, wirklich ausgearbeitete Stundenabläufe oder Einheiten halte ich für mich nicht für so interessant, weil da ganz schnell Enge entsteht." (1G1-De-m)*

Die Meinung über die Verankerung didaktischer Hinweise in den Plänen ist jedoch geteilt. Es gibt auch Stimmen, die derartige Ergänzungen eindeutig ablehnen:

- *„Aber, das gehört nicht in die RRL hinein. Wenn sie überhaupt sinnvoll sein sollen, finde ich, sollten das wirklich nur stoffliche Anregungen sein und Absprachen, die dann vielleicht auch quer durch die Schulen nötig sind." (G2-De-w)*

Es gibt aber auch in diesem Fach bei einigen Gymnasiallehrerinnen und -lehrern die Befürchtungen, dass schulstufenbezogene Pläne zu einem Niveauverlust führen und der differenzierten Leistungsentwicklung der Schüler und Schülerinnen nicht entsprechen könnten.

- *„Ich bin also trotz anderer bildungspolitischer oder sonstiger Positionen ein Verfechter dessen, was man Gymnasium nennt. Und ich finde es aus unserer Sicht, von dieser Schule her, eher krampfhaft, dass man gemeinsame Pläne herstellt. Weil ich merke, dass vielen Kindern, die es besser könnten, man nicht gerecht wird. Aber, ich muss zugeben, dass natürlich auch nicht andere, also nur gymnasiale Pläne, noch lange nicht das Problem lösen werden, dass ganz viele Kinder auf diese Schule gehen, die hier unglücklich sind, weil sie hier eigentlich nicht mitkommen, eigentlich, man sagt das unerfreulich, nicht hierhergehören." (1G1-De-m)*

In Bezug auf das Fach Deutsch stehen ansonsten die interviewten Lehrer und Lehrerinnen – unabhängig von der Schulform - schulstufenbezogenen Plänen tendenziell positiver gegenüber als schulformbezogenen. Eine Lehrerin zum Beispiel findet es im Sinne einer größeren Durchlässigkeit zwischen den Schulformen sehr sinnvoll, dass es schulformübergreifende Pläne gibt.

- *„Mir als Gymnasiallehrerin ist lieber, wenn ich schulformübergreifende habe, weil ich auch so ein bisschen quer sehen kann, wenn ich, z. B. ist das bei uns immer wieder ein Hauptproblem, was machen wir mit den Schülern,* *die nicht mitkommen. Wenn ich sie auf die Realschule schicke, möchte ich schon gern sehen, ob das dann auch so ist, dass die auch mit dem, was wir hier gemacht haben, auch weiterkommen können. Im Sinne auch wirklich ‚nach unten gehen'." (G2-De-w)*

Eine anderer Interviewpartner äußert jedoch seine Zweifel, ob es wirklich gut sei, dass sich Hauptschule wie Gymnasium einem mittleren Level angleichen müssten.

– *„Tja, Hauptschule und Gymnasium ... ich weiß nicht, ob das beiden Schulformen gut tut, wenn nun die Hauptschule durch den ein oder anderen ... sich so einem mittleren Level (angleichen muß)." (G5-De-w)*

Eine Forderung betrifft die Aktualität der Pläne. Aktualität bezieht sich hier auf das Einbeziehen und Berücksichtigen der Kinder und Jugendlichen, ihrer Leistungsfähigkeit und ihrer Lebenswelten. Ganz besonders wird dies im Hinblick auf die Hauptschule gefordert. Ein konkretes Beispiel sei die Leseförderung. Hierfür eine Legitimation zu schaffen, wird auch als eine Aufgabe von Deutschlehrplänen genannt.

– *„Ich denke, Schule hat sich verändert, die Kinder haben sich verändert. Und es gibt schon, meiner Ansicht nach, die Notwendigkeit, wieder andere Pläne noch mal zu erstellen. Also, es gibt gerade für die Hauptschule, und das setzt sich ja auch in der Förderstufe fort, man kann also sicherlich unsere Kinder hier nicht mehr so an schriftlichen Dingen messen. Das hat natürlich auch schon in den RRL nicht mehr diese Bedeutung gehabt wie vorher, aber wenn ich jetzt an die Hauptschule denke, müssten eigentlich die Pläne insoweit revidiert werden, dass einfach auch mehr Fächerübergreifendes in den Plänen mit berücksichtigt würde, mehr im Grunde genommen Alltagsnahes." (K8-De-w)*

Erhofft wird auch eine „Entideologisierung". In einer Äußerung wird die Frustration über die Kämpfe um den Anspruch der Rahmenrichtlinien ganz deutlich formuliert.

– *„Und für Entideologisierung. (...) Es ist möglicherweise ein schon zu ideologisch aufgeladenes Wort." (1G3-De-m)*

Sehr skeptisch wird allerdings eingeschätzt, ob die Pläne überhaupt gelesen werden, zumal es auch prinzipielle Vorbehalte gibt:

– *„Also ich denke das Wichtigste ist, die Leute erstmal zu motivieren, da überhaupt reinzugucken." (1G5-De-w)*

In einem zusammenfassenden Überblick lässt sich festhalten: Die geäußerten Erwartungen sind so allgemein und folgen in einigen Punkten so sehr dem, was die RRL zu ihren Zeiten auch schon geleistet haben, dass fast der Eindruck entsteht, eine modernisierte Variante der RRL würde bereits ausreichen. Auf jeden Fall sollte der neue Lehrplantext knapper sein. Es müsse eine Entlastung der Lehrerinnen und Lehrer bzw. der Unterrichtssituation stattfinden. Realistisch auf allen Ebenen sollten die neuen Pläne sein: realistisch in Hinblick auf Inhalte, realistisch in Bezug auf die Schülerinnen und Schüler und was von ihnen erwartet wird, realistisch auch, was die Möglichkeiten der Lehrerinnen und Lehrer im Schulalltag angeht. Konsens besteht darüber, dass die neuen Pläne zugleich genügend Freiräume lassen müssen für die eigenen Vorstellungen und Ideen. Freiräume aber auch, die für die spezifische Situation von Schülerinnen und Schülern bzw. der Schule genutzt werden können. Anregend dürfen sie sein, aber sie sollen nichts festschreiben. Der Lehrplan als Steinbruch für Ideen und Anregungen, das fände durchaus Akzeptanz. Keinesfalls gewünscht wird ein Plan, der festschreibt, was in welcher Jahrgangsstufe (oder Doppeljahrgangsstufe) gemacht werden muss. Durchgängig ist mit den neuen Plänen die Hoffnung verbunden, dass sie nicht wieder jene ideologischen Kämpfe wie zu RRL-Zeiten provozieren. Sachlich, motivierend und nicht ideologisch sollen die Rahmenpläne sein.

4.2.3 Zum Umgang mit dem neuen Rahmenplan Deutsch (1995/1996)

September 1993 wurde die Entwurfsfassung des Rahmenplans Deutsch der fachinteressierten Öffentlichkeit vorgelegt. 14 Monate später, im November 1995, hat der Plan sämtliche Stationen des Verfahrens durchlaufen, ist genehmigt und wird den Schulen zugestellt. Von der Entwurfsfassung bis zur Endfassung gab es keine entscheidenden Veränderungen. Die Schulen haben für das restliche Schuljahr 1995/1996 Zeit, sich mit dem Rahmenplan zu beschäftigen, bis er dann zum Schuljahr 1996/1997 verbindlich wird. Die Interviews finden 1996 - teilweise nach dem Schuljahreswechsel - statt. Es kann also davon ausgegangen werden, dass sich Lehrerinnen und Lehrer zum Beispiel im Rahmen von Fachkonferenzen intensiv mit dem Plan beschäftigt haben. Grundlage der folgenden Ausführungen sind die drei Gruppeninterviews und vier Einzelinterviews, die an den beschriebenen Schulen nach der Einführung des Rahmenplans Deutsch durchgeführt wurden.

Die wichtigste Voraussetzung, um mit den neuen Plänen überhaupt arbeiten zu können, ist die Versorgung der Lehrerinnen und Lehrer mit den Rahmenplänen. Anders als die Entwürfe wurden allen Lehrkräften die verabschiedeten Pläne ihrer Fächer zugeschickt. Doch es gibt offensichtlich Lücken in der Rahmenplanverteilung, was viel Ärger hervorruft. Die *Versorgung* mit Exemplaren des Rahmenplans Deutsch ist - folgt man den Aussagen der Interviewten - an der KGS und am Gymnasium gut, an der IGS keineswegs einheitlich. Einige dort haben Pläne, andere nicht, manche bekommen sie bereits bei der ersten Verteilungsrunde, andere haben auch bei der zweiten noch keinen erhalten. Inwieweit auch persönliches Desinteresse dabei eine Rolle spielt, kann nur vermutet werden. Die meisten jedenfalls erhalten ihr persönliches Exemplar in der Regel schon im April/Mai 1996. Das gilt auch für jene, die Deutsch fachfremd unterrichten.

- *„Ich habe ihn schon Ende letzten Schuljahres bekommen und bin natürlich als Nichtfachfrau auf so etwas ganz besonders angewiesen." (2I5-De-w)*
- *„Nein, das hat nicht funktioniert. Wir haben erst 15 Stück bekommen, noch einmal nachgefordert, aber nichts gehört, es ist zwar nachgeliefert worden, aber es hat noch nicht jeder Kollege einen Rahmenplan erhalten. Das habe ich von anderen Schulen auch gehört." (2I3-De-FK)*

Beim Vergleich des *Studiums* der neuen Lehrpläne *auf schulischer Ebene* kann angenommen werden, dass der Rahmenplan am intensivsten in der Gruppe der Lehrerinnen und Lehrer des Gymnasiums studiert wurde. Der Rahmenplan war hier Thema sowohl in zwei Fachkonferenzen als auch auf einem Fachtag Deutsch, bei dem es ausschließlich um den neuen Rahmenplan und dessen zukünftige Umsetzung ging sowie darum, ein neues Schulcurriculum zu entwickeln.

- *„Es gab einen Fachtag, an dem wir uns einerseits mit dem, was wir an der Schule praktiziert haben, und unserem eigenen Curriculum auseinandergesetzt haben und versucht haben, das mit diesem Plan in Verbindung zu setzen und daraus etwas zu entscheiden, was für uns an der Schule praktikabler erschien als der Plan." (2G2-De-FK)*

In Gruppen aufgeteilt, beschäftigten sich die Deutschlehrer und -lehrerinnen des Gymnasiums mit den inhaltlichen Festlegungen für die Doppeljahrgangsstufen. Auf der Basis von Teil B des Rahmenplans wurde dann ein Vorschlag für ein Schulcurriculum entwickelt, der zu einem späteren Zeitpunkt auf einer Fachkonferenz diskutiert und abgestimmt wurde.

Zwar nicht in Form eines Fachtages, aber auch in Arbeitsgruppen wurden an der KGS Vorschläge für ein Schulcurriculum erarbeitet. Die Lehrer und Lehrerinnen wählten sich nach persönlichen Vorlieben in Arbeitsgruppen ein, die jeweils eine Doppeljahrgangsstufe im Blick hatten und innerhalb eines längeren Zeitraumes mehrmals tagten. Vor diesen Arbeitsgruppentreffen gab es eine Veranstaltung des Schulamtes, an der ein Mitglied der Fachkonferenz teilnehmen konnte. Bei dieser Veranstaltung wurde über die Rahmenpläne, deren Essentials sowie über die zukünftige Arbeit diskutiert.

- *„Es war so, dass zunächst eine in die Außenstelle* (gemeint sind die regionalen Stellen des Hessischen Instituts für Lehrerfortbildung) *gebeten und eingewiesen wurde, wie man damit umzugehen hat, von Seiten des Schulamtes her. Und das war letzten Sommer. Und dann ist letzten Sommer auch eine*

Fachkonferenz gewesen. Es war die erste und im November die zweite, da haben wir uns dann in Gruppen zusammengesetzt." (2K5-De-w)

In der IGS ist selbst zum Zeitpunkt der zweiten Befragung außer durch eine allgemeine Information auf einer zurückliegenden Fachkonferenz noch kaum etwas geschehen. Begründet wird dies unter anderem damit, dass man sich in der Phase der Lehrplanentwicklung bereits laufend über sie informiert habe und sowieso schon lange im Sinne der neuen Pläne arbeite, es *„nichts richtig Neues drin" (2I5-De-w)* sei und daher eine spezielle Beschäftigung und Verständigung zu den neuen Rahmenplänen an dieser Schule nicht nötig wäre. Offenbar soll der Rahmenplan nur bei der turnusmäßigen Überarbeitung der umfangreichen Materialien zu den einzelnen Unterrichtsthemen berücksichtigt werden.

- *„Wobei man sagen muss, an dieser Schule ist es eigentlich so, dass man im Thema sehr viel erarbeitet, dass auch schon sehr viel vorliegt, was aber nicht heißt, dass man das einfach fraglos übernimmt. Es wird also jede eigene Thematik durchgegangen, auch auf die Methodik hin, ob das überhaupt noch zeitgemäß ist." (2I5-De-w)*
- *„Auch in der Vorphase, wir haben uns immer die aktuellen Vorfassungen schicken lassen, die gab es nur auf Diskette. Und die mußten wir dann hier vervielfältigen, weil wir ja auch mit aktuellen Sachen arbeiten wollten. Aber da gab es viele Verzögerungen." (2I2-De-FK)*

Übereinstimmungen in der Vorgehensweise gibt es zwischen den drei Schulen bei der Einarbeitung in die neuen Rahmenpläne *auf individueller Ebene*. Es werden hierbei besonders jene Teile genauer gelesen, die jene Jahrgangsstufen betreffen, die man selbst zur Zeit unterrichtet oder die man in nächster Zeit übernimmt.

- *„... ich habe nur in die 5 geguckt. Das war ja letztes Jahr, und habe da auch einiges wiedergefunden, z. B. Thema Tiere. Da haben die Kinder Geschichten über Tiere geschrieben, die Kinder sind auch rausgegangen ins Tierheim, die Kinder haben Tiere mitgebracht, das habe ich hier auch gefunden." (2I5-De-w)*
- *„Ich bin mal so durchgegangen - aber nicht sehr intensiv - für die Klassen, in denen ich unterrichte." (2G2-De-w)*

Die Frage, welcher Teil intensiver gelesen würde, wird einheitlich mit einem Verweis auf Teil B beantwortet. Teil A lese man lediglich oberflächlich zur Selbstvergewisserung. Er wird entweder als Bestätigung der eigenen Arbeit verstanden oder er wird als nicht so wichtig, zu allgemein, als politische Legitimation bzw. als zu wenig konkret für die Unterrichtsarbeit angesehen.

- *„Das habe ich auch gelesen, also diese Ziele, das habe ich, das war für mich ein wenig unkonkret, das habe ich mehr oder weniger überflogen." (2I5-De-w)*

– *„Es ist für mich eigentlich auch bestätigend, Deutschunterricht soll entdeckend, anschaulich, handlungsorientiert sein. Das ist für mich Lernen mit allen Sinnen." (215-De-w)*

Wichtiger für die Arbeit in allen drei Schulen ist offenbar Teil B. In Hinblick auf diesen Teil wird immer wieder die *Kulturelle Praxis* hervorgehoben, die gewisse Veränderungen im Unterricht erfordere:

– *„Nein, also ich denke, dass wir auch den Teil B, auch alleine durch die Aufgliederung der Themenbereiche, die wir da vorgefunden haben, als Boden benutzen, dort Samen reinzulegen, alleine den Bereich Kulturelle Praxis, das gab es ja bisher noch nicht." (212-De-FK)*

Bei einigen Lehrerinnen und Lehrern spielen die Hinweise zur Unterrichtsgestaltung in Teil B eine besondere Rolle, wobei eine der Interviewten aus dem Gymnasium Bedenken äußerte, dies nicht alles leisten zu können.

– *„Also eigentlich immer, meinetwegen unbewusst, hat mein Augenmerk diesen Hinweisen gegolten, die doch sehr ausführlich, schon gut, aber irgendwie zu umfangreich sind. Wenn ich dann denke, wie ich das alles in der Klasse machen sollte, dann muss ich Frontalunterricht machen und alles abfragen können, dann geht es. Vielleicht soll ja auch, ich weiß es nicht, ein bisschen, ein bisschen Frontalunterricht provoziert werden." (2G5-De-w)*

Aus den Interviews mit den IGS-Lehrerinnen und Lehrern geht hervor, dass es offensichtlich kein Erfordernis gibt, sich individuell erneut mit dem vorliegenden Plan zu beschäftigen. Es herrscht insgesamt das zufriedenstellende Gefühl, im bisherigen Vorgehen bestätigt worden zu sein.

– *„Ich teile diese Meinung und möchte das ergänzen. Wenn man den Rahmenplan liest, findet man unsere Arbeit oft sogar wörtlich wieder, es ist eine unglaubliche Bestätigung." (212-De-FK)*

In der KGS ist der Umgang mit dem Rahmenplan auf dem Hintergrund der schwierigen Unterrichtssituation zu sehen. Teil B steht auch hier im Mittelpunkt, weil er sich auf die konkrete Arbeit bezieht. Teil A wird lediglich zur Kenntnis genommen und mitunter auch als ideologische Rechtfertigung verstanden.

– *„Wir haben uns vor allem mit diesen Arbeitsbereichen beschäftigt. Also die didaktischen Grundsätze, das haben wir auch schon zur Kenntnis genommen, aber es war für den Schulalltag entscheidender der Teil B. Und im gesamten didaktischen Teil ist es ja auch so, finde ich, dass es eher auch begründet wird, dass man mit mehr Schwierigkeiten dennoch arbeiten soll." (215-De-w)*

In keiner der Antworten zur Frage, welche Aspekte des neuen Lehrplans persönlich besonders wichtig seien, werden *Methoden* thematisiert. Auf Nachfrage wird deutlich, dass Methodenanregungen - soweit sie überhaupt im Plan vorkommen - tatsächlich nur *von geringem Interesse* sind.

– *„Also die Methodenanregungen am allerwenigsten. (...) Ich bin immer interessiert an Fragestellungen, das hat sicher auch einen methodischen Anteil, Fragestellungen kennenzulernen, und das finde ich also eine ganz vernünftige Sache. Ja und bei den Themen, denke ich ..., da ist nichts, was einen vom Hocker reißt,... da ist nichts, dass ich in großes Erstaunen oder Erschrecken gefallen bin." (2G1-SL-m)*

Die Pläne werden von manchem durchaus auch als ein Instrument zur *Regulation* oder zur *Legitimation* verstanden. Besonders an der KGS wird die Legitimationsfunktion genannt, während die Regulationsfunktion eher im Gymnasium eine Rolle spielt.

– *„Wenn ich legitimiere, was ich da mache, dann benutze ich diesen Plan. Das kann ich ja nur, wenn ich einigermaßen konform gehe. Aber der ist so allgemein gehalten, dass das im Grunde das ist, was man macht. Das hat ja Vorteile, dass der so allgemein gehalten ist." (2K2-De-FK)*
– *„Weil die Erwartungen in Blick auf Pläne nicht so hoch sind bei mir. Ich muss das sagen, in meiner Funktion sind Pläne eher Regulatorien als Anstoß für neues Arbeiten." (2G1-SL-m)*

Einer der Interviewteilnehmer thematisiert, warum es im Grunde kaum Interesse gibt, sich mit den Plänen auseinanderzusetzen. Sie seien *keine Herausforderung* und bewegten sich zu sehr im Bereich des allgemein Bekannten.

– *„Mein Eindruck war, das möchte ich jetzt nicht verallgemeinern, dass die im Rahmenplan nichts großartig Neues formuliert haben, sondern Dinge benennen, die jeder sowieso schon tut. Und da also jetzt nicht so ein Anreiz gegeben wird, sich darüber groß auseinander zu setzen ..." (2G2-De-FK)*

Eine besonders ausgeprägte Kritik an den neuen Rahmenplänen findet sich in den Interviews kaum, unabhängig davon, um welche der drei Schulen es sich handelt. Grundsätzlich ist eine *große Gelassenheit* gegenüber dem Deutschplan feststellbar. Man findet *wenig gut und wenig schlecht.* Wohltuend wird von manchem der Interviewten die größere Übersichtlichkeit und der *Aufbau* des Rahmenplans Deutsch empfunden.

– *„Also hilfreich ist vielleicht auch die größere Auffächerung, bei den anderen war es weniger, und man konnte besser alles auf einen Blick lesen." (2I5-De-w)*

Ebenso wird von Einzelnen die bessere *Lesbarkeit* hervorgehoben.

– *„Ansonsten von der Lesbarkeit her gefällt er mir wieder sehr gut, im Gegensatz zu den Rahmenrichtlinien. Er stützt das, was hier im Hause läuft." (2I2-De-FK)*

Dass der Deutschplan *nicht mehr* in *politische* Auseinandersetzung involviert ist, wird von vielen begrüßt.

– *„Also, wie gesagt, ich muss vorsichtig sein, aber ich finde es grundsätzlich positiv, dass sie da sind. Es war notwendig, wichtig, dass sie den Deutschunterricht aus ideologischen, aus Parlamentskämpfen heraushalten, dabei keinen politischen Unterricht machen. Das ist, denke ich, doch relativ gut gelungen. Das scheint mir ganz wichtig dabei." (2G1-SL-m)*

Von Deutschlehrerinnen und -lehrern an der IGS wird ganz besonders die Konstruktion der *Bildungsgänge* positiv bewertet, auch wenn Probleme in Hinblick auf die Umsetzung gesehen werden.

– *„Was ich da noch ergänzen möchte, was wir ja zunächst begrüßt haben, dass die Pläne nach Bildungsgängen aufgeteilt sind und nicht nach Schulformen. Aber da ist das Problem, wenn bei uns ein Schüler nach der 9 das Haus verlässt, dann sollte er ja das Niveau haben nach dem Mittleren Bildungsgang, das kann ich mir praktisch nicht ganz vorstellen." (2I2-De-FK)*

Dass der Plan sehr allgemein gehalten ist, empfinden viele - jedoch keineswegs alle - als eine angenehme *Freiheit*, die ihnen eine bessere Reaktion auf ihre konkrete unterrichtliche Situation ermöglicht.

– *„Und das ist ja, so habe ich das interpretiert, eine Freiheit. Also uns wird da nichts vorgeschrieben. Und diese Freiheit wollen wir uns jetzt in der Schule tunlichst nicht einengen, also haben wir unsere Pläne auch eher allgemein gehalten." (2K2-De-FK).*

Von den konkreten Inhalten bzw. Themen des Plans steht im Bereich der positiven Aspekte, wie bereits genannt, die Einführung der *Kulturellen Praxis* im Vordergrund.

– *„Also, was ich ganz gut finde ist diese kulturelle Phase, oder wie das heißt." (2G5-De-w)*

Erst nach intensivem Nachfragen wurde überhaupt am Rahmenplan *Kritik* geübt. Dabei sind die genannten Aspekte meistens unabhängig von der Schulform und sehr grundsätzlich. Im Vergleich zu den Rahmenrichtlinien wird der neue Plan von einigen wenigen in seinen politischen Aussagen grundsätzlich als zu *„verwaschen"* empfunden.

– *„(...) diesen ganzen allgemeinen, eher politischen Teil, den fand ich in den alten Rahmenrichtlinien viel schärfer, viel provozierender, viel griffiger, da war viel mehr Feuer dahinter. Das finde ich in diesen Rahmenplan alles sehr verwaschen." (2I2-De-FK)*

Die *Stofffülle* des Rahmenplans Deutsch ist ein weiterer Punkt für eine sehr grundsätzliche Kritik.

– *„Dennoch ist er vom Resultat her einfach zu voll, obwohl wir hier ja gut ausgestattet sind, von der Stundenverteilung her." (2I2-De-FK)*
– *„Wobei die Hauptkritik daran war: Überladenheit." (2G2-De-FK).*

Ein anderer Kritikpunkt ist, dass der Plan *zu allgemein* sei. Diese Kritik - besonders geäußert in der KGS - ist bedingt durch die schulische Situation, die Koordinations- und Anforderungsprobleme, die konkretere Vorgaben sinnvoll erscheinen lassen.

– *„Ich habe für mich so den Eindruck, dass dieser Rahmenplan nicht unbedingt in meinen täglichen Unterricht eingreift. Ich finde ihn sehr allgemein ..." (2K2-De-FK)*

Manche meinen, der Rahmenplan Deutsch würde letztlich *nichts Neues* bieten.

– *„Also die Ansätze sind nicht neu, dass das plötzlich Konzepte wären, mit denen man nie konfrontiert worden ist." (2G2-De-FK)*

Besonders von Lehrerinnen und Lehrern der beiden Gesamtschulen wurde angemerkt, dass der Deutschplan zu wenig Rücksicht auf die *konkrete schulische Situation* nehme, zum Beispiel auf die Bedürfnisse und Notwendigkeiten in der Arbeit mit Kindern, deren Muttersprache nicht Deutsch ist.

– *„Ich habe ihnen ja heute Mittag im Gespräch erzählt, dass wir hier fast 200 Aussiedlerkinder haben und die Sprachkompetenz nimmt ab. (...) Denn ich denke, dass diese Schüler speziell und individuell gefördert werden müssen und dazu gibt der Rahmenplan so gut wie nichts her." (2I2-De-FK)*

– *„Ja, ich hatte gehofft, dass dieser Schulalltag ehrlicher verarbeitet wird (...). (2K5-De-w)*

In einem Vergleich zwischen alten Rahmenrichtlinien und neuen Rahmenplänen wurde erwähnt, dass die *alten* Rahmenrichtlinien *informativer* gewesen seien.

– *„Die Rahmenrichtlinien, die vorherigen, das war ja so ein dickes Ding. Das hatte auch Vorteile, denn da gab's mehr Tipps. Da konnte man mal gucken, da gab es eine Jugendbuchliste. Das habe ich mehrfach so als Nachschlagewerk benutzt, ... so als Orientierung. Während ich hier das Gefühl habe, zur Orientierung ist er wenig tauglich." (2K2-De-FK)*

Diese Kritik gilt auch für die im Rahmenplan genannten Literatur- und Themenhinweise. Der Plan wird von Lehrerinnen und Lehrern der IGS als zu *„unscharf"* (2I2-De-FK) empfunden, die Hinweise seien *veraltet*.

– *„... das ist so mein Gefühl, vielleicht habe ich da ein bisschen wenig Distanz zu. Da steht „Das Schiff Esperanza", oder „Wer fürchtet sich vorm schwarzen Mann?". Diese Sachen haben wir schon seit Jahren drin." (2I2-De-FK)*

In der zweiten Befragung wird deutlich, dass die Deutschlehrerinnen und -lehrer in ihrer Haltung zum neuen Rahmenplan überwiegend eher *abwartend* sind. Es wird im Gymnasium wie auch an der KGS noch an der konkreten

Umsetzung der Pläne im Unterricht gearbeitet, die jedoch von einer gewissen *Skepsis* begleitet wird.

- *„Vielleicht ist es auch noch ein bisschen früh, abschließend jetzt darüber zu reden. Denn man muss ja nun erst mal mit diesen Plänen arbeiten." (2K2-De-FK)*
- *„Wir haben uns orientiert an dem alten und haben geguckt, wo finden wir das im neuen. Wenn ich das richtig erinnere." (2G2-De-FK)*

An der IGS, der Schule mit den intensivsten Formen von Kooperation und Koordination, geht man in erster Linie von dem bereits erarbeiteten und bewährten *Schulcurriculum* aus. Der neue Rahmenplan spielt dabei eine deutlich untergeordnete Rolle. Eine der Interviewten bestätigte, dass sie den Rahmenplan vermutlich eher brauchen würde, wenn die Kooperation schlechter wäre.

- *„Da sind wir vom Schulcurriculum ausgegangen, das hat sich bewährt." (2I5-De-w)*
- *„Ich denk' schon, ich war vorher an einigen anderen Schulen, bevor ich hier die feste Stelle bekommen habe. So arbeitet man nur an der IGS (...) und sonst, (...) wenn, dann hätte ich geguckt und gefragt, und da hätte ich unbedingt so etwas Festes gebraucht." (2I5-De-w)*

Die Diskrepanz zwischen dem eigenen Plan und dem Rahmenplan sei zu gering, so dass *kein Veränderungsdruck* entstehen würde. Auch dies wird in den Interviews immer wieder hervorgehoben und als vertane Chance bezeichnet.

- *„Es wäre eine gute Möglichkeit gewesen, einiges zu verändern. Man hätte die Einführung als Schubkraft verwenden können, aber diese Chance ist vertan worden. Das ist ja auch der Grund, von woher man dies Haltung verstehen kann." (2I2-De-FK)*

In der zweiten Befragungsrunde wird nach den konkreten Auswirkungen auf das Schulcurriculum gefragt. Die Reaktion ist fast an allen Schulen gleich. Es gebe kaum Veränderungen, weil *nichts Neues*, sondern viele Selbstverständlichkeiten drin stünden.

- *„So viel Neues war da ja nicht drin." (2K2-De-FK)*
- *„Deshalb sind sie ja auch so wenig der Rede wert, weil da unheimlich viele Selbstverständlichkeiten drinstehen. Wir haben das ja vorhin schon gesagt, sie haben nicht das Profil der alten Rahmenrichtlinien." (2K2-De-FK)*

Was ist - wenn überhaupt - bisher konkret verändert worden?

Änderungen erfolgten an der KGS und am Gymnasium vor allem *in Einzelaspekten* auf den Jahrgangsstufen und in Bezug auf die Integration der ‚Kulturellen Praxis'.

- *„Wir in der 5/6 haben eigentlich nur das Ganze ein bisschen erweitert, inhaltlich erweitert, mit Leben gefüllt." (2K2-De-Fk)*

– *„Ja, dieser Bereich der Kulturellen Praxis, das hat hier ja einen gesonderten Stellenwert. Es ist zwar etwas, was wir seit Jahren schon versuchen mit einzubeziehen und auch an Elternabenden versuchen durchzusetzen." (2K2-De-FK)*

Andererseits wird von manchen befürchtet, dass das Einbeziehen der 'Kulturellen Praxis' zukünftig zu einem *Niveauverlust* führen könnte.

– *„Das ist ein bisschen ein Problem, weil ich immer schon versucht habe, die kulturelle Praxis in den Unterricht mit einzubeziehen. Und wenn ich das jetzt mehr mache, komme ich in Konflikt, denn ein gewisses Niveau versuche ich auch zu erreichen." (2K5-De-w)*

Wenn es deutliche *Veränderungen* gibt, dann meist *unabhängig von den neuen Rahmenplänen*. Als Gründe für diese Veränderungen werden vor allem neue Ideen und verändertes Vorgehen von Einzelpersonen genannt. Zwar findet das an dem untersuchten Gymnasium weniger systematisch als an der IGS statt und wird kaum durch intensive Kooperationsbeziehungen gestützt. Doch ist es auch hier ein wichtiger Faktor.

– *„Ne, das klingt so, als ob man seit 20 Jahren dasselbe macht. Wir haben uns ja auch verändert. Wir beleben ja auch immer unser altes Curriculum jeweils neu, weil man ja auch Sachen liest und andere Sachen ausprobiert. Also so konservativ sind wir nicht." (2G2-De-FK)*

Auch wenn der Plan generell gesehen kaum Auswirkungen hat, so spielt er doch eine gewisse Rolle für die individuelle *Unterrichtsplanung*: Einige der interviewten Lehrerinnen und Lehrer *vergewissern* sich vor neuen Unterrichtseinheiten in den Plänen.

– *„(...) ich entsinne mich, als ich hier mit der Klasse 10 anfing, einen Roman zu lesen, musste ich jetzt in den Rahmenplänen nachschauen. Da habe ich noch mal geschaut, worauf wird denn Wert gelegt." (2G5-De-w)*

Manche Lehrer und Lehrerinnen werden durch den neuen Plan ermutigt, etwas *Neues* auszuprobieren.

– *„Ich habe auch mal in der 7. Klasse auf spontanes Schreiben Wert gelegt, was ich früher so nicht gemacht habe, weil ich immer Wert drauf lege, dass sie sich so einigermaßen ausdrücken." (2G5-De-w)*

Einige Deutschlehrerinnen und -lehrer des Gymnasiums würden gerne anhand der Rahmenpläne in ihrer Fachkonferenz noch *weiterdiskutieren*, um einen breiteren Konsens zu erarbeiten, Neues intensiver aufzugreifen.

– *„Ich denke, wir sind noch ziemlich weit davon entfernt, uns über die neuen Ansätze, die da drin sind, verständigt zu haben." (2G2-De-FK)*

Diskutiert wird auch über *fächerübergreifendes Arbeiten*. An der IGS wird die Notwendigkeit bereits gesehen, mehr fächerübergreifende Vorhaben in Angriff zu nehmen.

- *„Dieser Plan legt ja das Schwergewicht darauf, dass man die Schüler zu einer übergreifenden Sichtweise führen soll, fächerübergreifendes Arbeiten, vernetztes Lernen. Da tun wir uns auf hausinterner Ebene noch etwas schwer, ich weiß nicht, ob ich das alles übersehe, aber ich sehe da noch Handlungsbedarf." (2I5-De-w)*

Im fächerübergreifenden, projektorientierten Arbeiten werden Ansatzpunkte für die Veränderung der schulischen Arbeit erkannt. Ein Aspekt, der unabhängig von der Schulform, in welcher der jeweilige Interviewte unterrichtet, geäußert wurde.

- *„.... aber dieses Denken in Projekten, das wird zwar jetzt auch heute auf der Fachkonferenz häufig im Munde geführt, aber ob wir wirklich schon in Projekten denken, wage ich zu bezweifeln." (2G2-De-FK)*

Einige wenige, sehr *konkrete Änderungen* auf der Basis des neuen Rahmenplans wurden in der Fachkonferenz Deutsch des Gymnasiums angesprochen. Die einen möchten grammatikalische Begriffe im Schulcurriculum besser verankert sehen, andere fänden es gut, wenn die projektorientierten Ansätze weitergehend genutzt würden, um neue pädagogische Tendenzen in der Schule besser zu unterstützen.

- *„Es muss ja nicht zu tiefschürfend sein, aber es sollten auch weiterhin ein paar Begriffe aus der Grammatik bekannt sein, und mit denen sollte man schon umgehen können. Und das finde ich auch wichtig. - Wobei sich das aber mit den Plänen deckt, wenn wir jetzt sowieso mehr handlungsorientiert arbeiten wollen oder Wochenplanarbeit machen wollen, wird das sicher dadurch unterstützt." (2G2-De-FK)*

Was sind die Gründe für die nur sehr verhaltene Bereitschaft, die Pläne als Anlass zur Veränderung zu nutzen? *Vermisst* wird laut Aussage einiger Lehrer und Lehrerinnen eine bessere Unterstützung der Lehrplaneinführung durch eine fundierte *Begleitung*. Hier klingt auch durch, dass man sich bei der Einführung der Rahmenrichtlinien und der damals durchgeführten flankierenden Maßnahmen ernster genommen fühlte.

- *„Aber um die Einführung der alten Rahmenrichtlinien wurde sich wesentlich mehr bemüht. Da gab es, ich erinnere mich gut daran, dass wir (...)jede Menge Kurse dazu besucht haben, dass man einfach damit arbeiten konnte. Und hier bei denen, die werden unters Volk geworfen, und wir müssen damit umgehen und (...) Damals meinte man das ernst und war bereit, dafür auch Stunden zur Verfügung zu stellen, das zu begleiten, jetzt soll alles zum Nulltarif erneuert werden. Und dass die Kollegen da nicht begeistert sind, das ist klar." (2K2-De-FK)*

Andere sehen den Grund für die mangelnde Diskussions- und Unterstützungsbereitschaft eher in der *fehlenden Notwendigkeit* eines neuen Lehrplanes.

– *„Alleine auch schon die gesamte Diskussion um die Rahmenrichtlinien Deutsch ist auf einer wesentlich breiteren Ebene gelaufen als die Einführung des neuen Rahmenplans. Da war auch die gesellschaftliche Notwendigkeit und Pflicht da, und die ist diesmal nicht da. Daher auch die geringen Reaktionen von den Kollegen." (2K2-De-FK)*

Legitimiert wird das Beharren auf dem gewohnten Vorgehen auch mit der eigenen *Berufserfahrung*. Wobei ergänzend hinzukommt, dass das Einhalten der Pläne nicht kontrolliert wird.

– *„Vielleicht sollte man auch mal allgemein sagen, es sind ja schon viele von uns lange im Dienst, haben einige Pläne gesehen und auch nach Plänen gearbeitet oder nicht, wenn die Einhaltung von Plänen nicht kontrolliert wird, ist die Einhaltung von Plänen recht beliebig. Und das hat sich in den letzten Jahren durchgesetzt." (2K2-De-FK)*

In den Interviews mit Deutschlehrerinnen und -lehrern wird der Druck spürbar, der von der späteren Arbeit und den *Anforderungen in der Oberstufe* ausgeht. Ein Druck, der eher dazu führt, bisher Erprobtes weiterzuführen, als sich auf Neues einzulassen.

– *„Aber in unseren Gedanken, ich weiß nicht, ob es euch auch so geht, aber ich denke bei ganz vielen Sachen, auch bei den Kleinen, daran, was will ich später in der Oberstufe haben." (2G2-De-FK)*
– *„Der Aufbau der Pläne und die allgemeinen Verbindlichkeiten, diese allgemeine Querverbindung zwischen den Plänen, die finde ich nach wie vor sehr gut. Aber es ist die Frage, wie weit sich das in der Praxis verwirklichen lässt." (2I2-De-FK)*

Eine Zusammenfassung der Äußerungen ergibt das folgende Bild: Der neue Rahmenplan Deutsch regt nicht auf und regt kaum etwas an. Er provoziert keine intensiven Diskussionen um die thematischen und didaktischen Grundlagen des gegenwärtigen und künftigen Deutschunterrichts. Die überwiegende Zahl der Themen und Inhalte scheint für die Lehrerinnen und Lehrer keine Herausforderung zu sein. Der Rahmenplan Deutsch wird in allen drei Schulen, unabhängig von der Schulform, gelassen zur Kenntnis genommen und mit den vorhandenen curricularen Vereinbarungen verglichen, die dann entsprechend geringfügig geändert werden. Der neue Rahmenplan führt weder dazu, die Form des schulinternen Curriculums grundlegend zu überdenken, noch dazu, seine Inhalte zu revidieren. Kritik wie Lob des neuen Plans bleiben sehr allgemein. Teil A und B sind aus der Sicht der Lehrerinnen und Lehrer sehr unterschiedlich zu gewichten. Teil A ist für die schulinternen Diskussionen offensichtlich völlig irrelevant, er wurde kaum gelesen. Aber auch Teil B wird von den meisten nur selektiv zur Kenntnis genommen. In erster Linie werden die Passagen intensiver rezipiert, die entweder für die Mitarbeit in schulischen Arbeitsgruppen oder für den aktuell zu gestaltenden Unterricht relevant sind. Wenn überhaupt etwas aus dem neuen Rahmenplan eine Folgewirkung für die schulinternen Pläne hat, dann sind dies Anforderungen, die neu in ihm verankert sind und die in der Öffentlichkeit diskutiert werden. Hierzu gehört die '*Kulturelle Praxis*' ebenso wie der *fächerübergreifende* Unterricht. Diese Aspekte werden ab und an in den Interviews hervorgehoben und könnten perspektivisch zu einer punktuellen Modifizierung der Schulcurricula und der individuellen Unterrichtspraxis führen. Der Plan an sich erzeugt bei den Lehrerinnen und Lehrern keinen Veränderungs- oder Innovationsdruck. Sowohl die Lehrer und Lehrerinnen an den Gesamtschulen als auch jene an den Gymnasien fühlen sich weitgehend in ihrer jeweiligen Arbeit durch die Pläne bestätigt. Lediglich dort, wo wegen der Schülerklientel oder weiterer virulenter Unterrichtsbeeinträchtigungen ein Veränderungsdruck wahrgenommen wird, wird der Plan als geringe Hilfe empfunden.

4.3 Chemie

4.3.1 Die Situation am Ende der RRL-Phase (1995/1996)

In Chemie wurden in der ersten Fallstudie drei Gruppeninterviews und sieben Einzelinterviews im Schuljahr 1994/95 durchgeführt. Ebenso wie in Deutsch wird auch von der überwiegenden Zahl der Chemielehrerinnen und Chemielehrer der drei für die Fallstudie ausgesuchten Schulen dargelegt, dass die RRL die wesentliche Basis für das Schulcurriculum seien.

- *„Dieses Schulcurriculum ist ein Auszug aus den Rahmenrichtlinien ohne die Begründung, die ja vornweg angeführt ist. Weil ..., das ist auch wirklich nur ein kleiner Auszug." (1I7-Ch-m)*
- *„Na ja, die sind wichtig (...) als Struktur für einen - ich nenn es mal Minimalkatalog - auf den man sich einigt, wenn es gut läuft in der Fachkonferenz, und wo man sagt, ... und da müssen die RRL die Struktur sein." (1G11-Ch-m)*

In Hinblick auf das Fach Chemie sind die Rahmenrichtlinien somit für die fachinternen Diskussionen und Festlegungen in den Fachkonferenzen sehr wichtig. Sie sind im günstigsten Fall strukturierendes Element für Einigungsprozesse und ermöglichen, einen gemeinsamen Nenner (Minimalkatalog) zu finden. Ist das Schulcurriculum einmal erstellt worden, spielen die Rahmenrichtlinien individuell im Grunde keine Rolle mehr.

– *„Mich haben jahrelang, man kann fast sagen, 10 Jahre lang, die alten Rahmenpläne (gemeint sind die Rahmenrichtlinien, K.H.) überhaupt nicht mehr interessiert. Nachdem die erschienen waren, haben wir uns intensiv abgesprochen, haben unser eigenes Schulcurriculum daraus gebastelt, was auch mit der weiterführenden Oberstufe abgesprochen war. Man brauchte gar nicht mehr reinzugucken, sondern wir hatten unser Konzept." (1I16-Ch-Fk)*

Bleibt aber in Chemie noch die folgende Frage: Sind die Schulcurricula nach den Rahmenrichtlinien entworfen oder folgen in Chemie beide Formen von Plänen einer impliziten Logik:

– *„(...) Also ich würd' mal sagen, in den RRL steht zufällig genau das drin, was wir auch machen, ein Teil jedenfalls davon, denn das Ganze hat sich im Laufe der Zeit als eine logische Abfolge ergeben, die man nur in der Reihenfolge machen kann (...)." (1K15-Ch-Fk)*

Formulierungen wie: „Die kenn ich noch" lassen die Vermutung zu, dass in den Koordinierungskonferenzen die RRL in Chemie eine geringe Rolle spielen und die letzte Auseinandersetzung länger zurückliegt. Es wird in erster Linie von der Fachlogik/ Wissenschaftssystematik ausgegangen. Und so konzentriert sich die individuelle Unterrichtsplanung dieser Fächer auf Fragen der inhaltlich-thematischen Unterrichtsgestaltung. Wissenschaftssystematische Aspekte dominieren das Herangehen an den Unterricht und nicht die Rahmenrichtlinien.

– *„Und bezogen auf die Chemie - das gilt vielleicht für Deutsch oder andere nicht, das kann ich aber nicht beurteilen - sind die eigentlich durch die Ausbildung schon internalisiert, das klingt jetzt vielleicht sehr hochtrabend, ich kenn aber kein besseres Wort dafür - das ist einfach Chemie... (...)." (1K14-Ch-m)*

Kaum als Hilfe werden die RRL für Übergangssituationen empfunden. Es wird von vornherein davon ausgegangen, dass sich auch die anderen Schulen nicht daran halten würden. Und dieser Verdacht wird auch gleich für die Zukunft, d.h. für die neue Lehrplangeneration mit angenommen:

– *„Ich glaube auch nicht, dass diese Lehrplanveränderungen in den Gymnasien zur Veränderung der Eingangsvoraussetzungen führen. Die werden weiter sagen: Das brauchen wir. Von daher mein Verdacht. Von allen Faktoren, sie haben ja auch noch das naturwissenschaftliche Grundverständnis angesprochen, das man vermitteln will, unabhängig davon, ob es im Lehrplan steht oder nicht ... Von all den Rahmenbedingungen ist der Lehrplan ein Faktor, mit dem man am ehesten flexibel umgehen kann. Das hat ja lange nicht so viel Konsequenzen für die Schüler, wenn man den Lehrplan nicht voll erfüllt." (Die Äußerung wird aus der Runde bestätigt.) (1I16-Ch-Fk)*

Die Pläne haben kaum eine persönliche Bedeutung. Man hat mal reingeschaut, man geht davon aus, dass sie sich im Einklang befinden mit den RRL.

– *„Ich hab auch in die Rahmenrichtlinien mit Sicherheit reingeschaut, nur die Chemie-Rahmenrichtlinien sind z. B. im Vergleich zu den Rahmenrichtlinien Arbeitslehre sehr dünn (...) Also, das allgemeine Raster ist sehr viel ..., würd' sagen, durchdachter auf keinen Fall, aber ist sehr logisch geordnet. Und das gilt es, gewissermaßen, umzusetzen."* (1I6-Ch-m)

Wenn sie von Bedeutung sind, dann höchstens noch mal, um sie beispielsweise als Begriffsfundus zu nutzen.

– *„Sie dienen mir als Richtschnur, um ... bestimmte Begriffe aus dem Fach Chemie, dann wirklich sicher zu sein, sie durchgenommen zu haben."(1G10-Ch-w)*

– *„Bei der Vorbereitung der Einzelstunde geht es insbesondere um das Experimentelle, um Auswahl und Aufbau der Experimente." (1I7-Ch-m)*

Eine der interviewten Lehrer und Lehrerinnen gibt auch an, dass sie auf der Basis der RRL Halbjahrespläne für ihren Unterricht erstellt. Dies ist allerdings die Ausnahme.

– *„Einen Jahresplan mache ich mir nicht, einen Halbjahresplan mache ich mir üblicherweise, weil wir aufgrund unserer Rahmenpläne dann wissen, was wir durchzunehmen haben, und dann natürlich mach ich mir einen Halbjahresplan, was ich etwa in welcher Folge dann vorhabe, innerhalb dieses Halbjahres durchzunehmen." (1G10-Ch-w)*

In einer Stellungnahme wird das Bild der fachwissenschaftlich orientierten und damit immanent logischen Pläne, die sich automatisch mit den Schulcurricula und dem persönlichen Unterricht decken, korrigiert. Dieser Lehrer nutzt die Rahmenrichtlinien als Ideenbörse.

– *„Ich hab schon mal Leute, na ja, geärgert ist übertrieben, die gesagt haben, also was in den Lehrplänen steht, das vergessen wir. Und ich habe ein Curriculum für eine Jahrgangsstufe, das hab ich fast wörtlich aus dem Lehrplan übernommen, und die waren begeistert. Also das passiert einem auch. Und ich denke, die RRL - die alten - waren nicht schlecht." (1G11-Ch-m)*

Die Kritik an den Rahmenrichtlinien Chemie fällt noch schwächer aus als an den Rahmenrichtlinien Deutsch. Es gibt im Grunde nur zwei Aspekte, die auf der Basis dezidierter Nachfrage genannt werden: „Stofffülle" und „Anspruch". Dies könnte auf eine große Übereinstimmung mit den Plänen schließen lassen: Einer der zentralen Vorwürfe, der von den interviewten Lehrerinnen und Lehrern genannt wird, lautet, dass sie zu umfangreich seien und eine zu große Stofffülle vorgäben. Dass dieser Vorwurf in Deutsch nur auf Nachfrage genannt wird, mag an der stärker ausgeprägten Angebotshaltung der RRL Deutsch liegen.

– *„(...) Sie haben mich gefragt danach, was würde ich ändern wollen, wenn ich keine verordneten Rahmenpläne hätte. (...) Und da würde ich sagen, ich würde dann die Freiheit mir rausnehmen, dass ich einige Dinge streichen würde zugunsten anderer Sachen, ja." (1I6-Ch-m)*
– *„(...) Man hält sich dran, also ich mache nicht etwas, was darin ausdrücklich verboten ist, obwohl es solche Punkte ja nicht gibt. Natürlich, wir bewegen uns innerhalb der RRL, aber wir können sie nicht erfüllen, das ist das Problem." (1K14-Ch-w)*

Dazu, wie realistisch diese Pläne sind, sind die Urteile sehr unterschiedlich. Einige sagen, dass das, was die Pläne verlangen würden, utopisch sei ...

– *„Das können die gar nicht. Das können die nicht! Und das steht in den RRL dann drin, dass die Schüler auf diesem Weg sich Wissenschaft aneignen. Selbst Hauptschüler. Das ist doch Unsinn, das ist völlig realitätsfremd. Das funktioniert nicht." (1K15-Ch-FK)*
– *„Die teilweise hehren Ansprüche, die da formuliert sind, die kann man nicht schaffen." (1K14-Ch-w)*

... einige wenige hingegen bestreiten den Vorwurf, die Rahmenrichtlinien seien lebens- und weltfremd:

– *„Nein, nein, nein, das sage ich nicht, da haben Sie mich falsch verstanden, also das werde ich mit Sicherheit nicht sagen. Er ist nicht lebens- und weltfremd." (1I6-Ch-m)*

Zusammenfassend lässt sich folgendes Bild skizzieren: Die RRL Chemie gelten als gute Grundlage für die Schulcurricula, da eine enge Beziehung, eine gemeinsame innere Logik zwischen Schulcurricula und Rahmenrichtlinien angenommen wird, deren wesentliche Klammer die gemeinsame fachwissenschaftliche Ausrichtung sei. Die Rahmenrichtlinien Chemie haben nur in Ausnahmefällen eine Bedeutung für den Unterrichtsalltag: z.B. Ausbildung, Wiedereinstieg in den Beruf, neue Klassenstufe sowie bei der Wahrnehmung besonderer Aufgaben wie zum Beispiel die Ausbildung von Referendaren. Da von der Mehrheit der Interviewten allerdings davon ausgegangen wird, dass der Chemieunterricht und die RRL der gleichen Logik folgen und da die Fachsystematik für die meisten für die Unterrichtsplanung bestimmend ist, spielen die Rahmenrichtlinien auch bei didaktischen Unklarheiten und Zweifelsfällen eine wesentlich geringere Rolle als das Schulcurriculum bzw. die Fachkonferenz. Die RRL Chemie sind also vor allem ein Text für Ausnahmenfälle und für Funktionsinhaber, sie sind für die meisten Befragten eher uninteressant. Innovative Aspekte werden in den RRL Chemie von der weitaus meisten Zahl der Befragten nicht gesehen, aber auch nicht vermisst. Die RRL werden insgesamt wenig kritisiert. Wenn überhaupt, so wird die Stofffülle angesprochen, die zu groß sei. Einige wenige halten ihn für etwas realitätsfern, was seine

Ansprüche angehe. Aus der in ihrer Gesamtheit ausgesprochen geringen Kritik eine große Akzeptanz gegenüber dem Plan abzuleiten, wäre allerdings falsch. ‚Man' lebt mit dem Text, er ist da und stört nicht. Die Maßstäbe für den Unterricht setzt allerdings die Systematik der Chemie als Wissenschaft und nicht der Lehrplan.

4.3.2 Die Erwartung an den neuen Rahmenplan Chemie

Im Fach Chemie sind die Erwartungen und Hoffnungen in Bezug auf neue staatliche Lehrpläne recht allgemein und im Hinblick auf die vorliegenden Entwürfe sehr gering. Gefordert werden Pläne, die umsetzbar und deren Forderungen im Unterricht einlösbar sind.

– *„Der Rahmenplan Chemie, ja der, der liefert einem noch Ideen, was man machen kann, da sind halt noch ein paar nette Alltagsbezüge aufgelistet. Aber wir könnten die gar nicht umsetzen, das wäre gar nicht möglich." (1I7-Ch-m)*

Forderungen an Pläne, die über eine Kritik der RRL hinausgehen, werden nur von sehr wenigen der Interviewten formuliert. Vielmehr lautet die Hauptforderung stets: Es muss mehr Unterrichtsstunden für Chemie geben. In der jetzigen Situation fühlt man sich eingeklemmt zwischen hehren Ansprüchen und unzulänglichen Realisierungsmöglichkeiten und erwartet somit von künftigen Lehrplänen realistischere Ansprüche:

– *„(...) und für mein Gefühl kommen die Rahmenpläne - die neuen noch mehr als die alten - wirklich in so einer aufgeblasenen Manier daher und suggerieren, das könnte man alles. Und ich fühle mich da angesprochen, als sei ich, eigentlich bist du ja fähig dafür - du müsstest es sein -, und dann guckst du dir das an und sagst, was bin ich für ein armes Würstchen, dass ich das nicht kann. Das Gefühl wird in mir erweckt, aber das weise ich von mir, das liegt wirklich nicht an mir und an uns. Es liegt an dem falschen Anspruch." (1K15-Ch-FK)*

Die Positionen spiegeln häufig die Differenzen innerhalb der Chemiefachschaften. Differenzen, die sich vor allem auf das Verständnis von Schule, Schüler und Schülerinnen und der Relevanz von Fachwissen beziehen. Da gibt es jene, die projekt- und schülerorientiert arbeiten möchten. Auf der anderen Seite gibt es jene, die fast nur den Übergang zur gymnasialen Oberstufe im Blick haben (s.u.) und für die die Fachsystematik das Wesentlichste ist.

Von mehreren Mitgliedern der Fachkonferenz werden Anregungen zur Umsetzung der Pläne gewünscht, wobei die Erwartungen, solche Anregungen auch wirklich zu erhalten, sehr gering sind.

– *„(...) Chemie ist eh ein logisches Fach und die Inhalte sind festgeklopft, o.k. Aber die Umsetzung, wie mach ich's, wie wird's an Schulen gehandhabt, wie kann ich's umsetzen, was kann ich an methodischen Kniffen anwenden. Das kann man den Rahmenrichtlinien meiner Meinung nach in keiner Weise entnehmen." (I16-Ch-m)*

Erhofft wird, dass die Pläne einen größeren Freiraum ermöglichen:

– *„Ich meine, die Ziele müssen halt nur so niedrig gesteckt sein, dass man da genügend Freiräume hat." (I16-Ch-Fk)*

Auch das Thema „Beachtung der Fachsystematik" wird angesprochen. Es ist von daher virulent, da die neuen Rahmenpläne nicht mehr von der traditionellen Fachsystematik ausgehen und dies bereits bekannt ist. Das folgende Zitat ist charakteristisch für die einhellig negative Haltung dieser Änderung gegenüber:

– *„Wenn sie Chemieunterricht hauptsächlich phänomenologisch betreiben, dorthin springen, dahin springen, was im Rahmenplan steht. Da macht man Alltagsbezug, hier Umwelt, das und das, und irgendwo die Systematik vergessen dabei und den für Schüler wichtigen ‚roten Faden' nicht solide legen, dass sie sich die verschiedenen Dinge auch selber erklären können und selber versteht, um was es da eigentlich geht ..." (I16-Ch-Fk)*

Der Rahmenplanentwurf wird im Vergleich zu den RRL von einigen Interviewten als Rückschritt empfunden, weil dem naturwissenschaftlichen Anspruch des Faches unzureichend Rechung getragen werde.

– *„(...) ich habe den Eindruck, das fällt zurück teilweise in diese Zeit, in der ich am Ende meines Studiums war, als es dann in Hessen z.B. für Naturwissenschaft auch noch Pflicht war, eine Lehrprobe in Sozialkunde zu machen." (1G9-Ch-w)*

Erhoben wird auch in Chemie die Forderung danach, dass auf die Differenzierungsformen und -strukturen in den integrierten Gesamtschulen stärker Rücksicht genommen wird. Dieses Thema wird vor allem in der Fachkonferenz angesprochen. Die folgende Äußerung ist charakteristisch für diese Meinung:

– *„Und wenn wir bei den Rahmenrichtlinien (gemeint ist der Rahmenplanentwurf) sind, so wie sie hier vorliegen, da finden wir uns als IGS überhaupt nicht wieder. (...) Da gibt es einen Fünfhalbjahresplan und einen Dreihalbjahresplan. Dreihalbjahresplan für Schüler, die nach der Klasse 9 weggehen. Das müssten wir schon in der 8. Klasse wissen, wer das ist. Das wissen wir nicht. Wir sind eine IGS. Wir müssen uns also aus diesem Plan einen eigenen machen." (I16-Ch-FK)*

Einige wenige Chemielehrer und Chemielehrerinnen besonders des Gymnasiums tendieren zu schulformspezifischen Lehrplänen, weil in schulformübergreifenden Lehrplänen für die Sekundarstufe I eine Gefährdung für das gymnasiale Niveau gesehen wird.

– *„Ich meine schon, man sollte mal ehrlich sagen, dass es so, wie die Pläne jetzt sind, dass das Gymnasium einfach kein Gymnasium ist und was ich schlecht finde." (1G9-Ch-w)*

Da Teile der Fachschaft die Aufgaben des Chemieunterrichts der Mittelstufe extrem von der Oberstufe her definieren, wird auch von einem neuen Lehrplan erwartet, bereits in der Sekundarstufe I die Anforderungen der gymnasialen Oberstufe zu berücksichtigen.

– *„... ich sehe es eben als einen Gang, ich führe die dahin, dass sie auch anständig in der Oberstufe arbeiten können. Und das ist eben im Gymnasium anders als in der Realschule. Und dem, finde ich, sollte man Rechnung tragen oder man sollte jetzt endlich ganz öffentlich zugeben, o.k. das Gymnasium ist gestorben, wir haben eben nur Gesamtschulen und wir fangen oben sozusagen mehr oder weniger wieder bei 0 an." (1G9-Ch-w)*

Eine andere Position ist dadurch charakterisiert, dass angenommen wird, alles bliebe so wie es war. Auf die Frage an die Chemiefachschaft im Gymnasium, was sich mit den neuen Rahmenplänen ändern wird, antwortet eine der Chemielehrerinnen:

– *„Sagen wir's mal ganz von mir aus, subjektiv. Für mich und vielleicht auch für einige andere in unserer Fachgruppe Chemie, wir sind so sechs Leute: nicht viel." (1G10-Ch-w)*

Dieser Position steht jedoch die Haltung eines der Chemielehrer ‚entgegen', der davon ausgeht, dass sich zumindest allmählich etwas verändern wird:

– *„Nicht schnell, ja. Ganz langsam und behutsam. Das ist aber immer so." (1G11-Ch-m)*

In diesem Zusammenhang schätzt er die Haltung seiner Kolleginnen und Kollegen wie folgt ein:

– *„Das hängt mit Verschiedenem zusammen. Zum einem damit, dass die Lehrer – ich sag's jetzt mal pauschal – immer skeptisch sind, wenn was Neues kommt. Die meisten, nicht alle, das ist ganz klar, aber viele. Die sagen: Immer auf meinem Rücken und schon wieder was Neues und das mache ich eh nur so weit, wie ich muss oder wenn's geht gar nicht." (G11-Ch-m)*

Der zusammenfassende Überblick macht deutlich, dass die fachwissenschaftliche Orientierung für die meisten Lehrerinnen und Lehrer im Vordergrund steht: Gewünscht werden fachwissenschaftlich ausgerichtete Pläne. Die bisherige naturwissenschaftliche Ausrichtung und die fachwissenschaftlich dominierte Didaktik soll nicht aufgegeben werden. Dabei sollen die Pläne realistische Vorgaben für den Unterricht machen. Vorgaben, die ohne Zeitdruck umzusetzen sind. Dabei sollen noch genügend Freiräume für eigene Vorstellungen bleiben, für das Vertiefen bestimmter vom jeweiligen Lehrer, von der jeweiligen Lehrerin zu wählender Inhalte, für die besondere schulische Situation. Auf jeden

Fall sollen die neuen Pläne besser auf schulische Übergänge und schulformspezifische Besonderheiten abgestimmt sein. Das gilt sowohl für die Differenzierung an Gesamtschulen und die dortigen besonderen Bedingungen als auch für die Übergänge in die gymnasiale Oberstufe. Letzteres ist für viele der Befragten von besonderer Bedeutung.

4.3.3 Zum Umgang mit dem neuen Rahmenplan Chemie

Gut zweieinhalb Jahre, nachdem die Entwurfsfassung des Rahmenplans Chemie (September 1993) der schulinteressierten Öffentlichkeit vorgelegt wurde, liegt die Endfassung vor. Sie erscheint - durch Kabinettsbeschluss verabschiedet - im Mai 1996. Hindurchgegangen durch einen intensiven, sehr kontroversen Diskussionsprozess und sowohl formal wie auch inhaltlich in wesentlichen Details verändert, soll er nun für Lehrerinnen und Lehrer des Faches Chemie aller Schulformen eine gute Grundlage für die Arbeit in der Sekundarstufe I darstellen. Da der Plan zum Schuljahr 1997/98 verbindlich wird, soll das restliche Schuljahr 96/97 dazu genutzt werden, sich intensiv mit dem neuen Plan zu beschäftigen und entsprechend der neuen Planvorgaben das Schulcurriculum zu überarbeiten.

An den Schulen werden drei Gruppen- und zwei Einzelinterviews durchgeführt. Hier äußern sich Chemielehrerinnen und –lehrer zu dem veränderten Rahmenplan und den zu diesem Zeitpunkt absehbaren Konsequenzen, die dieser an ihrer jeweiligen Schule hat.

– *„Also, ich hätte keine neuen Rahmenpläne gebraucht! Wir haben unseren Weg mit der Fachkonferenz gefunden. Nun, jetzt müssen wir uns nach den neuen richten, einiges rauslassen, anderes unter einem neuen Aspekt verstärkt mit reinnehmen. Und das tun wir in dem Rahmen, der nötig ist, auch. Aber die meisten anderen hätten das am liebsten so weitergemacht." (2G7-Ch-w)*

Diese pragmatische und zugleich abwehrende Haltung ist typisch für die in den Interviews gemachten Äußerungen. Die Analyse der Interviews in der zweiten Befragungsrunde macht zunächst deutlich, dass die meisten Lehrerinnen und Lehrer ein eigenes Exemplar des neuen, ab dem Schuljahr 1997/98 verbindlichen Rahmenplans besitzen. Einige Lehrkräfte müssen sich allerdings noch mit dem Entwurfsexemplar begnügen, da die erste Lieferung der Pläne an die Schulen nicht für alle ausreichte. Offenbar nutzen die Lehrkräfte die neuen Pläne schon im laufenden Schuljahr, um sich mit ihnen bereits vor Inkrafttreten vertraut zu machen. Dabei verzichten sie allerdings häufig auf ein systematisches

Studium. In den meisten Fällen werden die neuen Pläne lediglich überflogen, um nach Veränderungen im Vergleich zum Entwurf zu schauen.

- *„Ich habe ihn zwar, habe ihn auch durchgelesen, habe mich inhaltlich noch nicht so intensiv mit auseinandergesetzt." (2I4-Ch-FK)*
- *„Ich habe ein eigenes Exemplar, aber noch wenig reingeguckt." (2G7-Ch-w)*
- *„Dabei gehe ich davon aus bzw. vermute ich, dass der Kenntnisstand zum neuen Lehrplan bei meinen Kolleginnen und Kollegen unterschiedlich ist, vielleicht nicht so gründlich ist." (2I7-Ch-m)*

Bereits nach Vorliegen der ersten Rahmenplan-Entwürfe entwickelte sich im Fach Chemie ein *lebhafter und kontroverser Meinungsstreit*, der sich von den Diskussionen in Deutsch deutlich unterscheidet. Dabei haben insbesondere die im Rahmenplan Chemie gewählten *Erschließungskategorien* für den Unterrichtsstoff (Fachwissenschaft, Technologie, Alltag und Umwelt) die Verfechter der Wissenschaftssystematik zu heftigen Protesten veranlasst. Da auch der endgültige Rahmenplan Chemie dieses Vorgehen vertritt, kann angenommen werden, dass diese Diskussion anhält und im Wesentlichen durch die jeweiligen Fachkonferenzen angeregt und gesteuert wird.

Für jede der drei Schulen ist festzustellen, dass die Einführung des neuen Rahmenplans zumindest in einer der sowieso turnusgemäß stattfindenden *Fachkonferenzen* am Schuljahresbeginn thematisiert wurde, wenn auch mit unterschiedlicher Intensität. Lediglich die Chemielehrerinnen und -lehrer an der integrierten Gesamtschule tagten häufiger, um die Entscheidung für oder gegen die Einführung des Kurses Naturwissenschaften zu fällen.

- *„Wir haben jetzt schon die zweite Sitzung im Fachbereich Chemie in diesem Halbjahr. Die erste Sitzung ist immer eine Sicherheitssitzung, die zweite Sitzung ist hier die Sitzung zum Rahmenplan Chemie. Dann haben wir etliche Sitzungen gehabt, da ging es um den Rahmenplan Naturwissenschaften." (2I4-Ch-FK)*
- *„Wir haben also eine Fachkonferenz gehabt. Und da haben wir uns ein bisschen mit den Plänen auseinandergesetzt, was also, wenn die jetzt im Halbjahr anfangen, was sich verändert im Vergleich zum Vorjahr." (2G7-Ch-w)*

Eine gemeinsame Veranstaltung des gesamten Lehrerkollegiums speziell zur Einführung der neuen Rahmenpläne, etwa zu Möglichkeiten fächerübergreifenden Lernens, findet in keiner der Fallstudienschulen statt. Die Auseinandersetzungen bleiben somit, zumindest bis zum Zeitpunkt der zweiten Fallstudie, *auf das jeweilige Fach beschränkt*.

Generell wird ein recht *selektiver Zugang* zum neuen Rahmenplan gewählt, indem vor allem die verbindlichen Unterrichtsinhalte geprüft und mit dem bisher üblichen Vorgehen verglichen werden:

– *„Wir haben erst einmal die Inhalte abgecheckt und wollten das dann, was die Methoden angeht, erst einmal uns überlassen." (2G7-Ch-w)*

Die Vorgaben für den Beginn des Chemielehrgangs in der Jahrgangsstufe 8 werden intensiv diskutiert, weil eine schrittweise Einführung des neuen Lehrplans vorgesehen ist:

– *„Also fangen wir dann mit den Achtern an, wie es sich mit den neuen Lehrplänen ergibt, und dann entsprechend, wenn die jetzigen Achter dann Neuner, Zehner sind. Denn man kann die Pläne ja nicht so benutzten, das sie sofort allen übergestülpt werden, weil dann ja das vorhergehende Raster nicht stimmt." (2G7-Ch-w)*

Auf eine gründliche Diskussion der Ziele im Teil A wird fast völlig verzichtet.

– *„Es ist ein gewisser Vorspann, Erziehungs- und Bildungsziele, Übergreifendes usw., was man nach einer gewissen Zeit eh weiß und macht, als Begründung für den Rest. Den Vorspann braucht man zur Lehrerprüfung, dann kann man ihn wegstellen und dann wird mit dem Rest gearbeitet. Wir orientieren uns ab Seite 21 (Stoffübersichten - d. V.)." (2K4-Ch-FK)*

Die schulischen Fachkonferenzen konzentrieren sich besonders auf die Unterrichtsinhalte.

– *„Also in der Fachkonferenz ging es vorzugsweise um das Inhaltliche." (2G4-Ch-FK)*

In der integrierten Gesamtschule ist die Prüfung, ob der *Lernbereich Naturwissenschaften* eingerichtet werden soll, eine zusätzliche Veranlassung zum Erwerb und Studium der Rahmenpläne Chemie und Naturwissenschaften.

– *„Jeder hat den Plan (für Naturwissenschaft - d. V.), und wir haben uns ja auch mit diesem Plan auseinandersetzen müssen, weil wir uns ja für oder gegen diesen Plan entscheiden mussten, von daher denke ich, ist alles bekannt." (2I4-Ch-FK)*

Neben dem Meinungsaustausch zur Qualität des neuen Rahmenplans beschäftigen sich die Fachkonferenzen, wie bereits erwähnt, vor allem mit den verbindlichen Inhalten und deren *Passfähigkeit zum bisherigen schulinternen Curriculum.*

– *„Heute sollte das Thema sein, dass wir uns den Rahmenplan Chemie noch einmal genau angucken und durchsprechen, was ist machbar, was nicht." (2I4-Ch-FK)*

Diese schulischen Fachkonferenzen und der durch sie vorgenommene Vergleich der Lehrplanvorgaben mit den bisherigen schulinternen Jahresstoffverteilungsplänen sind immer auch Anlass zum *Selbststudium* des neuen Rahmenplans.

– *„Also habe ich ihn zumindest gelesen, und wir haben auch eine Konferenz zu diesem Thema gehabt, wir haben da so intern ausgetauscht. Die Dinge, die drin vorkommen, die haben wir jetzt auch in unseren Themenplänen drin, nur in einer völlig anderen Reihenfolge." (2K4-Ch-FK)*

Auf ein gründliches Studium des Allgemeinen *Teils A*, der als wenig hilfreich eingeschätzt wird, wird fast völlig *verzichtet*.

– *„Überflogen hat im Prinzip jeder den ersten Teil. Interessiert hat uns als gestandene Lehrer am ehesten, inwieweit der Stoff, den wir bisher hatten, mit dem übereinstimmt, was wir bisher hatten. Deswegen der zweite Teil intensiver durchgearbeitet wurde. Den allgemeinen Teil nicht so sonderlich, weil es ist auch teilweise etwas zu allgemein, zu floskelhaft teilweise." (2I4-Ch-FK)*

Im Unterrichtspraktischen *Teil B* werden vorwiegend die Stoffübersichten für die einzelnen Halbjahre geprüft, weil hier die größten Realisierungsprobleme vermutet werden:

– *„Mit der Übersicht vor allem. Wir haben die Übersicht im Teil B genutzt." (2G4-Ch-FK)*
– *„Mit dem Unterrichtspraktischen Teil B, vor allem mit der Zuordnung der Themen, der verbindlichen Inhalte zu den Jahrgangsstufen bzw. Halbjahren. Hier treten ja auch die größten Probleme auf." (2I7-Ch-m)*

Die kontroversen Standpunkte, die es bereits zum Entwurf des neuen Rahmenplans Chemie gab, spiegeln sich auch in den Stellungnahmen zum neuen Lehrplan wider.

Zustimmende Meinungen lassen sich in allen drei Fallstudienschulen finden. Sie beziehen sich auf:

- den Lehrplan in seiner Gesamtheit und seine *Konstruktionsprinzipien*,

– *„Ich finde es mal einen ganz neuen Ansatz gegenüber den Plänen, die wir bisher hatten." (2K4-Ch-FK)*
– *„Das gefällt mir ganz gut, dass da z. B. diese vier Säulen gegeben sind und diese Blöcke reinstrahlen." (2G4-Ch-FK)*

- einzelne *Erschließungskategorien* für den Unterrichtsstoff, insbesondere Umwelt und Alltag,

– *„Es ist ja so, dass gegenüber früheren Plänen das Fachwissenschaftliche zurückgedrängt ist und die ganze Sache eingebettet wird in den Rahmen Umwelt, Alltag und so. Diese Richtung habe ich in der Chemie von Anfang an mehr gesehen als das Fachwissenschaftliche." (2I4-Ch-FK)*

- die äußere *Struktur* des Rahmenplans,

– *„Die äußere Struktur dieses Lehrplans, das finde ich nicht verkehrt. Das ist in Ordnung." (2I7-Ch-FK)*
– *„Aber wie das jetzt so strukturiert ist, gefällt mir ganz gut." (2G4-Ch-FK)*

- die *Konstanz* der fachwissenschaftlichen Unterrichtsinhalte,
  – *„Also mit dem Rahmenplan an sich kann ich ganz gut leben. Es sind ja vor allem neue Überschriften und inhaltlich hat sich ja nicht so viel geändert im fachspezifischen Teil." (2G4-Ch-FK)*
- die bestärkende, Sicherheit vermittelnde *Übereinstimmung* mit den bisherigen schulinternen und individuellen Unterrichtsplänen,
  – *„Das ist aber auch das, was ähnlich zu dem ist, was wir die ganze Zeit gemacht haben." (2I4-Ch-FK)*
  – *„Zum Inhalt, davon bin ich nicht überrascht, viel mehr bestärkt, andere vielleicht auch, dass jetzt das drin steht, dass ich das machen darf und muss, was ich sowieso schon immer gemacht habe." (2K4-Ch-FK)*
- die Chancen, einen *schülerorientierten* Chemieunterricht zu gestalten,
  – *„Ich denke jeder ernsthafte Chemielehrer hat gespürt, dass das Schulfach Chemie nicht etwa beliebter geworden ist in den letzten Jahren, sondern immer unbeliebter ... Und dass da mal ein neuer Ansatz versucht werden musste, war klar." (2K4-Ch-FK)*
- die Anregungen zur Unterrichtsgestaltung, die sich aus der *Anordnung* des Unterrichtsstoffes ergeben,
  – *„Vom Verwenden finde ich das Ding gut, egal welche Seite ich mir raussuche. Ich kann mich hinsetzen und mal einfach so Bezüge herstellen zwischen den grau unterlegten Feldern und dem, was ich verbindlich machen muss ... da kommen neue Ideen, alleine wegen der Gestaltung der Seiten." (2K4-Ch-FK)*
- die *Verbindlichkeit* der Inhalte,
  – *„Von daher sehe ich das sehr positiv, dass man gesagt hat, was müssen sie wirklich wissen, was kommt da rein." (2G4-Ch-FK)*
- und in einem Fall auch auf die Übereinstimmung mit der eigenen Ausbildung.
  – *„Das ist wahr. Das entspricht auch der neuen Ausbildung in Chemie in der Sek. I, grundsätzlich bei dem Alltagsphänomen bzw. bei der Erfahrungswelt der Schüler anzufangen. So bin ich ausgebildet worden." (2K4-Ch-FK)*
- Als Beispiel für *gleichgültige* Haltungen gegenüber dem neuen Rahmenplan, die durchaus auch anzutreffen sind, kann folgende Meinung stehen:
  – *„Wenn jetzt diese Pläne eingeführt werden, werden müssen, ob wir wollen oder nicht ... Wie wir dazu stehen ist ja ganz egal, die werden ja doch eingeführt." (2G7-Ch-w)*

Bereits am Anfang dieses Kapitels wurde darauf aufmerksam gemacht, dass in jeder Fallstudienschule sowohl zustimmende als auch mitunter recht *kritische Beurteilungen* des neuen Rahmenplans Chemie vorzufinden sind. Dabei wurde am häufigsten die vorgegebene *Stofffülle* kritisiert, die auf keinen Fall zu schaffen sei, wo mit Sicherheit Abstriche erforderlich seien. Außerdem wurde mehrfach der Standpunkt vertreten, dass das neue Ordnungsprinzip für den Unterrichtsstoff die Stoff-Zeit-Relation zusätzlich verschärfe.

– *„Auf keinen Fall kann man alles machen." (2I4-Ch-FK)*
– *„75 Prozent, mehr können wir gar nicht machen." (2I4-Ch-FK)*

Allerdings wurde auch von einigen Lehrkräften eingeräumt, dass dies ein Problem sei, das bereits bei den bisherigen Lehrplänen aufgetreten sei und weniger durch die Alltagsorientierung im neuen Rahmenplan verursacht würde.

– *„Wir haben jahrelang Systematik an dieser Schule gemacht, und da haben wir es auch nicht geschafft, die ganze Stofffülle zu erarbeiten." (2I4-Ch-FK)*

Offensichtlich ist diese Stofffülle auch kein Anlass zu großer Enttäuschung, da hier trotz anderslautender Ankündigung keine grundlegende Verbesserung erwartet worden war.

– *„Wir haben alle nicht erwartet, dass der Stoff gekürzt wird. Ich wüsste aber auch nicht wie." (2K4-Ch-FK)*

Diese Stofffülle und die Orientierung auf Alltag, Technologie und Umwelt bei der Festlegung der verbindlichen Unterrichtsinhalte erfüllte jedoch fast alle unsere Gesprächspartner in allen drei Schulen mit der *Sorge* um die ausreichende Tiefe bzw. Gründlichkeit und das erforderliche *Niveau* bei der Vermittlung der wissenschaftlichen Grundlagen des Faches Chemie.

– *„(...) um es mal pauschal zu sagen, ein bisschen populistisch eigentlich. ... dass das rein Chemische dabei zu kurz kommt." (2G7-Ch-w)*
– *„Die Formelsprache, mit der man ja auch einiges ableiten konnte, die vielleicht auch eine gewisse Schwierigkeit in sich birgt, die ist ja so gut wie ganz verbannt. Sie ist im Realschulbereich gar nicht mehr vorgesehen. Insofern muss man aufpassen, dass es da nicht so einen Wischi-Waschi-Effekt ergibt." (2K4-Ch-FK)*

Neben dem Verlust der Fachsystematik zugunsten der Phänomene, dem Verzicht auf die Formelsprache und der unzureichenden Gründlichkeit heben die befragten Lehrerinnen und Lehrer besonders die *Forderung eines fächerübergreifendem Unterrichts* als Angriff auf das wissenschaftliche Niveau ihres Faches, ja sogar auf den Fortbestand der Chemie als Unterrichtsfach hervor. Wie die Zitate zeigen, bewegt dieses Problem in erster Linie die Lehrkräfte am Gymnasium.

– *„Einiges gefällt mir natürlich nicht, das muss ich schon sagen, weil man die rein chemischen, wissenschaftlichen Grundlagen vernachlässigt, wenn man dann nur diese fächerübergreifenden Aspekte da hervorhebt ..." (2G7-Ch-w)*
– *„Manchmal hat man den Eindruck, dass sie mit einigen Ansätzen in diesen Plänen, so wie fächerübergreifendem Unterricht, wollen, dass es keinen Fachunterricht mehr gibt." (2G7-Ch-w)*

Es findet sich auch die Auffassung, fächerübergreifendes Lernen in der gymnasialen Oberstufe völlig den Schülerinnen und Schüler zu überlassen.

– *„Eigentlich ist ein Oberstufenschüler, wenn es ein normaler, guter Schüler ist, doch auch fähig, dieses Fächerübergreifende selber zu bewerkstelligen." (2G7-Ch-w)*

Andererseits wird dies (fächerübergreifendes Lernen) als überzogene Anforderungen an das Lehrpersonal eingeschätzt.

– *„Es würde mich schon reizen, bei den Kleinen auch mal fachfremd Physik zu machen, obwohl man nach einen Halbjahr wahrscheinlich auf dem Zahnfleisch geht." (2G4-Ch-FK)*

Von der weit verbreiteten Sorge um das fachwissenschaftliche Niveau des künftigen Chemieunterrichts sind auch die zahlreichen Kritikpunkte getragen, die darauf aufmerksam machen, dass *wichtige Unterrichtsstoffe* im neuen Rahmenplan *fehlen* würden bzw. nicht mehr als verbindlich für alle Schulformen ausgewiesen seien. *Vermisst werden* vor allem das Periodensystem, Reaktionsgleichungen und die organische Chemie.

– *„Ich fühle mich außer Stande, Chemie zu betreiben ohne Periodensystem und ohne Reaktionsgleichung in einer einfachen Form." (2K4-Ch-FK)*
– *„Die Redox-Reaktion, das ist auch ein Problem, aber ich glaube, dass das für Realschüler auch nicht mehr von Bedeutung ist. Aber eine einfache Oxidationsgleichung sollte nicht fehlen." (2K4-Ch-FK)*
– *„Das Periodensystem ist jetzt nur noch für die Gymnasialklassen vorgesehen. Das ist eine Möglichkeit, wo Schüler mal einen Zugang zu etwas Theoretischem gewinnen könnten, und genau das fehlt dann an der Stelle." (2K4-Ch-FK)*
– *„Es ist nur anorganische Chemie." (2I7-Ch-m)*
– *„Die Kohlenstoffchemie ist ja doch im Vergleich zur Anorganik ein wesentlicher Teil. Und dass das so ganz rausfällt, dass sehe ich als Problem." (2G4-Ch-FK)*

Auf einer ähnlichen, die Fachsystematik präferierenden Betrachtungsweise des Chemieunterrichts liegen die Hinweise, die auf *Verstöße gegen die Fachsystematik* aufmerksam machen.

– *„Es ist auch einiges drin, wenn es erst dann in Chemie vorkommt, sich mit der Umweltproblematik auseinanderzusetzen, dann ist es eigentlich zu spät. Das müsste eigentlich viel eher kommen. ... Mülltrennung oder Kompostieren, das muss in der 5. Klasse kommen, sonst ist es eigentlich zu spät. Oder das Thema Boden, das hat man im Wesentlichen schon in der 5. Klasse behandelt. Oder im 8. Schuljahr das Thema Luftverschmutzung." (2I4-Ch-FK)*

- *„Es ist auch unsinnig. ... Es ist nicht zu leisten, vom Dipolcharakter des Wassers gleich noch Tenside, die organische Chemie und dann noch die Wirkungsweise zu erklären." (2I4-Ch-FK)*
- *„Da steht ja auch drin, dass man auf gewisse Bindungsstrukturen gar nicht eingehen soll. Aber die in die Oberstufe weitergehen, die müssen es dann doch gemacht haben." (2I4-Ch-FK)*
- *„Da sind ein paar Brüche in der Stofflogik drin. Mit den Kohlenwasserstoffen." (2K4-Ch-FK)*
- *„Die Reihenfolge werden wir wahrscheinlich nicht so wählen. Die einzelnen Bereiche, das ist okay, aber ich denke, die Reihenfolge wird geändert." (2K4-Ch-FK)*

In diesem Zusammenhang wird auch die *fehlende Abstimmung* der Rahmenpläne zwischen verschiedenen Unterrichtsfächern beklagt.

- *„Wenn man schon neue Rahmenpläne macht, und man intendiert fächerübergreifende Projekte, dann müssten aber auch die Inhalte von den einzelnen Fächern miteinander korreliert sein." (2G7-Ch-w)*
- *„Grundsätzlich gab es zu wenig Absprachen bei den Verfassern der Rahmenpläne zwischen den Fächern." (2G4-Ch-FK)*

Diese Kritik wird verstärkt durch die Schulen, die nicht selbst vor Ort Möglichkeiten für eine Abstimmung mit dem Gymnasium haben.

- *„Dann steht da, an den Gymnasien ist eine Abstimmung mit den Inhalten des Kursstrukturplanes in der Jahrgangsstufe 11 notwendig ... Wir haben ja nur bis zur Jahrgangsstufe 10. Wie kriegen wir die Bezüge?" (2K4-Ch-FK)*
- *„Wir schwimmen in unserm Bach, die anderen sehen wir nicht." (2K4-Ch-FK)*

Besonders deutlich zeigt sich nach Auffassung der Lehrkräfte an der IGS die *ungenügende Berücksichtigung schulformspezifischer Besonderheiten* des Chemieunterrichts bei der Verteilung des Unterrichtsstoffes auf drei oder fünf Schulhalbjahre. Dieses Vorgehen entspricht nicht den Bedingungen einer integrierten Gesamtschule, weil dort die Bildungswegentscheidung möglichst lange offengehalten wird.

- *„Das können wir so nicht machen, weil wir in der Klasse 8 gar nicht wissen, machen wir den Fünfer-Plan oder den Dreier-Plan. Das entscheidet sich bei uns erst in Klasse 9, mit welchem Abschluss der Einzelne aufhört." (2I4-Ch-FK)*

Vereinzelt werden die im Rahmenplan formulierten allgemeinen Zielstellungen für das Fach Chemie kritisiert. Hierbei wird insbesondere der *Realitätssinn* vermisst. Einige Ziele seien zu hoch angesetzt.

- *„Ich finde diese Ziele sind etwas zu hehr angesetzt. Da war ein Ziel, da steht so was, dass die Schüler Fachkompetenz erreichen sollen, so was finde ich* *übertrieben ... Wir können in der Schule wirklich nur auf Sparflamme versuchen, den Schülern das Wesen der Chemie nahe zu bringen." (2G4-Ch-FK)*

– *„Wenn man mehr Realitätssinn an den Tag legte, dann sähe so ein Ding wahrscheinlich anders aus." (2K4-Ch-FK)*

Außerdem würden die Rahmenpläne *zu wenig Anregungen* für die Unterrichtsgestaltung geben.

– *„Es fehlen Handreichungen und Umsetzungsmöglichkeiten." (2I4-Ch-FK)*

Vereinzelt wird auch eine *deutlichere Verbindlichkeit* der Lehrplanvorgaben gewünscht.

– *„An der Stelle müsste mehr Verbindlichkeit herrschen. Wer die G-10 durchlaufen hat, egal an welcher Schule, muss einen ganz bestimmten Kanon drauf haben." (2K4-Ch-FK)*

Eine Lehrerin wünscht sich eine Verbindlichkeit der Lehrplanvorgaben, die dem Spielraum der einzelnen Schule deutliche Grenzen setzt und durchaus das Zentralabitur einschließt.

– *„Wenn der Spielraum der einzelnen Schule größer wird, dann wird die Vergleichbarkeit der Leistungen auch noch geringer. Also sehr gut finde ich das nicht, also ich bin da eher extrem, ich bin da eher für das Zentralabitur, für eine objektive Regelung." (2G7-Ch-w)*

Obwohl in einem Fall geäußert wird, dass es generell wenig Erwartungen an die neuen Rahmenpläne gibt, ...

– *„Wir hatten sowieso eher wenig Erwartungen an einen solchen Rahmenplan." (2K4-Ch-FK)*

... verweisen andere Meinungen auf die Notwendigkeit, die mit dem Rahmenplan Chemie verbundenen *neuen Orientierungen*, insbesondere die Gestaltung fächerübergreifender Lernprozesse, wirkungsvoller zu *unterstützen*.

– *„Wenn jetzt diese Pläne eingeführt werden.........., dann müssten eigentlich begleitend über diese Lehrerfortbildungsbereiche, solche fächerübergreifenden Projekte angeboten werden. Denn der Arbeitsaufwand für die einzelnen Schulen, finde ich, ist irrsinnig groß." (2G7-Ch-w)*

– *„Wenn es um fächerübergreifend und projektorientiert geht, da gibt es nichts auf dem Markt. Also jetzt speziell für den Chemieunterricht." (2G4-Ch-FK)*

Mehrfach wird bedauert, dass es bei der Ausarbeitung des neuen Rahmenplans so wenige *Beteiligungsmöglichkeiten* für Praxisvertreter gegeben habe. Offenbar besteht der Eindruck, die Lehrpläne seien im Kultusministerium erstellt worden.

– *„Das denke ich bei vielen dieser Pläne, warum man nicht stärker Leute aus der Praxis damit betraut..... Wir erfahren immer wieder, dass das Leute sind, die im Kultusministerium fest dafür eingestellt sind, die mal zwei, drei Jahre* *höchstens Lehrer waren und danach nur noch bürokratische Verwaltungsfunktionäre sind. Und das passt nicht zusammen mit dem, was nachher im Alltag wirklich gefordert wird." (2G7-Ch-w)*

– *„Der Personenkreis derer, die den RP gemacht haben, hat ihn gehütet wie ein Staatsgeheimnis." (2G4-Ch-FK)*

In Anbetracht der vielen kritischen Äußerungen zum neuen Rahmenplan Chemie, die bei der zweiten Befragung an den Schulen gemacht werden, liegt die Vermutung nahe, dass die Lehrkräfte nur wenige Impulse und Anregungen für die Planung und Gestaltung des Unterrichts aus dem neuen Plan aufgreifen werden. Die notwendigen Veränderungen durch das Inkrafttreten des Rahmenplans Chemie beschränken sich daher auf *schulischer Ebene* darauf,

- die bisherigen *schulinternen Pläne* mit dem Rahmenplan zu vergleichen, entsprechend zu überarbeiten und eine Gesamtübersicht aufzustellen,

– *„Wir werden wahrscheinlich einfach einiges anders formulieren. Es wird wohl darauf hinauslaufen, vielleicht noch mal die Reihenfolge zu überdenken." (2G4-Ch-FK)*

– *„Da waren wir schon einmal, dass wir einen großen Plan hatten, wo drinstand, in welchem Jahrgang in welchen Fach was gemacht wird." (2I4-Ch-FK)*

- einen *Minimalkatalog* der verbindlichen Unterrichtsinhalte zu ermitteln,

– *„So eine Art Minimalkatalog aus diesen Plänen heraus, der verbindlich ist, mit so ein paar Ergänzungen, was man zusätzlich machen könnte usw. ..." (2G4-Ch-FK)*

- fächerübergreifende Abstimmungen vorzunehmen,

– *„Abstimmung und Gespräche mit den anderen Fächern, das wird passieren und das ist auch notwendig." (2I7-Ch-m)*

- bestimmte Inhalte zu streichen

– *„Stickoxide haben wir auch alle gestrichen, denn entweder du machst es genau oder du lässt es sein." (2I4-Ch-FK)*

- und das beabsichtigte *Schulprofil* zu berücksichtigen.

– *„Und es geht.... um das Schulprofil ‚ökologisch orientiert'. Und das ist so, dass im Moment so ein Gesamtüberblick erstellt werden soll, was in den einzelnen Fächern unterrichtet wird........ dass wir mal detailliert alles aufschreiben, wer was wann wo wie macht." (2I7-Ch-m)*

Auf der *individuellen Ebene* gibt es offenbar nur wenige Anregungen durch den neuen Rahmenplan.

– *„Also für mich, wenn ich das so ganz ehrlich sagen soll, nicht. Wenn man neue Chemiebücher so betrachtet, die man ja für die Planung hin und wieder in die Hand nimmt, wo man sehr viele Anregungen kriegen kann, dann hilft* *mir das mehr als dieser etwas schlecht geschriebene Text. (...) Also ich hätte da gerne eine größere Systematik drin." (2G7-Ch-w)*

Wenn überhaupt, werden lediglich Anregungen für die *veränderte Strukturierung* von einzelnen Unterrichtseinheiten und Themen, weniger für deren methodische Gestaltung genannt.

- *„Der Rahmenplan wird im wesentlichen mehr Auswirkungen auf die Themen haben, aber die Methoden und das bleibt wahrscheinlich im wesentlichen so, da man das praktisch kaum umsetzen kann." (2G7-Ch-w)*

Auch der fächerübergreifende Ansatz wird kaum aufgegriffen, da er mit dem Schulalltag nicht kompatibel zu sein scheint:

- *„Das Fächerübergreifende, sicher, aber das ist ein Knoten, den man ganz schwer entwirren kann. Das wäre eine schöne Sache, aber die ist, glaube ich, die ist nur in bestimmten Modellschulen, die dann Sonderkonditionen bekommen, erfüllbar." (2G7-Ch-w)*

Entsprechend ist davon auszugehen, dass es nur *geringfügige Veränderungen* im Vergleich zum bisherigen Vorgehen im Fach Chemie geben wird. Vor allem da wir feststellen konnten, dass es an allen drei Schulen deutliche Bestrebungen gibt, die bisherigen *schulinternen Pläne weitgehend beizubehalten* und möglichst wenig zu verändern bzw. durch einfache Veränderung der stofflichen Reihenfolge oder die Verschiebung einzelner Themen innerhalb der Schulhalbjahre dem neuen Rahmenplan zu entsprechen. So antwortete eine Gymnasiallehrerin für Chemie auf die Frage nach Veränderungen:

- *„Sagen wir mal so, im wesentlichen nicht. Wir müssen dann einige Themen aus den Rahmenplänen verstärkt herausnehmen, die mir früher nicht so wichtig waren und nun gut, in einem gewissen Grad werden wir das tun, um der Sache genüge zu tun, aber nicht so ganz einsehbar." (2G7-Ch-w)*

Auf jeden Fall kann angenommen werden, dass *neue schulinterne Pläne* entstehen, mit veränderter Reihenfolge und abgestimmt auf das jeweilige (beabsichtigte) Schulprofil.

- *„Wir müssen unseren eigenen Plan machen, ich sehe das nicht als Gebetbuch, was ich jetzt abhake, sondern wir müssen auf unsere speziellen Bedürfnisse hin unseren eigenen Plan machen." (2I4-Ch-FK)*
- *„Also ich denke die Veränderung kommt zwangsläufig,.... einmal mit den Veränderungen in 9 und 10 und im Zusammenhang mit Schulprogramm und -profil." (2G4-Ch-FK)*

Beabsichtigt sind dabei Minimalpläne, die schrittweise entstehen, zunächst für das Schulhalbjahr 8/2, danach für die übrigen Schulhalbjahre.

- *„Wir haben das jetzt nur mit 8/2 gemacht.....und für 9 und 10 nur so grob, wie es weitergehen wird. Und wir werden dann dazu eine Konferenz machen. So dass wir dann einen Minimalplan für die 9 machen und später dann für* *die 10. Nur für die neuen Klassen, für die alten machen wir mit dem alten Plan weiter." (2G4-Ch-FK)*

Die Kritik an den Verletzungen der Fachsystematik durch den neuen Rahmenplan führt zu freizügigem Umgang mit den verbindlichen Lehrplanvorgaben.

– *„Die Neuerungen werden ja auch entsprechend diskutiert in den Fachkonferenzen. Und wir versuchen, einen Teil dessen, was da rausgelassen ist an fachlichem Grundlagenwissen, der Spielraum ist ja auch nach wie vor gegeben von der Stundenzahl, dass wir einfach einige Sachen nach wie vor da drin lassen." (2G7-Ch-w)*

Die geringsten Veränderungen im Vergleich zum bisherigen Vorgehen sind offenbar in der 8. Jahrgangsstufe zu erwarten, während sich nach Auffassung der Befragten im 2. Halbjahr des 9. Jahrgangs und im 10. Jahrgang deutlich mehr ändern muss.

– *„Ich würde behaupten in der 9.2, da gibt es ja ziemlich starke Veränderungen im Vergleich zu früher. Da scheint es mir am stärksten zu sein. In 8 weniger." (2G4-Ch-FK)*

Außerdem ist zu erwarten, dass die meisten Veränderungen auch *regional abgestimmt* und vereinbart werden.

– *„Da steht nur, Einführung in die Formelsprache, damit steht das Thema ohne jeden weiteren Zusammenhang. Das passt nicht. - Das haben wir in der Fachleitersitzung gestrichen." (2I4-Ch-FK)*

Bei den Diskussionen zum Thema Lernbereich Naturwissenschaften ist festzustellen, dass die Widerstände deutlich größer sind als die befürwortenden Einschätzungen. Zwar sehen die befragten Lehrkräfte diesen Lernbereich prinzipiell als eine durchaus interessante und durchdenkenswerte Gestaltungsmöglichkeit für den naturwissenschaftlichen Unterricht an, gleichzeitig zählen sie aber auch eine Reihe von Gegenargumenten auf. So seien diese Bestrebungen an der eigenen Schule unter den gegenwärtigen Rahmen- und Unterrichtsbedingungen mit dem vorhandenen Lehrpersonal in näherer Zukunft kaum umsetzbar. Es wurden vor allem folgende Gegenargumente geäußert: Zum einen sieht man sich bei dem Versuch, alle drei Fächer bei jedem Thema gleichzeitig zu berücksichtigen, einem ständigen Druck ausgesetzt.

– *„Ich könnte mir nicht vorstellen, Physik zu machen, ich könnte es nicht. Das hieße ja, dass immer irgendwer irgendwas fachfremd unterrichten muß, hätte ich ein schlechtes Gewissen, gerade in den Naturwissenschaften." (2K4-Ch-FK)*

Zum anderen befürchtet man den Verlust der fachwissenschaftlichen Qualität, des Anspruchsniveaus jedes einzelnen Faches durch den zwangsläufig daraus resultierenden fachfremden Unterricht.

– *„In der Hauptschule würde sich das anbieten, da ist alles ja auf einem sehr praktischen und nicht fachlichem Niveau. Da könnte ich mir das vorstellen. Aber in der Realschule stelle ich mir das schwierig vor." (2K4-Ch-FK)*

Drittens wird darauf verwiesen, dass man ständig überfordert sei, wenn man die Inhalte der in Nawi enthaltenen Fächer adäquat unterrichten wolle.

– *„Es gibt nicht ein Gymnasium, das das auch nur in Ansätzen vorhätte (den Lernbereich Naturwissenschaft einzuführen - K.H.). Die haben alle die Hände über dem Kopf zusammengeschlagen und gesagt, geht nicht. ....Aber dann brauchte man Zeit, um sich fachlich fit zu machen in dem fehlenden Bereich. Dann müsste ich entlastet werden. Dann würde ich das äußerst gerne machen." (2G4-Ch-FK)*
– *„Aber wenn ich in der 10. Klasse Physik machen soll, da bin ich ganz schön aufgeschmissen." (2I4-Ch-FK)*

Analysiert man resümierend die Reaktionen auf den neuen Rahmenplan Chemie und dessen mögliche Auswirkungen, zeichnen sich folgende Tendenzen ab: Fast alle befragten Lehrerinnen und Lehrer kommen zu der Einschätzung, dass sie eigentlich keinen neuen Lehrplan benötigt hätten, da man möglichst so wie bisher weiter arbeiten möchte. Die auf Eigeninitiative und eigenen Wünschen beruhenden Veränderungen im inhaltlichen und methodischen Vorgehen fänden sich bereits in den schulinternen Festlegungen, die für die Lehrkräfte eine höhere Autorität besitzen als die Vorgaben staatlicher Lehrpläne. Entsprechend bemüht man sich nun, nur das Nötigste zu verändern und so weit wie möglich am bisherigen Vorgehen und den eigenen Vorstellungen festzuhalten. Daher werden vor allem die vorhandenen Übereinstimmungen zwischen dem neuen Plan mit dem schulinternen Plan erfreut zur Kenntnis genommen, da man eigentlich kaum bereit ist, Zeit und Kraft in die Anpassung des eigenen Plans an die staatlichen Vorgaben zu investieren. Insgesamt wird er aber wegen der Abweichungen von der fachwissenschaftlichen Systematik sehr kritisch gesehen. Trotz sehr deutlicher Vorbehalte gegenüber dem neuen Rahmenplan Chemie wirkt er sich auf den methodisch-didaktischen Diskurs der Schulen aus. Zum einen hat er die engagierte und häufig kontrovers geführte Diskussion zum Verhältnis von Wissenschaftssystematik und Alltags- und Umweltorientierung dieses Unterrichtsfaches ausgelöst und gibt ihr weiterhin ausreichend Zündstoff. Zum anderen hat vor allem die Forderung nach fächerübergreifenden Lernprozessen zu einem gründlichen Nachdenken über Möglichkeiten und Probleme ihrer Realisierung geführt. Allerdings muss für unsere Fallstudienschulen festgestellt werden, dass dem fächerübergreifenden Lernen nur geringe Chancen eingeräumt und eher Gründe zusammengetragen werden, warum diese Forderung überzogen, utopisch, unter den gegenwärtigen Rahmenbedingungen des Chemieunterrichts illusorisch sei. Ein weiteres, nicht zu unterschätzendes

Ergebnis der Einführung der neuen Rahmenpläne besteht darin, dass offen und engagiert über die Einführung des Lernbereichs Naturwissenschaften nachgedacht wird. Dabei fällt auf, dass dabei aus anderem Blickwinkel erneut und mit weiteren Argumenten über die Realisierungschancen für fächerübergreifende Lernprozesse und curriculare Kooperationsformen nachgedacht und heftig gestritten wird. Die Diskussion hat begonnen, ist aber noch weit entfernt von einem endgültigen Abschluss.

4.4 Fazit

Die Äußerungen zu den Rahmenplänen Deutsch und Chemie zeigen einmal mehr, welche Unterschiede im Verständnis der Rezipienten auf der einen und in der Konstruktion der Lehrplanrevision auf der anderen Seite vorliegen. Vergleichend zu den Ergebnissen dieser dritten Teilstudie werden die Ergebnisse der Repräsentativbefragung, die Teil des Bielefelder Forschungsprojekts ist, hinzugezogen. Die Argumentation der Chemielehrerinnen und Chemielehrer ist im Vergleich zu den Stellungnahmen etwas abgemildert, zielt aber in die gleiche Richtung. Insgesamt sind die Einstellungen der Lehrerinnen und Lehrer, die in den Interviews deutlich werden – und das gilt für den Rahmenplan Deutsch wie für den Rahmenplan Chemie – von einem gewissen Pragmatismus gekennzeichnet. Etwas salopp könnte man sagen: Man nimmt sich, was man braucht. Entsprechend der Einführungserlasse werden die Pläne auf Fachkonferenzen thematisiert und führen zu mehr oder weniger großen Veränderungen der Schulcurricula. In der standardisierten Lehrerbefragung geben 78 % der Chemielehrer und Chemielehrerinnen und 88 % der Deutschlehrer und Deutschlehrerinnen an, sich auf der Fachkonferenz mit den Rahmenplänen beschäftigt zu haben (Vollstädt u. a. 1999, S. 106). Wie sehr die Pläne in den Schulcurricula im Detail berücksichtigt werden, hängt weniger von den Rahmenplänen als davon ab, welche Tradition es in Bezug auf die Schulcurricula gibt. 56 % der Chemielehrerinnen und Chemielehrer sowie 70 % der Deutschlehrerinnen und Deutschlehrer geben an, dass es zum Zeitpunkt der (zweiten) Befragung an ihren Schulen bereits neue Jahresarbeitspläne bzw. Stoffverteilungspläne gäbe (Vollstädt u. a. 1999, S. 107).

Welche der beiden Varianten entfaltet die größere Innovationskraft? Die Nähe des Deutschplans zu seinen Abnehmern oder die großen Veränderungen, die mit dem Chemieplan intendiert sind. Der Deutschplan ist aus der Perspektive der Interviewten ein Beispiel für einen Text, der ausgesprochen konsensfähig ist. Seine Erweiterung um Aspekte wie zum Beispiel der Kulturellen Praxis bestätigt eine Unterrichtspraxis, die in Ansätzen bereits von vielen Lehrerinnen und

Lehrern praktiziert wird. Die Deutschdiskussionen drehen sich nicht um die neuen Inhalte, sondern höchstens darum, wie diese in den eigenen Unterricht integriert werden können. Dass sich die Gelassenheit gegenüber dem neuen Rahmenplan Deutsch aus den Erfahrungen mit den Rahmenrichtlinien Deutsch speist, machen die Interviews ebenfalls deutlich. Bereits anhand der Erwartungen lässt sich ablesen, dass der neue Rahmenplan Deutsch keine großen Konflikte provozieren wird.

Der neue Rahmenplan für Chemie provoziert hingegen wesentlich stärker als der Rahmenplan Deutsch Widerspruch bei den interviewten Lehrerinnen und Lehrern. Er trifft – besonders im gymnasialen Bereich - nicht auf ein innovationsfreudiges Klima. Die Interviews zeigen, dass die neuen Ansätze in dem Plan entweder abgelehnt werden oder es werden ihnen keine großen Chancen eingeräumt. Doch verglichen mit den Stellungnahmen sind die Reaktionen der Lehrkräfte auf den Rahmenplan Chemie insgesamt eher verhalten. Doch so vorsichtig sich viele der Interviewten auch äußern, an der fachöffentlich geführten Diskussion zu der Frage, ob ein Lehrplan Chemie an der fachwissenschaftlichen Struktur von Chemie ausgerichtet sein müsse, kommt niemand vorbei. Zwar kritisieren die Lehrerinnen und Lehrer am Gymnasium die angeblich mangelnde fachwissenschaftliche Orientierung besonders deutlich, doch diese Kritik ist nicht auf diese Gruppe beschränkt. Dies bestätigen auch die Ergebnisse der quantitativen Repräsentativbefragung. Nach der Akzeptanz der Chemie-Rahmenpläne gefragt, sagen 83 % der Gymnasiallehrer und –lehrerinnen, 53 % der Lehrerinnen und Lehrer an der integrierten Gesamtschule und 82 % der Lehrerinnen und Lehrer der kooperativen Gesamtschule, dass sie ganz oder teilweise lieber wieder mit den Rahmenrichtlinien arbeiten würden (Vollstädt u.a. 1999, S. 122). Anders sieht es in Hinblick auf den Rahmenplan Deutsch aus. Hier stimmen der Aussage „Nachdem ich den Rahmenplan kenne, würde ich lieber weiter mit den bisherigen Rahmenrichtlinien arbeiten" nur 48 % der Gymnasiallehrerinnen und -lehrer, 32 % der Lehrerinnen und Lehrer der IGS und 32 % der Lehrerinnen und Lehrer der KGS völlig oder teilweise zu (Vollstädt u.a. 1999, S. 124). Diese Zahlen spiegeln das Bild, das auch auf der Basis der Interviews entsteht: Der Rahmenplan Deutsch findet wohlwollende Akzeptanz, der Rahmenplan Chemie wird skeptisch gesehen und findet nur geringe Akzeptanz.

Die Analyse der Interviews in Hinblick auf die formale Strukturierung der Lehrpläne weist kaum Differenzen zwischen den Chemie- und den Deutschlehrerinnen und -lehrern aus: Von Bedeutung ist Teil B der Rahmenpläne, während Teil A kaum Beachtung findet. Die Form fordert demnach weder heraus noch stößt sie auf Ablehnung. Ähnliches gilt für das Konzept, einen Minimalplan festzuschreiben. Es ist aus den Äußerungen zum Rahmenplan

Deutsch nicht abzulesen, dass Lehrerinnen und Lehrer etwas gegen konkretere Lehrplanvorgaben für ihren Unterricht einzuwenden hätten. Ebenso wenig richtet sich der Protest der Chemielehrer gegen dieses Konzept. Damit scheint von Seiten der Lehrer und Lehrerinnen ein Trend bestätigt zu werden: weg von den Plänen mit großen Gesten, mit Präambeln, die sich durch „Leerformeln und Gemeinplätzen" auszeichnen (Sacher 1983, S. 326), und hin zu Plänen, die sich deutlicher auf den Unterricht beziehen. Ob dies aber wirklich bedeutet, dass die Pläne stärkere Auswirkungen auf den Unterrichtsalltag haben, lässt sich so nicht aus den Interviews ablesen. Hier entsteht eher der Eindruck, dass versucht wird, so weiter zu arbeiten wie bisher und höchstens einzelne Themen umzustellen oder Überschriften zu ändern. Daran ändern auch die Fortbildungsaktivitäten des HILF wenig.

Je nach der Lehrplantradition des Faches wird mehr oder weniger stark auf die neue Planreform reagiert. Während in den Interviews für Deutsch darauf hingewiesen wird, dass die inhaltliche Straffung eine Wohltat sei, wird sie in Chemie mehr oder weniger unkommentiert zur Kenntnis genommen. Bedenkt man, wie umfangreich die Rahmenrichtlinien Deutsch im Vergleich zu den Rahmenrichtlinien Chemie waren, erklärt sich diese unterschiedliche Reaktionsweise. Übereinstimmung zwischen den beiden Fächern gibt es insofern, als die Pläne von den als verbindlich angesehenen Inhalten her von vielen nicht als Minimalpläne empfunden werden, sondern die „Stofffülle" beklagt wird. Die Repräsentativbefragung bestätigt dieses Bild: Bis zu 40 % der Lehrerinnen und Lehrer geben bei der Befragung 1997 an, dass die Freiräume zu gering seien. „Auffällig ist auch, dass im Fach Deutsch die Klage über mangelnde Freiräume etwas schwächer ausfällt als in anderen Fächern" (Vollstädt u.a. 1999, S. 118f.). Allerdings ist im Vergleich zu den Rahmenrichtlinien die Zahl derer, die die Stofffülle beklagen, geringer. Hier sind es etwa 60 % die kritisieren, dass die inhaltlichen Anforderungen zu groß seien.

Die Kritik an „Stofffülle" scheint nun aber ein fester Bestandteil jeder Lehrplanrezeption zu sein. „Fragt man Lehrer danach, was sie als die Hauptprobleme ihres Lehrplans ansehen, hört man u.a. immer wieder Stofffülle" (Haenisch 1985, S. 29). Es muss an dieser Stelle offen bleiben, ob es sich hierbei um ein tradiertes Argumentationselement, um ein rhetorisches Motiv, projizierte Ängste oder lehrplanadäquate Reaktionen handelt. Allerdings lässt sich definitiv sagen: Das Ziel der Lehrplanmacher, inhaltlich abgespeckte Lehrpläne zu entwickeln, scheint in der Sicht der Schulbasis nicht in hinreichendem Maße erreicht worden zu sein.

Lehrplaninnovationen verunsichern. Wie jede Innovation destabilisiert diese ein eingespieltes System (Hage/Aiken 1970, S. 53). Dass es eine große Verunsicherung gibt, wird besonders an den Aussagen zum Chemielehrplan deutlich.

Aber auch in diesem Punkt werden Unterschiede zur Situation bei der Einführung des Rahmenplans Deutsch sichtbar. Es scheint sich anhand von Teilstudie 3 einmal mehr zu bestätigen, dass eine geringe Übereinstimmung in Bezug auf das Ziel des Lehrplans dann kontraproduktiv ist, wenn die eigene Definition der Unterrichtsrealität sehr weit von der Definition im Plan entfernt ist. Dieses Phänomen wird besonders sichtbar, wenn man die Äußerungen der Lehrerinnen und Lehrer analysiert, die den neuen Rahmenplan Chemie kritisieren. Wie groß der Kontrast sein wird, deutet sich bereits an, wenn man die Erwartungen an die neuen Pläne vergleicht mit der Konzeption der Rahmenpläne. Wenn Sacher (1983, S. 328f.) von der Bereitschaft der Lehrerinnen und Lehrer spricht, die vorhanden sein muss, damit eine Lehrplaninnovation erfolgreich ist, lässt sich für die Einführung des Rahmenplans Chemie auch auf der Basis der Interviews sagen, dass diese Bereitschaft bei vielen nicht besteht, in Deutsch aber durchgängig vorhanden ist. Hameyer schreibt, dass das Bewahrungsinteresse gegen eine Innovation nur dann Erfolg haben kann, wenn es machtmäßig verankert ist (Hameyer 1978a, S. 37). Es stellt sich hier die Frage, was in Bezug auf die Vertreter und Vertreterinnen eines an der Fachsystematik orientierten Verständnisses von Chemieunterricht der Machtaspekt sein könnte. In aller Vorsicht ließe sich die gymnasiale Tradition und historisch zu erklärende Eigenständigkeit dieser Schulform als Machtfaktor nennen.

Zur Analyse der in den Interviews gemachten Äußerungen können auch die von Kaiser (1983) aufgezeigten Konfliktkonstellation im Zusammenhang mit Legitimationsfragen hinzugezogen werden. Von den im Eingangskapitel (Kap. 1.3.5) ausführlich dargelegten Normen-, Auslegungs-, Entscheidungsträger- und Herrschaftskonflikten treffen auf den Rahmenplan Deutsch nur wenige zu. Es werden ähnliche Tendenzen wie in Teilstudie 2 sichtbar. Anders sieht dies beim Rahmenplan Chemie und den hierzu gemachten Äußerungen in den Interviews aus. Bei der Diskussion um den Rahmenplan Chemie handelt es sich deutlich um einen Normenkonflikt. Die Normen, die der Konstruktion des Rahmenplans Chemie zugrunde liegen, entsprechen nicht denen seiner Kritiker. Sehr verkürzt ließe sich der Konflikt auf die konträre Konstellation oder „Schülerorientierung" versus „Fachorientierung" bringen. Ergänzend zu dem Normenkonflikt kann der Auslegungskonflikt mit in den Blick genommen werden. Die Befürchtung zu großer Stofffülle, die sowohl in Äußerungen zu dem Rahmenplan Chemie als auch zum Rahmenplan Deutsch ihren Ausdruck findet, ist ein Beispiel für einen solchen Auslegungskonflikt. Dies gilt ganz besonders für den Rahmenplan Deutsch. Manches, was bei den inhaltlichen Beschreibungen von Lehrerinnen und Lehrern als Stofffülle ausgelegt wird, ist von den Rahmenplanautoren anders definiert worden. Viele Argumente gegen den Rahmenplan Chemie – etwa der Vorwurf, dass mangelndes Fachwissen vermittelt würde - ist ein ebensolches Beispiel für einen Auslegungskonflikt. Entscheidungsträgerkonflikte und Herrschaftskonflikte sind nicht das bestimmende Element in den Äußerungen zu dem Rahmenplan Chemie. Hier zeichnen sich Unterschiede zu Teilstudie 2 ab.

Die Ergebnisse von Teilstudie 1 legen nahe, dass die größere Diskussionsfreudigkeit in Bezug auf den Rahmenplan Chemie innovative Kraft entfaltet. Teilstudie 3 bestätigt nicht die Vehemenz, mit der nach Teilstudie 2 der Rahmenplan Chemie abgelehnt wird, zeigt aber ähnliche Bewertungstendenzen. Bezüglich des Rahmenplans Deutsch wird die Gelassenheit, mit der dieser aufgenommen wird, bestätigt. Wie die Ergebnisse der drei Teilstudien sich im Detail zueinander verhalten und welche Erkenntnisse sie bezüglich der zentralen Fragestellung liefern, damit wird sich das fünfte und letzte Kapitel dieser Arbeit beschäftigen.

5. Resümee

Die Reformabsichten, die für alle Fächer der hessischen Lehrplanreform gleich formuliert wurden, lassen sich wie folgt skizzieren: Es sollen Pläne entwickelt werden, die ein verbindliches Kerncurriculum beschreiben, für die verschiedenen Interessengruppen - Lehrer und Lehrerinnen ebenso wie Eltern und schulisch interessierter Öffentlichkeit – verständlich geschrieben sind, den Schulen genügend Freiraum geben, auf die Notwendigkeiten vor Ort zu reagieren und zugleich die Schülerinnen und Schüler gut vorzubereiten für die veränderte Berufs- und Lebenssituation, die sie nach der Schule erwartet. Aus letzterem Ansatz speisen sich Überlegungen, die unter Stichworten wie „Lernen lernen", „fächerübergreifender Unterricht", „Handlungsorientierung" subsumieren.

Neben diesen allgemeinen mit der Lehrplanrevision verknüpften Vorstellungen gibt es fachspezifische Erwartungen, die die Lehrplanmacher von Ministerium und HIBS (einschl. der Autoren und Autorinnen) mit der Lehrplanreform verknüpfen. Diese Erwartungen differieren, abgesehen von der Aktualisierung fachlicher Aspekte, zwischen dem Rahmenplan Deutsch und dem Rahmenplan Chemie deutlich. Während mit dem Rahmenplan Deutsch der durch die Rahmenrichtlinien eingeschlagene Weg konsolidiert, die Inhalte modifiziert und die Form verändert werden, geht es beim Rahmenplan Chemie darum, die Methodik und Didaktik des Faches grundsätzlich zu verändern. Dies verbindet sich mit der Absicht, mehr Schülerinnen und Schüler an Fragen der Chemie heranzuführen. Das Ziel ist somit, ihnen sozusagen alltagstaugliches Wissen zu vermitteln, ohne dabei die Qualifikation der potentiellen Abiturienten aus den Augen zu verlieren. Doch der Chemieplan gerät in eine sehr kontroverse Diskussion. Die Ablehnung speist sich keineswegs nur aus Ressentiments von gymnasialen Fachvertretern. Kritisiert wird, dass die Fachwissenschaft als strukturierendes, die Reihenfolge der Inhalte bestimmendes Element an Relevanz verloren habe. Eng mit dem Aufbau der Argumentation von der fachwissenschaftlichen Seite her hängt auch die gesellschaftliche Argumentationsperspektive zusammen. Hier wird genau das negiert, was das Ziel der Autoren des Rahmenplans war. Sie wollen die Schülerinnen und Schüler in einer sich wandelnden Gesellschaft durch fachliches Lernen sinnvoll auf die Zukunft vorbereiten. Genau das Gegenteil – so die Kritik - sei aber der Fall. Dabei wird der Rahmenplan Chemie teilweise in die Nähe jener ideologielastigen Diskussionen gebracht, die in den 70er Jahren die Einführung der Rahmenrichtlinien Deutsch und Gesellschaftslehre begleitet hatten. Die Absicht der Rahmenplanautoren, unter anderem durch den größeren Alltagsbezug auch einen deutlichen Schülerbezug herzustellen, wird von den Kritikern mit zweierlei Argumentationsfiguren gekontert. Die einen kritisieren, dass es zu viel Schülerbezug gebe; die anderen sagen hingegen, dass zu wenig Schülerbezug erkennbar sei. Wobei letztere davon ausgehen, dass wirklicher Schülerbezug darin bestehe, grundlegende Fachkenntnisse zu vermitteln. Und schließlich wird den Autoren die Sachkompetenz und eine fundierte Kenntnis der Praxis abgesprochen.

Die Vielzahl der Argumentationsperspektiven zeigt, wie groß die Differenzen zwischen den Intentionen der Rahmenplanautoren Chemie und der schulinteressierten Öffentlichkeit sind. Im Wesentlichen geht es bei der Argumentation um die Frage der zukünftigen Studierfähigkeit von gymnasialen Schülerinnen und Schülern. Die Mehrzahl der Stellungnahmen kommt von gymnasialen Vertretern. Eine große Gruppe von Chemielehrerinnen und Chemielehrern, ihrer Verbandsvertreter und die entsprechende Lobby der Industrie ist nicht bereit, die angestrebten Veränderungen des Chemieunterrichts mitzutragen.

5.1 Initiation, Implementation und Inkorporation: Lehrplanreform aus innovationstheoretischer Sicht

Nach der Fächerperspektive wird nun im Folgenden die zeitliche Dimension des hessischen Lehrplan-Reform-Prozesses in den Blick genommen. Von den drei Phasen Initiation, Implementation und Inkorporation spielen in dieser Arbeit die Initiation und die Anfänge der Implementation die wesentliche Rolle, die Inkorporationsphase wird nur am Rande gestreift. Was lässt sich auf der Basis der Entwicklung und Einführung der Rahmenpläne über diese Phasen unter der Perspektive der Innovationsabsicht und des Innovationserfolgs sagen? Zunächst einmal hat sich gezeigt, dass die Reformabsichten sich nicht so umsetzen ließen, wie sie ursprünglich von den Lehrplanmachern gedacht waren. Dies gilt stärker für den Rahmenplan Chemie als für den Rahmenplan Deutsch. Gefragt wird nun danach, welche Rolle im Verhältnis von Reformabsicht und Reformrealität die Initiations- und Implementationsphase gespielt hat. Welche Reibungsverluste sind in diesen Phasen zu erkennen?

5.1.1 Die Initiationsphase

Es gilt zunächst festzuhalten, dass eine Lehrplanreform auf Initiative von Bildungspolitik und Bildungsverwaltung durchgeführt wurde. Tradierte Formen der Lehrplanrezeption von Lehrerseite wie auch tradierte Formen der Lehrplaneinführung – Hopmann spricht von „Grundmustern" (1988a, S. 10) - erschweren es auf Seiten der Abnehmer, in einer solchen Lehrplanrevision die Innovation zu erkennen.

Damit gibt es bereits auf der Basis der Rollenverteilung erste Reibungsverluste. Wenn man sich die in Kapitel 1 zitierten Sätze von Haft noch mal vor Augen führt, wird deutlich, wie wenig sich auch bei der Rahmenplanentwicklung und -einführung an dieser „klassischen" Form geändert hat: „Auf Initiative des Kultusministeriums erarbeitet eine von den jeweils zuständigen Dienststellen berufene Kommission einen Lehrplanentwurf, der in der Regel allenfalls geringfügig geändert vom Kultusministerium übernommen und als verbindlicher Lehrplan in Kraft gesetzt wird" (Haft u.a. 1986, S. 135).

Gründe für Reibungsverluste sind auch zu finden, wenn man einen Blick auf die Autorenauswahl und die Lehrerbeteiligung wirft. Zwar stehen die Lehrplanautoren und Lehrplanautorinnen der Rahmenpläne keineswegs, wie vor allem von den Kritikern des Chemielehrplans unterstellt wird, fernab jeglicher Schulpraxis. Das Gegenteil stimmt, sie sind Schulpraktiker. Aber zugleich ist richtig, was Biehl u.a. in ihrer Untersuchung von 1998 festgestellt haben: „Die Mitglieder verdanken ihre Berufung ihrer ‚Nähe' zur Verwaltung" (Biehl/Ohlhaver/Riquarts 1998, S. 224ff.). Alle Autoren der Rahmenpläne Deutsch und Chemie sind entweder als Fachleiter, als Schulleiter oder in der Lehrerfortbildung tätig. Das Dilemma ist, dass die Arbeit als Lehrplanautor bzw. Lehrplanautorin zu einer gewissen Entfremdung mit der Schulbasis führen muss. Dies hängt nicht nur mit Rollenzuschreibungen zusammen. Die Autoren und Autorinnen sind gezwungen, unterrichtsferne Aspekte stärker in den Blick zu nehmen, als dies der Basis bewusst bzw. vermittelbar ist. Ein Beispiel hierfür sind die Konsensverhandlungen mit Verbänden im Entscheidungsverfahren, deren Ergebnisse in den Lehrplan eingearbeitet werden müssen und die teilweise wenig mit der Unterrichtsrealität gemein haben.

Solche Reibungsverluste könnten verringert werden, wenn Lehrpläne von größeren Lehrplangruppen erstellt und Lehrerinnen und Lehrer umfangreicher beteiligt würden. Forderungen, wie sie Doris Knab bereits 1969 erhoben hat, nämlich Lehrerinnen und Lehrer bei der Lehrplanerstellung stärker mit einzubeziehen, haben bei der Entwicklung der Rahmenpläne keinen Nachhall gefunden. Die Lehrerbeteiligung ist bei den Rahmenplänen im Vergleich zu den Rahmenrichtlinien rückläufig. So gesehen könnte man sagen, dass die hessische

Lehrplanreform der 90er Jahre zwar inhaltlich einem reformorientierten Konzept folgt, aber in Bezug auf den Prozess eher als Rückfall hinter die Rahmenrichtlinien zu bewerten ist. Die Autorengruppen werden bewusst klein gehalten. Dies garantiert größere Effizienz, man könnte auch sagen: Es garantiert eine bessere Lenkbarkeit des Lehrplanprozesses. Ein Blick in die Schulgeschichte des 19. und 20. Jahrhunderts zeigt, dass dies eher das übliche Vorgehen ist, demgegenüber das Rahmenrichtlinienverfahren eher als eine Ausnahme anzusehen ist. Die umfassende Beteiligung von Lehrerinnen und Lehrern wird (historisch gesehen) von der Initiationsphase in die Implementationsphase verlagert. Ende des 19. Jahrhunderts werden möglichst viele Lehrerinnen und Lehrer im Vorfeld einer Lehrplaninnovation in die Lehrplanentwicklung mit einbezogen, wobei darauf geachtet wird, dass die Endfassung von jenen bearbeitet wird, die das Vertrauen des Ministeriums haben (vgl. Hopmann 1988a, S. 104). In der Lehrplanentwicklung des ausgehenden 20. Jahrhunderts ist es eher so, dass die Betroffenen dann angehört werden, wenn die erste Planfassung schon geschrieben ist und damit die Grundlinien der Lehrplanreform bereits feststehen. Das heißt, sie sind in der Initiationsphase nicht beteiligt, weder durch die Möglichkeit direkter Einflussnahme noch über den Weg wissenschaftlicher Befragung. Und es sind im Fall der hessischen Rahmenpläne auch nicht die Lehrerinnen und Lehrer, die diese Phase anstoßen; denn viele der Lehrerinnen und Lehrer (besonders die des Fachs Chemie) würden lieber mit den alten Rahmenrichtlinien weiterarbeiten (vgl. Vollstädt u.a. 1999, S. 122). Auslöser sind nicht - wie beispielsweise Aregger (1976b, S. 288) aufzählt - Unruhe, Unzufriedenheit oder Störungen auf der Schulebene. Es ist vielmehr der Regierungswechsel und die damit geänderten bildungspolitischen Vorstellungen. Der Lehrplan ist so gesehen ein Symbol, mit dem die Landesregierung ihren innovatorischen Gestaltungswillen zeigen kann. Letztendlich wird die Initiationsphase bestimmt durch den politischen Wechsel und das damit verbundene Ziel, veränderte bildungspolitische Vorstellungen öffentlich zu präsentieren.

Welche Rolle spielt die Wissenschaft in der Initiationsphase der hessischen Rahmenpläne? Sie wird angehört im Rahmen des Zukunftsdialogs und sie kann den Prozess des Lehrplanentwicklung begleiten (Bielefelder Lehrplanprojekt). Wissenschaft wird aber nicht genutzt, um eine fundierte Sondierung der Erwartungen an neue Lehrpläne im Vorfeld der Rahmenplanentwicklung vorzunehmen. Was aus politischen Gründen einleuchtend ist, erweist sich somit unter einem wissenschaftlichen Blickwinkel als durchaus problematisch.

5.1.2 Die Implementationsphase

Bauer/Rolff stellen fest, dass die wichtigste Phase für das Gelingen einer Innovation die Implementation sei (1978, S. 249). Darum soll diese Phase hier genauer betrachtet werden. Dabei wird auch berücksichtigt, wie sich die Strukturen der Initiationsphase in der Implementationsphase fortsetzen bzw. welche Vorgehensweisen und Mechanismen hier erkennbar werden.

Zunächst ist festzustellen, dass die Implementation der hessischen Rahmenpläne ganz traditionell dem Dreischritt folgt, wie ihn beispielsweise Hopmann beschreibt (vgl. 1988c, S. 232): 1.) Verordnung, 2.) Lehrerfort- und –weiterbildung, 3.) Revision von Schulbüchern u. ä. Von den drei Implementationsvarianten, die Lütgert/Stephan nennen (1983, S. 515) - die technologische, die politische und die subkulturelle Perspektive - spielen bei der Implementation der Rahmenpläne vor allem die ersten beiden Varianten eine wichtige Rolle. Die genaue Analyse des Implementationsprozesses ergibt, dass von Seiten des Kultusministeriums auf der Handlungsebene die technologische Perspektive - also das Erreichen eines vorgegebenen Ziels – als handlungsleitend angesehen wird. Dafür spricht das sehr stringente Vorgehen, die Annahmen, dass die Pläne sich aus sich selbst heraus erklären müssen, die Fortsetzung der Tradition der Verordnung, der Verzicht auf eine Erprobungsphase und eine breite Partizipation, das Setzen auf schriftliche Einweisungen (Handreichungen). Dabei bleibt durchaus im Blick, in einen Diskurs mit den Abnehmerinnen und Abnehmern des Lehrplans und interessierter Öffentlichkeit eintreten zu wollen. Durch die Beteiligungsmöglichkeit der Lehrerinnen und Lehrer im Rahmen der Stellungnahmen gibt es aber nur für kurze Zeit die Möglichkeit eines Dialogs. Allerdings steht hinter allem die Prämisse – und dies ist wieder ein Indiz für die technologische Perspektive – dass die Rahmenvorgaben zu Aufbau und Inhalt der Rahmenpläne erhalten bleiben müssen. Was die dritte, die subkulturelle Perspektive angeht, so kann hierüber auf der Basis der Untersuchung keine gesicherte Aussage gemacht werden. Es ist aber sehr wahrscheinlich, dass auch der umstrittenste Plan langfristig gesehen Auswirkungen auf Unterricht haben wird. Hierin könnte auch die längerfristige innovatorische Chance des Rahmenplans Chemie liegen.

Wie erfolgreich eine Lehrplanreform ist, hängt entscheidend davon ab, wie gut diese Reform vorbereitet worden ist. Die Fragen von Bauer/Bussigel (1978, S. 165) an eine Innovation machen deutlich, was bei der hessischen Lehrplanreform nicht ausreichend bedacht wurde: Was bringt Menschen in den Schulen dazu, sich einer Reform anzuschließen? Wie groß ist ihre Innovationsbereitschaft? Wie groß ist das Widerstandspotential? Der Deutschplan zeigt, dass hier einige der an den Rahmenrichtlinien kritisierten Punkte durchaus angegangen werden. Doch eine genaue Erhebung, was an den Rahmenrichtlinien kritisiert wird und was gut gefunden wird, gibt es nicht. Ebenso spielt die Frage, was die Lehrerinnen und Lehrer von der Lehrplanreform haben, weder im Vorfeld der Entwicklung des Deutsch- noch des Chemielehrplans eine Rolle. Hier wurde im Sinne der technologischen Perspektive davon ausgegangen, dass das, was ministeriell für gut befunden worden ist, von den Lehrerinnen und Lehrern auch akzeptiert und übernommen werden wird. Somit konnte zum Beispiel in Hinblick auf den Rahmenplan Chemie nicht erkannt werden, wie groß das „Bewahrungsinteresse" (Hameyer 1978a, S. 37) und wie groß die Ängste bzw. die Verunsicherungen sind. Wenn es so ist, dass eine Curriculumentwicklung dann am erfolgreichsten ist, wenn Lehrerinnen und Lehrer darin möglichst umfassend eingebunden werden, so lässt sich folgende These ableiten: Die Einführung des Lehrplans Chemie hätte wesentlich erfolgreicher sein können, wenn man die Diskussion früher und systematischer in die Schulen hineingetragen hätte. Anders ist die Situation beim Deutschplan. Er lebt sozusagen von einem Diskussionsrestwert aus der Rahmenrichtlinienzeit. Auch Aregger (1976b) kommt zu dem Ergebnis, dass es wichtig ist, Lehrplaninnovationen intensiv mit Lehrerinnen und Lehrern zu kommunizieren. Dies ist in Bezug auf die Rahmenpläne nicht geschehen, genauso wenig wie mögliche Ängste antizipiert worden sind (vgl. Rumpf 1975, S. 46). „Face-to-face-Form" und schriftliche Einweisung sind die beiden Varianten, die laut Ziechmann (1983, S. 217) die beiden häufigsten Formen der Lehrplanimplementation sind. Was die hessische Lehrplanreform angeht, so gibt es sie beide: die „face to face"-Unterweisung und die schriftliche Einweisung. Die eine Form findet vor allem im Bereich der Lehrerfortbildung statt, die andere erfolgt über Informationsschriften, exemplarische Unterrichtseinheiten, Handreichungen, Erlasse.

Mehrere Untersuchungen haben gezeigt, dass zu einer erfolgreichen Implementation Strategien gehören, die jene Widerstände berücksichtigen, die durch die Destabilisierung des Systems hervorgerufenen werden. Ziel dabei ist es, eine größere Bereitschaft entstehen zu lassen, sich auf die Veränderung von Gewohntem einzulassen. Bauer/Rolff nennen in diesem Kontext beispielsweise: „Schulung, Ressourcenbeteiligung, Partizipation, Feedback" (1978, S. 251), die erfolgen müssten. Ein Blick auf die Implemenationsphase der Rahmenpläne ergibt hierzu folgendes Bild: Sieht man einmal von den Erlassen zur Einführung der Rahmenpläne ab, gibt es keinen Einführungsschritt, von dem das Ministerium weiß, dass ihn jeder Lehrer, jede Lehrerin wirklich erreicht. Gesetzt wird darauf, dass der in die Implementation mit einbezogene Personenkreis (Schulleiter, Schulverwaltung, Lehrerfortbildung, Studienseminare) seinen Teil dazu beitragen wird, um die Pläne zu implementieren. Die in Teilstudie 3 beschriebene Implementationsphase zeigt, dass im schlechtesten Fall eine

Lehrerin / ein Lehrer sich darauf beschränkt, die neuen Rahmenpläne zur Kenntnis zu nehmen und auf der Basis eines oberflächlichen Abgleichs des Schulcurriculums mit dem Rahmenplan seinen Unterricht zu gestalten, ohne dass eine vertiefte Auseinandersetzung stattfindet. Wenn Lehrer und Lehrerinnen keine Eigeninitiative entwickeln, gibt es also keinen Ort, an dem sie sich intensiv mit den neuen Grundlagen des Faches beschäftigen müssen. In diesem Kontext stellt sich die Frage, ob die Regionalisierung der Implementation wirklich der richtige Weg ist. Diese Frage gilt um so mehr, wenn nicht klar ist, in welche Richtung z.B. Fortbildungen gehen sollen und nicht verbindlich festgelegt wird, dass jeder Lehrer bzw. jede Lehrerin an einer dieser Fortbildungen teilzunehmen hat. Nicht anders als mit den Fortbildungen sieht es mit den Handreichungen aus. Auch sie gehen nicht automatisch den Lehrerinnen und Lehrern zu, sondern können bei Interesse von diesen gekauft werden. Das einzige, was alle Lehrerinnen und Lehrer zur Verfügung gestellt bekommen, ist die Endfassung der Fachpläne. Schon die Entwurfsfassung konnten Interessierte nur über Umwege bekommen. Auch dies war der Diskussion nicht förderlich. Diesbezüglich gibt es einen großen Unterschied zu der Zeit der Rahmenrichtliniendiskussion. Aber auch andere Formen der Partizipation existieren nicht. Im Gegenteil: Die Veränderungen der Stundentafeln, die Erhöhung der Klassenfrequenzen, fehlende Beratungs- und Supervisionsaktivitäten erleichtern die Akzeptanz der Lehrplanreform nicht, sondern erweisen sich als innovationshemmend. Wichtig für die Implementation ist, dass in einem anderen Bezugssystem (dies könnte z.B. Stundentafel, Lehrerarbeitszeit etc. sein) eine Unterstützung geleistet wird (vgl. Nöth 1978, S. 37f.). Dies geschieht bei dieser hessischen Lehrplanreform nicht. Im Gegenteil: Was die Bezugssysteme angeht, scheint es eher ein ungünstiger Moment für eine Lehrplanreform zu sein, da zu den bereits genannten Gründen die Umstrukturierung der Schulaufsicht noch hinzukommt (vgl. Kap. 2.3.3.2), so dass diese eine differenzierte Begleitung zu diesem Zeitpunkt nicht leisten kann.

Gerade in der Implementationsphase spielen Legitimationsfragen eine große Rolle. Bei den Rahmenplänen wird dies sowohl in der Überzeugungsarbeit der Lehrplanmacher als auch in der Abwehrhaltung der Adressaten der Lehrpläne sichtbar. Die Landesregierung hat auf vielen Ebenen versucht, die Lehrplanreform zu legitimieren. Unter anderem geschah dies über die Verfahrensweise, die Gesetzgebung, die Wissenschaft, die Politik, die Pädagogik, die Öffentlichkeit. Doch die diversen Legitimationsstrategien greifen nicht immer. Dass Schulpraktiker den Plan geschrieben haben, bedeutet nicht, dass die Schulbasis den Praxisbezug entsprechend anerkennt. Ebenso wenig führt das hier praktizierte Beteiligungsverfahren bei den Lehrerinnen und Lehrern zu dem Gefühl, im Verfahren eine Rolle gespielt zu haben und ernst genommen worden zu sein. Ganz besonders werden Legitimationskonflikte anhand des Rahmenplans

Chemie deutlich. Hier verläuft eine Konfliktlinie entlang fast aller Legitimationsaspekte, und die entstehenden Konfliktfelder sind insgesamt weitaus umfangreicher als in Bezug auf den Rahmenplan Deutsch. Es werden Normenkonflikte, Auslegungskonflikte, Entscheidungsträgerkonflikte und Herrschaftskonflikte sichtbar. Beim Rahmenplan Deutsch finden sich hingegen lediglich einige Auslegungskonflikte. Dabei fällt auf, dass Herrschaftskonflikte und Normenkonflikte sich bei den Stellungnahmen stark in den Vordergrund schieben.

5.1.3 Die Inkorporation

Wie erfolgreich eine Lehrplanreform ist, hängt von dem ab, was in der Implementationsphase geschieht und sich dann in der Inkorporation niederschlägt. Was Inkorporation bedeuten kann, wurde bereits im Eingangskapitel dargestellt: Es könnte von einer sehr genauen Erfüllung über mehr oder weniger umfangreiche Zielverschiebungen bis hin zur Umkehrung in das Gegenteil reichen. Hier lassen sich für die Inkorporation zwar keine sicheren Aussagen machen, doch lässt sich auf der Basis der Interviews annehmen, dass der Rahmenplan Deutsch auch in Bezug auf seine neuen, innovativen Elemente weitgehend akzeptiert werden wird, während der Rahmenplan Chemie massive Zielverschiebungen hinnehmen muss, weil überwiegend – wie bisher – fachwissenschaftlich orientiert weitergearbeitet werden wird. Auf jeden Fall wird die Umsetzung des Plans behindert, was unter anderem daran zu sehen ist, wie langsam die Einarbeitung in schulinterne Curricula anläuft. Laut Ziechmann (1983, S. 217) ist die Inkorporation dann besonders erfolgreich, wenn sie in vorhandene Strukturen eingebunden werden kann. Betrachtet man die Rahmenpläne, ihre Struktur und die darauf bezogene Reaktion, so würde dies auf den Rahmenplan Deutsch zutreffen. Allerdings ist dies die Sicht auf kurzfristige Implementationserfolge. Es ist zumindest nicht auszuschließen, dass langfristig der Weg über die Lehrerausbildung und die Lehrbücher dazu führen kann, dass auch der Chemieplan zumindest einen Teil seiner innovatorischen Kraft entfalten wird.

5.2 Schulpraxis, Schulverwaltung, Schulpolitik – Lehrplanreform in historischer Sicht

Ob machtorientiertes Bürokratiemodell oder technologieorientiertes Research-Development-Diffusion-Modell: Es hängt davon ab, was als Ziel einer Lehrplanreform definiert wird, um beurteilen zu können, welche Strategie sinnvoll ist. Gilt es als Ziel, in kurzem Zeitraum einen neuen Plan „einzuführen" und wird in der rechtlich abgesegneten Planeinführung an sich bereits ein Erfolg gesehen, so reicht es aus, im Sinne eines machtorientierten Bürokratiemodells zu arbeiten. Geht es allerdings darum, Innovationen in die Schulen und in konkrete Unterrichtssituationen zu tragen, so rückt das zweite Modell in den Vordergrund. Bei der hessischen Lehrplanreform der 90er Jahre handelt es sich um ein Top-Down-Verfahren, verbunden mit wenigen Aspekten eines Bottom-Up-Verfahrens. Solch ein Aspekt eines Bottom-Up-Verfahrens ist die Beteiligung der Lehrerinnen und Lehrer in der Beratungsphase. Doch genau eine Lehrplanreform mit ausgeprägten Top-Down-Strukturen provoziert Widerstand in der Schule. Ausgeprägtes staatliches Lenkungsinteresse schürt Ängste, die berufliche Autonomie und das selbstbestimmte Handeln preisgeben zu müssen. Diese Ängste sind nicht zu verstehen, ohne einen Blick in die Schulgeschichte zu werfen; denn diese Probleme haben ihre historischen Wurzeln und sind nicht zuletzt aus diesem Grund nur schwer aufzulösen. Die Einführung von staatlichen Lehrplänen beispielsweise in Preußen bedeutete, dass das Verfahren, nach dem Schulen ihre eigene „Lektionsplanung" erstellen konnten, durch einen zentralen Lehrplan ersetzt wurde, der staatlicherseits durchgesetzt werden musste. Damit waren Konflikte zwischen Staat und Schule – besonders der Gymnasien – vorprogrammiert. Dokumentierte Reaktionen gibt es daher besonders im Gymnasialbereich: „Für sie bedeutete der seit 1837 verbindliche Übergang von der genehmigten Lektions- zur vorgegebenen Lehrplanung einen Eingriff in die traditionellen Entscheidungsrechte" (Haft/Hopmann 1988a, S. 29). Dieses Muster, das einerseits staatlichen Vorgaben eine hauptsächlich reglementierende Absicht unterstellt und andererseits das Gefühl pflegt, die eigene berufliche Autonomie sei dadurch beschränkt, kann als emotional tief verankerte Ressentiments der Lehrkräfte gegen angeordnete Lehrplan-Reformen angesehen werden.

Hiermit hängt eng zusammen, dass ein hoher Differenzierungsgrad bei den Lehrplanvorgaben Gefühle subjektiver Entmündigung auf Seiten der Lehrkräfte produziert. Je ‚sicherer' der preußische Staat in der Erstellung von Lehrplänen wurde, desto detaillierter werden die Lehrplanvorgaben (vgl. Paulsen 1921). Zugleich wurde die an regionalen und schulischen Bedingungen orientierte Lehrplanautonomie vor allem im höheren Schulwesen immer weiter eingeschränkt. Damit erfährt das Lehrer-Bild eine deutliche Veränderung. Bei den Rahmenplänen ist es schließlich so, dass in einigen Bereichen sogar die Lernmethoden vorgegeben werden.

Innovationsverluste entstehen auch an dem Punkt „Stofffülle". Lehrplanvorgaben erzeugen auf Seiten der Lehrerinnen und Lehrer offensichtlich das Gefühl, der Staat würde unverhältnismäßig viel verlangen. Auch das ist eine tradierte

Argumentationsfigur. In unterschiedlichsten Konstellationen taucht sie auf, seitdem es Lehrpläne im heutigen Sinne gibt, so auch beispielsweise am Anfang des 19. Jahrhunderts, als die Fachlehrpläne an Bedeutung gewinnen (vgl. Paulsen 1921, S. 335). Nicht anders ist es bei den neuen Rahmenplänen. Der anfängliche Versuch, eine 60%-Vorgabe zu machen, war ein Ansatz, der erfolgreich hätte sein können, weil er viele Vorbehalte und Ängste hätte nehmen können. Darauf lassen auch die interessierten Reaktionen der schulischen Öffentlichkeit schließen, als diese Vorgabe bekannt wurde. Die später gewählte, sehr allgemeine Formulierung, die die konkrete 60%-Formulierung ersetzte, stabilisierte wieder das Bild von staatlichen Vorgaben, die zu umfangreich seien, um sie verwirklichen zu können.

Ein heikler Punkt ist die Beteiligung der Lehrerinnen und Lehrer am Verfahren; denn hier geht es immer auch um Fragen von Macht und Machtverlust. Ein Blick in die Schulgeschichte zeigt, dass die Beteiligung am Lehrplanprozess auf Seiten der Abnehmer verringert wird, um auf Seiten der Bildungsverwaltung Macht zu sichern. Vergleicht man hier die Rahmenrichtlinienerstellung und Rahmenpläne miteinander, zeigen sich ähnliche Tendenzen. Teilweise entsteht der Eindruck, dass von Effizienz gesprochen wird, wenn es eigentlich um ein machtorientiertes Lenkungsinteresse geht. Im Verlauf des 19. Jahrhunderts gab es eine deutliche Entmischung von Diskursen. Auf der einen Seite fanden sich nun seit der Jahrhundertwende die ‚politischen' Foren (s.o.), die sich mit Grundsätzen von Lehrplänen beschäftigten, auf der anderen Seite standen die Schulpraktiker für Einzelpläne/Fachpläne. Durch diese Trennung der Diskursebenen, so stellen Haft/Hopmann bei einem Vergleich der preußischen Schulkonferenzen von 1890 und 1900 fest, wurde der Schulverwaltung mehr Spielraum für eigene Entscheidungen gegeben. Diese Entmischung des Diskurses ist bei den Rahmenplänen weiter perfektioniert. Das Beratungs- und Beteiligungsverfahren gibt unterschiedlichsten Gruppen die Möglichkeit, ihre Meinung zu sagen. Allerdings gibt es keine institutionalisierte Kommunikationsstruktur, die diese Gruppe gezielt miteinander ins Gespräch bringt. Die Ebene der obersten Schulaufsicht ist es letztendlich, die entscheiden kann, was in welcher Form an den Plänen verändert wird oder nicht. Es kann nicht verwundern, dass ein solches Vorgehen zu „Innovationsverlusten" (Sardei-Biermann 1978, S. 141) führt.

Deutlich wird immer wieder, dass die Beteiligung der Öffentlichkeit eigentlich nicht dazu dient, die beste Lösung für einen Lehrplan zu finden, sondern die gesellschaftliche Akzeptanz zu stärken. Während anfangs - z.B. bei der Erstellung des Lehrplans von 1837 - Wissenschaftsvertreter, Lehrer und Schulaufsicht beteiligt wurden, spielten diese bei Vorbereitungen zu den Lehrplänen der Jahrhundertwende eine weniger wichtige Rolle, da Vertreter verschiedenster gesellschaftlicher Gruppen und anderer Ministerien hinzugezogen worden sind. Es fand ein deutlicher Funktionswechsel der Konferenzen statt: Sie wurden zunehmend zu Foren des „*politischen* Diskurses" (Haft/Hopmann 1988a, S. 31). Auch die institutionalisierten Diskussionen um die Rahmenpläne dienen im wesentlichen Maße der Konsensbildung. Konsens bedeutet allerdings in den meisten Fällen, dass die Innovationsvorhaben inhaltlich reduziert werden mussten.

Innovationsverluste entstehen auch dann, wenn den Lehrplanautoren die fachliche Kompetenz abgesprochen wird. Je weiter entfernt von der Schulrealität die Lehrplankommissionen real oder im subjektiven Empfinden von Lehrern arbeiten, desto stärker wird die Qualität und Machbarkeit ihrer Lehrpläne von vornherein in Zweifel gezogen. Auch dieses Moment, das bei den Rahmenplänen ganz deutlich wird, hat historische Wurzeln. Tenorth stellt fest, dass in den preußischen Schulkonferenzen von 1873, 1890 und 1900 die Schulen und Provinzialinstanzen massiv an Bedeutung verloren haben. 1873 stellen sie noch zwei drittel der Teilnehmer, 1900 nicht mal mehr ein fünftel. Die Vertreter der Ministerien gewinnen hingegen an zahlenmäßiger Bedeutung. Sie machen 1873 etwa 19 % der Teilnehmer aus und 1900 49 % der Teilnehmer. Auch wenn sich dies teilweise im 20. Jahrhundert wieder verändert hat (vgl. Haller 1973, S. 127ff.), wird im kollektiven Lehrerbewusstsein offensichtlich das Gefühl perpetuiert, Vorgaben von Menschen zu bekommen, die keine schulpraktische Kompetenz besitzen. Formulierungen, die besagen, dass diejenigen, die über Lehrpläne in die Schule eingreifen, doch eigentlich wenig von der Unterrichtsrealität wissen, lassen sich schon früh feststellen. So protestiert Rein gegen Bildungsverwaltung, die „sich Eingriffe in das Einzelne des Schulbetriebs vom grünen Tische aus erlaubt" (Rein 1897, S. 503) Wie in Kapitel 3 dieser Arbeit zu lesen ist, wird das gleiche Argument in Hinblick auf den Rahmenplan Chemie ins Feld geführt.

Verwaltungshandeln - also auch eine Lehrplanveröffentlichung - wird von Seiten der Abnehmer nur zu leicht als Reglementierung und Kontrolle verstanden. Tenorth weist sehr detailliert nach, dass die Angst vor Kontrolle durch Verwaltung ein Moment der Lehrerkritik ist, die sich durch das ganze 19. Jahrhundert zieht: „Die Tradition der pädagogischen Kritik an der Verwaltung konstituiert sich mit dem neuzeitlichen Erziehungssystem" (Tenorth 1988, S. 130). Ein Beispiel: Obwohl in Preußen im 20. Jahrhundert die Kontrolle der Lehrer des höheren Schulwesens nicht mehr durch fachfremde Aufsicht geschieht, was im 19. Jahrhundert von diesen beklagt wurde, hört die Kritik keineswegs auf. Das Topoi der Verwaltungskritik gehört dazu. Reagiert man auf Verwaltung aber entsprechend misstrauisch, sind Innovationen nur schwer konstruktiv nutzbar.

Die Widerstände im ausgehenden 19. Jahrhundert, zu denen u.a. Rein (1888) und Dörpfeld (1872) mit entsprechenden Papieren beitrugen, zeigen, dass sich ein neues prägnantes Konfliktfeld eröffnet, das auch heute noch von Bedeutung ist: Lehrplantheorie (im Sinne von Lehrplandidaktik) versus Lehrplanpolitik. Hier zeigen Haft/Hopmann (1988) Parallelen über Weniger (1952) bis hin zu jenen curriculumtheoretischen Modellen der sechziger und siebziger Jahre, „die an die Stelle staatlicher Lehrplanarbeit wissenschaftlich inszenierte Curriculumproduktion setzen wollten“ (Haft/Hopmann 1988a, S. 35). Die Rahmenpläne sind ein gutes Beispiel dafür, dass Lehrplanpolitik letztendlich die Oberhand behält. Das bedeutet jedoch, dass Lehrpläne immer auch politische Papiere sind. Sie sind Ausdruck politischer Taktiken, eines politischen Aushandlungsprozesses und bildungspolitischer Konzepte. Tenorth stellt zur Lehrplanarbeit des ausgehenden Jahrhunderts fest, dass von Seiten der Ministerien große Bemühungen festzustellen sind, „die Reaktion der öffentlichen Meinung bei Planungen zu antizipieren“ (Tenorth 1988, S. 117). Wohlgemerkt: die *öffentliche* Meinung, nicht die Meinung der Abnehmer in den Schulen. Warum dieses Interesse an der öffentlichen Meinung? Es ist - laut Tenorth - die Angst, dass durch falsche Entscheidungen oder falsche Veröffentlichungsbeispiele die ‚falsche’ Partei Zulauf erhalten könnte.

5.3 Wie kann eine Lehrplanreform „gelingen“?

Die Analyse der hessischen Lehrplanreform zeigt, dass Innovationsverluste wegen der notwendigen Einbindung der Reform in ein bürokratisches System (vgl. Sardei-Biermann 1978, S. 141) zwangsläufig mit einkalkuliert werden müssen. Die Reibungsverluste vergrößern sich zusätzlich immer dann, wenn Lehrplanpolitik mit ins Spiel kommt. Daraus entsteht für Lehrplanmacher in Hinblick auf die Lehrplaninnovationen ein Dilemma: Die meisten wissen, wie eine Lehrplaninnovation pädagogisch gelingen könnte, können dieses aber nicht realisieren, da Lehrplanreformen immer auch politischen Ansprüchen unterliegen. Solange Lehrpläne durch den Rhythmus von Legislaturperioden bzw. realen oder potentiellen Machtwechseln bestimmt werden, kann das Ideal der gut vorbereiteten, im Diskurs mit der Schulbasis erarbeiteten und kontinuierlichen Evaluationen unterliegenden Lehrplaninnovation nur sehr schwer realisiert werden.

Es ist wichtig, dass Lehrplaninnovationen gut vorbereitet und begründet werden. Bei Innovationen müssen wachsende Bürokratisierung und Kontrollansprüche in Hinblick auf mögliche Innovationsverluste bedacht werden. Gut vorbereitete Innovationen bauen auf einer genauen Kenntnis des Bereichs auf, auf den die Innovation abzielt. Die in Innovationen implizierten Konflikte und Widersprüche müssen möglichst frühzeitig erkannt und antizipiert werden. Vor allem mögliche Normenkonflikte müssen mitbedacht werden. Alle Bereiche sekundärer Lehrplananbindung müssen bewusst in das Innovationskonzept integriert werden. Es darf nie aus dem Blick geraten, dass Lehrplaninnovationen auch zu Destabilisierungen führen. Diese können eine Situation öffnen für positive innovative Veränderungen, sie können aber auch eine Situation verhärten, Stagnationswillen und Widerstände hervorrufen. Beide Situationen müssen antizipiert, mit beiden muss bewusst umgegangen werden. Damit diese Destabilisierungen positive Veränderungen ermöglichen, müssen Lehrerinnen und Lehrer der Institution, auf die die Lehrplaninnovation abzielt, nicht nur formal beteiligt werden, sondern sie müssen in möglichst umfassender Form inhaltlich eingebunden werden. Gelingt es nicht, Lehrerinnen und Lehrer für eine Lehrplaninnovation zu motivieren, so wird sich diese Innovation von selbst erübrigen. Lehrerinnen und Lehrer müssen daher Kompetenzen im Rahmen der Lehrplaninnovation entwickeln können. Staatliche Lehrplanreformen, bei denen sich die Interpretationen derer, die mit der Innovation arbeiten müssen, und denen, die die Innovation „machen", zumindest teilweise decken, sind erfolgversprechender als jene, die diese Übereinstimmung nicht aufweisen. Wichtig ist, dass die Zielvorstellung der Innovation und die Alltagssituation einen Zusammenhang und eine gewisse Kongruenz aufweisen. Es muss von Anfang an deutlich sein, worin der Nutzen der Innovation für Lehrerinnen und Lehrer und ihre Arbeit liegt. Im Rahmen von Innovationen müssen Anreizsysteme entwickelt werden. Dabei kann es sich um Geld-, Zeit- oder auch Arbeitserleichterungsanreize handeln. Lehrpläne müssen so gestaltet werden, dass sie dem Leseverhalten der Lehrerinnen und Lehrer entgegenkommen. Dies bedeutet zum Beispiel, dass ein getrennter allgemeiner Teil und ein unterrichtspraktischer Teil rezeptionsfreundlich miteinander verbunden werden sollten. Eine klare Sprache und Struktur sind wesentliche Elemente.

Bei der Analyse der Rahmenrichtlinien und der Rahmenpläne und ihrer Initiation, Implementation, Inkorporation wird deutlich, dass zudem zwischen kurzfristig und langfristig angelegten Innovationsstrategien unterschieden werden muss. Je schneller eine Innovation erfolgreich sein soll, desto stärker muss sie in der Initiations- und Implementationsphase mit der Schulbasis kommuniziert werden, desto mehr muss sie button-up-Strategien folgen und desto besser muss sie in vorhandene Strukturen eingebunden sein. Innovationen, die stark in vorhandene Strukturen eingebunden sind, können allerdings nur kleinschrittig angelegt sein, da sie durch Aushandlungsprozesse und Kompromisse bestimmt sind. Je umfangreicher, auch auf grundlegende Strukturen abzielend eine Reform ist, je größer der geplante Innovationsschritt ist, desto stärker kann sie durch ein top-down-Verfahren in der Initiationsphase und in den Anfängen der Implementationsphase geprägt sein, da über die Mechanismen der sekundären Lehrplanbindung die Innovation langfristig durchaus noch Erfolg haben kann. Da Lehrplanreformen jedoch an Legislaturperioden gebunden sind und nicht automatisch auf lange Innovationsintervalle gesetzt werden kann, sollten staatliche Lehrplanreformen auf die erste Innovationsvariante setzen.

Die Schlussfolgerung auf der Basis des ausgewerteten Materials ließe sich aber noch radikalisieren und mit einem Perspektivwechsel verbinden. Ausgangspunkt ist die Feststellung, dass Lehrplanrevisionen an sich nicht automatisch auch Innovationen sind, auch wenn Lehrplanrevisionen dies fast immer für sich in Anspruch nehmen. Betrachtet man die hessische Lehrplanreform, so stellt sich sehr ernsthaft die Frage, ob Lehrplanreformen selbst überhaupt als Innovationen wirksam sein können oder ob sie nicht eigentlich die Aufgabe haben, Bewährtes zu schützen und auf innovative Ansätze im Schulbetrieb zu reagieren. Damit würde sich die These, die Halstenberg/Meyer (1997) auf der Basis ihrer Untersuchungen in den neuen Bundesländern formulieren, relativieren: „Trotz der Wende des Jahres 1989 und der nachfolgenden Änderung der schulischen Rahmenbedingungen kann man die Auffassung vertreten, im Schulalltag habe sich nicht viel geändert. Dies hieße, dass die Bildungsreform durch Curriculumplanung auf Länderebene gar kein vernünftiges Mittel zur Steuerung von Veränderung ist“ (Halstenberg/Meyer 1997, S. 204). Künzli schlägt gar vor: „Lehrplanung insgesamt als *Element gesellschaftlicher Einrichtungen zur Sicherung von Permanenz*“ (Künzli 1988, S. 238) zu begreifen und nicht als ein Mittel der Erneuerung. Er plädiert in diesem Zusammenhang dafür zu überlegen, ob es nicht sinnvoller und innovativer sein könnte, den Schulen Richtlinienautonomie zu geben. Dies würde allerdings den Staat nicht davon entbinden, auf Vorstellungen und Tendenzen, die sich in Schulen entwickeln, zu reagieren.

„Man kann mit guten Gründen die Auffassung vertreten, daß Rahmenrichtlinien die schwierigste Textsorte darstellt, die es in Deutschland gibt“ (Halstenberg/Meyer 1997, S. 201). Und man möchte ergänzend hinzufügen, dass es eine Textsorte ist, die wie keine andere umfangreiche staatliche Ressourcen bindet (Geld, Zeit, Arbeitskraft) und im Spannungsfeld justitiabler Formulierungen, pädagogischer Phantasien, politischer Ansprüche, fachlicher Notwendigkeiten und schulischer Realitäten entsteht. Es ist eine wichtige Textsorte in der Interaktion zwischen Schule und Staat. Ihre Innovationsmöglichkeiten werden allerdings häufig überschätzt. Diese Arbeit will dazu beitragen, diese realistischer einschätzen zu können, um die damit verbundenen Chancen dann auch besser nutzen zu können.

6. Literatur und Quellen

6.1 Literatur

Achs, O. / Deibl, H. / Gruber, K.H. / Tesar, E. / Weidinger, W.: *Lehrplanreform – Neuvermessung der Landkarte des Lernens*; Vorträge und Diskussionen anlässlich des 2. Europäischen Bildungsgespräches '96. Wien 1997.

Achternhagen, F. / Tramm, T.: *Curriculumforschung aufgrund des Einsatzes neuer empirischer Methoden*. In: Hameyer, U. / Frey, K. / Haft, H. (Hrsg.): Handbuch der Curriculumforschung; Erste Ausgabe; Übersichten zur Forschung 1970-1981. Weinheim und Basel 1983. Weinheim 1983, S. 545-568.

Altenhofer, N.: *Die Hessischen Rahmenrichtlinien für das Fach Deutsch in der wissenschaftlichen Diskussion; zur Systematik des Sprach- und Literaturunterrichts*. Kronberg 1974.

Altrichter, H. und Posch, P. (Hrsg.): *Mikropolitik und Schulentwicklung; Förderliche und hemmende Bedingungen für Innovationen in der Schule*. Innsbruck, Wien 1996.

Altrichter, H. und Salzgeber, S.: *Mikropolitik der Schule*. In: Zukunftsfelder von Schulforschung. Weinheim 1995, S. 9-40.

Aregger, K. und Isenegger, U. (Hrsg.): *Curriculumprozess*; *Beiträge zur Curriculumkonstruktion und -implementation*. Freiburg 1972.

Aregger, K.: *Interaktion im lehrerzentrierten Curriculumprozess; Analysen und Perspektiven über die Freiburger Lehrplanreform*. EBAC-PS-Projekt, Bericht 11. Weinheim und Basel 1973.

Aregger, K.: *Innovation in sozialen Systemen 1*; *Einführung in die Innovationstheorie der Organisation*. Bern und Stuttgart 1976a.

Aregger, K.: *Innovation in sozialen Systemen 2*; *Ein integriertes Innovationsmodell am Beispiel der Schule*. Bern und Stuttgart 1976b.

Aregger, K.: *Planen, Implementieren und Evaluieren eines Curriculums*. In: Minsel, W.-R. (Hrsg.): Curriculum und Lehrplan; Studienprogramm Erziehungswissenschaft; Band 2. München 1978.

Aregger, K.: *Innovationsmodelle in Curriculumprozessen*. In: Hameyer, U. / Frey, K. / Haft, H. (Hrsg.): Handbuch der Curriculumforschung; Erste Ausgabe; Übersichten zur Forschung 1970-1981. Weinheim und Basel 1983, S. 249-256.

Axnix, K.: *Lehrplan aus Lehrersicht*. Frankfurt/M. 1983.

Ball, S. J.: *The Micro-Politics of School; Towards a Theory of School Organization.* London 1990.

Bauer, K.-O. und Bussigel, M.: *Schulentwicklung als Wiederherstellung eines gestörten Gleichgewichts.* In: Bauer, K.-O. / Rolff, H.-G. (Hrsg.): Innovation und Schulentwicklung - Bildungssoziologische Analysen und Fallstudien. Weinheim und Basel 1978, S. 154-174.

Bauer, K.-O. / Rolff, H.-G. (Hrsg.): *Innovation und Schulentwicklung*; Bildungssoziologische Analysen und Fallstudien. Weinheim und Basel 1978.

Bauer, K.-O. und Rolff, H.-G.: *Vorarbeit zu einer Theorie der Schulentwicklung.* In: Bauer, K.-O. und Rolff, H.-G. (Hrsg.): Innovation und Schulentwicklung - Bildungssoziologische Analysen und Fallstudien. Weinheim und Basel 1978, S. 219-263.

Bauer, K.-O. und Rolff, H.-G. (Hrsg.): *Innovation und Schulentwicklung; Bildungssoziologische Analysen und Fallstudien.* Weinheim und Basel 1978, S. 11-90.

Baumgärtner, K.: *Einführung in Inhalt, Methode und Didaktik.* In: Baumgärtner, K. u.a.: Funk-Kolleg Sprache, Bd. 1. Frankfurt/M. 1973.

Becker, G.: *Neue Rahmenpläne für Hessens Schule.* In: HIBS: Das HIBS informiert; Neue Rahmenpläne in Hessen für die Grundschule und Sekundarstufe I; Dokumente zur Begründung, Entwicklung und Einführung. Wiesbaden 05/1995, o.S.

Becker, H.: *Inhalte sind nicht mehr langweilig.* Frankfurter Rundschau, 24.05.1973.

Berman, P. / McLaughlin, M. W.: *Implementation of Educational Innovation.* In: Educational Forum 40, 1976/3, S. 347-370.

Berman, P. / McLaughlin, M. W.: *Federal Programs Supporting Educational Change.* Vol. I: A Model of Educational Change. Santa Monica, California 1974.

Bibliographisches Institut & F. A. Brockhaus AG: Der Brockhaus multimedial 2000 premium, (CD). Mannheim 1999.

Biehl, J. / Hopmann, S. / Künzli, R.: *Zum Stand der empirischen Lehrplanforschung.* In: Künzli, R. und Hopmann, S.: Lehrpläne: Wie sie entwickelt werden und was von ihnen erwartet wird; Forschungsstand, Zugänge und Ergebnisse aus der Schweiz und der Bundesrepublik Deutschland. Chur/Zürich 1998, S. 35-53.

Biehl, J. / Hopmann, S. / Ohlhaver, F.: *Wie wirken Lehrpläne? Modelle, Strategien, Widersprüche.* In: Pädagogik, 5/1996, S. 32-35.

Biehl, J. / Ohlhaver, F. / Riquarts, K.: *Prozessdokumentation der Lehrplanarbeit in sechs Bundesländern der Bundesrepublik Deutschland.* In: Künzli, R. und Hopmann, S.: Lehrpläne: Wie sie entwickelt werden und was von ihnen erwartet wird; Forschungsstand, Zugänge und Ergebnisse aus der Schweiz und der Bundesrepublik Deutschland. Chur/Zürich 1998, S. 223-238.

Biehl, J. / Hopmann, S. / Ohlhaver, F. und Riquarts, K.: *Lehrplanarbeit in der Bundesrepublik Deutschland.* In: Künzli, R. und Hopmann, S.: Lehrpläne: Wie sie entwickelt werden und was von ihnen erwartet wird; Forschungsstand, Zugänge und Ergebnisse aus der Schweiz und der Bundesrepublik Deutschland. Chur/Zürich 1998, S. 277-296.

Bittlinger, L.: *Lehrer und Lehrplan in der Grundschule.* Ergebnisse einer repräsentativen Lehrerbefragung in Bayern. München 1980.

Blase, J. (ed): *The Politics of Life in Schools. Power, Conflict, and Cooperation.* Newbury Park, Californien 1991.

Bohnsack, R.: *Gruppendiskussionsverfahren und Milieuforschung.* In: Friebertshäuser, B. und Prengel, A.: Handbuch Qualitative Forschungsmethoden in der Erziehungswissenschaft. Weinheim und München 1997, S. 492-502.

Bohrmann, D. / Weiß, H.-H. / Osterer, E. / Baumann, R.: *Materialentwicklung.* In: Dingeldey, E. / Giese, D.: Rahmenrichtlinien: Erprobung - Evaluation – Revision. Wiesbaden 1983a, S. 48-57.

Brügelmann, H.: *Die fünf Welten des Curriculum.* In: Neue Sammlung Nr. 20 1980/3, S. 284–288.

Bühl, W. L.: *Theorien sozialer Konflikte.* Darmstadt 1976.

Bulla, H.-G., Domnick, J.: *Wandel durch Organisationsentwicklung – Ein Arbeitsbericht über Strategieprobleme in einem handlungsorientierten Innovationsforschungsprojekt.* In: Bauer, K.-O. und Rolff, H.-G.: Innovation und Schulentwicklung; Bildungssoziologische Analysen und Fallstudien. Weinheim und Basel 1976, S. 71-90.

Christlich Demokratische Union (CDU) Hessen: Pressemitteilung; *Holzapfels Vorstellungen leisten dem Werteverfall Vorschub und tragen nicht zum Schulfrieden bei.* Wiesbaden, 28. September 1993.

Christlich Demokratische Union (CDU) Hessen: Pressemitteilung; *Keine Differenzierung nach Schulformen – Rahmenpläne sind ein Einheitsbrei.* Wiesbaden, 13. Oktober 1993.

Coser, L. A.: *Sozialer Konflikt und sozialer Wandel.* In: Dreitzel, H. P. (Hrsg.): Sozialer Wandel. Neuwied, Berlin 1972, S. 278-294.

Dedering, H.: *Curriculumentwicklung; Modell eines sozialwissenschaftlichen Curriculum für die Schule.* Kastellaun 1976.

Die Grünen, SPD: Vereinbarung zur Zusammenarbeit in einer Regierungskoalition für die 13. Wahlperiode des Hessischen Landtags; 1991-1995.

Dingeldey, E.: *Rahmenrichtlinien in Hessen. Rekonstruktion einer Entwicklung - Spurensicherung ‚auf dem Weg zur lernenden Gesellschaft'.* Manuskript o.J.

Dingeldey, E.: *Rahmenrichtlinienentwicklung.* In: Dingeldey, E. / Giese, D.: Rahmenrichtlinien: Erprobung - Evaluation - Revision; Wiesbaden 1983a, S. 3-47.

Dingeldey, E.: *Rahmenrichtlinien in Hessen.* In: Schulrecht Hessen, Schulleitung und Schulverwaltung, Materialien. Loseblattsammlung, Neuwied 1984.

Dingeldey, E.: *Lehrpläne und ihresgleichen - Verwaltungshandeln oder mehr?* In: Hessisches Institut für Bildungsplanung und Schulentwicklung (Hrsg.): Schulentwicklung im Umbruch. Analysen, Perspektiven für die zukünftige inhaltliche Gestaltung von Schule; Beiträge aus dem Arbeitskreis „Qualität von Schule", H. 6, Wiesbaden - Konstanz 1992.

Dingeldey, E.: *Zur gegenwärtigen Lehrplanentwicklung in Hessen.* Manuskript; Wiesbaden 1994a.

Dingeldey, E.: *Zur gegenwärtigen Lehrplanentwicklung in Hessen.* In: Gewerkschaft Erziehung und Wissenschaft, Landesverband Hessen; Dokumentation einer Fachtagung. 02.03.1994b, S. 9-17.

Dingeldey, E.: *Zur gegenwärtigen Lehrplanentwicklung in Hessen.* In: HIBS; Das HIBS informiert; Neue Rahmenpläne in Hessen für die Grundschule und Sekundarstufe I; Dokumente zur Begründung, Entwicklung und Einführung. Wiesbaden 05/1995, o.S.

Dingeldey, E.: *Zur Geschichte der Rahmenrichtlinien Sekundarstufe I in Hessen.* In: Hessisches Institut für Lehrerfortbildung (Hrsg.): Lehrerfortbildung. Entwicklung von Schule und Beruf. 40 Jahre HILF 1951-1991, Bochum 1996.

Dingeldey, E und Giese, D: *Rahmenrichtlinien: Erprobung – Evaluation – Revision.* Wiesbaden 1983a.

Dingeldey, E. und Giese, D.: *Einführung in die Evaluationsvorhaben des HIBS.* In: Dingeldey, E. u.a.: Evaluation der Rahmenrichtlinien in Hessen; Primarstufe: Mathematik, Musik; Sekundarstufe I: Mathematik, Physik, Chemie, Latein, Griechisch, Musik. Wiesbaden 1983b.

Dingeldey, E. / Giese, D. / Fink, H. / Preis, G. / Wolny, D. / Osterer, E. / Utsch, C. / Engel, G. / Hartmann, P. / Astemer, J. / Kuger, H. / Bidmon, G. / Kuhaupt, E.: *Evaluation der Rahmenrichtlinien in Hessen; Primarstufe: Mathematik, Musik; Sekundarstufe I: Mathematik, Physik, Chemie, Latein, Griechisch, Musik.* Wiesbaden 1983b.

Dolch, J.: *Lehrplan des Abendlandes. Zweieinhalb Jahrtausende seiner Geschichte.* Ratingen 1971[3].

Dörger, U. und „Arbeitsgruppe Bestandsaufnahme IGS": *25 Jahre Gesamtschule in Hessen; Bestandsaufnahme IGS 1994.* Wiesbaden 1994.

Dörpfeld, F. W.: *Grundlinien einer Theorie des Lehrplans, zunächst für Volks- und Mittelschulen (1873).* In Dörpfeld, F. W.: Ausgewählte pädagogische Schriften. Besorgt von Reble, A. Paderborn 1963.

Eifert, H.-R. / Dr. Scheffer, U. / Schupp, M. / Dobler, F. / Schnell, W. / Selbmann, K.-E. / Wißner, J. / Heldmann, K.-U.: *Reform der Hessischen Schulaufsicht*. Manuskript; Gießen, 10.10.1994.

Elbers, D.: *Analyse von Curriculumprozessen - der weitere Ansatz: Curriculumentwicklung als Ereignisablauf zwischen Planungsentscheidung und Unterrichtsresultat*. In Frey, K. u.a. (Hrsg.): Curriculum-Handbuch. Band 1. München 1975, S. 211-220.

Elfner, M.: *Das Hessische Schulgesetz und seine Auswirkungen auf die Gestaltung und Weiterentwicklung der Rahmenpläne des Landes Hessen*. In: HIBS; Das HIBS informiert; Neue Rahmenpläne in Hessen für die Grundschule und Sekundarstufe I; Dokumente zur Begründung, Entwicklung und Einführung, Wiesbaden 05/1995, o.S.

Farrar, E. / De Sanctis, J. / Cohen, D.: View from Below: *Implementation Research in Education*. In: Teachers College Record 82. 1/1980, S. 77-100.

Fatke, R.: *Fallstudie in der Erziehungswissenschaft*. In: Friebertshäuser, B. und Prengel, A.: Handbuch Qualitative Forschungsmethoden in der Erziehungswissenschaft. Weinheim und München 1997, S. 56-68.

Fischer, G. und Bösel, M. H.: *Warum Benjamin Franklin nicht vom Blitz erschlagen wurde, Das Abenteuer Innovation wagen*. Opladen, Wiesbaden 1999.

Flechsig, K.-H. und Haller, H.-D.: *Entscheidungsprozesse in der Curriculumentwicklung*. Gutachten und Studien der Bildungskommission des Deutschen Bildungsrates, Band 24. Stuttgart 1973.

Flitner, A.: *Die Verrechtlichung des Schulwesens - Kennzeichen eines neuen Abschnitts in der Bildungspolitik*. In: Derbolav, J. (Hrsg.): Grundlagen und Probleme der Bildungspolitik. München 1977, S. 269-298.

Fontana, A. und Frey, J. H.: Interviewing. *The Art of Science*. In: Denzin, N. K. und Lincoln, Y. D. (ed.): Handbook of Qualitative Research. Thousand Oaks, London, New Delhi 1994, S. 361-376.

Frankfurter Allgemeine Zeitung (FAZ): *Wagner verspricht eine 'liberale' Politik*. 19.09.1987.

Frankfurter Allgemeine Zeitung (FAZ): *Verbindliche Themen und pädagogische Freiheit; Koalitionsparteien loben den Kultusminister / Jetzt Beratung mit Lehrern und Eltern*. 14.10.1993.

Frankfurter Allgemeine Zeitung (FAZ): *Kochen statt Chemie*. 13.05.1994.

Frankfurter Neue Presse: *Statt Bio, Physik, Chemie: Schule nach Lustprinzip*. 13.05.94.

Frankfurter Rundschau (FR): *Weniger Pflichtstoff, dafür mehr Freiräume*. 05.10.1993.

Frankfurter Rundschau (FR): *Die Kritik zielt diesmal auf die Naturwissenschaften.* 13.05.1994.

Frey, K.: *Theorie des Curriculums.* Weinheim 1971.

Frey, K. (Hrsg.) in Zusammenarbeit mit Achtenhagen, F. / Haft, H. / Haller, H.-D. / Hameyer, U. / Hesse, H. A. / Hiller, G. G. / Klafki, W. / Teschner, W.-P. / van Trostenburg, E. A. / Wulf, Ch.: *Curriculum-Handbuch.* Band I-III, München 1975.

Frey, K.: *Vorbemerkung.* In: Hameyer, U. / Frey, K. / Haft, H. (Hrsg.): Handbuch der Curriculumforschung; Erste Ausgabe; Übersichten zur Forschung 1970-1981. Weinheim und Basel 1983, S. 303/304.

Friebertshäuser, B.: *Interviewtechniken – ein Überblick.* In: Friebertshäuser, B. / Prengel, A.: Handbuch Qualitative Forschungsmethoden in der Erziehungswissenschaft. Weinheim und München 1997a, S. 371-395.

Friebertshäuser, B.: *Feldforschung und teilnehmende Beobachtung.* In: Friebertshäuser, B. / Prengel, A.: Handbuch Qualitative Forschungsmethoden in der Erziehungswissenschaft. Weinheim und München 1997b, S. 503-534.

Friebertshäuser, B. und Prengel, A.: *Handbuch Qualitative Forschungsmethoden in der Erziehungswissenschaft.* Weinheim und München 1997.

Friedeburg, L. von: *Ein Rahmenwerk für die innere Schulreform.* In: Köhler, G. / Reuter, E. (Hrsg.): Was sollen Schüler lernen? Die Kontroverse um die hessischen Rahmenrichtlinien für die Unterrichtsfächer Deutsch und Gesellschaftslehre. Frankfurt /M. 1973, S. 33-45.

Frommelt, B. (Hrsg.): *Beispiel Förderstufe – Probleme einer strukturverändernden Reform und ihrer wissenschaftlichen Begleitung.* Frankfurt/M. 1980.

Frommelt, B.: Hessische Lehrerzeitung (HLZ), 9/78, S. 39.

Fullan, M. and Pomfret, A.: *Research on Curriculum and Instruction Implementation.* In: Review of Educational Research, 47, 1977, S. 335-397.

Gaebe, B.: *Strukturveränderungen in der Lehrplanarbeit für die Volksschule.* In: Hopmann, S. (Hrsg.): Zugänge zur Geschichte staatlicher Lehrplanarbeit, Kiel 1988. S. 169-194.

Gebraulet, S. / Herz, O. / Huber, L. / Nevermann, K. / Petry, Ch. / Pistor, H.-H. / Raschert, J. / Rienits, H.: *Schulnahe Curriculumentwicklung.* Stuttgart 1972.

Geel, T. van: *Kodifizierte Bestimmungsfaktoren curricularer Lernereignisse: Gesetze (Forschungsstand in den USA).* In: Hameyer, U. / Frey, K. / Haft, H. (Hrsg.): Handbuch der Curriculumforschung; Erste Ausgabe; Übersichten zur Forschung 1970-1981. Weinheim und Basel 1983, S. 305-315.

Giacquinta, J. B.: *The Process of Organizational Change in Schools.* In: Kerlinger, F. N.: Review of Research in Education 1, Itasca I11. 1973, S. 178-208.

Giese, D.: *Erhebung und Auswertung von Erprobungserfahrungen in den Fächern der sogenannten „1. Generation".* In: Dingeldey, E. / Giese, D.: Rahmenrichtlinien: Erprobung - Evaluation – Revision. Wiesbaden 1983, S. 64-80.

Goodlad, J. I.: *Educational Renewal. Better teacher, better schools*. San Francisco 1993.

Görisch, A.: *Rahmenpläne und Schulentwicklung; Zur Einführung der neuen Rahmenpläne Sekundarstufe I an hessischen Schulen (Mai 1995)*. In: HIBS; Das HIBS informiert; Neue Rahmenpläne in Hessen für die Grundschule und Sekundarstufe I; Dokumente zur Begründung, Entwicklung und Einführung, Wiesbaden 05/1995, o.S.

Haenisch, H.: Lehrer und Lehrplan. Ergebnisse empirischer Studien zur Lehrplanrezeption. LSW Soest 1985.

Haenisch, H. / Hellmisch, S. / Wilden, H.-P.: *Erprobungserfahrungen mit den Unterrichtsempfehlungen und Projektentwürfen für die Klassen 9 und 10 der Hauptschulen*. Soest 1984.

Haft, H. u.a.: *Lehrplanarbeit in Kommissionen. Ergebnisse einer Untersuchung*. Kiel 1986.

Haft, H. / Hameyer U. (Hrsg.): *Curriculumplanung - Theorie und Praxis*. München 1975.

Haft, H. / Hopmann, S.: *Der gesellschaftliche Ort der Lehrplanarbeit - eine Skizze zu seiner Geschichte*. Kiel 1986.

Haft, H. / Hopmann, S.: *Entwicklung staatlicher Lehrplanarbeit seit 1970*. In: Die Deutsche Schule, Heft 4/1987, S. 506-518.

Haft, H. / Hopmann, S.: *Zugänge zur Geschichte staatlicher Lehrplanarbeit*. Kiel 1988.

Haft, H. / Hopmann, S.: *Differenzierung staatlicher Lehrplanarbeit*. In: Hopmann, S. (Hrsg.): Zugänge zur Geschichte staatlicher Lehrplanarbeit. Kiel 1988a, S. 21-51.

Haft, H. / Hopmann, S.: *Systemwechsel in der Lehrplanverwaltung*. In: Hopmann, S. (Hrsg.): Zugänge zur Geschichte staatlicher Lehrplanarbeit. Kiel 1988b, S. 195-258.

Haft, H. / Hopmann, S. / Riquarts, K. / Waldow, H.-J.: *Kieler Lehrpanverzeichnis - Ausgabe 1986/87; Verzeichnis aller gültigen Lehrpläne für das allgemeinbildende Schulwesen der Länder der Bundesrepublik Deutschland und des Landes Berlin;* IPN Materialien. Kiel 1986a.

Hage, G. und Aiken, M.: *Social Change in Complex Organizations*. New York u.a. 1970. Zitiert nach Bauer, K.-O. und Rolff, H.-G.: Vorarbeit zu einer Theorie der Schulentwicklung. In: Bauer, K.-O. / Rolff, H.-G. (Hrsg.): Innovation und Schulentwicklung - Bildungssoziologische Analysen und Fallstudien. Weinheim und Basel 1978, S. 249.

Haller, H.-D.: *Zur Empirie der Lehrplan-Entwicklung*. Konstanz 1971.

Haller, H.-D.: *Prozeßanalyse der Lehrplanentwicklung in der Bundesrepublik Deutschland.* Konstanz 1973.

Haller, I.: *Keine Lehrpläne mehr in Hessen?* In: Amtsblatt des Hessischen Kultusministers 11/1971, S. 1-3.

Haller, H.-D.: *Implementation und Evaluation von Curriculumprozessen.* In: Hameyer, U. / Frey, K. / Haft, H. (Hrsg.): Handbuch der Curriculumforschung; Erste Ausgabe; Übersichten zur Forschung 1970-1981. Weinheim und Basel 1983, S. 521-529.

Halstenberg, H. W. und Meyer, M. A.: *Fremdsprachendidaktik, Rahmenrichtlinien und Profilbildung.* In: Keuffer, J. (Hrsg.): Modernisierung von Rahmenrichtlinien, Beiträge zur Rahmenrichtlinienentwicklung. Weinheim 1997, S. 200-231.

Hameyer, U.: *Bildungspläne kritisch befragt. Ergebnisse einer Umfrage und vergleichenden Analyse.* In: Die Deutsche Schule, Heft 10/1972, S. 623-631.

Hameyer, U.: *Innovationsprozesse; Analysemodell und Fallstudien zum sozialen Konflikt in der Curriculumrevision.* Weinheim 1978a.

Hameyer, U.: *Vier Gesichtspunkte zur Förderung von Innovationsprozessen im Bildungssektor.* Kiel 1978b (Institut für Pädagogik der Naturwissenschaften an der Universität Kiel. Kurzbericht 14).

Hameyer, U.: *Systematisierung von Curriculumtheorien*, In: Hameyer, U. / Frey, K. / Haft, H. (Hrsg.): Handbuch der Curriculumforschung; Erste Ausgabe; Übersichten zur Forschung 1970-1981. Weinheim und Basel 1983, S. 53-100.

Hameyer, U.: *Der Funktionswandel von Lehrplänen. Orientierungspunkte und Entscheidungsfelder der Lehrplanrevision.* In: Die Deutsche Schule, Heft 2/1992, S. 361-373.

Hameyer, U.: *Stand der Curriculumforschung - Bilanz eines Jahrzehnts.* In: Unterrichtswissenschaft. Heft 3/1992[2], S. 209-230.

Hameyer, U. / Frey, K. / Haft, H. (Hrsg.): *Handbuch der Curriculumforschung; Erste Ausgabe; Übersichten zur Forschung 1970-1981.* Weinheim und Basel 1983.

Hameyer, U. / Frey, K. / Haft, H.: *Einführung.* In: Hameyer, U. / Frey, K. / Haft, H. (Hrsg.): Handbuch der Curriculumforschung; Erste Ausgabe; Übersichten zur Forschung 1970-1981. Weinheim und Basel 1983a, S. 11-25.

Hamm-Brücher, H.: *Aufbruch ins Jahr 2000 oder Erziehung im technischen Zeitalter.* Reinbek bei Hamburg 1967.

Heening, J. F. / White, C. / Sorgen, M. / Stelzen, L.: *Mandate for Change; The Impact of Law on Educational Innovation.* Chicago 1979. Zitiert nach: Tyll van Geel: Kodifizierte Bestimmungsfaktoren curricularer Lernereignisse: Gesetze (Forschungsstand in den USA). In: Hameyer, U. / Frey, K. / Haft, H.

(Hrsg.): Handbuch der Curriculumforschung; Erste Ausgabe; Übersichten zur Forschung 1970-1981. Weinheim und Basel 1983, S. 11-25.

Heinen, E.: *Grundlagen betriebswirtschaftlicher Entscheidungen.* Wiesbaden[2] 1971.

Heinrichbauer, J.: *Deutschunterricht.* In: Der Arbeitgeber 1973/5/25, S. 165.

Heinrichbauer, J.: *Für eine aktive Auseinandersetzung.* In: Hessische Lehrerzeitung (HLZ) 9/78, S. 20.

Hessischer Minister für Erziehung und Volksbildung: *Bildungspläne für die allgemeinbildenden Schulen im Lande Hessen.* In: Amtsblatt des Hessischen Ministers für Erziehung und Volksbildung. Wiesbaden 1957.

Hessischer Staatsanzeiger: *Urteil des Staatsgerichtshofs des Landes Hessen über die Vereinbarkeit einer Reihe von Vorschriften des Hessischen Schulgesetzes vom 17. Juni 1992 mit der Verfassung des Landes Hessen.* StAnz. 44/1995, S. 3391-3420.

Hessisch-Niedersächsische-Allgemeine (HNA): *Rahmenpläne ,entrümpelt'.* 14.10.1993.

Hessische Lehrerzeitung (HLZ): Sonderteil Rahmenrichtlinien; Heft 9/1978, S. 17-40.

Höhmann, K.: *Lehrplanrevision an hessischen Sekundarstufen.* In: Vollstädt, W. / Höhmann, K. / Rauin, U. / Tillmann, K.-J.: Lehrpläne und Lehreralltag, Einführung neuer Rahmenpläne in Hessen. Wiesbaden 1995a.

Höhmann, K.: *Kurz und gut? Der neue Deutschplan; Das hessische Kultusministerium legte die alten, heftig umstrittenen Rahmenrichtlinien nach zwanzig Jahren zu den Akten.* In: Frankfurter Rundschau vom 16.02.1995b.

Höhmann, K.: *Die Quadratur des Kreises? Oder: Wenn ein Ministerium Freiräume schaffen will.* In: Pädagogik, Heft 5/1996, S. 23-25.

Höhmann, K. und Vollstädt, W.: *So überflüssig wie ein Kropf? Die Bedeutung von Lehrplänen aus der Sicht von Lehrerinnen und Lehrern.* In: Pädagogik , Heft 5/1996, S. 9-12.

Holzapfel, H.: *Ist die Staatsschule am Ende? Ein Gespräch mit dem Hessischen Kultusminister Hartmut Holzapfel.* In: Pädagogik, Heft 11/1993, S. 26-28.

Holzapfel, H.: *Autonomie verändert Schule schneller als erwartet.* Interview. In: Pädagogik, Heft 9/1994, S. 42-45.

Hopmann, S. (Hrsg.): *Zugänge zur Geschichte staatlicher Lehrplanarbeit.* Kiel 1988a.

Hopmann, S.: *Vorwort*: In: Hopmann, S. (Hrsg.): Zugänge zur Geschichte staatlicher Lehrplanarbeit, Kiel 1988b, S. 7 –11.

Hopmann, S.: *Lehrplan als Verwaltungshandeln.* Kiel, Universität, Dissertation. Kiel 1988c.

Hopmann, S. / Künzli, R.: *Entscheidungsfelder der Lehrplanarbeit; Grundzüge einer Theorie des Lehrplans.* In: Künzli, R. und Hopmann, S.: Lehrpläne: Wie sie entwickelt werden und was von ihnen erwartet wird; Forschungsstand, Zugänge und Ergebnisse aus der Schweiz und der Bundesrepublik Deutschland. Chur/Zürich 1998, S. 17-34.

Hoppe, H.: *Die neue Lehrerelite. Lehrplanreform und Lehrerpartizipation.* Frankfurt, New York 1980.

Horstkemper, M.: *Schulische Reform unterstützen: Konzepte und Methoden der Schulentwicklungsforschung.* In: Friebertshäuser, B. und Prengel, A.: Handbuch Qualitative Forschungsmethoden in der Erziehungswissenschaft. Weinheim und München 1997, S. 769-784.

House, E. R.: *Technology versus Craft: A Ten Year Perspective of Innovation.* In: Journal of Curriculum Studies 11 (1979) 1, S. 1-15.

Hyams-Peter, H.-U.: *Merkmale und Strukturen von Organisationen als Bestimmungsfaktoren curricularer Lernereignisse.* In: Hameyer, U. / Frey, K. / Haft, H. (Hrsg.): Handbuch der Curriculumforschung; Erste Ausgabe; Übersichten zur Forschung 1970-1981. Weinheim und Basel 1983, S. 399-412.

Jachmann, M.: *Vom offiziellen Lehrplan zum realen Mathematikunterricht: Einflußfaktoren und Probleme. Ergebnisse einer fachbezogenen Teiluntersuchung.* In: Tillmann, K.-J. (Hrsg.): Lehrpläne und curriculare Kooperation im Schulalltag: Ergebnisse empirischer Untersuchungen an hessischen Schulen. Bielefeld 1996, S. 125-135.

Kaiser, A.: *Legitimationsmodelle in der Curriculumentwicklung.* In: Hameyer, U. / Frey, K. / Haft, H. (Hrsg.): Handbuch der Curriculumforschung; Erste Ausgabe; Übersichten zur Forschung 1970-1981. Weinheim und Basel 1983, S. 597-606.

Kahl, R.: *Sinnvolles Verfahren für die Überarbeitung der Rahmenpläne – Beteiligung der Schulen erwünscht.* In: Sozialdemokratische Partei Deutschland (SPD): PiN; Parlaments-Information der SPD-Fraktion im Hessischen Landtag: Wiesbaden 13. 10 1993.

Kappel, H. E.: *Neue Rahmenlehrpläne entpuppen sich als rot-grüner Zügel für die Schulen.* Wiesbaden, F.D.P., Die Liberalen, Pressedienst. Wiesbaden, 13.10.1993.

Kayser, B. und Fuhr, R.: *Kompetenzen in Curriculumprozessen.* In: Hameyer, U. / Frey, K. / Haft, H. (Hrsg.): Handbuch der Curriculumforschung; Erste Ausgabe; Übersichten zur Forschung 1970-1981. Weinheim und Basel 1983, S. 257-265.

Keuffer, J. (Hrsg.): *Modernisierung von Rahmenrichtlinien; Beiträge zur Rahmenrichtlinienentwicklung.* Weinheim 1997.

Keuffer, J. und Trautmann, M.: *Rahmenrichtlinien und ihre Modernisierung - Einleitende Anmerkungen zu den Diskussionsergebnissen des Arbeitskreises Curriculum und Didaktik.* In: Keuffer, J. (Hrsg.): Modernisierung von Rahmenrichtlinien, Beiträge zur Rahmenrichtlinienentwicklung. Weinheim 1997, S. 10-27.

Kieser, A.: *Innovationen.* In: Grochla, E. (Hrsg.): Handwörterbuch der Organisation. Stuttgart 1969, S. 741-750.

Killy, W.: *Das Ende der Aufklärung. Kein Weg zu einem brauchbaren Unterricht.* In: Frankfurter Allgemeine Zeitung (FAZ) 21.01.1977.

Kimpel, D.: *Aus gegebenem Anlaß.* In: Altenhofer, N.: Die Hessischen Rahmenrichtlinien für das Fach Deutsch in der wissenschaftlichen Diskussion; zur Systematik des Sprach- und Literaturunterrichts, Kronberg 1974, S. 59-79.

Klafki, W. und Aust, S.: *Probleme der Curriculumentwicklung; Entwürfe und Reflexionen.* Frankfurt 1972.

Klemm, K. / Rolff, H.-G. / Tillmann, K.-J.: *Bildung für das Jahr 2000; Bilanz der Reform, Zukunft der Schule.* Reinbek 1985.

Klepper-Hahn, E.: *20 Jahre Hessisches Institut für Bildungsplanung und Schulentwicklung.* Wiesbaden 1995.

Knab, D.: *Konsequenz in der Curriculumproblematik im Hinblick auf Curriculumforschung und Lehrplanentscheidungen in der Bundesrepublik Deutschland,* In: Speck, I. (Hrsg.): Probleme der Curriculumforschung. Münster 1969, S. 23-42.

Knab, D.: *Curriculumreform auf dem Weg zur Schule.* In: Zeitschrift für Pädagogik 1974/2, S. 177-188.

Köhler, G.: *Inhaltliche Schulreform im Widerstreit gesellschaftlicher Interessen;* In: Köhler, G. / Reuter, E. (Hrsg.): Was sollen Schüler lernen? Die Kontroverse um die hessischen Rahmenrichtlinien für die Unterrichtsfächer Deutsch und Gesellschaftslehre. Frankfurt am Main 1973, S. 10-25.

Köhler, G: *Wem soll die Schule nützen? - Rahmenrichtlinien und neue Lehrpläne: soziales Lernen im Konflikt.* Frankfurt am Main 1974.

Köhler, G. / Reuter, E. (Hrsg.): *Was sollen Schüler lernen? Die Kontroverse um die hessischen Rahmenrichtlinien für die Unterrichtsfächer Deutsch und Gesellschaftslehre.* Frankfurt am Main 1973.

König, E.: *Theorie der Curriculumlegitimation.* In: Hameyer, U. / Frey, K. / Haft, H. (Hrsg.): Handbuch der Curriculumforschung; Erste Ausgabe; Übersichten zur Forschung 1970-1981. Weinheim und Basel 1983, S. 587-596.

Kreienbaum, M. A. / Meyer, K. / Rathmann, S. / Späth, A. / Streb, B. / Susenburger, P. / Eckert, E. (Hrsg.): *Bildungslandschaft Europa - Zehn Schulsysteme im aktuellen Vergleich.* Bielefeld 1997.

Krempelmann, A. und Kunze, I.: *Kommunikative Kompetenz als Lehr- und Lernziel - Rahmenrichtlinien des Faches Deutsch im Vergleich.* In: Keuffer, J. (Hrsg.): Modernisierung von Rahmenrichtlinien, Beiträge zur Rahmenrichtlinienentwicklung. Weinheim 1997, S. 175-199.

Kuger, H.: Fachkollegiale Beratung am Beispiel Latein. In: Dingeldey, E. / Giese, D.: Rahmenrichtlinien: Erprobung - Evaluation – Revision. Wiesbaden 1983, S. 58/59.

Kunert, K.: *Wie Lehrer mit dem Lehrplan umgehen.* Weinheim und Basel 1983.

Künzli, R.: *Grundlagenkonzepte der Wissenschaftskritik als unterrichtsstrukturierende Momente.* Institut für die Pädagogik der Naturwissenschaften (IPN, Polykop. Skript), Kiel 1977.

Künzli, R.: *Topik des Lehrplandenkens I. Architektonik des Lehrplans: Ordnung und Wandel.* Kieler Beiträge zu Unterricht und Erziehung Bd. 2. Kiel 1986.

Künzli, R.: *Lehrplanung - Der ,Unmögliche Diskurs' oder die Sicherung von Permanenz.* In: Hopmann, S. (Hrsg.): Zugänge zur Geschichte staatlicher Lehrplanarbeit. Kiel 1988, S. 235-258.

Künzli, R. und Hopmann, S.: *Lehrpläne; Wie sie entwickelt werden und was von ihnen erwartet wird; Forschungsstand, Zugänge und Ergebnisse aus der Schweiz und der Bundesrepublik Deutschland.* Chur/Zürich 1998, S. 223-238.

Langefeld, J.: *Die Wiedererstarkung des Dezisionismus in der Curriculumreform.* In: Die Realschule 88 1980/11, S. 643-645.

Lehr, U.: *Erscheinungsweise des Konfliktes.* In: Thomae, H. (Hrsg.): Allgemeine Psychologie; Motivation. Handbuch der Psychologie Band II. Göttingen 1965, S. 306-331.

Lenzen, D. und Meyer, H. L.: *Innovation durch Schulversuche?* In: Haft, H. / Hameyer U. (Hrsg.): Curriculumplanung - Theorie und Praxis. München 1975, S. 157- 208.

Lewin, K.: *Die Lösung sozialer Konflikte. Konfliktforschung, Aktionsforschung und Minderheitenprobleme.* Gesamtausgabe Bd. 7. Bern 1982.

Lisch, R. und Kriz, J.: *Grundlagen und Modelle der Inhaltsanalyse: Bestandaufnahme und Kritik.* Hamburg 1978.

Lohmann, I.: *Die Konstituierung der Lehrplanperspektive: Von der Lektionsplanung zur Lehrplanung.* In: Hopmann, S. (Hrsg.): Zur Geschichte staatlicher Lehrplanarbeit. Kiel 1988, S. 53-76.

Luhman, N.: *Legitimation durch Verfahren.* Neuwied und Bonn 1969.

Lütgert, W. / Stephan, H.-U.: Implementation und Evaluation von Curricula: deutschsprachiger Raum. In: Hameyer, U. / Frey, K. / Haft, H. (Hrsg.): Handbuch der Curriculumforschung; Erste Ausgabe; Übersichten zur Forschung 1970-1981. Weinheim und Basel 1983, S. 501-520.

Mayntz, R.: *Organisation und Zielsystem.* In: Zeitschrift für Organisation 42/1973, S. 35-36.

Mayring, Ph.: *Qualitative Inhaltsanalyse, Grundlagen und Techniken.* Weinheim 1990².

Meertens, E. J.: *Politik und Administration als Bestimmungsfaktoren.* In: Hameyer, U. / Frey, K. / Haft, H. (Hrsg.): Handbuch der Curriculumforschung; Erste Ausgabe; Übersichten zur Forschung 1970-1981. Weinheim und Basel 1983, S. 413-424.

Merton, R. K. und Kendall, P. L.: *Das focussierte Interview.* In: Hopf, Ch. und Weingarten, E. (Hrsg.): Qualitative Sozialforschung. Stuttgart 1984², S. 171-204.

Meuser, M. und Nagel, U.: *Das Experteninterview – Wissenssoziologische Voraussetzungen und methodische Durchführung.* In: Friebertshäuser, B. und Prengel, A.: Handbuch Qualitative Forschungsmethoden in der Erziehungswissenschaft. Weinheim und München 1997, S. 481-502.

Meyer, K. und Muth, D.: *Zentralistische Tendenzen in England: National curriculum, key stages-Prüfungen und OFSTED-Inspektion.* In: Kreienbaum, M. A. u.a. (Hrsg.): Bildungslandschaft Europa - Zehn Schulsysteme im aktuellen Vergleich. Bielefeld 1997, S. 48-54.

Müller-Michaelis, H.: *Positionen der Deutschdidaktik seit 1945.* Königstein 1980.

Müller-Rolli, S.: *Die soziale Funktion der Lehrplanarbeit des höheren Lehrerstandes im 19. Jahrhundert.* In: Hopmann, S. (Hrsg.): Zugänge zur Geschichte staatlicher Lehrplanarbeit. Kiel 1988, S. 77-100.

Nicklis, W. S.: Curriculumforschung im Karussell methodologischer Vorerwägungen. In: Flügge, J. (Hrsg.): Pädagogischer Fortschritt? Bad Heilbrunn 1972, S. 51-79.

Nicklis, W. S. (Hrsg.): *Handwörterbuch der Schulpädagogik.* Bad Heilbrunn 1975².

Nipperdey, T. und Lübbe, H.: *Gutachten zu den Hessischen Rahmenrichtlinien Gesellschaftslehre*; Heft 1 der Schriftenreihe des Hessischen Elternvereins. Bad Homburg 1973.

Nöth, W.: *Bedingungen der Entwicklung eines Gesamtschulversuchs.* In: Bauer, K.-O. / Rolff, H.-G. (Hrsg.): Innovation und Schulentwicklung; Bildungssoziologische Analysen und Fallstudien. Weinheim und Basel 1978, S. 11-90.

Ohlhaver, F.: *Die strukturanalytische ‚objektive Hermeneutik' als Beitrag zur empirischen Lehrplanforschung.* In: Künzli, R. und Hopmann, S.: Lehrpläne; Wie sie entwickelt werden und was von ihnen erwartet wird; Forschungsstand, Zugänge und Ergebnisse aus der Schweiz und der Bundesrepublik Deutschland. Chur/Zürich 1998, S. 169-187.

Oppermann, T.: *Nach welchen rechtlichen Grundsätzen sind das öffentliche Schulwesen und die Stellung der an ihm Beteiligten zu ordnen*? In: Deutscher Juristentag (Hrsg.): Verhandlungen des 51. Deutschen Juristentages; Stuttgart 1976. Band 1. Teil C (Gutachten). München 1976.

Pandel, H.-J.: Strategien geschichtsdidaktischer Richtlinienmodernisierung. Reduktion - Strukturierung - Konstruktion. In: Keuffer, J. (Hrsg.): Modernisierung von Rahmenrichtlinien, Beiträge zur Rahmenrichtlinienentwicklung. Weinheim 1997, S. 106-133.

Paulsen, F.: *Geschichte des gelehrten Unterrichts auf den deutschen Schulen und Universitäten vom Ausgang des Mittelalters bis zur Gegenwart.* Berlin/Leipzig 1921[3].

Potthoff, W.: *Curriculum-Entwicklung; Modelle und Strategien.* Ravensburg 1973.

Preuss, U. K.: *Bildung und Herrschaft; Beiträge zu einer politischen Theorie des Bildungswesens*. Frankfurt 1975.

Raschert, J.: *Curriculumentwicklung in den Schulen und die Aufgaben der Curriculumforschung*. In: Neue Sammlung, Nr. 4 1972, S. 321-333.

Rauin, U. und Tillmann, K.-J.: *Klare Vorgaben sind durchaus gewünscht. Abschied von der Ära der ‚Rahmenrichtlinien' / Was halten hessische Lehrer von den neuen Lehrplänen?* In: Frankfurter Rundschau, 25.08.1994.

Rauin, U. / Tillmann, K. J. / Vollstädt, W.: *Lehrpläne, Schulalltag und Schulentwicklung*. In: Rolff, H.-G. u.a. (Hrsg.): Jahrbuch der Schulentwicklung. Daten, Beispiele und Perspektiven. Bd. 9. Weinheim-München 1996, S. 377-414.

Rauin, U. / Vollstädt, W. / Höhmann, K. / Tillmann, K.-J.: *Lehrpläne und alltägliches Lehrerhandeln: Ergebnisse einer Studie an hessischen Sekundarschulen*. In: Die Deutsche Schule 88 1996/1, S. 66-80.

Rein, W.: *Stichwort "Lehrplan"*. In: Rein, W. (Hrsg.): Enzyklopädisches Handbuch der Pädagogik. Bd. 4. Langensalza 1897, S. 482-504.

Rein, W.: *Stichwort 'Lehrplan'*. In Ders. (Hrsg.): Encyklopädisches Handbuch der Pädagogik. Bd. 5. Langensalza 1906[2], S. 528-551. Teilweise wiederabgedruckt in: Hopmann, S. (Hrsg.): Zugänge zur Geschichte staatlicher Lehrplanarbeit. Kiel 1988, S. 13-19.

Reuter, L. R.: *Verfassung und Schulreform*. In: Die Deutsche Schule 1978/5, S. 263 ff.

Richter, I.: *Bildungsverwaltungsforschung*. In: Deutscher Bildungsrat; Gutachten und Studien der Bildungskommission Bd. 50 Bildungsforschung, Probleme – Perspektiven – Prioritäten. Stuttgart 1975, S. 343-402.

Ricker, G.: *Aspekte einer Didaktik der Sekundarstufe I, die in den neuen Rahmenplänen erkennbar werden*. In: HIBS; Das HIBS informiert; Neue Rahmenpläne in Hessen für die Grundschule und Sekundarstufe I; Dokumente zur Begründung, Entwicklung und Einführung, Wiesbaden 05/1995, o.S.

Robinsohn, S. B.: *Bildungsreform als Revision des Curriculum und ein Strukturkonzept für Curriculumentwicklung*. Berlin 1971[3].

Robinsohn, S. B.; *Bildungsreform als Revision des Curriculum*. Berlin-Spandau 1967.

Rolff, H.-G. / Bauer, K.-O / Klemm, K. / Pfeiffer, H. (Hrsg.): *Jahrbuch der Schulentwicklung. Daten, Beispiele und Perspektiven*. Bd. 9. Weinheim-München 1996.

Rolff, H.-G.: *Zukunftsfelder von Schulforschung*. Weinheim 1995.

Rülcker, T.: *Modelle zur Planung und Organisation von Curriculumprozessen*. In: Hameyer, U. / Frey, K. / Haft, H. (Hrsg.): Handbuch der Curriculumforschung; Erste Ausgabe; Übersichten zur Forschung 1970-1981, S. 221-238.

Rumpf, H.: *Zum Problem der didaktischen Vereinfachung*. In Rumpf. H.: Schulwissen. Probleme der Analyse von Unterrichtsinhalten. Göttingen 1971, S. 68-82.

Rumpf, H.: *Die Verbindung von curricularen Konzepten mit vorhandenen didaktischen Auffassungen und Arbeitsweisen*. In: Frey, K. u.a. (Hrsg.): Curriculum-Handbuch. Bd. II. München, Zürich 1975, S. 43-57.

Rumpf, H.: Unterricht und Identität. München 1976.

Sacher, W.: *Die Lehrplanstruktur als Beanspruchungsquelle*. In: Zimmer, G. (Hrsg.): Persönlichkeitsentwicklung und Gesundheit im Schulalter. Gefährdung und Prävention. Frankfurt am Main 1981, S. 185-192.

Sacher, W.: *Kodifizierbare Bestimmungsfaktoren curricularer Lernereignisse: Lehrpläne*. In: Hameyer, U. / Frey, K. / Haft, H. (Hrsg.): Handbuch der Curriculumforschung; Erste Ausgabe; Übersichten zur Forschung 1970-1981. Weinheim und Basel 1983, S. 325-335.

Sachs, W. und Scheilke, Chr.: *Folgeprobleme geschlossener Curricula*. In: Zeitschrift für Pädagogik 19 1973/3, S. 375-390.

Sachsenberg, M.: *Akzeptanz organisatorischer Methoden und Techniken*. In Zeitschrift für Organisation 49 1980/1, S. 37-41.

Saliner-Müller, G.: *Fragebogenkonstruktion als Lehrplanforschung*. In: Künzli, R. und Hopmann, S.: Lehrpläne: Wie sie entwickelt werden und was von ihnen erwartet wird; Forschungsstand, Zugänge und Ergebnisse aus der Schweiz und der Bundesrepublik Deutschland. Chur/Zürich 1998, S. 139-149.

Sandfuchs, U.: *Unterrichtsinhalte auswählen und anordnen – Vom Lehrplan zur Unterrichtsplanung*. Bad Heilbrunn/OBB. 1987.

Santini, B. / Trier, U. P.: *Funktionen von Lehrplänen*. In: Schweizer Schule 1978/12, S. 427-433.

Santini, B.: *Das Curriculum im Urteil der Lehrer.* Basel 1971.

Sardei-Biermann, S.: Wandel und Entwicklung durch Inkorporation struktureller "Reformmomente" und Verrechtlichung. In: Bauer, K.-O. / Rolff, H.-G. (Hrsg.): Innovation und Schulentwicklung - Bildungssoziologische Analysen und Fallstudien. Weinheim und Basel 1978, S. 135-143.

Schäfer, W.: *Simulation curricularer Entscheidungsprozesse. Konstruktion eines curricularen Problemlösemodells als Bestandteil einer erfahrungswissenschaftlichen Forschungsstrategie.* Arbeitsbericht aus der Fachrichtung Allgemeine Erziehungswissenschaft. Universität des Saarlandes. Prof. Dr. P. Strittmatter, Saarbrücken 1981 (Selbstverlag).

Schirp, H. / Haenisch, H.: *Lehrplanentwicklung und Lehrplanarbeit. Zur Funktion von Lehrplänen und Handreichungen.* Bericht Nr. 2. Soest 1984.

Schmidt, Ch.: „Am Material“; Auswertungstechnik für Leitfadeninterviews. In: Friebertshäuser, B. und Prengel, A.: Handbuch Qualitative Forschungsmethoden in der Erziehungswissenschaft. Weinheim und München 1997, S. 544-568.

Schorb, A. O.: *Erziehungswissenschaftliche Aspekte eines Zusammenwirkens von Soziologie, Psychologie und Pädagogik in der Lehrplanfrage.* In: Präsidium des Pädagogischen Hochschultages / Vorstand des Arbeitskreises Pädagogischer Hochschulen (Hrsg.): Psychologie und Soziologie in ihrer Bedeutung für das erziehungswissenschaftliche Studium (6. Beiheft der Zeitschrift für Pädagogik). Weinheim 1966, S. 209-216.

Schründer-Lenzen, A.: *Triangulation und idealtypisches Verstehen in der (Re-) Konstruktion subjektiver Theorien.* In: Friebertshäuser, B. und Prengel, A.: Handbuch Qualitative Forschungsmethoden in der Erziehungswissenschaft. Weinheim und München 1997, S. 107-117.

Schulte, H.: *Alltagswissen als ein Bestimmungsfaktor curricularer Lernereignisse.* In: Hameyer, U. / Frey, K. / Haft, H. (Hrsg.): Handbuch der Curriculumforschung; Erste Ausgabe; Übersichten zur Forschung 1970-1981. Weinheim und Basel 1983, S. 375-386.

Schutz, R. E.: *Methodologische Probleme der Curriculumforschung.* In: Achternhagen, F. / Meyer, H. L. (Hrsg.): Curriculumrevision – Möglichkeiten und Grenzen. München 1971, S. 98-105.

Schwarz, T.: *Schulsystem und Lehrerausbildung in den Niederlanden.* In: Kreienbaum, M. A. u.a. (Hrsg.): Bildungslandschaft Europa - Zehn Schulsysteme im aktuellen Vergleich. Bielefeld 1997, S. 25-31.

Seibel, W.: *Kodifizierte Bestimmungsfaktoren curricularer Lernereignisse: Gesetze (Forschungsstand in deutschsprachigen Gebieten).* In: Hameyer, U. / Frey, K. / Haft, H. (Hrsg.): Handbuch der Curriculumforschung; Erste Ausgabe; Übersichten zur Forschung 1970-1981. Weinheim und Basel 1983, S. 317-322.

Seliner-Müller, G. und Künzli, R.: *Lehrplanarbeit in der Schweiz*. In: Künzli, R. und Hopmann, S.: Lehrpläne: Wie sie entwickelt werden und was von ihnen erwartet wird; Forschungsstand, Zugänge und Ergebnisse aus der Schweiz und der Bundesrepublik Deutschland. Chur/Zürich 1998, S. 263-276.

Skilbeck, M.: *Curriculumreform. Eine Übersicht über neuere Entwicklungen. Ein OECD/CERI-Bericht.* Reihe: Bildungsforschung internationaler Organisationen, Bd. 6 hrsg. vom Deutschen Institut für internationale pädagogische Forschung im Auftrag des Bundesministers für Bildung und Wissenschaft. Frankfurt a.M., Berlin, New York, Paris, Wien 1992.

Stäudel, L.: *Herrn Wagner's (hoffentlich) letzter Coup*. In: päd extra & demokratische erziehung. Oktober 1990, S. 34-36.

Strittmatter, P.: *Beteiligungs- und Entscheidungsformen in Curriculumprozessen.* In: Hameyer, U. / Frey, K. / Haft, H. (Hrsg.): Handbuch der Curriculumforschung, Erste Ausgabe, Übersichten zur Forschung 1970-1981. Weinheim und Basel 1983, S. 239-247.

Tenorth, H.-E.: *Lehrplanarbeit und Lehrerarbeit - Sequenzen ihrer Professionalisierung und Relationen in ihrer Entwicklung*. In: Hopmann, S. (Hrsg.): Zugänge zur Geschichte staatlicher Lehrplanarbeit. Kiel 1988, S. 101-142.

Terhart, E.: *Curriculumforschung aufgrund interpretativer Methoden*. In: Hameyer, U. / Frey, K. / Haft, H. (Hrsg.): Handbuch der Curriculumforschung; Erste Ausgabe; Übersichten zur Forschung 1970-1981. Weinheim und Basel 1983, S. 533-544.

Thomae, H. (Hrsg.): *Allgemeine Psychologie; Motivation*. Handbuch der Psychologie Band II. Göttingen 1965.

Tillmann, K.-J. (Hrsg.): *Lehrpläne und curriculare Kooperation im Schulalltag: Ergebnisse empirischer Untersuchungen an hessischen Schulen*. Bielefeld 1996a.

Tillmann, K. -J.: *Lehrpläne - (k)ein Thema für den Schulalltag?* In: Pädagogik, Heft 5/96b, S. 6-8.

Tillmann, K.-J. / Höhmann, K. / Rauin, U. / Tebrügge, A. / Vollstädt, W.: Der Umgang mit den neuen Rahmenplänen; Ein Vergleich zwischen ausgewählten Unterrichtsfächern. Universität Bielefeld, Fakultät für Pädagogik, Forschungsprojekt „Lehrpläne und alltägliches Handeln von Lehrerinnen und Lehrern“. Bielefeld 1997b.

Tillmann, K.-J.: *Brauchen Lehrer Lehrpläne?* In: Neue Sammlung, Nr. 4/1997a, S. 585-601.

Tillmann, K.-J. und Vollstädt, W.: *Die Bedeutung (neuer) Lehrpläne im Schul- und Unterrichtsalltag – indirekte Wirkungen und Impulse für die Schulent-*

wicklung. In: Handbuch Schulleitung und Schulentwicklung. Stuttgart 1998, S. E2.14/1-2. 14/16.

Tütgen, H.: *Lehrplan und Begabung*. In: Roth, H. (Hrsg.): Begabung und Lernen. Stuttgart 1969[4], S. 461-471.

Tütken, H.: *Sekundarbereich I: Programm oder Realität?* In: Westermanns Pädagogische Beiträge Nr. 29, 1977, S. 229-235.

Tyler, R. W.: Curriculum und Unterricht. Studien zu Lehrforschung. Band 4. Düsseldorf 1973.

Vogel, B. (Hrsg.): *Schule am Scheideweg - Die hessischen Rahmenrichtlinien in der Diskussion*. München, Wien 1974.

Vollstädt, W.: *Lehrpläne und Lehrplanforschung – (K)ein Thema für die Erziehungswissenschaft?* In: Lehrpläne und Lehreralltag. Einführung neuer Rahmenpläne in Hessen. Hess. Institut für Bildungsplanung und Schulentwicklung (HIBS), Materialien zur Schulentwicklung, Heft 22. Wiesbaden 1995a, S. 17-42.

Vollstädt, W.: *Rahmenlehrpläne und Schulcurriculum*. In: Rolff, H.-G.: Zukunftsfelder von Schulforschung. Weinheim 1995b, S. 297-326.

Vollstädt, W.: *Unterrichtsplanung im Schulalltag; Ergebnisse einer empirischen Untersuchung*. In: Pädagogik, Heft 4/1996, S. 17-22.

Vollstädt, W.: *Empirische Unterrichtsforschungen zum Thema Lehrer und Lehrplan - Am Beispiel Hessen*. In: Gruber, K. H. u. a. (Hrsg.): Lehrplanreform - Neuvermessung der Landkarte des Lernens, 2. Europäisches Bildungsgespräch '96. Wien 1997.

Vollstädt, W. / Höhmann, K. / Rauin, U. / Tillmann, K.-J.: *Lehrpläne und Lehreralltag. Einführung neuer Rahmenpläne in Hessen*. Hess. Institut für Bildungsplanung und Schulentwicklung (HIBS), Materialien zur Schulentwicklung, Heft 2. Wiesbaden 1995.

Vollstädt, W. / Tillmann, K.-J / Rauin, U. / Höhmann, K. / Tebrügge, A.: *Lehrpläne im Schulalltag; Eine empirische Studie zur Akzeptanz und Wirkung von Lehrplänen in der Sekundarstufe I*. Opladen 1999.

Weick, K. E.: *Educational Organizations as Loosely Coupled Systems*. In: Administrative Science Quarterly 21/1976, S. 1-19.

Wellendorf, F.: *Rituelles Handeln in der Schule. Zur symbolischen Funktion von Lernzieltaxomien*. In: Goeppert, H. (Hrsg.): Sprachverhalten im Unterricht. München 1977, S. 10-35.

Weniger, E.: *Didaktik als Bildungslehre. Teil 1: Die Theorie der Bildungsinhalte und des Lehrplans*. Weinheim 1952.

Weniger, E.: *Didaktik als Bildungslehre - Teil 1; Die Theorie der Bildungsinhalte und des Lehrplans*. Weinheim 1965[6/8].

Westphalen, K.: *Einflüsse der Curriculumforschung auf Bildungsplanung und Bildungsverwaltung.* In: Hameyer, U. / Frey, K. / Haft, H. (Hrsg.): Handbuch der Curriculumforschung; Erste Ausgabe; Übersichten zur Forschung 1970-1981. Weinheim und Basel 1983, S. 723-729.

Westphalen, K.: *Lehrplanarbeit.* In: Petersen, J. / Reinert, G.-B. (Hrsg.): Pädagogische Positionen. Donauwörth 1990, S. 62-82.

Wiebecke, F.: *Curriculumentwicklung und Öffentlichkeit; die bildungspolitische Auseinandersetzung über die Revision der Lehrpläne in der Bundesrepublik 1970 –1975.* Frankfurt am Main 1980.

Wiesbadener Tagblatt: *Lehrpläne werden freier.* 14.10.1993.

Wiesbadener Kurier (WK): *Lehrer an die Kandare genommen; Neue Rahmenpläne für Hessens Schule schränken bisherige Freiräume stark ein.* 14.10.1993.

Wise, A. E.: *Why Educational Policies Often Fail; The Hyperrationaliziation Hypothesies.* In: Curriculum Studies 9 (1977), S. 43-57.

Wolf, H.: *Die wissenschaftliche Begleitung der Regionalen Lehrerfortbildung, Dokumentation eines Modellversuchs.* Curriculum konkret 2. Frankfurt am Main o.J.

Ziechmann, J.: *Systematische Kriterien und Regelsätze in Curriculumprozessen.* In: Hameyer, U. / Frey, K. / Haft, H. (Hrsg.): Handbuch der Curriculumforschung; Erste Ausgabe; Übersichten zur Forschung 1970-1981. Weinheim und Basel 1983, S. 205 -219.

6.2 Quellen

6.2.1 Lehrplantexte: Deutsch

Der Hessische Kultusminister: Rahmenrichtlinien; Sekundarstufe I Deutsch. Wiesbaden 1972.

Der Hessische Kultusminister: Rahmenrichtlinien; Sekundarstufe I Deutsch. Wiesbaden 1980.

Arbeitsgruppe: Roland Kunkel (HIBS), Carola Elfner, Helwig Kuhl, Herbert Lauer, Gabriele Vogt, Helga Zierlinger: Rahmenrichtlinien; Deutsch Sek. I; Entwurf. Wiesbaden 1989.

Lehrplan Hauptschule, 1991 (nicht in Kraft gesetzt)

Lehrplan Realschule, 1991 (nicht in Kraft gesetzt)

Lehrplan Gymnasium, 1991 (nicht in Kraft gesetzt)

HKM: Rahmenplan; Deutsch; Sekundarstufe I; Entwurf: September 1993. Wiesbaden 1993.

HKM: Rahmenplan; Deutsch; Sekundarstufe I; Entwurf: Mai 1994. Wiesbaden 1994.
HKM: Rahmenplan; Deutsch; Sekundarstufe I; Wiesbaden 1995.

6.2.2 Lehrplantexte: Chemie

Der Hessische Kultusminister: Rahmenrichtlinien; Sekundarstufe I Chemie. Wiesbaden 1976.
Revisionsentwurf April 1985 (nicht in Kraft gesetzt)
Lehrplan Realschule März 1991 (nicht in Kraft gesetzt)
Lehrplan Hauptschule März 1991 (nicht in Kraft gesetzt)
Lehrplan Gymnasium März 1991 (nicht in Kraft gesetzt)
Bezler, H.-J. / Slaby, P.: (Manuskript) RLP; Chemie; Hessen; Sekundarstufe I; Sachstandsbericht 15.08.1992. Wiesbaden 1992.
Der Hessische Kultusminister: (Manuskript) Rahmenplan; Chemie; Hessen; Sekundarstufe I; Entwurf: Juni 1993. Wiesbaden 1993.
HKM: Rahmenplan; Chemie; Sekundarstufe I; Entwurf: September 1993. Wiesbaden 1993.
HKM: Rahmenplan; Chemie; Sekundarstufe I; Wiesbaden 1996.

6.2.3 Materialien und Aktenstücke aus der Hessischen Bildungsverwaltung

6.2.3.1 Hessisches Institut für Bildungsplanung und Schulentwicklung

HIBS (internes Papier); Giese, D. / Weiß, H.: Stand der Revision der Rahmenrichtlinien und mögliche Weiterarbeit – Vorlage für die Abteilungskonferenz. Wiesbaden, 04.03.1991a.
HIBS (internes Papier); Baumann, R. und Zimbrich, F.: Lehrpläne sind mehr als pädagogische Veranstaltungen (...). Wiesbaden, 04.03.1991b.
HIBS (internes Papier); Baumann, R. und Zimbrich, F.: Konzept zur Entwicklung von Rahmenplänen für die allgemeinbildenden öffentlichen Schulen. Wiesbaden, 12.03.1991.
HIBS (internes Papier); Dingeldey, E.: Zur Diskussion um die Curriculumentwicklung, zu verschiedenen Papieren und dem Gespräch am 8.3.1991. Wiesbaden, 13.03.1991.
HIBS (internes Papier); AG-Rahmenpläne, Zimbrich, F.: Vorgaben für die Erstellung der neuen Rahmenpläne; als Protokoll der Sitzung der AG-Rahmenpläne vom 04.02.1992. Wiesbaden, 04.02.1992.

HIBS (internes Papier); AG-Rahmenpläne, Zimbrich, F.: Stand der Lehrplanentwicklung – Deutsch, 19.02.1992

HIBS (internes Papier); AG-Rahmenpläne, Zimbrich, F.: Aufgabenbeschreibung: Ihre Funktion im Rahmenplan und die Probleme, die sie aufwirft. Wiesbaden, 20.05.1992.

HIBS (internes Papier); AG-Rahmenpläne, Zimbrich, F.: Rahmenpläne schreiben - Eine Check-Liste. Wiesbaden, 09.06.1992.

HIBS (internes Papier); AG-Rahmenpläne, Zimbrich, F.: Hinweise zum Themenplan. Wiesbaden, 21.09.1992.

HIBS, die Direktorin: An die Schreiberinnen und Schreiber der Entwürfe von Rahmenplänen für die Fächer Physik, Musik, Kunst, Ethik, Erdkunde, Sozialkunde, Geschichte, Latein, Griechisch, die Lernbereiche Naturwissenschaften und Ästhetische Erziehung sowie Ökologische Bildung als Brief. Wiesbaden, 27.11.1992.

HIBS (internes Papier); AG-Rahmenpläne, Zimbrich, F.: Vorgaben für die Erstellung der neuen Rahmenlehrpläne. Wiesbaden, 15.12.1992.

HIBS, die Direktorin: Notwendigkeit der Abstimmung zwischen der Lehrplanarbeit in S I und S II. Wiesbaden, 08.02.1993.

HIBS (internes Papier); Becker, G.: Hinweise auf ‚Bildungsgänge' in den neuen Rahmenplänen. Wiesbaden, 11.02.1993.

HIBS (internes Papier); Zimbrich, F.: An die Mitglieder der AG-Rahmenpläne. Wiesbaden, 16.02.1993.

HIBS (internes Papier); Dingeldey, E.: Brief an Dr. Fritz Zimbrich. Wiesbaden, 01.03.1993.

HIBS (internes Papier); Ball, H.: Auswertung der Ergebnisse der gegenwärtigen Diskussionsphase zu den Rahmenplänen; hier: Diskussion des Rahmenplanentwurfs Deutsch. Wiesbaden, 16.03.1993.

HIBS, die Direktorin: Hinweise zu verschiedenen Bildungsgängen in den neuen Rahmenplänen für die S I. Wiesbaden, 29.03.1993.

HIBS (internes Papier); Arbeitsergebnisse der ad-hoc-Gruppe „Curricula" im Referat B, vorgelegt von Bernhardt, M. / Dingeldey, E. / Dr. Lohmann, Ch. / Dr. Winkel, K.: Was in den Schulen der Sekundarstufe gelernt werden soll. Wiesbaden, April 1993.

HIBS (internes Papier); Dr. Ricker, G.: Sachstand zum Arbeitsbereich Rahmenplanentwicklung und zur Koordination der diesbezüglichen Arbeit mit Sek. II und Sonderschule. Wiesbaden, 05.04.1993.

HIBS: Betr. Rahmenplanarbeit für die Sekundarstufe I; 1. Stand der Rahmenplanentwicklung. Wiesbaden, 12.08.1993.

HIBS; Dr. Ricker, G. (handschriftliche Notizen): Chemie; HILF-Veranstaltung. Wiesbaden, 22.11.1993.

HIBS; Dr. Ricker, G. (handschriftliche Notizen): Tagung der Ausbilder an allen Studienseminaren, Frankfurt, 25.11.1993.
HIBS (internes Papier); Weiterentwicklung der Rahmenpläne S I; Stellungnahmen und Tendenzen einer Überarbeitung. März 1994a.
HIBS (internes Papier); Bezler, H.-J.: Diskussion des Rahmenplanentwurfs Chemie. Wiesbaden, 06.03.1994.
HIBS (internes Papier); Ball, H.: Rahmenplan-Entwurf Deutsch; Beschluß-Protokoll der Bilanzkonferenz im HIBS am 22.03.2994. Wiesbaden, 23.03.1994.
HIBS (internes Papier): Essentials der neuen Rahmenpläne im Vergleich zu den Rahmenrichtlinien; für die Fächer: Gesellschaftslehre, Erdkunde, Geschichte, Sozialkunde, Deutsch, Mathematik, Arbeitslehre, Kunst, Ethik. Wiesbaden, Oktober 1994.
HIBS (internes Papier): Essentials der neuen Rahmenpläne (Grundschule und Sekundarstufe I) im Vergleich zu den Rahmenrichtlinien. Wiesbaden, Dezember 1994.
HIBS; Ricker, Dr. G.: Terminplanung (...), handschriftliche Notizen anlässlich einer Veranstaltung in Jugenheim am 15.12.1994.
HIBS: Hessisches Institut für Bildungsplanung und Schulentwicklung (HIBS): Materialien zur Schulentwicklung, Heft 22, Wiesbaden 1995.
HIBS (hausinternes Papier); Arbeitsbereich Curriculumentwicklung; Görisch, A. / Steffens, G.: Zur Konzeption der Einführung der neuen Rahmenpläne für die Fächer und Lernbereiche der Sekundarstufe I an hessischen Schulen. Wiesbaden, 31.01.1995.
HIBS (internes Papier); LJ; Zimbrich, Dr. F.: Betr. HIBS. Arbeitsbereich Curriculumentwicklung. Wiesbaden, 7. Februar 1995.
HIBS – Dez. IA: Zur Einführung des Rahmenplans Grundschule. Wiesbaden, 20.02.1995.
HIBS (internes Papier): Betr. Rahmenplanentwicklung Grundschule und Sek. I; hier: Arbeitsstand am 20.02.1995. Wiesbaden, 20.02.1995.
HIBS; Ricker, G.: Betr.: Gestaltung der regionalen Grundsatztagungen zur Diskussion des Rahmenplanentwurfs für die allgemeinen Bildungs- und Erziehungsaufgaben, Eröffnungsphase. Wiesbaden, 21.02.1995.
HIBS (internes Papier); LJ; Zimbrich, Dr. F.: Zur Konzeption der Einführung der neuen Rahmenpläne für die Fächer, die Lernbereiche sowie die Bildungs- und Erziehungsaufgaben der Sekundarstufe I an hessischen Schulen; Entwurf. Wiesbaden, 23.02.1995.
HIBS (internes Papier); Steffens. U.: Problemskizze zu einem Vorhaben für die Entwicklung der Schule zur pädagogischen Handlungseinheit. Wiesbaden, 6. März 1995.

HIBS (internes Papier); Dingeldey/Görisch. 2. Entwurf; Zum Verlauf der regionalen Grundsatztagungen zur Diskussion des Rahmenplanentwurfs für die besonderen Bildungs- und Erziehungsaufgaben der Schule. Wiesbaden, 07.03.1995.

HIBS; Das HIBS informiert; Neue Rahmenpläne in Hessen für die Grundschule und Sekundarstufe I; Dokumente zur Begründung, Entwicklung und Einführung, Wiesbaden, 05/1995a.

HIBS: HIBS AG Rahmenpläne: Essentials der neuen Rahmenpläne im Vergleich zu den Rahmenrichtlinien (1995). In: HIBS; Das HIBS informiert; Neue Rahmenpläne in Hessen für die Grundschule und Sekundarstufe I; Dokumente zur Begründung, Entwicklung und Einführung, Wiesbaden, 05/1995b; o.S.

HIBS AG RPL; Betr. Arbeitsgruppe der Landesbildstelle für die Erarbeitung der Medienteile von Handreichungen zu den neuen Rahmenplänen: Empfehlung des Hessischen Kultusministeriums für schulformübergreifende Gesamtschulen in Hinsicht auf die Konkretisierung der neuen Rahmenpläne. Wiesbaden, 07.07.1995.

HIBS (internes Papier); AG Rahmenpläne; Becker, G.: Zur Einführung der Rahmenpläne Sek. I. Wiesbaden, 9/95.

HIBS (internes Papier); Görisch, A.: Arbeitsplanung Einführung der Rahmenpläne Sek. I. Wiesbaden, 10/95.

HIBS (internes Papier); Görisch, A.: Zur Einführung der Rahmenpläne Sek I. Wiesbaden, 19.10.1995.

HIBS (internes Papier): Rahmenpläne Sek. I; aktuelle Entwurfs- und Verfahrensstände. Wiesbaden, 30. Oktober 1995.

HIBS (internes Papier); Görisch, A.: Übersicht über z.Zt. geplante Handreichungen zu den Rahmenplänen für die Grundschule und die Fächer der Sek. I. Wiesbaden, 14.11.1995.

HIBS (internes Papier); Görisch, A.: Arbeitsschritte und Leitfragen bei der Entwicklung schuleigener Arbeitspläne. Wiesbaden, Januar 1996.

HIBS; Einführung der Rahmenpläne Sek. I – Zum Planungsprozeß in den Regionen. 01.1996b

HIBS; Betr. Regionalkonferenzen / regionale Besprechungsrunden zur Unterstützung der Einführung der Rahmenpläne für die Sekundarstufe I; hier: Arbeitsmaterialien. Wiesbaden, 09.01.1996.

HIBS (internes Papier); Görisch, A.: Übersicht über die im Jahr 1996 geplanten Handreichungen zu den Rahmenplänen für die Grundschule und die Fächer und Lernbereiche der Sek. I. Wiesbaden, 15.02.1996.

HIBS (internes Papier); Görisch, A.: Die neuen Rahmenpläne für die Fächer und Lernbereiche der Sekundarstufe I; Impulsreferat in der Schulleiterdienstversammlung des Staatlichen Schulamtes Bad Hersfeld. Wiesbaden, März 1996a.

HIBS (internes Papier); Görisch, A.: Vorschläge für den Einstieg in die Arbeit der Fachkonferenzen. Wiesbaden, März 1996b.

HIBS (internes Papier); Görisch, A.: Thesen zum Impulsreferat zu den neuen Rahmenplänen für die Fächer und Lernbereiche der Sekundarstufe I. Wiesbaden, April 1996.

HIBS (internes Papier); Görisch, A.: Übersicht zum Planungsstand der Handreichungen zu den Rahmenplänen für die Grundschule und die Fächer und Lernbereiche der Sek. I. Wiesbaden, 03.12.1996.

HeLP; (internes Papier) Görisch, A.: Rückblick – Impulsveranstaltungen zur Einführung der Rahmenpläne Sekundarstufe I. Wiesbaden, April 1997.

6.2.3.2 Hessisches Kultusministerium[48]

HKM: bildungspolitische information Nr. 2/70.

HKM: Protokoll der Sitzung der Koordinationskommission vom 23.06.1970.

HKM (Hrsg.): Hibs – Info; 2/76.

HKM (Hrsg.): bildungspolitische Informationen 3/72, Wiesbaden.

HKM: Erlass vom 01.07.1973 (Abl. 1973, S. 908).

HKM: Erlass des Hessischen Kultusministeriums vom 24.11.1980 (ABL 1981).

HKM: Gesetz über die Mitbestimmung der Erziehungsberechtigten und den Landesschulbeirat, in der Fassung vom 01.12.1975.

HKM: Bericht des Hessischen Kultusministers: Zur kurzfristigen Erstellung von stufenbezogenen Rahmenrichtlinien. In: Hessisches Kultusministerium, bildungspolitische information Nr. 2/76.

HKM: Protokoll der 49. Sitzung des Hessischen Landtages vom 25. Januar 1977, 8. Wahlperiode, S. 2914.

HKM (Hrsg.): Neue Hessische Lehrpläne (Rahmenrichtlinien), Begründung, Aufgaben, Zielperspektiven. Bildungspolitische Informationen 2/78, Wiesbaden.

HKM: Der Hessische Kultusminister: Rahmenrichtlinien Sekundarstufe I, Deutsch, gemäß der 34. Verordnung des Hessischen Kultusministers über Rahmenpläne vom 05.08.1980.

HKM: Erprobung der Rahmenrichtlinien für die Primarstufe und die Sekundarstufe I; hier: Erhebung der der Erprobungserfahrung, Erlass vom 24.11.1980, Abl. 1981, S. 13-15.

---

48 Unter Berücksichtigung eines Dokuments der mittleren Schulaufsichtsebene (Regierungspräsidium Darmstadt)

HKM: Entwurf „Lehrpläne“, Hinweise zum Arbeitsbeginn – Voraussetzungen, Ziele, Fachgruppen - Organisation, Schreiben vom 05. September 1989, VII A - 600/60-, S. 1f.

HKM: Protokoll der 1. Konferenz der Federführenden. Wiesbaden, 24.10.1989.

HKM: Lehrpläne: Hier: 2. Konferenz der Federführenden; Az.: VII A – 600/60 – 76. Wiesbaden, 17.11.1989.

HKM; VIII A – 600/60 - : Vorwort; Entwurf. Wiesbaden, 14.12.1990.

HKM; Presseinformation Nr. 49/91: Plädoyer für eine pädagogische Profilbildung der einzelnen Schule. Wiesbaden, 07. Oktober 1991.

HKM, Rahmenplanarbeit Sekundarstufe I, Erlass V B 2 – 956/30 – ; Wiesbaden, 25.11.1991.

HKM, Rahmenplanarbeit Sekundarstufe I; hier: Beauftragung des HIBS mit der Weiterentwicklung der Rahmenpläne für die Sekundarstufe I; Erlass V B 2 – 950/200 – 3 - ; Wiesbaden, 17.12.1991.

HKM; Erlass V B 2 – 956/20 – 1 -; Wiesbaden, 08.01.1992.

HKM (internes Papier); Rahmenplanung für Tagungen zum Zukunftsdialog; Wiesbaden, Mai 1992.

HKM (internes Papier); Zu den 3 Tagungen zum Zukunftsdialog wurden folgende Klärungen vorgenommen (...); Abstimmungsgespräch HKM/HIBS am 11.05.1992 (Vermerk).

HKM; Hessisches Schulgesetz vom 17.06.1992. Gesetz- und Verordnungsblatt für das Land Hessen Teil 1, S. 233-29.

HKM (internes Papier); Ergebnisniederschrift über die 19. Sitzung des Landesschulbeirats am 30. September 1992 in Wiesbaden; III C – 324/12 – 30 - ; Wiesbaden, 17.11.1992.

HKM; Im Gespräch 4, Zukunftsdialog zu Lehren und Lernen: Angebote; Wiesbaden, 01.1993a.

HKM: Verordnung über die Stundentafeln für die Grundschule, die Schule für Lernhilfe und die Mittelstufe der allgemeinbildenden Schulen vom 30. März 1993, Amtsblatt Nr. 5/93, S. 318-323.

HKM III A 3 – 351/8 – 17 - : Betr.: Koordinierung der Rahmenplanarbeit; hier: Stellungnahme zum Entwurf „Rahmenplan Chemie Hessen Sekundarstufe I“ Bezug: Ihre Bitte um Stellungnahme. Wiesbaden, 22.07.1993.

HKM V C 3 – 900/06 – 32 - : Betr. Entwurf des Rahmenplans Chemie; Bezug: Ihre Stellungnahme vom 28.06.1993. Wiesbaden, 23.07.1993.

HKM II A – 170/652 – 8-: Betr. Rahmenplan Chemie Hessen Sekundarstufe I. 05.08.1993.

HKM: Presseinformation Nr. 63: Neue Rahmenpläne für Hessens Schule. Wiesbaden, 13. Oktober 1993.

RP-Darmstadt: Rahmenpläne; (Sekundarstufe I) – Dienstbesprechung am 04.11.1993. Darmstadt, 08.11.1993.

HKM: Presseinformation Nr. 70: Neue Rahmenpläne für Hessens Schulen; Das zweite Paket ist geschnürt. Wiesbaden, 16. November 1993.

HKM: Presseinformation Nr. 9, 24. Februar 1994.

HKM: Betr. Arbeitsplanung und Schwerpunktsetzung der drei Landesinstitute; hier: Veröffentlichungen; V B / V B 2/ V B 3 940/01 – 28 -. Wiesbaden, 25. März 1994.

HKM: Im Gespräch 10; Mit dem Hessischen Kultusminister; Zukunftsdialog zu Lehren und Lernen: Zwischenbilanz, Wiesbaden 1994.

HKM: Presseinformation Nr. 39: Rahmenplanarbeit bringt intensive Sachdiskussion. Wiesbaden, 27. Mai 1994.

HKM: Ergebnisprotokoll des Hessischen Kultusministeriums zur Sitzung der Arbeitsgruppe „Einführung der Rahmenpläne“ am 07.10.1994. Az. V B 2.1 – 950/200 – 184 – vom 11.10.1994. Wiesbaden, 11.10.1994.

HKM: Schule im Wandel – Grundlagen zur Rahmenplanarbeit in Hessen, Wiesbaden 06/1992a. In: HIBS; Das HIBS informiert; Neue Rahmenpläne in Hessen für die Grundschule und Sekundarstufe I; Dokumente zur Begründung, Entwicklung und Einführung, Wiesbaden, 05/1995, o.S.

HKM: Betr. Einführung der Rahmenpläne; hier: 1. Protokoll der Sitzung am 27. Juni 1995, 2. Einladung. Wiesbaden, 10.06.1995.

HKM: Presseinformation Nr. 35: Neugründung Landesinstitut für Pädagogik; HILF, HIBS und Landesbildstelle ab 1996 unter einem Dach. Wiesbaden, 12. Juni 1995.

HKM: Presseinformation Nr. 47: Demonstration auf dem Luisenplatz; Der Kultusminister gibt zu bedenken. Wiesbaden, 29. August 1995.

HKM: Präsident des Staatsgerichtshofs des Landes Hessen; Urteil vom 04.09.1995, Nachdruck aus dem Staatsanzeiger Nr. 44/95, S. 3391-3420, in: ABL. 12/95, S. 723-753.

HKM: Zweihundertsechste Verordnung über Rahmenpläne; Vom 27. Oktober 1995. In: Amtsblatt 12/95, S. 710.

HKM: Presseinformation Nr. 52: Neukonzeption der Rahmenpläne erfolgreich; Sieben neue Rahmenpläne für Hessens Schulen verabschiedet. Vom 28.09.1995. Auch veröffentlicht im Amtsblatt 11/95, S. 697-699.

HKM: Grundsätze zur Einführung der Rahmenpläne Sek. I. Verordnung über Rahmenpläne vom 27. Oktober 1995. Erlass vom 01. November 1995; VB2 – 950/200 –225. In: Amtsblatt 1/96, S. 614-616.

HKM: Grundsätze zur Einführung der Rahmenpläne Sek. I; 210. Verordnung über Rahmenpläne vom 27.06.1996. In: Amtsblatt 12/96, S. 614-616.

HKM: Presseinformation Nr. 72: Reform der Schulverwaltung: Kultusminister stellt Standortkonzept vor. Wiesbaden, 04. Dezember 1996.

6.2.3.3 Hessisches Institut für Lehrerfortbildung

HILF; Wiesbaden: Pilotprojekt „Schulen entwickeln und erproben ein Schulprogramm"; Auftrag an die Regionalkonferenzen. Wiesbaden o.D.

HILF; Außenstelle Groß Gerau: Protokoll der Vorbereitungssitzung zur Auftaktveranstaltung „Arbeit mit den Rahmenplänen Sekundarstufe I". Groß-Gerau o.D.

HILF; Außenstelle Jugenheim: Einladung; Regionale Schulentwicklung: Besprechung der Kooperationspartner im Bereich HILF/Jugenheim am 26.04.1994. Jugenheim, 01.03.1994.

HILF; Außenstelle Wiesbaden: Einladung zur Regionalkonferenz zum Thema: Rahmenpläne und Schulentwicklung für den 05. Mai 1994. Wiesbaden, 12.04.1994.

HILF; Außenstelle Jugenheim: Regionale Schulentwicklung; Besprechung der Kooperationspartner im Bereich der HILF-Außenstellen; Protokoll der Sitzung vom 16. April 1994. Jugenheim, 10.05.1994.

HILF; Außenstelle Wiesbaden: Einladung zur Regionalkonferenz am 04. Juli 1994; Anlage: Protokoll der letzten Sitzung. Wiesbaden, 06.06.1994.

HILF: Vorlage für Gruppenberatung in der HILF-Gesamtkonferenz, o. O., Juli 1994.

HILF; Außenstelle Friedberg: Einladung zur Regionalen Koordinationsrunde am 10.10.1994. Friedberg, 29.08.1994.

HILF; Außenstelle Fulda: Protokoll der Koordinationsrunde „Regionales Pädagogisches Zentrum" (RPZ), Fulda, Oktober 1994.

HILF; Außenstelle Fulda: Regionale Koordinationskonferenz des Regionalen Pädagogischen Zentrums am Dienst 29.11.1994. Einladung an den Abteilungsleiter Dr. Ricker. Jugenheim, 17.11.1994.

HILF; Außenstelle Limburg: Unterstützung der Einführung der Rahmenpläne / Pr. + SI - Konzept der Regionalen Kooperationsrunde Limburg; Ergebnisse der Beratung der Regionalen Kooperationsrunde Limburg am 24.11.1994.

HILF; Außenstelle Bruchköbel: Regionale Koordinationsrunde – Einführung der Rahmenpläne; Bruchköbel, 02.12.1994.

HILF; Außenstelle Jugenheim: Zusammenfassung der Gesprächsergebnisse der Besprechung der regionalen Kooperationspartner in der Außenstelle des HILF in Jugenheim am 15.12.1994. Jugenheim, o.D.

HILF; Außenstelle Frankfurt: Regionale Lehrerfortbildung – Programm-Profil – Aussentstelle (sic!) Frankfurt 1995/96/97. 12/1994.

HILF; Außenstelle Bruchköbel: Bericht über die regionale Koordinationsrunde Main-Kinzig; „Einführung der Rahmenpläne" am 12.12.1994. Bruchköbel, 21.12.1994.
HILF: Sachstandsbericht zur Unterstützung der Einführung neuer Rahmenpläne durch die Außenstellen des HILF. Fuldatal, 23.01.1995.
HILF; Zusammenfassung der Gesprächsergebnisse der Vorbereitungsgruppe für die Besprechung der regionalen Kooperationpartner im Bereich der HILF-Außenstelle Jugenheim am 22.02.1995. o.O. 01.03.1995.
HILF; Außenstelle Jugenheim: Protokoll der Sitzung der Vorbereitungsgruppe „Regionale Kooperationspartner" am 15.02.1996, Jugenheim, 19.02.1996.
HILF; Außenstelle Friedberg: Protokoll der Sitzung der Vorbereitungsgruppe „Regionale Kooperationspartner" am 01. März 1996. Friedberg, 14.03.1996.

6.3 Protokolle und Interviews

6.3.1 Teilnehmende Beobachtung: Besuchte Veranstaltungen

1. [49]Sitzung der leitenden Schulamtsdirektoren des RP-Darmstadt, Frankfurt, 08.11.1993.
2. Sitzung der Mitarbeiter und Mitarbeiterinnen der Lehrerfortbildung, Fuldatal, 18. und 19.11.1993.
3. Sitzung der hessischen Studienseminarleiter, Marburg, 26.11.1993.
4. AG der Schulaufsichtsbeamten und Schulaufsichtsbeamtinnen des RP-Darmstadt zu den Rahmenplänen Chemie/Biologie, Darmstadt, 04.02.1994 (4a) und 18.02.1994 (4b).
5. AG der Schulaufsichtsbeamten und Schulaufsichtsbeamtinnen des RP-Darmstadt zum Rahmenplan Deutsch, Dieburg, 08.02.1994.
6. Sitzung der Deutschfachkonferenz der Gerhart-Hauptmann-Schule (Realschule) unter Leitung des Dezernenten für den Rahmenplan Deutsch: Roland Kunkel, Wiesbaden, 03.02.1994.
7. Regionale Koordinationsrunde Main-Kinzing, Bruchköbel/HILF, 12.12.1994.
8. HILF-Wiesbaden: Rahmenplan-Symposion; Wiesbaden, 10. und 11. Mai 1995.
9. Regionale Koordinationsrunde Fulda/HILF, 19.06.1996.

49 Die vorangestellten Nummern bezeichnen auch die Protokoll- bzw. Interviewnummern.

10. Fachforum für den Rahmenplan Deutsch Sek. I in Frankfurt am 08.10.1996, geplant und organisiert von der Regionalkonferenz.
11. AG: „Bilanzierung der Rahmenplaneinführung", Frankfurt, HeLP, 11.10.1996.
12. Staatliches Schulamt für den Kreis Bergstraße: Impulsveranstaltung: Einführung der Rahmenpläne Sekundarstufe I; Bensheim, 24.04.1996.
13. Staatliches Schulamt für den Landkreis Offenbach und die Stadt Offenbach am Main; Auftaktveranstaltung für die Rahmenpläne für die Sekundarstufe I; Groß-Gerau, 14. Mai 1996.
14. Staatliches Schulamt für den Wetteraukreis; Impulsveranstaltung: „Einführung der neuen Rahmenpläne in der Sekundarstufe I; Friedberg, 21. Mai 1996.
15. Staatliches Schulamt für die Stadt Darmstadt; Dienstbesprechung: Einführung der Rahmenpläne für die Sekundarstufe I; Darmstadt, 30. Mai 1996.
16. HILF; Außenstelle Bruchköbel: Informations- und Diskussionsveranstaltung zum Rahmenplan Mathematik in der Sekundarstufe I und Probleme des Übergangs in die Sekundarstufe II; Bruckköbel, 14.12.1995.
17. HILF; Außenstelle Gross-Gerau: Teamer Vorbereitungssitzung für die Auftaktveranstaltung „Arbeit mit den Rahmenplänen Sekundarstufe I" am 30.04.1996 in Offenbach.

6.3.2. Interviews mit am Rahmenplanprozess Beteiligten

1. Interview mit E. Dingeldey, Leiterin des HIBS, Wiesbaden, 12.12.1995.
2. Interview mit A. Görisch, Leiter der Rahmenplan-AG, 14.12.1995.
3. Interview mit H. Ball, Autorin des Rahmenplans Deutsch, 15.03.1996.
4. Interview mit H.-J. Bezler, einem der beiden Autoren des Rahmenplans Chemie, 04.06.1996.
5. Interview mit W. Dörbaum, Leiter der HILF-Außenstelle Kassel, 10.10.1996.
6. Interview mit G. Keiner, Leiter der HILF-Außenstelle Wetzlar, 11.10.1996.

7. Anlagen

Anlage 7.1

Rahmenrichtlinien

Sekundarstufe I
Deutsch

Der Hessische Kultusminister

Inhaltsübersicht

Anlage 7.2

Rahmen richt linien

Sekundarstufe I
Chemie

Der Hessische Kultusminister

Inhaltsübersicht

Anlage 7.3

Rahmenplan
Sekundarstufe I

Deutsch

ENTWURF

Hessisches Kultusministerium
September 1993

INHALT:

Anlage 7.4

Rahmenplan
Sekundarstufe I

Chemie

ENTWURF

Hessisches Kultusministerium
September 1993

INHALTSVERZEICHNIS

Anlage 7.5

RAHMENPLAN DEUTSCH

SEKUNDARSTUFE I

Hessisches Kultusministerium

Inhalt Seite

Anlage 7.6

RAHMENPLAN CHEMIE

SEKUNDARSTUFE I

Hessisches Kultusministerium

INHALTSVERZEICHNIS

2.4 KLASSEN 7/8 ARBEITSBEREICH "SPRECHEN UND SCHREIBEN"

Die in den vorangegangenen Jahrgangsstufen erworbenen kommunikativen Fähigkeiten werden durch ständigen Gebrauch in unterrichtlichen Gesprächssituationen gefestigt und erweitert. Dabei wird es zunehmend möglich, Gesprächsstrategien bewußt einzusetzen, den Gesprächsverlauf zu beobachten, das Gespräch durch eigene Initiative zu beleben, Gesprächsbeiträge anderer bei den eigenen Überlegungen zu berücksichtigen und eigene Aussagen in den Stand des Gesprächs sinnvoll einzuordnen. Die Schüler und Schülerinnen lernen, eigene Äußerungen einzuschränken oder zurückzustellen, falls es sachlich notwendig ist. Die Schüler und Schülerinnen können zwar den eigenen Standpunkt argumentativ untermauern, vermeiden aber unangemessene Selbstdarstellung. Kritik wird konstruktiv vorgetragen und Kritik anderer aufgenommen und verarbeitet.

Wesentlich ist es, den Schülern und Schülerinnen Gelegenheit zu geben, auch längere Redebeiträge im freien Vortrag zu gestalten.

Entsprechend der Altersstufe rücken andere Themenkreise und Interessen ins Blickfeld, wobei zunehmend die Weiterentwicklung und Ausdifferenzierung der verschiedenen Schreibfunktionen möglich wird. Verstärkt kann jetzt über sogenannte subjektive und objektive Betrachtungs- und Ausdrucksweisen in den Schreibprodukten nachgedacht und der bewußte Einsatz stilistischer Elemente im Hinblick auf die Wirkungsabsicht berücksichtigt werden.

AUFGABENFELDER	UNTERRICHTSINHALTE	HINWEISE
1. Gespräche führen	*Gesprächsverhalten (in der Unterrichtskommunikation und in organisierten Übungen)*	
	- Gesprächsordnung einhalten	Rollenspiel
	- das Gespräch durch eigene Initiative beleben	
	- Sensibilität gegenüber Gesprächssituationen und -teilnehmern entwickeln	Reflexion über Sprache
	- Reaktionen anderer wahrnehmen	
	- Gesprächsbeiträge anderer bei den eigenen Überlegungen berücksichtigen, Anteil nehmen durch Bestätigung, Rückfragen, Widerspruch	
	- konstruktive Kritik üben und vertragen	
2. Informieren *Fragen und antworten*	im Unterrichtszusammenhang Interviews durchführen und auswerten	
Längere sachbezogene Redebeiträge	*Verbesserung der Sprechfähigkeit*: Tempowechsel, Modulation, Strukturierung beachten	**Reflexion über Sprache**
	- freies Vortragen nach Stichwortzettel zu Themen nach eigener Wahl	*fächerübergreifend*
	- vorher mit anderen erarbeitete Teilbeiträge zu einem Thema veröffentlichen (Gruppenreferat)	*fächerübergreifend*
Beschreiben/berichten:	- komplexe Gegenstände unter Einbeziehung von Fachsprache beschreiben	**Reflexion über Sprache**
	- Örtlichkeiten, Wege unter Berücksichtigung persönlicher Beziehung/ Bedeutung subjektiv beschreiben;	
	- Personen beschreibend charakterisieren; Herausstellen typischer Merkmale und Verhaltensweisen	
	- Bilder unter Einbeziehung von Präsentation und Aussageabsicht reflexiv beschreiben;	>Kunst
	- Ereignisse, Vorfälle, Vorgänge sachlich detailliert (z.B. Zeitungsbericht) bzw. sachlich-knapp (z.B. Nachricht, Zeitungsmeldung) darstellen	*fächerübergreifend* >Umgang mit Medien
	- geregelt ablaufende Vorgänge, z.B. technischer Ablauf, Naturvorgang, Arbeitsprozeß, Spielvorgänge in ihrer Abfolgelogik darstellen	> Nat. Wiss. >Arbeitslehre
	- für gezielte Verwendungszwecke Anweisungen geben, z.B. Gebrauchsanweisung, Bedienungsanleitung, Arbeitsanleitung, Kochrezept, Spielregel	>Arbeitslehre >Sport
	- Berufsbilder auf der Grundlage von Recherchen beschreiben	>Arbeitslehre

KLASSEN 7/8 **ARBEITSBEREICH "SPRECHEN UND SCHREIBEN"**

AUFGABENFELDER	UNTERRICHTSINHALTE	HINWEISE
	- Typische Erscheinungen/Situationen unseres sozialen Lebens anschaulich beschreiben/ charakterisieren (z.B. Verkehrsstau, Supermarkt, Gedränge im Bus)	*fächerübergreifend*
	- auf der Grundlage von eingeholten Informationen sich und/oder andere über Sachverhalte informieren durch selbst verfaßte Sachtexte (z.B. Lexikonartikel, Referat, kleine Facharbeit, Reportage)	>GL/Nat.Wiss. >Umgang m. Sachtexten
	- die wesentlichen Aussagen kürzerer Sachtexte aneinandergereiht und mit eigenen Worten wiedergeben	>Umgang m. Sachtexten
	- Nachzeichnen oder Zusammenfassen von thematisch eingegrenzten überschaubaren Gesprächen/Diskussionen; auch einzelne wichtige Äußerungen zitieren	Reflexion über Sprache
	- sachlich und nüchtern die äußere Handlung längerer literarischer Texte und Filme in den Kernpunkten wiedergeben	>Umgang mit Texten
Schematisiertes Schreiben	- unter Beachtung schematisierter Verkehrsformen Geschäftsbriefe bzw. halbprivate Briefe schreiben - informative Angaben machen im Rahmen formalisierter Vorgaben und eingegrenzter Zwecke (z.B. Behördenverkehr, Formulare, Annoncen)	Reflexion über Sprache: Sprachebenen aktuelle Anlässe
3. Diskutieren und argumentieren	- Regeln für faires Diskutieren aufstellen und ausprobieren	>Gesprächsverhalten
	- fair diskutieren (sachliche von unsachlichen Argumenten unterscheiden, unfaires Diskussionsverhalten erkennen und abwehren, zur Sache reden, eigene Argumente ruhig und sachlich vorbringen/die Argumente des Partners ernstnehmen/ den Partner nicht lächerlich machen oder bloßstellen)	*fächerübergreifend* Reflexion über Sprache: Einflußfaktoren des Sprachgebrauchs
	- zielgerichtet und wirkungsvoll diskutieren (sich im Gespräch auf bestimmte Adressaten einstellen/ Pro- und Contra-Argumente zu einem Thema sammeln/genau zuhören und explizit auf die Äußerungen anderer eingehen/Argumente durch Beispiele verstärken)	
	- Diskussionsabläufe mit Hilfe gezielter Aufgaben beobachten	Tonband/Video
Gedankliche Auseinandersetzung	Meinungsbildung, Stellungnahme zu aktuellen Problemen, umstrittenen Zeiterscheinungen, sozialen Vorfällen, gesellschaftlichen Zuständen	*Umwelterziehung* *Friedenserziehung*
	- in der Auseinandersetzung mit anderen Meinungen eine persönliche Meinung begründet und detailliert darlegen, ggf. die persönliche Darlegung in appellartiger, journalistischer oder literarischer Form realisieren	Reflexion über Sprache
	- Verstehenshilfen und Denkanregungen zu Inhalt, Darstellungsweise, Wirkungsweise und -absicht von literarischen Texten/Filmen sowie mögliche Bedeutung für andere niederschreiben	>Umgang mit Texten
Durch Redebeiträge beeinflussen	- jemanden durch kritische Stellungnahme/werbende Darstellung zu einem selbstgewählten Gegenstand/Buch/Film/Kauf... raten bzw. davon abraten	>Arbeitslehre

Anlage 7.8

2.3 Klassen 7/8: *Arbeitsbereich "Sprechen und Schreiben"*

Die in den vorangegangenen Jahrgangsstufen erworbenen kommunikativen Fähigkeiten werden durch ständigen Gebrauch in unterrichtlichen Gesprächssituationen gefestigt und erweitert. Dabei wird es zunehmend möglich, Gesprächsstrategien bewußt einzusetzen, den Gesprächsverlauf zu beobachten, das Gespräch durch eigene Initiative zu beleben, Gesprächsbeiträge anderer bei den eigenen Überlegungen zu berücksichtigen und eigene Aussagen in den Stand des Gesprächs sinnvoll einzuordnen, das kann auch bedeuten, eigene Äußerungen einzuschränken oder zurückzustellen, falls es sachlich notwendig ist. Die Schüler und Schülerinnen können zwar den eigenen Standpunkt argumentativ untermauern, vermeiden aber unangemessene Selbstdarstellung. Kritik wird konstruktiv vorgetragen und Kritik anderer aufgenommen und verarbeitet.

Wesentlich ist es, den Schülern und Schülerinnen Gelegenheit zu geben, auch längere Redebeiträge im freien Vortrag zu gestalten.

Entsprechend der Altersstufe rücken andere Themenkreise und Interessen ins Blickfeld, wobei zunehmend die Weiterentwicklung und Ausdifferenzierung der verschiedenen Schreibfunktionen möglich wird. Verstärkt kann jetzt über sogenannte subjektive und objektive Betrachtungs- und Ausdrucksweisen in den Schreibprodukten nachgedacht und der bewußte Einsatz stilistischer Elemente im Hinblick auf die Wirkungsabsicht berücksichtigt werden.

Reflexion über Sprache hat in diesem Arbeitsbereich in allen Aufgabenfeldern einen hohen Stellenwert. Fachsprache wird sachgemäß verwendet, die Einflußfaktoren des Sprachgebrauchs müssen bedacht und die von Adressat und Zweck bestimmten Sprachebenen berücksichtigt werden.

AUFGABENFELDER/UNTERRICHTSINHALTE	ERLÄUTERUNGEN/HINWEISE
• **Gespräche führen**	in der Unterrichtskommunikation und in organisierten Übungen (Rollenspiel):
⇒ **Gesprächsverhalten verbessern**	– Gesprächsordnung einhalten – das Gespräch durch eigene Initiative beleben – Sensibilität gegenüber Gesprächssituationen und -teilnehmern entwickeln – Reaktionen anderer wahrnehmen – Gesprächsbeiträge anderer bei den eigenen Überlegungen berücksichtigen, Anteil nehmen durch Bestätigung, Rückfragen, Widerspruch – konstruktive Kritik üben und vertragen
• **Informieren**	
⇒ **Fragen und antworten**	im Unterrichtszusammenhang Interviews durchführen und auswerten
⇒ **Längere sachbezogene Redebeiträge**	fächerübergreifend – freies Vortragen nach Stichwortzettel zu Themen nach eigener Wahl bzw. Ergebnisse von Gruppenarbeit referieren
⇒ **Beschreiben/berichten**	fächerübergreifend
• Fachsprache verwenden	– komplexe Gegenstände
• subjektiv darstellen	– Örtlichkeiten/Wege (persönliche Beziehung/ Bedeutung)
• typische Merkmale/Verhaltensweisen herausstellen	– Personen beschreibend charakterisieren
• Abfolgelogik berücksichtigen	– geregelt ablaufende Vorgänge, z.B. technischer Ablauf, Naturvorgang (Nat. Wiss.), Arbeitsprozeß (Arbeitslehre), Spielvorgänge
• anschaulich charakterisieren	– typische Erscheinungen/Situationen unseres sozialen Lebens (z.B. Verkehrsstau, Supermarkt, Gedränge im Bus)

AUFGABENFELDER/UNTERRICHTSINHALTE	ERLÄUTERUNGEN/HINWEISE
• Anweisungen geben	– gezielte Verwendungszwecke, z.B. Gebrauchsanweisung, Bedienungs-, Arbeitsanleitung (Arbeitslehre), Kochrezept, Spielregel
• sachlich darstellen	– Ereignisse, Vorfälle, Vorgänge detailliert (z.B. Zeitungsbericht) bzw. knapp (z.B. Nachricht, Zeitungsmeldung) (s. Umgang mit Medien) – Berufsbilder auf der Grundlage von eigenen Recherchen (Klasse 8: Betriebspraktikum) – Sachverhalte (GL/Nat.Wiss.) auf der Grundlage von eingeholten Informationen (s. Umgang m. Sachtexten) z.B. Lexikonartikel, Referat, kleine Facharbeit, Reportage
• wesentliche Aussagen zusammenfassen	– kürzere Sachtexte (s. Umgang mit Sachtexten) – thematisch eingegrenzte überschaubare Gespräche/Diskussionen; einzelne wichtige Äußerungen zitieren; Verlaufs- und Ergebnisprotokoll [1] – Kernpunkte der äußeren Handlung längerer literarischer Texte und Filme (s. Lesen/Umgang mit Texten)
⇒ **Schematisiertes Schreiben**[2]	
• formalisierte Vorgaben beachten	– Geschäftsbriefe bzw. 'halbprivate Briefe', mögliche aktuelle Anlässe: Bewerbung, Lebenslauf (Arbeitslehre)
• zweckgebunden informieren	– z.B. Annoncen, Behördenverkehr, Formulare
• **Diskutieren und Argumentieren**	fächerübergreifend
• fair diskutieren	– Regeln aufstellen und ausprobieren – sachliche von unsachlichen Argumenten unterscheiden, unfaires Diskussionsverhalten erkennen und abwehren, zur Sache reden, eigene Argumente ruhig und sachlich vorbringen, die Argumente des Partners ernstnehmen, den Partner nicht lächerlich machen oder bloßstellen
• zielgerichtet und wirkungsvoll diskutieren	– sich im Gespräch auf bestimmte Adressaten einstellen, Pro- und Contra-Argumente zu einem Thema sammeln, genau zuhören und explizit auf die Äußerungen anderer eingehen, Argumente durch Beispiele verstärken
• Diskussionsabläufe beobachten	– gezielte Aufgaben (Tonband/Video)
⇒ **Gedankliche Auseinandersetzung**	Meinungsbildung, Stellungnahme zu aktuellen Problemen, umstrittenen Zeiterscheinungen, sozialen Vorfällen, gesellschaftlichen Zuständen (Umwelterziehung, Friedenserziehung)
• eine persönliche Meinung begründet und detailliert darlegen	– Auseinandersetzung mit anderen Meinungen, ggf in appellartiger, journalistischer oder literarischer Form
• Verstehenshilfen und Denkanregungen für andere niederschreiben	– zu Inhalt, Darstellungsweise, Wirkungsweise und -absicht sowie mögliche Bedeutung von literarischen Texten/Filmen (s. Lesen/Umgang mit Texten)

[1] Bildungsgang des Gymnasiums
[2] Bildungsgang der Hauptschule

Anlage 7.9

3. Chemieunterricht in fünf Halbjahren

3.1 JAHRGANGSSTUFE 8

Verbindliche Inhalte
Stoffeigenschaften Abgrenzung der Begriffe Körper/Stoff Erkennungs- und Prüfmethoden für Stoffeigenschften Ordnungsprinzipien für Stoffe Klassifizierung nach Eigenschaftskombinationen Anwendungsbezogene Ordnungskriterien Gefahrenpotentiale im Umgang mit Stoffen (explosive, brennbare, giftige, ätzende Stoffe) Verhalten von Stoffen beim Erhitzen Verhalten von Stoffen gegenüber Lösemitteln (Wasser, benzinähnliche Lösemittel) Aggregatzustände und ihre Übergänge Stoffgemische und einfache Trennmethoden Anwendung in Haushalt und Industrie Abfallbewirtschaftung als Bspl. für angewandte Stofftrennung Teilchenstruktur der Materie Modelle zum Verständnis der Aggregatzustände

Rahmenthemen:

1. Wir ordnen Stoffe in unserem Alltag
2. Wir beobachten die Veränderungen der Stoffe in unserer Umwelt
3. Abfallbeseitigung - Trennung von Stoffgemischen exemplarisch

Didaktische Bezüge:

ALLTAG	Ordnungsprinzipien im Haushalt und im Supermarkt z.B. Kriterien für die Aufbewahrung: Aggregatzustand, Benutzung, Haltbarkeit, Verträglichkeit, Gefährlichkeit... Umgang mit Stoffen in Abhängigkeit von den Stoffeigenschaften z.B. Anstreichen, Färben, Löten ... Anwendung einfacher Trennungsmethoden z.B. Sieben, Filtrieren, Extrahieren, Dekantieren... in der Küche, in der Industrie...

UMWELT	Unterscheidung von natürlichen, naturidentischen und künstlichen Stoffen z.B. Werkstoffe, Brennstoffe, Baustoffe, Kunststoffe Einteilung der Stoffe aufgrund spezieller Anforderungen z.B. Abfallsortierung Wertstoffe (Metalle, Papier, Kunststoffe, Glas...) Kompostierbare Stoffe Schadstoffe (Entzug aus dem Stoffkreislauf) Sonstiger Abfall (deponierbar, verbrennbar)

TECHNOLOGIE	Verarbeitungsverfahren Vorbereitung und Zubereitung von Nahrung (Mischen, Kochen, Backen, Braten - Tiefkühlen, Mikrowelle) Nachweis- und Trennverfahren Chromatographie z.B. der Lebensmittelfarbstoffe, Milchverarbeitung, Fettextraktion, Salzgewinnung Umgang mit Gefahrstoffen Dunstabzug mit Adsorptionsfilter, Sammlung von Schadstoffen für die getrennte Entsorgung, Anlage von Deponien

FACH- WISSENSCHAFT	Definitionen bzw. Begriffe Unterschied Körper/Stoff, Stoffeigenschaften, Aggregatzustände und ihre Änderungen (Teilchenmodell) kleinstes Teilchen, Stoffgemische, Reinstoffe, Stoffsystematik Feststoffe (z.B. metallisch, salzartig...) Flüssigkeiten (mischbar, nicht mischbar) Gase

Erläuterungen:

Wenn sich der Anfangsunterricht Chemie den Stoffen in ihrer beinahe unbegrenzten Vielfalt zuwendet, so muß er zunächst Merkmale des Unterscheidens und Kriterien der Ordnung und Klassifizierung erarbeiten.
Prinzipien der Ordnung von Gegenständen und Materialien sind den Schülerinnen und Schüler aus den Bereichen Haushalt, Werkstatt oder Supermarkt bekannt: Nutzungsform, Haltbarkeit, Verträglichkeit mit anderen Materialien oder Gefährlichkeit sind Kriterien der Aufbewahrung, denen definierte Stoffeigenschaften zugrundeliegen.
An der Nahtstelle zwischen Benutzung und Beseitigung von Materialien, also bei der Abfallsortierung, werden stoffliche Ordnungsprinzipien besonders deutlich. Gegenstände mit gleichen Stoffeigenschaften oder Eigenschaftskombinationen werden getrennt erfaßt: Recyclierbarkeit, Kompostierbarkeit, Gefahrenpotential und Deponierbarkeit werden zu Kriterien für den Umgang mit dem Abfall.
Sachlich grundlegende Erkenntnisse über Stoffeigenschaften und ihre exakte sprachliche Fassung bilden also im Chemieunterricht einen ersten Schwerpunkt.
Eine Auswahl von Stoffen aus dem Erfahrungsbereich der Schülerinnen und Schüler sollte vergleichend betrachtet und beschrieben werden.
Glas, Holz, Gummi, Eisen, Kunststoff, Kork, Stein, o.ä. können als Ansammlung von Werkstoffen oder auch Abfallstoffen dargeboten werden, auch Flüssigkeiten lassen sich einbeziehen.
Die Beschreibung des Aussehens (z.B. Farbe, Glanz, Durchsichtigkeit, Oberflächenstruktur, Homogenität) und des Geruchs - hier muß schon auf Gefahren im Umgang mit Stoffen hingewiesen werden - bildet dabei den ersten Schritt.
Dem Beschreiben folgen nun Untersuchungen: Begriffspaare wie biegsam - spröde, plastisch - formstabil, zähflüssig - dünnflüssig lassen sich durch entsprechenden Umgang mit den Stoffen herausarbeiten.
Ritzversuche mit Fingernagel, Kupferblech und Stahlnagel führen bei der Stoffeigenschaft Härte schon zu einer Meßskala; Beobachtungsergebnisse werden damit objektiviert und reproduzierbar.
Bei der Bestimmung der Dichte üben Schülerinnen und Schüler den Umgang mit Waage und Volumenmeßgeräten. Sie erfahren dabei, daß nicht nur der Umgang mit physikalischen Größen, sondern auch mathematische Operationen zur Arbeitsweise in der Chemie gehören.
Auch die Untersuchung der elektrischen Leitfähigkeit von Stoffen wiederum baut auf Erkenntnissen aus dem Physikunterricht auf und nutzt gleichzeitig Alltagserfahrungen (z.B. mit Kabeln und Isolationsmaterialien).

Das Verhalten von Stoffen beim Erhitzen trifft bei Schülerinnen und Schülern immer auf besonders großes Interesse. Ob Stoffe in der Hitze schmelzen, sieden, glühen, anlaufen, sich zersetzen oder brennen, läßt sich schnell und problemlos untersuchen. Zu den Alltagserfahrungen der Schülerinnen und Schüler im Umgang mit Brennstoffen, Wachs, mit Klebepistole oder Lötkolben lassen sich

Bezüge herstellen.
Die experimentellen Möglichkeiten umfassen auch die Messung der Schmelz- und Siedetemperaturen. Ergebnisse lassen sich tabellarisch erfassen und mit Literaturwerten vergleichen, Siedekurven können graphisch dargestellt werden. Aus dem Alltagswissen über Zustandsänderungen lassen sich an naheliegenden Beispielen (Wasser, Wachs, Zinn o.ä.) die Begriffe Schmelzen, Erstarren und Verdunsten/Kondensieren prägen und in Relation zur jeweiligen Temperatur und Temperaturänderung betrachten.
In einer Erweiterung müßte nun der direkte Übergang fest/gasförmig experimentell vorgestellt werden und die Begriffsbildung Sublimieren/Resublimieren erfolgen.
Die vertiefende Betrachtung der Aggregatzustände zielt darauf ab, deren stoffliches Wesen durch Herausarbeiten gemeinsamer Eigenschaften, durch Hypothesenbildung und Entwicklung von Modellen näher zu ergründen. Die Formkonstanz aller Feststoffe und die Komprimierbarkeit bzw. das Ausbreitungsstreben aller Gase bilden hierfür den phänomenologischen Hintergrund, der im Unterricht durch Experimente erschlossen wird. Diese Betrachtungen führen zu einer modellhaften Vorstellung vom Aufbau der Materie aus kleinsten Teilchen.
Eine weitere Vertiefung läge darin, Aggregatzustände und ihre Übergänge in Bezug auf die temperaturabhängige Eigenbewegung der kleinsten Teilchen zu beschreiben.
Die Sicherheitserziehung nimmt an dieser Stelle einen breiten Raum ein:
Der gefahrlose Umgang mit dem Gasbrenner und anderen Wärmequellen, der Schutz vor Verbrennungen, und Verpuffungen, vor Siedeverzug und Herausschäumen wird ebenso eingeübt wie die Handhabung der Sicherheitsvorkehrungen (Gaszufuhrsperre, Brandschutz, Fluchtwege).
Als weiteres Kriterium zur Beschreibung eines Stoffes sollte seine Löslichkeit (bzw. bei Flüssigkeiten: Mischbarkeit) in Wasser untersucht werden. Diese Stoffeigenschaft ist besonders mit Blick auf die später zu erarbeitenden Trennungsmethoden bedeutsam.
Zur Vertiefung sollten die Versuche auf andere Lösemittel wie Ethanol und Benzin ausgedehnt werden.
Alle diese Beobachtungen, Untersuchungen und Messungen ermöglichen eine definierende Stoffbeschreibung. Sie dienen auch der Identifizierung unbekannter Stoffe sowie zur Unterscheidung zwischen Reinstoffen und Stoffgemischen.
Ähnlichkeiten bei den Eigenschaften zeigen stoffliche Verwandtschaft und führen zu Klassifizierungen: Feststoffe/Flüssigkeiten/Gase, wasserlösliche/unlösliche Stoffe, brennbare/nicht brennbare Stoffe, Leiter/Nichtleiter.
Beschränkt man sich auf den Vergleich fester Reinstoffe, so ist in einer vertiefenden Betrachtung nach den Eigenschaftskombinationen eine Klassifizierung in Metalle, salzartige, flüchtige, plastische... Stoffe sinnvoll.
Stoffgemische bestimmen in weitaus größerem Maße den jugendlichen Erfahrungshorizont als Reinstoffe. Um so interessanter ist es für Schülerinnen und Schüler, Stoffgemische zu trennen und Reinstoffe zu isolieren. Grundlegende, häufig wiederkehrende Arbeitsmethoden wie Sedimentieren, Dekantieren, Filtrieren, Abdampfen und Destillieren werden eingeübt. Das Prinzip der Stofftrennung

wird dabei jeweils auf die Ausnutzung von Eigenschaftsunterschieden zurückgeführt.
Beim Kennenlernen bestimmter Phasengemische erfolgt eine wissenschaftlich exakte Begriffsbildung:
Lösung - Suspension - Emulsion - Nebel - Rauch - Schaum - Gel.
Experimentelles Erfahren, wie etwa bei der Kristallzüchtung, der Extraktion eines Duft- oder Farbstoffs oder bei der Destillation alkoholischer Lösungen, ist immer Ausgangspunkt für Vergleiche mit Alltagsanwendungen oder großtechnischen Prozessen:
Beispiele: Salzgewinnung, Milchverarbeitung, Waschen und Reinigen, Branntweinproduktion, Abfalltrennung durch Windsichter, Magnetabscheider, Siebe, Flotationen und Zentrifugen.

Anlage 7.10

3. Chemieunterricht in fünf Halbjahren

(Verbindliche Inhalte - Bezüge zu den Fächern Biologie und Physik)

3.1 Jahrgangsstufe 8

Rahmenthema:
Stoffe - Ordnung in der Vielfalt

Alltag

Ordnungs- und Aufbewahrungsprinzipien im Supermarkt, Baumarkt, Haushalt
Herstellen von Stoffgemischen

im Haushalt, in der Hobbywerkstatt
Trennen von Stoffgemischen in der Küche, in der Industrie
Stoffumwandlungen beim Kochen, Backen, Braten

Fachwissenschaft

Abgrenzung zur Physik
Unterscheidung Körper/Stoff
Stoffsystematik

Aggregatzustände
Stoffgemische
Lösemittel
Trennverfahren im Labor
Reinstoffe
Aufbau der Materie
Teilchenmodell
Stoffumwandlung

Verbindliche Inhalte

Stoffeigenschaften
Abgrenzung Körper/Stoff, Aggregatzustände[a]
kennzeichnende Stoffeigenschaften, Erkennungs- und Prüfmethoden

Verhalten von Stoffen
Aggregatzustandsänderung beim Erhitzen, Verbrennung und thermische Zersetzung als stoffliche Veränderung, Lösen von Stoffen in Lösemitteln
Kristallisation
Begriffsbildung: chemische Reaktion als Stoffumwandlung

Gefahrenpotentiale im Umgang mit Stoffen
Brennbare, giftige, ätzende und explosive Stoffe
Kennzeichnung und Entsorgung von Gefahrstoffen
Sicherheitsregeln im Umgang mit Stoffen und Geräten

Ordnungsprinzipien für Stoffe
Alltags- und nutzungsbezogene Kriterien
Eigenschaftskombinationen als Kriterien
Klassifizierung von Reinstoffen: metallisch, salzartig, flüchtig...
Charakterisierung wäßriger Lösungen: sauer, neutral, alkalisch
Anwendung von pH-Indikatoren

Teilchenstruktur der Materie[b]
Deutung der Aggregatzustände und ihrer Übergänge mit einem einfachen Kugelmodell
Begriffsbildung: kleinste Teilchen

Stoffgemische und einfache Trennmethoden
Verfahren zur Isolierung und Reinigung von Stoffen
(Konkretisierung an einem Beispiel - zwei Inhaltsfelder zur Auswahl)
A Trennungsmethoden in einem ausgewählten Bereich der Nahrungsmittel[c]- oder Gebrauchsgüterproduktion
B Müllsortierung und Abfallwirtschaft als angewandte Stofftrennung

Gefahrstoffentsorgung
Adsorptionsfilter,
Deponierung...

Nachweis- und Trennverfahren bei der Herstellung von Nahrungsmitteln
Techniken der Nahrungsmittelzubereitung

Technologie

Wertstoffe
Kompostierbare Stoffe
Schadstoffe
Abfallsortierung

Unterscheidung von natürlichen, naturidentischen und künstlichen Stoffen

Umwelt

Anlage 7.11

ANLAGE 7.11

HESSISCHES KULTUSMINISTERIUM

Hess. Kultusministerium Postfach 3160 D-6200 Wiesbaden

Aktenzeichen V B 2 - 956/30 - -
Durchwahl 368 2613
Datum 25.11.1991

An die
Direktorin des Hessischen Instituts
für Bildungsplanung und Schulentwicklung
Frau Erika Dingeldey

11. DEZ. 1991

Bodenstedtstr. 7
6200 Wiesbaden

Betr.: Rahmenplanarbeit Sekundarstufe I

Sehr geehrte Frau Dingeldey,

um die Weiterentwicklung der vorhandenen Rahmenrichtlinien, fächerübergreifenden Richtlinien und schulformbezogenen Lehrpläne in der Sekundarstufe I organisieren zu können, bitte ich Sie, die für Fächer, Lernbereiche bzw. fächerübergreifende Aufgaben zuständigen Dezernentinnen und Dezernenten des HIBS damit zu beauftragen, eine Bestandsaufnahme der Rahmenplanentwicklung für die Sekundarstufe I vorzunehmen.

Der Stand der Entwicklung von Rahmenrichtlinien in Hessen differiert sehr stark. Um die kaum noch nachvollziehbaren verschiedenen Entwicklungsstände, auch unter Berücksichtigung von inzwischen erarbeiteten schulformbezogenen Lehrplanentwürfen, auf eine Stufe zu bringen, ist es eine vordringliche Aufgabe, eine Zäsur zu setzen, den Ist-Zustand zu beschreiben, damit dann, so schnell wie möglich, formal vergleichbare Rahmenpläne erarbeitet werden können.

Die zeitlich sehr unterschiedliche Entwicklung, Weiterentwicklung, Erprobung bzw. Revision der bisherigen Rahmenrichtlinien

GLEITENDE ARBEITSZEIT! Bitte Besuche nur nach Vereinbarung. Anrufe möglichst montags bis donnerstags in der Zeit von 8.30 – 12.00 Uhr und von 13.30 – 15.30 Uhr, freitags in der Zeit von 8.30 – 13.00 Uhr

Luisenplatz 10 · D-6200 Wiesbaden · Telefon (06 11) 36 80 · Telefax (06 11) 368 20 99 · Teletex 611 803 = HKM

und fächerübergreifenden Richtlinien hat dazu geführt, daß die Schulen inzwischen mit Planvorgaben umgehen müssen, die häufig nicht mehr den fachdidaktischen und pädagogischen Erfordernissen entsprechen. Andererseits sind aber auch in verschiedenen Fächern und für fächerübergreifenden Aufgaben neue Richtlinien erarbeitet worden, die weitgehend auf dem letzten Stand der Entwicklung sind.

Ich bitte Sie, bei dieser Bestandsaufnahme folgende Vorüberlegungen mit zu bedenken, die demnächst zwischen Ihrem Haus und mir erörtert und abgestimmt werden sollten:

Unabhängig von den Ergebnissen des in Kürze beginnenden "Zukunftsdialogs" können aus den bisherigen Erfahrungen mit der Rahmenplanarbeit Funktionsmerkmale für Rahmenpläne beschrieben werden, die bei der künftigen inhaltlichen Gestaltung von Rahmenplänen berücksichtigt werden müssen:

- Legitimation vor Pädagogik und Fachdidaktik
- Rechtfertigung vor der politischen Öffentlichkeit
- Rechtsverbindlichkeit
- Orientierungsfunktion für Lehrer, Eltern und Schüler.

Rahmenpläne sollen sich deswegen künftig in einem allgemeinen Teil darauf beschränken, die didaktische und inhaltliche Substanz des jeweiligen Faches/Lernbereichs bzw. der fächerübergreifenden Aufgaben zu beschreiben. Dies soll schulformübergreifend geschehen.

Die Rahmenpläne beschreiben damit ausschließlich den jeweiligen Bildungsauftrag des Faches, des Lernbereichs bzw. der fächerübergreifenden Aufgaben.

Aufgenommen in den allgemeinen Teil der Rahmenpläne werden nur noch Aussagen zu:

- didaktischen Grundsätzen

- Zielen/Qualifikationen
- Inhalten.

Der allgemeine Teil übernimmt damit die Legitimation gegenüber Wissenschaft und Politik.

Gleichzeitig mit der Weiterentwicklung der allgemeinen Teile der Rahmenpläne soll der Prozeß der Weiterentwicklung der unterrichtspraktischen Ansätze der Rahmenrichtlinien, der fächerübergreifenden Richtlinien und der schulformbezogenen Lehrplanentwürfe verlaufen.

Sie sollen sich auf die Stundenanteile der im Schulgesetz bzw. in der Stundentafel ausgewiesenen Fächer, Lernbereiche und fächerübergreifenden Vorhaben beziehen.

Der unterrichtspraktische Teil übernimmt damit Orientierungsfunktionen für die an Schule direkt Beteiligten: Lehrerinnen und Lehrer, Schülerinnen und Schüler und Eltern.

Ohne einer notwendigen Abstimmung im Detail vorgreifen zu wollen, bitte ich Sie, die Dezernentinnen und Dezernenten des HIBS zu beauftragen:

Erstens, die Textteile aus den vorhandenen Rahmenrichtlinien bzw. -entwürfen, aus den vorliegenden Lehrplanentwürfen und den fächerübergreifenden Richtlinien zusammenzustellen, die zur Weiterentwicklung von Rahmenplänen geeignet sind.

Zweitens, "Fehlstellen" in den bisherigen Plänen zu benennen

und

Drittens, Vorschläge für zu streichende Teile ("Entrümpelung") zu machen.

Da diese Arbeit in engem - auch zeitlichem - Zusammenhang mit dem in der Koalitionsvereinbarung geforderten "wissenschaftlich-gesellschaftlichen Dialog über die Aufgaben der Schule und ihrer Perspektiven in der Zukunft" steht, bitte ich Sie, die Vorlagen bis zum 30.6.1992 fertigzustellen.

Mit freundlichen Grüßen

Im Auftrag:

(Elfner)

Anlage 7.12

HIBS • AG Rahmenlehrpläne
Zimbrich • 5. Februar 1992

Als Protokoll der Sitzung der AG Rahmenpläne vom 4. Februar 1992:

Vorgaben für die Erstellung der neuen Rahmenlehrpläne

Auf der Grundlage der vom HKM gesetzten Eckdaten einigte sich die Arbeitsgruppe auf die folgenden Vorgaben, die zugleich als Beurteilungskriterien für die von Zimbrich zu erstellenden Bestandsaufnahmen zur Lehrplanarbeit in den Fächern, Lernbereichen und fächerübergreifenden Aufgaben herangezogen werden:

1.
Alle Rahmenlehrpläne sollen die folgende - und nur die folgende - Gliederung (auch keine zusätzlichen Gliederungspunkte) haben:

Gliederung	Aufgabe des Abschnittes
A Allgemeiner Teil	Schulformübergreifende Beschreibung der didaktischen und inhaltlichen Substanz des Faches (des Lernbereichs, der fächerübergreifenden Aufgabe). Der Allgemeine Teil dient der Legitimation des Plans vor Pädagogik und Fachdidaktik.
1. Aufgabenbeschreibung des Faches (Lernbereichs, Fächerübergreifende Aufgabe) - Ziele / Qualifikationen	Hier sind die fachspezifischen Aufgaben - Aufgaben, die nur dieses Fach erfüllt (das Probrium des Faches) - zu benennen. Es ist auch der Gegenstandsbereich des Faches zu benennen und in seinen Grundzügen zu beschreiben: ob sich z.B. das Fach Deutsch mit den Erscheinungen der deutschen Sprache und Literatur oder aber mit den Erkenntnissen und Modellen der Germanistik bzw. Linguistik oder mit was sonst auseinandersetzt. Die angestrebten Ziele und Qualifikationen müssen aus diesem Fachbezug verständlich sein.
2. Didaktische Grundsätze	Gemeint sind Grundsätze, die bei der didaktischen Aneignung der Gegenstände (bei der didaktischen Strukturierung des Gegenstandsbereiches) des Faches befolgt werden sollen. Diese Grundsätze haben auch methodische Konsequenzen. Aber es sind keine methodischen Grundsätze. Methodische Grundsätze gehören nicht in diesen Abschnitt. Am Beispiel: Der Grundsatz "Das sprachliche Lernen sollte themenorientiert, wirklichkeitsnah und in lebendigen Gebrauchszusammenhängen erfolgen" ist didaktisch. Der Grundsatz "Der Deutschunterricht muß alle Grundformen der Unterrichtsorganisation nutzen" ist dagegen rein methodisch. Die Grundsätze können - wenn nötig - erläutert, sollen aber nicht begründet werden. Vorausgesetzt wird allerdings, daß sie begründet sind.

3. Inhalte

Durch die Aufgabenbeschreibung (incl. Ziele und Qualifikationen) und die didaktischen Grundsätze ergibt sich das inhaltliche Profil des Faches. Dies ist an dieser Stelle in vollem Umfange - als Maximum - im allgemeinen zu beschreiben.
Gemeint sind die Inhalte des Schulfaches (des Lernbereichs, der fächerübergreifenden Aufgabe), d.h. das, was dieses Fach insgesamt zu lehren vermag. Das ist nicht gleichzusetzen mit dem, was in der Sekundarstufe I zu vermitteln ist. Dies steht im unterrichtspraktischen Teil. Hier geht es um die inhaltliche Beschreibung des Faches, aus der die Auswahl des unterrichtspraktischen Teils verständlich wird.

B Unterrichtspraktischer Teil

Jahrgangs- bzw. jahrgangsstufenbezogene Darstellung der zu vermittelnden Inhalte, d.h. der Kenntnisse, Fähigkeiten und Fertigkeiten, die die Schülerinnen und Schüler erwerben sollen.
Dieser Teil dient der Orientierung der Lehrer, Eltern und Schüler.
Er kann durch allgemeine Hinweise zur Unterrichtsorganisation, insofern sie fachspezifisch sind, eingeleitet werden.

1. Klassenstufe 5
2. Klassenstufe 6
3. Klassenstufe 7
4. Klassenstufe 8
5. Klassenstufe 9
6. Klassenstufe 10

(die Klassenstufen 5/6, 7/8 und 9/10 können zusammengefaßt werden)

Die Jahrgangs- bzw. Jahrgangsstufenpläne erfassen 60% dessen, was im jeweiligen Zeitraum gelehrt werden soll: es sind Minimalpläne.
Sie enthalten keine entwicklungspsychologische Aussagen.
Die Angaben sollen im Sinne gleichgewichtiger Bausteine erfolgen: d.h. alle Angaben sollen in Blöcke zusammengefaßt werden, die sowohl qualitativ (in ihrer Bedeutung für das Fach) als auch quantitativ (in ihrem Zeitbedarf) gleiche Anteile am Unterricht erhalten sollen. Jeder Baustein trägt einen Titel, der in einem Begleittext erläutert werden kann. Durch diese Erläuterungen muß deutlich werden, in welcher Gestalt die Bausteine untereinander gleichgewichtig sind.

2.
Es wird vorausgesetzt, daß die Pläne pädagogisch, schulpädagogisch und fachdidaktisch abgesichert sind. Daß sie es sind, wird in den Plänen nicht bewiesen. Solche Beweise gehören in den vorbereitenden bzw. begleitenden Diskurs. Die Pläne selbst sind von allen Begründungsintentionen freizuhalten.

3.
Die Sachstandsberichte sollen auch Möglichkeiten zur Vereinheitlichung der Terminologie ermitteln. Vor allem im unterrichtspraktischen Teil sind eine Vielzahl von Begriffen in Gebrauch (Inhalte, Unterrichtsinhalte, Grundkenntnisse, Grundbegriffe, Themen , Unterrichtseinheiten, Arbeitsbereiche, Aufgabenfelder, Gegenstände, Unterrichtsgegenstände usw.), mit denen oft dasselbe gemeint ist.

4.
Rahmenlehrpläne sollen zunächst (1992) für folgende Fächer, Lernbereiche und fächerübergreifende Aufgaben erstellt werden:
Deutsch, Neue Sprachen, Mathematik, Chemie, Biologie, Arbeitslehre, Lernbereich Gesellschaftslehre (die Titelfrage ist noch offen; vielleicht auch: Lernbereich Gesellschaft), IKG, und Ökologische Bildung (unter diesem Begriff werden Gesundheitserziehung, Sexualerziehung und Umwelterziehung zusammengefaßt).

5.
Die Bestandsaufnahmen werden an folgenden Terminen in der AG Rahmenlehrpläne behandelt:

21. 02. 1992 : Mathematik, Chemie	10.03.1992 : Biologie, Ökologische Bildung
24.02.1992 : Deutsch, IKG	17.03.1992 : Neue Sprachen
04.03.1992 : LB Gesellschaftslehre	25.03.1992 : Arbeitslehre

Anlage 7.13

Rahmenpläne schreiben - Eine Check-Liste

1. Schritt:
Klärung der Intentionen der Lehrplanarbeit
Der Plan muß für alle allgemeinbildenden Schulen der Sekundarstufe I in Hessen gelten können.
Der Plan muß normative Kraft besitzen: er soll nicht nur akzeptiert werden, sondern auch in den Schulen angenommen werden.
Der Plan muß Spielräume der Entfaltung für die einzelnen Schulen eröffnen.
Der Plan muß die Gegebenheiten des gegenwärtigen Unterrichts akzeptieren: Fachunterricht, Fachlehrerausbildung, Fachabschlüsse.
Der Plan muß ein Minimum an Verbindlichkeiten auf der Grundlage einer Beschreibung dessen, was das Fach vermag, festlegen.
Der Plan muß konsensfähig sein: in der Öffentlichkeit, aber auch vor allem unter den Lehrerinnen und Lehrern.
Der Plan muß, ohne seine Konsensfähigkeit zu verlieren, den Intentionen einer auf Konfliktfähigkeit, Selbst- und Mitbestimmung abzielenden Schulreform Ausdruck geben:
Praxisbezug, Handlungsorientierung, soziales Lernen.

2. Schritt:
Thematisierung des Kerncurriculums
Ausgangspunkt bildet die fachdidaktische Kompetenz der Schreiber und Schreiberinnen: Sie wissen genau, was in ihrem Fach unterrichtet werden muß. Sie kennen auch die Spielräume, die ihnen im Streben nach Konsens eingeräumt sind. Sie wissen, was man riskieren kann, und was nicht.
Aufgabe ist es nun, die vorgegebene Masse an Kenntnissen, Fertigkeiten und Fähigkeiten (Wissen, Können, Wollen) in überschaubare Einheiten zusammenzufassen und durch eine Ordnung dieser Einheiten zugleich das Bild eines aufbauenden Lernprozesses zu vermitteln. Sie sollten etwa gleichgewichtige Einheiten in einem zeitlichen Rahmen einander zuordnen: z.B. Vieteljahres- oder Halbjahreskurse.
Als Terminus zur Kennzeichnung dieser Einheiten schlage ich den Begriff Rahmenthema vor. Er ermöglicht die Untergliederung der Einheiten in Themen.
Funktion dieser Thematisierung ist Reduktion von Komplexität, Strukturierung der Bestände und Imagination des Lernprozesses. Funktion dieser Thematisierung ist es nicht, dem Lehrer zu sagen, wie er diese Themen im Unterricht behandelt. Die angegebenen Themen sind keine Unterrichtsthemen.
Eine solche Thematisierung bedarf eines Instruments. Das einfachste ist wohl die Befragung von Fachleuten: Was muß in Ihrem Fach unterrichtet werden und in welcher Reihenfolge? Schwieriger ist eine systematische Herleitung der Themen.
[Beispiele in der Anlage]

3. Schritt:
Inhaltliche Beschreibung der Themen
Als Reduktion von Komplexität bleiben die Themenformulierungen notwendig abstrakt, dh. sie lassen noch zu viele Deutungsmöglichkeiten offen: Sie bedürfen der fachspezifischen Beschreibung der **Inhalte**, die im Rahmen der Themen erarbeitet werden sollen. Zu den Inhalten zählen nicht nur die Kenntnisse (Wissen), sondern auch die Fertigkeiten (Können) und Fähigkeiten (Wollen = Haltungen, die die Lernerfahrungen innerhalb dieses Themas einprägen).
Diese inhaltliche Beschreibung der Themen (Rahmenthemen) erfolgt in zweierlei Hinsicht:
(1) Es muß gesagt werden, welches Vorwissen (Wissen, Können, Wollen) die Schülerinnen und Schüler zum Bestehen des Themas mitbringen müssen.
(2) Und es muß gesagt werden, welche Erweiterungen dieses Vorwissens das Thema ermöglichen soll.
Sinn dieser Beschreibungen ist die allgemeinverständliche Darstellung dessen, was die Schreiber sich bei der Nennung des Themas gedacht haben. Eine Liste abhakbarer Lernziele ist dazu ungeeignet. Lernziele müßten, um überhaupt Informationen zu transportieren, viel zu detailliert ausdifferenziert werden. Es ist sinnvoll, innerhalb einer Unterrichtseinheit von Lernzielen zu sprechen, nicht aber in einem Lehrplan, der für ganz Hessen gelten soll.

4. Schritt:
Allgemeine Definition der Aufgaben des Faches (Aufgabenbeschreibung)
Auf der Grundlage des thematisierten und inhaltlich beschriebenen Kerncurriculums kann die allgemeine Aufgabenbeschreibung des Faches vorgenommen werden. Diese Schritt ist eine Besinnung auf das, was man bisher getan hat. Er dokumentiert die Grenzen, die der Schreiber gezogen hat und die er bereit ist, vor der Welt zu verteidigen.
Die Aufgabenbeschreibung bestimmt, indem es das Fach definiert, den Gegenstandsbereich eines Faches: sie sagt, wie die **Gegenstände** beschaffen sein müssen, um in diesem Fach zur Erarbeitung der im Thema genannten Inhalte geeignet zu sein. So bestimmen z.B, die "Arbeitsbereiche" im Fach Deutsch, was Gegenstand des Deutschunterrichts sein kann: Sprache (Reflexion über Sprache), Texte (Umgang mit Texten), Kommunikationen (schriftliche und münliche Kommunikation).
Ich halte diese Bestimmung des Gegenstandsbereichs für zu weit, aber es ist eine.

"**Gegenstand**" heißt das, was entgegen steht, was der Aufmerksamkeit eines Beobachters (Schüler) ausgesetzt werden kann: Dinge, Handlungen, Texte. Wichtig ist die dingliche Begrenzung des Gegenstandes: man muß Anfang und Ende, seine Eigenschaften, Teile und seine Ausdehnung angeben können. Auch Prozesse sind gegenständlich. Der Gegenstand muß nicht starr, er muß nur bestimmbar sein.
Der "**Gegenstandsbereich**" beschreibt die spezifischen Merkmale der Gegenstände eines Faches. Ein und derselbe Gegenstand kann verschiedenen Gegenstandsbereichen angehören.

5. Schritt:
Legitimation der allgemeinen Aufgabenbeschreibung durch Angabe der mit dieser Definition verbundenen Zielsetzungen
Jede Grenzziehung steht unter der Herrschaft bestimmter Zielsetzungen. Mehr oder weniger unausgesprochen sind diese Ziele längst da, bevor der Schreiber an die Arbeit geht. Aber solange die Grenzen nicht gezogen sind, haben sie die dürftige Gestalt um-

gehender Gespenster, die es nicht lohnen, daß man lange darüber nachdenkt. Wichtig werden sie erst, wenn es darauf ankommt, ihre Arbeit zu beschreiben, nämlich zu zeigen, daß und wie diese Ziele die Auswahl der Themen und deren inhaltliche Beschreibung lenken. Die Ziele dürfen nicht unabhängig betrachtet werden von dem, was sie im Plan bewirkt haben.

6. Schritt:
Formulierung didaktischer Grundsätze
Didaktische Grundsätze geben Antwort auf die Frage, wie die Inhalte des Faches zum Zwecke des Lehrens und Lernens vergegenständlicht werden sollen. Sie benennen keine Prinzipien der Unterrichtsgestaltung (Methoden), sondern Prinzipien der Unterrichtsvorbereitung.
Die didaktischen Grundsätze bestimmen die spezifische Form der Gegenstandskonstitution im Unterricht. Sie charakterisieren die Art und Weise, wie die Inhalte des Faches den Schülerinnen und Schülern vorgestellt, zur Aufmerksamkeit und zur Auseinandersetzung mit ihnen dargeboten werden sollen: in Probleme eingebettet (Problemorientierung), von den Erfahrungen der Schüler her (Schülerorientierung), durch wissenschaftliche Informationen bzw. durch wissenschaftliche Methoden (Wissenschaftsorientierung), im praktischen Umgang mit ihnen (Handlungsorientierung).

7. Schritt:
Inhaltliche Beschreibung des Faches in seiner definierten und legitimierten Gestalt
Durch die Abhängigkeit aller Vorgaben des Lehrplans vom Prozeß der Vermittlung (dem Lehren) vermittelt ein Fach mehr als nur Inhalte. Es vermittelt auch eine bestimmte Art, mit den Inhalten umzugehen: sie zu vergegenständlichen, sie in einen besonderen Weltumgang (Lebenserfahrung der Schülerinnen und Schüler) einzuordnen und sie als wertvoll zu erkennen. Die inhaltliche Beschreibung eines Faches im Sinne des Maximums dessen, was das Fach vermag, ist deshalb erst auf der Grundlage der Thematisierung des Kerncurriculums, der fachspezifischen Zielsetzungen sowie der Formulierung didaktischer Grundsätze möglich.

8. Schritt:
Prüfung des Planes anhand der Intentionen der Lehrplanarbeit (vgl. 1. Schritt).

HIBS • AG Rahmenpläne
Zimbrich • 9. Juni 1992

Anlage 7.14

Grundsätze zur Einführung der Rahmenpläne Sek I.

VO über Rahmenpläne vom 27. Oktober 1995

Erlaß vom 1. November 1995
V B 2 – 950/200 – 225 –

Gült. Verz. Nr. 7203

Ab dem Schuljahr 1996/97 sind die Rahmenpläne für die Fächer Deutsch, Mathematik, Erdkunde, Geschichte, Sozialkunde und Arbeitslehre sowie für den Lernbereich Gesellschaftslehre Grundlage des Unterrichts.

Die Rahmenpläne beschreiben die verbindlichen Ziele, didaktischen Grundsätze und Inhalte der jeweiligen Fächer bezogen auf die Bildungsgänge. Sie lassen dabei Raum zur schulbezogenen Ausgestaltung, zur fächerverbindenden und fächerübergreifenden Kooperation sowie zur Entwicklung eines eigenständigen pädagogischen Konzepts.

Besonderes Gewicht legen die Rahmenpläne auf die Vermittlung fachspezifischer Arbeitsweisen und übergreifender methodischer Kompetenzen. Hier haben die Fächer gemeinsame Arbeitsfelder, die eine Zusammenarbeit zwischen den Lehrerinnen und Lehrern verschiedener Unterrichtsfächer erforderlich machen.

Zur Einführung der Rahmenpläne an den Schulen empfehlen sich folgende Arbeitsschritte:

1. Das verbleibende Schuljahr 1995/96 dient einer Bestandsaufnahme der curricularen Situation in den betreffenden Fächern bzw. dem Lernbereich und der Vorbereitung der Arbeit mit den neuen Rahmenplänen. In den Fachkonferenzen bzw. der Lernbereichskonferenz werden Unterrichtserfahrungen, bisherige didaktische Entscheidungen und Schwerpunkte kritisch reflektiert und die vorliegenden schuleigenen Arbeitspläne vor dem Hintergrund der Anforderungen der neuen Rahmenpläne überprüft. In dieser produktiven Auseinandersetzung bietet die Einführung der neuen Rahmenpläne die Chance, Überkommenes zu revidieren, Bewährtes aber auch begründet zu erhalten und in einen neuen curricularen Zusammenhang zu stellen.

2. Die Bestandsaufnahmen sind Grundlage für die Erarbeitung fachbezogener Arbeitspläne, die den Anforderungen der Rahmenpläne entsprechen.

   Im Falle erheblicher Unterschiede im curricularen Aufbau und in den Anforderungen zwischen den bisher gültigen Rahmenrichtlinien bzw. den schuleigenen Arbeitsplänen und den neuen Rahmenplänen beschließen die Fachkonferenzen Regelungen mit dem Ziel, Brüche im Lernaufbau und Qualifikationsdefizite zu vermeiden.

   Im Verlauf ihres Arbeitsprozesses stimmen die Fachkonferenzen ihre Arbeitspläne untereinander ab. Ziel dieser Zusammenarbeit sind Absprachen zwischen den Fachkonferenzen zur arbeitsteiligen Vermittlung und Akzentuierung fächerübergreifender Fähigkeiten und Fertigkeiten oder darüber hinaus die Planung von Unterrichtsvorhaben mit übergreifenden Schwerpunkten.

3. Ergebnis sind Arbeitspläne für die Fächer bzw. den Lernbereich, in denen jeweils ausgewiesen ist, wie sowohl die thematischen Anforderungen der Rahmenpläne, als auch ihre Anforderungen im Bereich der Arbeitsweisen und Methoden sowie die fächerübergreifenden Bezüge eingelöst werden können. Ausgehend von den Gestaltungsspielräumen der Rahmenpläne enthalten die Arbeitspläne inhaltlich-thematische Konkretisierungen, die auf die jeweiligen Bildungsgänge und die besonderen schulischen Bedingungen bezogen sind, sie nennen mögliche Schwerpunktsetzungen und beschreiben die mit der Bearbeitung der Unterrichtsthemen und -inhalte jeweils zu verbindenden methodischen Grundformen und Arbeitsweisen. Die Arbeitspläne für die Fächer bzw. den Lernbereich bilden insofern den fachcurricularen Teil des pädagogischen Konzepts der Schule.

   Die Schulleiterin oder der Schulleiter sichert und gewährleistet diesen Prozeß der Vermittlung fachspezifischer und schulkonzeptioneller Ziele.

Auf regionaler und schulischer Ebene unterstützt und berät die Schulaufsicht gemeinsam mit den Kreisbildstellen, den Studienseminaren und den Außenstellen des HILF die Schulen bei der Umsetzung der Rahmenpläne durch unterschiedliche, am Bedarf der Schulen orientierte Maßnahmen. Die Unterstützungsmaßnahmen zur Einführung der Rahmenpläne werden gemeinsam von der Schulaufsicht und den Studienseminaren sowie dem Hessischen Institut für Lehrerfortbildung (HILF), der Landesbildstelle und dem Hessischen Institut für Bildungsplanung und Schulentwicklung (HIBS), künftig Hessisches Landesinstitut für Pädagogik (HeLP) geplant und koordiniert. Die genannten Institutionen werten den Prozeß und die Ergebnisse der Einführung der Rahmenpläne in den Schulen ihrer Region aus.

Das HILF bietet im Rahmen seiner Kapazitäten zum einen fachbezogene Veranstaltungen sowie Veranstaltungen zu schulkonzeptionellen Fragen an, zum anderen Veranstaltungen, die der Beratung und Begleitung des Prozesses der Rahmenplaneinführung an den Schulen dienen.

Auch die Studienseminare unterstützen im Zusammenhang ihrer Auftrags die Einführung der Rahmenpläne, z. B. durch Öffnung entsprechender Seminarveranstaltungen für Mentoren oder Fachsprecher.

Von der Landesbildstelle werden den Schulen über die Bildstellen Hilfen im Medienbereich angeboten, wobei auch eventuelle Defizite in der Medienversorgung festgestellt und ausgeglichen werden.

Das HIBS erstellt auf Grundlagen der Rahmenpläne Empfehlungen und Handreichungen und dokumentiert Erfahrungen der Schulen bei der Einführung und Umsetzung der Rahmenpläne.

Die Schulaufsicht berät die Schulen und vergewissert sich im Rahmen ihrer Fachaufsicht der Umsetzung der Rahmenpläne.

Die Rahmenpläne bedürfen regelmäßiger Weiterentwicklung vor allem in ihren unterrichtspraktischen Teilen. Diese wird bestimmt von pädagogischen und fachwissenschaftlichen Erkenntnissen, dem Bildungs- und Erziehungsauftrag der Schule sowie den Erfahrungen der Schulpraxis. Anregungen und Vorschläge zur Fortschreibung der Rahmenpläne können dem HIBS zugeleitet werden.

Richtlinien über die Vergütung von Prüfungstätigkeiten der Mitglieder der wissenschaftlichen Prüfungsämter für die Lehrämter

Erlaß vom 1. April 1985
IV A 1 1 – 625/0 (3) – 16 –

Erlaß vom 15. November 1995
VI B 2.1 – 860/40 – 507 –

Gült. Verz. Nr. 3237

Mein Bezugserlaß, welcher infolge Zeitablaufs außer Kraft tritt, behält weiterhin seine Gültigkeit:

Für die Mitwirkung an den vor den Wissenschaftlichen und Künstlerischen Prüfungsämtern für die Lehrämter abzulegenden Prüfungen werden folgende Vergütungssätze festgelegt:

1. Mitwirkung bei Lehramtsprüfungen

1.1 Begutachtung einer Hausarbeit 50.00 DM

1.2 Beurteilung einer schriftlichen Arbeit unter Aufsicht – Klausurarbeit – sowie einer praktischen Arbeit in den künstlerischen Fächern bei Lehramtsprüfungen 17.00 DM

1.3 Mitwirkung bei Lehrproben 14,50 DM

1.4 Mitwirkung bei der mündlichen Prüfung je Zeitstunde 18.00 DM

2. Für die Mitwirkung bei Erweiterungsprüfungen (Ergänzungsprüfungen) sowie bei Prüfungen, die die Befähigung zu einem weiteren Lehramt vermitteln (Zusatzprüfung), gilt die Regelung unter Ziffer 1 entsprechend.

3. Für die Vergütung anläßlich der Mitwirkung bei Nachhol- und Wiederholungsprüfungen ist die unter Ziffer 1 getroffene Regelung ebenfalls entsprechend anzuwenden.

4.1 Die unter Ziffer 1 festgelegten Beträge erhält jeder Prüfer, wenn die Beurteilung durch mehrere Prüfer nach den Vorschriften der jeweiligen Prüfungsordnungen zwingend vorgeschrieben ist.

4.2 In den Fällen, in denen sich mehrere Prüfer in eine Tätigkeit teilen, für die die Prüfungsordnung nur einen Prüfer vorsieht, ist die Vergütung entsprechend dem Umfang der geleisteten Prüfungstätigkeit aufzuteilen.

5. Dauert die mündliche Prüfung weniger als eine Zeitstunde, so werden für eine Prüfungszeit von mehr als 30 Minuten die Hälfte, von mehr als 20 Minuten ein Drittel, von 10–20 Minuten ein Viertel der Vergütungssätze gezahlt. Die sich ergebenden Beträge sind hierbei jeweils auf volle fünfzig Pfennig, bei Beträgen über fünfzig Pfennig auf eine volle Deutsche Mark aufzurunden.

6. Bei der Berechnung der Prüfungszeit ist die in den Prüfungsvorschriften für die Prüfung vorgeschriebene Zeit auch dann zugrunde zu legen, wenn die Prüfung im Einzelfall länger gedauert hat.

7. Mit den Prüfungsvergütungen sind alle Aufwendungen, die üblicherweise durch die Korrektur von schriftlichen Prüfungsarbeiten entstehen (z. B. Kosten der Niederschrift der Gutachten, Porto, Spesen usw.) sowie sonstige bei Prüfungen erforderliche Nebenleistungen (z. B. Teilnahme an der Beratung des Prüfungsergebnisses) abgegolten.

8. Vergütung für den Vorsitzenden und seinen Stellvertreter:

8.1 Wird derVorsitz des Prüfungsamtes nebenberuflich oder nebenamtlich ohne Entlastung im Hauptamt wahrgenommen, erhält der Vorsitzende zur Abgeltung seiner Tätigkeit bei der Durchführung der Ersten Staatsprüfung

8.1.1 bei bis zu 50 Prüfungen je Termin für jede Prüfung einen Betrag von 33.00 DM

8.1.2 bei bis zu 100 Prüfungen je Termin für jede die Zahl von 50 übersteigende Prüfung 22.00 DM

8.1.3 bei bis zu 200 Prüfungen je Termin für jede die Zahl von 100 übersteigende Prüfung 17.00 DM

Anlage 7.15

AMTLICHER TEIL

VERWALTUNGSVORSCHRIFTEN

Verordnung über die Pädagogische Ausbildung und die Zweite Staatsprüfung für die Lehrämter vom 17.10.1990 (GVBl. I S. 567, 610), geändert durch die Verordnung vom 19. November 1992 (GVBl. I S. 609) hier: § 3 und § 19

Erlaß vom 5. November 1996
VI B – 853/02 – 16 –

Gült. Verz. Nr. 7014

Studienreferendarinnen und Studienreferendare für das Lehramt an Gymnasien können Ausbildungsschulen unterschiedlicher Organisationsformen zugewiesen werden. Hierzu gehören auch Schulen, die integrativen Unterricht anbieten.

Gemäß § 19 Abs. 1 der o.a. Verordnung soll eine der beiden vorgeschriebenen Prüfungslehrproben in der Mittelstufe und eine in der Oberstufe erfolgen. Gemäß § 19 Abs. 2 sollen die Prüfungslehrproben in Klassen erfolgen, die dem Referendar bekannt sind.

In den Fällen, in den Referendarinnen und Referendaren einen erheblichen Anteil ihrer Unterrichtsverpflichtung in integrativen Klassen ableisten, kann demnach auch eine der beiden Prüfungslehrproben in einer solchen Lerngruppe erfolgen. Wenn diese Lerngruppe in Doppelbesetzung geführt wird, so kann diese Besetzung auch in der Prüfungslehrprobe entsprechend erfolgen.

Diese Regelung entspricht der Regelung bezüglich der Ausbildung der Referendarinnen und Referendare für das Lehramt an Sonderschulen in einem gemeinsamen Unterricht an allgemeinen Schulen, wie sie im Bezugserlaß festgelegt ist. Auch für die Ausbildung von Referendarinnen und Referendaren für das Lehramt am Gymnasium gilt demnach, daß im Falle des Unterrichts in integrativen Klassen eine enge Kooperation zwischen den Seminaren mit didaktischem Schwerpunkt und mit erziehungs-/gesellschaftswissenschaftlichem Schwerpunkt sicherzustellen ist. Als Mentorin oder Mentor und 7. Prüfungsmitglied ist nach Möglichkeit eine Lehrkraft mit mehrjähriger Erfahrung in integrativem Unterricht zu gewinnen. Diese kann gemäß § 15 Abs. 2 Nr. 5 der o.a. Verordnung in begründeten Fällen auch ein anderes Lehramt als das Lehramt an Gymnasien haben.

Feststellung der Befähigung von Sozialpädagoginnen und Sozialpädagogen im Schuldienst für die Laufbahn der Sozialpädagoginnen und Sozialpädagogen

Erlaß vom 4. November 1996
II A 2.1 – 170/1788 – 1

Gült. Verz. Nr. 3201

Nach § 3 Abs. 1 in Verbindung mit § 7 der Hessischen Verordnung über die Beamten in Laufbahnen besonderer Fachrichtungen vom 22. Oktober 1990 (GVBl. I S 581) in der jeweils geltenden Fassung kann die Befähigung festgestellt werden, wenn die Bewerberin oder der Bewerber eine hauptberufliche Tätigkeit innerhalb oder außerhalb des öffentlichen Dienstes nachweist, die sie/ihn zu selbständiger Tätigkeit in einem Amt ihrer/seiner Laufbahn befähigt. In § 7 der Verordnung ist festgelegt, daß für Sozialpädagoginnen und Sozialpädagogen diese Zeit zwei Jahre beträgt (Teilzeitbeschäftigung wird entsprechend ihrem Verhältnis zur regelmäßigen Arbeitszeit berücksichtigt). Weiterhin wird das Zeugnis über die staatliche Anerkennung nach einem abgeschlossenen Studium an einer Fachhochschule gefordert.

Der Nachweis für die Befähigung zu selbständiger Tätigkeit wird erbracht durch:

- ein Gutachten über die schulische Arbeit insgesamt durch die Schulleiterin oder den Schulleiter,
- ein Gutachten über eine schulfachliche Besichtigung (Unterrichtsbesuch) durch das Staatliche Schulamt, bei der die Arbeitsweise positiv bewertet wurde, und
- die Teilnahme an Fortbildungsveranstaltungen auf regionaler bzw. überregionaler Ebene.

Der Erlaß vom 9. Juni 1986 (ABl. S. 434) wird aufgehoben.

Grundsätze zur Einführung der Rahmenpläne Sek. I 210. VO über Rahmenpläne vom 27. Juni 1996

Erlaß vom 1. November 1996
V B 2 – 950/200 – 257 –

Gült. Verz. Nr. 7203

Ab dem Schuljahr 1997/98 sind die Rahmenpläne für die Neuen Sprachen, die Fächer Ethik, Kunst, Biologie, Chemie, Physik sowie für den Lernbereich Naturwissenschaften Grundlagen des Unterrichts.

Die Rahmenpläne beschreiben die verbindlichen Ziele, die didaktischen Grundsätze, die Inhalte und die fachspezifischen Arbeitsweisen der jeweiligen Fächer bezogen auf die Bildungsgänge. In ihrer didaktischen Anlage und ihren thematischen Schwerpunkten weisen die einzelnen Rahmenpläne vielfältige Bezüge zu den Rahmenplänen anderer Fächer auf und regen damit fächerverbindende oder fächerübergreifende Unterrichtsvorhaben an. Damit beziehen sich die Rahmenpläne auch auf die fächerübergreifend angelegten besonderen Bildungs- und Erziehungsaufgaben der Schule. Sie lassen dabei Raum zur schulbezogenen Ausgestaltung, sowie zur Entwicklung eines eigenständigen pädagogischen Konzepts.

Zur Einführung der Rahmenpläne an den Schulen empfehlen sich folgende Arbeitsschritte:

1. Das Schuljahr 1996/97 dient zunächst der Bestandsaufnahme der curricularen Situation in den betreffenden Fächern bzw. dem Lernbereich und der Vorbereitung der Arbeit mit den neuen Rahmenplänen. In den Fachkonferenzen bzw. der Lernbereichskonferenz sollen Unterrichtserfahrungen, bisherige didaktische Entscheidungen und Schwerpunkte kritisch reflektiert und die vorliegenden schuleigenen Arbeitsplänen vor dem Hintergrund der Anforderungen der neuen Rahmenpläne überprüft werden. In dieser produktiven Auseinandersetzung bietet die Einführung der neuen Rahmenpläne die Chance, Überkommenes zu revidieren, Bewährtes aber auch begründet zu erhalten und in einen neuen curricularen Zusammenhang zu stellen.

   In Hinblick auf die fächerübergreifenden Bezüge und die allen Fächern gemeinsamen pädagogischen Aufgaben sollte bei dieser Bestandsaufnahme auch nach möglicherweise schon entwickelter Kooperation mit anderen Fachbereichen gefragt und ggf. entsprechende Erfahrungen ausgewertet werden.

2. Die Bestandsaufnahmen sind Grundlage für die Erarbeitung fachbezogener Arbeitspläne, die den Anforderungen der Rahmenpläne entsprechen.

   Im Falle erheblicher Unterschiede im curricularen Aufbau und in den Anforderungen zwischen den bisher gültigen Rahmenrichtlinien bzw. den schuleigenen Arbeitsplänen und den neuen Rahmenplänen beschließen die Fachkonferenzen Regelungen mit dem Ziel, Brüche im Lernaufbau und Qualifikationsdefizite zu vermeiden.

   Im Verlauf ihres Arbeitsprozesses stimmen die Fachkonferenzen ihre Arbeitspläne untereinander ab. Ziel ist es, thematische und methodische Berührungspunkte und Verknüpfungsmöglichkeiten zwischen den Fächern bei der zeitlichen Planung und der Festlegung der Unterrichtsschwerpunkte zu berücksichtigen oder darüber hinaus fächerübergreifende Unterrichtsvorhaben zu planen.

3. Ergebnis sind Arbeitspläne für die Fächer bzw. den Lernbereich, in denen jeweils ausgewiesen ist, wie sowohl die thematischen Anforderungen der Rahmenpläne als auch ihre Anforderungen im Bereich der Arbeitsweisen und Methoden sowie die fächerübergreifenden Bezüge eingelöst werden können. Ausgehend von den Gestaltungsspielräumen der Rahmenpläne enthalten die Arbeitspläne inhaltlich-thematische Konkretisierungen, die auf die jeweiligen Bildungsgänge und die besonderen schulischen Bedingungen bezogen sind, sie nennen mögliche Schwerpunktsetzungen und beschreiben die mit der Bearbeitung der Unterrichtsthemen und -inhalte jeweils zu verbindenden methodischen Grundformen und Arbeitsweisen. Die Arbeitspläne für die Fächer bzw. den Lernbereich bilden insofern den fachcurricularen Teil des pädagogischen Konzepts der Schule – ihres künftigen Schulprogramms –, in dem die Ziele fachlichen Lernens und übergreifende Bildungs- und Erziehungsaufgaben aufeinander bezogen sind.

   Die Schulleiterin oder der Schulleiter sichert und gewährleistet diesen Prozeß der Vermittlung fachspezifischer und schulkonzeptioneller Ziele. Diese Entwicklungsaufgaben erfordern und befördern zugleich die Weiterentwicklung kooperativer Arbeitsstrukturen an der Schule.

Mit den hier benannten Aufgaben ist eine Zielperspektive beschrieben, die über das im laufenden Schuljahr leistbare hinausweist. Bis zum Beginn des Schuljahres 1997/98 sollen aufbauend auf der vorgenommenen Bestandsaufnahme die für die Unterrichtsplanung notwendigen fachbezogenen Arbeitsgrundlagen erarbeitet sein. Parallel hierzu sollen – im Sinne eines längerfristig angelegten Prozesses – bereits Planungen zur Abstimmung der Fächer und Lernbereiche untereinander eingeleitet werden, deren Ergebnisse in das künftige Schulprogramm der Schule einfließen sollten.

Die Schulaufsicht, das Hessische Landesinstitut für Pädagogik (HeLP) (zur Zeit noch Hessisches Institut für Lehrerfortbildung, Landesbildstelle Hessen und Hessisches Institut für Bildungsplanung und Schulentwicklung) und die Studienseminare unterstützen im Rahmen ihrer Möglichkeiten und Aufgaben die schulen bei dem Prozeß der Einführung der neuen Rahmenpläne. Die am Bedarf der Schulen orientierten Unterstützungsmaßnahmen und Beratungsangebote werden von Schulaufsicht und HeLP unter Mitwirkung der Studienseminare gemeinsam geplant und koordiniert.

Das HeLP bietet zum einen fachbezogene Veranstaltungen sowie Veranstaltungen zu schulkonzeptionellen Fragen an, zum anderen Veranstaltungen, die der Beratung und Begleitung des Prozesses der Rahmenplaneinführung an den Schulen dienen. Es dokumentiert Erfahrungen der Schulen bei der Einführung und schulbezogenen Konkretisierung der Rahmenpläne.

Außerdem stellt das HeLP auf Grundlage der Rahmenpläne Empfehlungen und Handreichungen und bietet Hilfen im Medienbereich an, wobei auch eventuelle Defizite in der Medienversorgung festgestellt und ausgeglichen werden.

Die Studienseminare unterstützen im Zusammenhang ihres Auftrags die Einführung der Rahmenpläne z.B. durch Mitwirkung an Beratungs- und Einführungsveranstaltungen oder durch Öffnung entsprechender Seminarveranstaltungen für Mentoren oder Fachsprecher.

Die Schulaufsicht berät die Schulen und vergewissert sich im Rahmen ihrer Fachaufsicht der Umsetzung der Rahmenpläne.

Die genannten Institutionen werten den Prozeß und die Ergebnisse der Einführung der Rahmenpläne in den Schulen aus.

Die Rahmenpläne bedürfen regelmäßiger Weiterentwicklung vor allem in ihren unterrichtspraktischen Teilen. Diese wird bestimmt von pädagogischen und fachwissenschaftlichen Erkenntnissen, dem Bildungs- und Erziehungsauftrag der Schule sowie den Erfahrungen der Schulpraxis. Anregungen und Vorschläge zur Fortschreibung der Rahmenpläne können dem HeLP zugeleitet werden.

Neuregelung der deutschen Rechtschreibung – Umsetzung –

Erlaß vom 19. November 1996
VII A – 601/83 – 150 –

Gült. Verz. Nr. 7200

Die am 1. Juli 1996 in Wien unterzeichnete „Gemeinsame Absichtserklärung zur Neuregelung der deutschen Rechtschreibung" schafft die Voraussetzung für eine Rechtschreibreform im gesamten deutschen Sprachgebiet. Die Neuregelung ist die erste systematische Bearbeitung des gegenwärtig gültigen Regelwerks von 1901/02 und verfolgt das Ziel, die Grundregeln zu stärken, Ausnahmen abzubauen und Widersprüche zu vermindern. Dadurch werden die deutschen Rechtschreibregeln übersichtlicher und für Lernende etwas leichter. Die Neuregelung ist ein guter Anlaß, besonders in den fortgeschrittenen Schuljahrgängen, der zweiten Phase der Lehrerbildung und in der Lehrerfortbildung die mit der Rechtschreibung verbundenen Probleme erneut bewußt zu machen und die neueren Entwicklungen der Rechtschreibdidaktik zu thematisieren.

Für die Einführung der Neuregelung an den Schulen und Studienseminaren des Landes Hessen gilt folgendes:

1. Im Schuljahr 1996/97 steht die *Information der Lehrerinnen und Lehrer* über die Neuregelung im Mittelpunkt. Sie sollen sich das neue Regelwerk möglichst bald aneignen und die Vermittlung der neuen Rechtschreibregeln vorbereiten.

1.1 Im Amtsblatt 1996 wurden hierzu bereits zusammenfassende Darstellungen der Neuregelung veröffentlicht (S. 118, 206 und 470 ff.) sowie eine Liste von Neuerscheinungen zum Thema zusammengestellt (S. 459).

1.2 Empfehlungen zur Umsetzung und eine Literaturliste sind als Anlage aufgenommen worden. Diese Empfehlungen sind Ergebnisse einer Tagung mit Fach- und Ausbildungsleiterinnen und -leitern der Studienseminare.

1.3 Das Hessische Institut für Lehrerfortbildung wird durch regionale Fortbildungsveranstaltungen und durch eine Fachtagung zur Einführung der neuen Regeln beitragen.

2. Die *unterrichtliche Umstellung* soll – dem Bedarf und den Gegebenheiten entsprechend – differenziert erfolgen. Sie beginnt mit *Einführungskursen* für Schulabgänger.

2.1 In einem ersten vorgezogenen Schritt sind diejenigen Schülerinnen und Schüler mit der Neuregelung vertraut zu machen, die am Ende der Schuljahre 1996/97 und 1997/98 voraussichtlich die Schule verlassen werden. Für sie sind im jeweiligen 2. Schulhalbjahr Einführungskurse einzurichten und so rechtzeitig anzusetzen, daß die Einführung bis zum Tag der Schulentlassung abgeschlossen ist.

2.2 Für die Einführungskurse sind mindestens zwei und höchstens fünf Wochenstunden über einen angemessenen Zeitraum vorzusehen: eine entsprechende Empfehlung wird von der Lehrkraft vorgelegt, die den Kurs durchführt. Es werden vorrangig Unterrichtsstunden im Fach Deutsch verwendet, aber im Bedarfsfall und je nach Unterrichtssituation an der einzelnen Schule auch andere Stunden. Durch Wiederholung und Übung ist der erreichte Stand der Einführung zu festigen.

2.3 Der Schulleiter oder die Schulleiterin trifft die für die Durchführung erforderlichen organisatorischen Entscheidungen. Er oder sie darf im Einvernehmen mit der Lehrkraft, die den Einführungskurs leitet, klassen-, gruppen- oder jahrgangsübergreifende Durchführung vorsehen. Die in der Verordnung über die Festlegung der Anzahl und der Größe der Klassen, Gruppen und Kurse in allen Schulformen (vom 03.12.1992, ABl. 1/93, S. 2 ff.) genannten Höchst-

Anlage 7.16

Zentrale Fragen des Gesprächsleitfaden für die Interviews der ersten Erhebungsphase 1994/95

1.) Wie werden curriculare Probleme in den schulischen Alltag eingebunden?

2.) Wie ist die Innovationsbereitschaft im Kollegium ausgeprägt?

3.) Welche Unterrichtspläne werden im jeweiligen Fach erarbeitet? Welche Überlegungen und Planungshandlungen spielen dabei eine besondere Rolle?

4.) Welche Materialien werden bei der Planungstätigkeit genutzt?

5.) Welche Auffassungen und Einstellungen der Lehrerinnen und Lehrer beeinflussen Quantität und Qualität der Planungstätigkeit?

6.) Welche Erfahrungen konnten bei der kooperativen und individuellen Planungstätigkeit bereits gesammelt werden?

7.) Welche Erwartungen/Wünsche und Probleme bestimmen in der Schulpraxis den Umgang mit den bisherigen Rahmenrichtlinien?

8.) Wie wird die Erfüllung der eigenen Erwartung durch die Entwürfe der Rahmenpläne eingeschätzt?

Anlage 7.17

Zentrale Fragen des Gesprächsleitfaden für die Interviews der zweiten Erhebungsphase 1996/97

1. Zum Umgang mit den neuen Rahmenplänen

1.1. Besitzen Sie ein eigenes Exemplar des neuen Rahmenplans?
1.2. Auf welche Weise haben Sie sich mit dem neuen Rahmenplan vertraut gemacht?
1.3. Wie schätzen Sie Ihren eigenen Kenntnisstand zum neuen Rahmenplan ein?
1.4. Mit welchen Bestandteilen des Rahmenplans haben Sie sich besonders intensiv beschäftigt?
1.5. Welche Wünsche an Möglichkeiten zur Beschäftigung mit dem neuen Rahmenplan blieben bisher offen?
1.6. Welche weiteren geplanten Maßnahmen zur Beschäftigung mit dem Rahmenplan sind Ihnen bekannt?

2. Zur Qualität der neuen Rahmenpläne

2.1. Was gefällt Ihnen an den neuen Rahmenplänen?
2.2. Was kritisieren Sie an den neuen Rahmenplänen?
2.3. Welche Unterschiede des neuen Rahmenplans zu den bisherigen Rahmenrichtlinien sind Ihnen besonders aufgefallen?
2.4. Welche Erwartungen wurden nicht erfüllt?

3. Zu den Auswirkungen der Rahmenpläne

3.1. Welche generellen Anregungen für Ihre Unterrichtsarbeit haben Sie dem neuen Rahmenplan entnommen?
3.2. Inwieweit entsprechen die Vorgaben des Rahmenplans Ihrem bisherigen Vorgehen im Unterricht und Ihren Erfahrungen?
3.3. Welche konkreten Veränderungen in Ihrer eigenen Unterrichtsarbeit wurde durch die neuen Rahmenpläne ausgelöst?

Die vorangestellten Nummern bezeichnen auch die Protokoll- bzw. Interviewnummern.

Anlage 7.18

ÜBERSICHT ÜBER DIE STELLUNGNAHMEN

DEUTSCH

	Stellungnahme eingereicht von ...	Datum		Seiten Anlagen
1	Staatliches Schulamt für den Landkreis Darmstadt-Dieburg; Arbeitsgemeinschaft Deutsch mit Mitgliedern aus diversen Schulämtern	16.02.1994	A	Seiten: 4 Anlage: keine
2	Einzelperson Ausbildungsbeauftragte für das Fach Deutsch (J.V.); Studienseminar für das für das Lehramt an Gymnasien.	o.A.	FG	Seiten: 3 Anlagen: keine
3	Studienseminar Wiesbaden für das Lehramt an Gymnasien; Gutachten; StD. Dr. H.F.	01.10.1993	FG	Seiten: 3 Anlagen: keine
4	Studienseminar 22 für das Lehramt an Grund-, Haupt-, Real- und Sonderschulen, Borken, Rektorin a.A. (H.J.)	12.01.1994	F	Seiten: 2 Anlagen: keine
5	Einzelperson: Fachleiter für das Fach Deutsch (G.A.); Studienseminar Wiesbaden für das Lehramt an Gymnasien	15.01.1994	FG	Seiten: 2 Anlagen: keine
6	Fachdidaktisches Seminar Deutsch; Studienseminar Lahn-Dill für das Lehramt an Grund-, Haupt-, Real- und Sonderschulen	17.01.1994	F	Seiten: 3 Anlagen: keine
7	Einzelperson Ausbildungsbeauftragte für das Fach Deutsch (R.S); Studienseminar Wiesbaden für das Lehramt an Gymnasien	19.01.1994	FG	Seiten: 3 Anlagen: keine
8	Studienseminar 25 für das Lehramt an Grund-, Haupt-, Real- und Sonderschulen, Fulda/OT Kohlhaus; Rektor a.A.	07.02.1994	F	Seiten: 2 Anlagen: keine
9	Studienseminar Main-Kinzig für das Lehramt an Grund- Haupt-, Real- und Sonderschulen, Hanau, Rektor a.A.	22.02.1994	F	Seiten: 8 Anlagen: keine
10	Studienseminar Fulda für das Lehramt an Gymnasien	03. 1994	FG	Seiten: 4 Anlagen: keine
11	Fachleiter für das Fach Deutsch; Studienseminar für das Lehramt an Gymnasien; Marburg	03.03.1994	FG	Seiten: 3 Anlagen: keine
12	Studienseminar I für das Lehramt an Gymnasien Kassel, Arbeitsgruppe der Fachleiter für Deutsch	15.03.1994	FG	Seiten: 3 Anlage (S.): 3 Aufsätze zur Leistungsbewertung
13	Schulverbund Lollar; Grundschulen: Daubring, Lollar, Mainzlar, Odenhausen/Salzböden, Staufenberg; Gesamtschule: Clemens-Brentano-Schule Lollar	08.02.1994	SK	Seiten: 2 Anlagen: keine
14	Fachschaft Deutsch; St, Angela- Schule Königstein (Gymnasium)	11.02.1994	SG	Seite. 1 Anlagen: keine

15	Fachbereich Deutsch, Gesamtschule Aarbergen-Michelbach (Kooperative Gesamtschule)	15.02.1994	SK	Seiten: 2 Anlagen: keine
16	Fachkonferenz Deutsch, Kooperative Gesamtschule Niederwalgern, Weimar	03. 1994	SK	Seiten: 1 Anlagen: keine
17	Fachkonferenz Deutsch, Freiherr-vom-Stein-Schule, Gladenbach (Kooperative Gesamtschule)	03. 1994	SK	Seiten: 3 Anlagen: keine
18	Fachkonferenz Deutsch, Schule am Ried Kooperative Gesamtschule), Frankfurt	25.03.1994	SH	Seiten: 2 Anlagen: keine
19	Offene Schule Kassel-Waldau (Integrierte Gesamtschule), Stellungnahme eines einzelnen Lehrers	25.03.1994	SI	Seiten: 3 Anlagen (S.): 2 Curriculumelemente der IGS
20	Wissenschaftliches Prüfungsamt für das Lehramt an GHR-Schulen, Universität Frankfurt	25.03.1994 (Poststempel HKM)	U	Seiten: 2 Anlagen: keine
21	GEW: Arbeitsgruppe 3: Deutsch für die Sekundarstufe I.	o. A.	V	Seiten: 4 Anlagen: keine
22	GEW; C. S. (als Einzelperson)	10. 1993	V	Seiten: 4 Anlagen: vollständig durchkorrigierter RPL-Deutsch
23	Verband Bildung und Erziehung (VBE) Hessen: Stellungnahme I	16.02.1994	V	Seiten: 2 Anlagen: keine
24	VBE Hessen: Stellungnahme II	16.02.1994	V	Seiten: 1 Anlagen: keine
25	VBE Hessen: Stellungnahme III	16.02.1994	V	Seiten: 2 Anlagen: keine
26	Hessischer Philologenverband e.V.; Geschäftsstelle Wiesbaden; erster Vorsitzender	02.03.1994	V	Seiten: 4 Anlagen: keine
27	Vereinigung der Hessischen Unternehmerverbände (Dr.H.)	29.11.1993	W	Seiten: 1 Anlagen: keine

CHEMIE

	Stellungnahme eingereicht von ...	Datum		Seiten Anlagen
1	Staatliches Schulamt Schwalm-Eder-Kreis; Borken	22.02.1994	A	Seiten: 5 Anlagen: keine
2	RP Darmstadt (Arbeitsgruppe Biologie/Chemie) zusammen mit Mitgliedern aus den Schulämtern	28.02.1994	A	Seiten: 6 Anlagen: keine
3	Regierungspräsidium Kassel + Staatl. Schulämter: Landkreis Fulda, Landkreis Hersfeld-Rotenburg, Landkreis Waldeck-Frankenberg, Werra-Meißner-Kreis, Landkreis Kasse, Stadt Kassel	03.1994	A	Seiten: 5 Anlagen: keine
4	Staatliches Schulamt für den Hochtaunuskreis	30.03.1994	A	Seiten: 1 Anlagen: keine
5	Einzelperson: W. B.	0.A.	E	Seiten: 4 Anlagen: keine
6	Einzelperson: Dr. G.L., Darmstadt	12.10.1993	E	Seiten: 2 Anlagen: keine
7	Fachleiter für Chemie (W.B.); Studienseminar für das Lehramt an Gymnasien, Wiesbaden	17.01.1993	FG	Seiten: 4 Anlagen: keine
8	Studienseminar 22 für das Lehramt an Grund-, Haupt-, Real- und Sonderschulen; Rektor a.A., Borken	14.01.1994	F	Seiten: 1 Anlagen: keine
9	Fachleiter für Chemie (W.T.), Studienseminar für das Lehramt an Gymnasien, Darmstadt	18.01.1994	FG	Seiten: 4 Anlagen: keine
10	Studienseminar 25 für das Lehramt an Grund-, Haupt-, Real- und Sonderschulen, Fulda, Rektorin a.A. (C.B.)	02/94	F	Seiten: 3 Anlagen: keine
11	Protokoll der Diskussion der Chemieausbilderinnen und -ausbilder an den hessischen Studienseminaren am 07.02.94 in Frankfurt; eingereicht als Stellungnahme	09.02.1994	F	Seiten: 2 Anlagen: keine
12	Fachleiter Chemie; Studienseminar Main-Kinzig in Hanau für das Lehramt an Grund-, Haupt-, Real- und Sonderschulen	15.02.1994	F	Seiten: 1 Anlagen: keine
13	Fachseminar Chemie, Studienseminar für das Lehramt an Gymnasien; Bensheim	20.02.1994	FG	Seiten: 1 Anlagen (S.): 2: Statements zu den RPL Chemie Sek.I
14	Fachleiter; Studienseminar Kassel II für das Lehramt an Gymnasien	28.02.1994	FG	Seiten: 4 Anlagen: keine
15	Fachleiter Chemie; Studienseminar I für das Lehramt an Gymnasien; Kassel	01.03.1994	FG	Seiten: 2 Anlagen: keine
16	Einzelperson: Fachleiter für Chemie Sekundarstufe I (Dr. H. S.)	26.03.1994	F	Seiten: 10 Anlagen: keine
17	Studienseminar III, Lehramt für Gymnasien, Frankfurt am Main	12.04.1994	FG	Seiten: 3 Anlagen: keine
18	HILF, Zweigstelle Frankfurt, Fachbereich Chemie	10.03.1994	LF	Seiten: 3 Anlagen: keine

19	Fachschaft Chemie; Albertus-Magnus-Schule, Gymnasium Viernheim	o.A.	SG	Seiten: 2 Anlagen: keine
20	Chemiefachgruppe, Goethe-Gymnasium, Frankfurt am Main	o.A.	SG	Seiten: 2 Anlagen: keine
21	Fachbereich Chemie; St Lioba-Schule Bad Nauheim (Gymnasium)	08.09.1993	SG	Seiten: 2 Anlagen: keine
22	Stufenleiter, Söhre-Schule, Lohfelden, Integrierte Gesamtschule	01.1994	SI	Seiten: 2 Anlagen: keine
23	Otto Hahn-Schule (KGS), Frankfurt am Main	01.02.1994	SK	Seiten: 1 Anlagen: keine
24	Hermann-Hesse Schule, KGS, Obertshausen	07.02.1994	SK	Seiten: 1 Anlagen: keine
25	Fachbereich Chemie, Liebfrauenschule, Gymnasium Bensheim	07.02.1994	SG	Seiten: 2 Anlagen: keine
26	Fachschaft Chemie; Gymnasium (Name der Schule ist nicht lesbar) (A. R.-A.)	21.02.1994	SG	Seiten: 1 Anlagen: keine
27	Gymnasium Michelstadt, HPhV Mitglieder	21.02.1994	SG	Seiten: 3 Anlagen: keine
28	Fachbereich Chemie; Bettinaschule, Gymnasium, Frankfurt am Main	11.03.1994	SG	Seiten: 2 Anlagen: keine
29	Fachkonferenzen Albert-Schweitzer-Schule, Gymnasium, Offenbach am Main	14.03.1994	SG	Seiten: 2 Anlagen: keine
30	Fachgruppe Chemie; Karl-Rehbein-Schule, Hanau (Gymnasium)	15.03.1994	SG	Seiten: 2 Anlagen: keine
31	Fachschaft Chemie Kaiser-Friedrich-Schule, Gymnasium, Bad Homburg	15.03.1994	SG	Seiten: 3 Anlagen: keine
32	Fachkonferenz Chemie, Georg-Büchner-Schule Gymnasium; Darmstadt	15.03.1994	SG	Seiten: 4 Anlagen: keine
33	Fachkonferenz Chemie; Martin-Luther-Schule, Gymnasium; Wiesbaden	21.03.1994 Poststempel HKM	SG	Seiten: 1 Anlagen: keine
34	Fachkonferenz Chemie, IGS Mainspitze, Ginsheim-Gustavsburg	22.03.1994	SI	Seiten: 10 Anlagen: keine
35	Fachkonferenz Chemie, Gutenbergschule, Gymnasium Wiesbaden	21.04.1994	SG	Seiten: 2 Anlagen: keine
36	Verband Bildung und Erziehung, Landesverband Hessen	16.02.1994	V	Seiten: 2 Anlagen: keine
37	Deutscher Verein zur Förderung des mathematischen und naturwissenschaftlichen Unterrichts - Landesverband Hessen, Marburg	26.02.1994	V	Seiten: 4 Anlagen: keine
38	HPV-Hessen, Geschäftsstelle Wiesbaden, eingereicht durch den 1. Vorsitzenden	08.03.1994	V	Seiten: 10 Anlagen: keine
39	Gesellschaft Deutscher Chemiker; Fachgruppe Chemieunterricht	18.03.1994	V	Seiten: 6 Anlagen: Publikation; „Lehrplan für den Chemieunterricht: Grundsätze und Folgerungen“
40	Hessische Unternehmerverbände; Stellungnahme Chemie	09/ 1993	W	Seiten: 1 Anlagen: keine
41	Diesterwegverlag (P. B.-F.), Frankfurt am Main	22.11.1993	W	Seiten: 1 Anlagen: keine